国家社科基金
GUOJIA SHEKE JIJIN HOUQI ZIZHU XIANGMU
后期资助项目

徐中舒史学研究

A Study on Xu Zhongshu's Historiography

周书灿 著

科 学 出 版 社
北 京

内 容 简 介

本书围绕徐中舒学术思想渊源、流变与转向，史料分类、澄滤与扩充的理论与方法，徐中舒与古史辨的学术互动，徐中舒的古典文献研究，以及其上古民族文化东西二分论之再构、古史分期与中国古代社会形态理论研究、巴蜀文化与西南地方史研究等专题，对徐中舒史学进行了全方位多角度勾连贯通的周密论述与深度发掘剖析。本书是一部深入系统探讨徐中舒史学的专著，填补了先秦史、史学理论与史学史及若干重要学术专题学术史的若干空缺，对于先秦史、中国史学史及学术史等多学科领域研究起到积极的推进与深化作用。

本书可供历史学、古文字学、民族学、人类学、文学等学科领域的学者参考。

图书在版编目（CIP）数据

徐中舒史学研究 / 周书灿著. —北京：科学出版社，2022.6
ISBN 978-7-03-072633-9

Ⅰ. ①徐…　Ⅱ. ①周…　Ⅲ. ①史学-研究　Ⅳ.①K03

中国版本图书馆 CIP 数据核字（2022）第 132967 号

责任编辑：杨　静 / 责任校对：张亚丹
责任印制：张　伟 / 封面设计：楠竹文化
联系电话：010-64011837
电子邮箱：yangjing@mail.sciencep.com

科学出版社 出版
北京东黄城根北街 16 号
邮政编码：100717
http://www.sciencep.com

北京中石油彩色印刷有限责任公司 印刷

科学出版社发行　各地新华书店经销

*

2022 年 6 月第 一 版　开本：720×1000　1/16
2023 年 1 月第二次印刷　印张：19
字数：337 000

定价：118.00 元

（如有印装质量问题，我社负责调换）

国家社科基金后期资助项目
出版说明

后期资助项目是国家社科基金设立的一类重要项目，旨在鼓励广大社科研究者潜心治学，支持基础研究多出优秀成果。它是经过严格评审，从接近完成的科研成果中遴选立项的。为扩大后期资助项目的影响，更好地推动学术发展，促进成果转化，全国哲学社会科学工作办公室按照“统一设计、统一标识、统一版式、形成系列”的总体要求，组织出版国家社科基金后期资助项目成果。

全国哲学社会科学工作办公室

前　言

一、问题的缘起与选题意义

清末民国时期，中国传统学术在历经一段时期的低迷徘徊之后，迎来了中国学术史上发展最显著、变化最深刻的时期。新时代、新观念、新材料、新方法、新学术氛围，加速着中国传统学术的现代转型。在此期间，涌现出一大批造诣精湛、成就卓著的大师级学者。他们以渊深的国学功底，融通中西，不仅擘画了学术研究的新领域，更开创了一种圆融通博且富于鲜明个性特征的治学门径与学术风范。徐中舒先生便是受赐于新史学并贡献于新史学的一代史学大师之一。徐中舒先生在中国现代学术史上的地位和影响，早已得到中外学术界的充分首肯。

如果说周谷城先生于 1987 年为“徐中舒先生九十寿辰暨执教七十周年纪念会”所发“先生学问，博大精深。著作创造，精密无伦”①之贺词，以及 1998 年徐先生百年诞辰之际马曜先生所作《七律一首》“六书新说史无前，砥柱西南五十年……静安一贯有薪传”②之词，容有张大其词的成分，但著名史学家顾颉刚先生屡屡对徐氏学术所作高度评价，则颇为中肯。其一，顾氏在《古史辨》第一册《我是怎样编写〈古史辨〉的？》中盛赞王国维先生：“在几年里他写出几部民族史、疆域史等著作，又造就了像徐中舒、吴其昌、余永梁等一批学术水平很高的专家来。”③其二，他在《当代中国史学》一书中说：“徐中舒先生对于金文亦有极深邃的研究，所涉范围甚广，其成就仅次于郭沫若先生而已。”④其三，2011 年 1 月中华书局出版的《顾颉刚日记》卷十中记录了顾颉刚写于 1967 年 5 月 25 日的一段日记：“王国维之弟子，以徐中舒最为笃实，发现亦最多。”⑤综上可知，徐中舒先生是 20 世纪中国现代学术史上，颇为值得

---

① 徐亮工：《徐中舒先生生平编年（未定稿）》，四川联合大学历史系主编：《徐中舒先生百年诞辰纪念文集》，成都：巴蜀书社，1998 年版，第 373 页。

② 马曜：《七律一首》，四川联合大学历史系主编：《徐中舒先生百年诞辰纪念文集》，成都：巴蜀书社，1998 年版，第 1 页。

③ 顾颉刚：《我是怎样编写〈古史辨〉的？》，顾颉刚编著：《古史辨》第一册，上海：上海古籍出版社，1982 年版，第 16 页。

④ 顾颉刚撰，王晴佳导读：《当代中国史学》，上海：上海古籍出版社，2002 年版，第 107 页。

⑤ 顾颉刚：《顾颉刚日记》卷十，北京：中华书局，2011 年版，第 677 页。

高度关注和重视的学术名家。

然而，颇为遗憾的是，迄20世纪90年代，较之于对王国维、郭沫若、陈寅恪、陈垣、胡适、顾颉刚、傅斯年、范文澜、翦伯赞、侯外庐、吕振羽、蒙文通、钱穆乃至郑天挺、谭其骧、白寿彝、邓广铭、唐长孺、韩儒林、金景芳、张政烺、胡厚宣、孙作云、童书业、田昌五、李学勤、漆侠、高敏、朱绍侯、胡如雷、刘泽华等现代学人的高度关注，徐中舒史学研究则长期显得冷冷清清。[①]长期以来，已有的研究成果，从总体上看，仍停留于“纪念”“回忆”“一些启示”“粗浅体会”的水准。徐中舒学术的博大精深，精密无伦，与徐中舒史学研究的清冷沉寂形成极大的反差，其中缘由，实非三言两语所能说得明白。

相对于郭沫若、顾颉刚、傅斯年等同时代的学者，直接受到晚清桐城学派学术风尚与治学原则，以及王国维、梁启超新史学观念与科学的治学门径影响的徐中舒，学术思想也广泛地受到傅斯年、李济、陈寅恪名师大家新汉学理论与方法的多方面影响，与此同时，在长期的学术实践过程中，徐中舒的学术思想也与古史辨派、史料派（又称科学史学派）、唯物史观派，相互借鉴，互为影响。因此，徐氏的学术思想更呈现出兼收并蓄、开放包容、博大精深等鲜明的特色。在20世纪中国现代学术史上，简单地将徐中舒划归新史学某一学派，或笼统地将徐中舒的治史方法区分为“三个时期”[②]，显然均不科学，也肯定不符合历史实际。此外，徐中舒长期所从事的先秦史、古文字、巴蜀文化与西南地方史等研究，历来被中外学术界视为领域极专、难度极大的高深学问，正因为此，和以往学术界对20世纪学派界划“分明”的史学家的研究相比，徐中舒史学研究，更具有固有的复杂性和挑战性。

按照现代意义上中国历史学科门类划分，徐中舒史学研究并非仅仅是史学理论与史学史领域的课题，诸如本书所论徐中舒对古典文献研究、上古民族文化东西二分论之再构、古史分期与中国古代社会形态理论研究、巴蜀文化与西南地方史研究等专题，更涉及历史文献学、考古学、先秦

① 如《历史语言研究所学术群体治史风格述论》《史语所学人考证学新境界与中国气派》两文，提到了陈寅恪、李济、岑仲勉、劳榦、张政烺、周一良、陈述、傅乐焕、何兹全、全汉昇、王崇武、严耕望等学者，唯独对徐中舒一字未提，不知作者是有意回避，还是无意疏漏。参见张峰：《历史语言研究所学术群体治史风格述论》，《史学史研究》2016年第3期，第60—67页；张峰：《史语所学人考证学新境界与中国气派》，《济南大学学报（社会科学版）》2019年第5期，第22—28页。

② 安志宏：《徐中舒先生治学方法琐谈——王国维“二重论据”与徐中舒的“多重论据法”》，《天水师范学院学报》2008年第4期，第62—65页。

史、区域史、民族史等多个学科领域。因此，深入细致地研究徐中舒史学，我们不仅需要具备宽广的知识面、宏阔的学术视野、科学的研究方法，而且还需要有深厚的专业基础和精湛的史料、理论修养。如近期有学者指出，徐氏《耒耜考》在研究方法、研究结果等方面“不乏值得我们借鉴的地方。……对某些甲骨文、金文的考释结果令人信服足成定论，从文献中推断出的某些结论也与今日考古学之发现不谋而合”①，同时亦指出，“在考古资料缺乏的时候，仅仅依靠少量文献和文字资料以及作者个人的理解和对材料的选择，所得出的结论难免有失偏颇。……对其中的不足进行思辨，才能促进学术在前人的基础上更上一层楼，更好的发挥这一论文的历史价值”②。显然，没有一定的历史学、考古学和农学专业基础以及深厚的古文字功底，是很难获得以上独到的见解和卓越的认识的。这或许正是徐中舒史学研究长期迟滞不前、清冷沉寂的重要原因。

二、基本思路、研究方法与创新点

本书虽以《徐中舒史学研究》为题，但与以往通论性质的学术史研究相比，全书所论仅仅是徐中舒古史研究中的若干零星专题，因此，总体而论，呈现在读者面前的，并非一部面面俱到、完整系统的皇皇巨著，但这也恰恰说明，在相当长的时间，徐中舒史学研究并不过时，其仍是有待于学术界不断丰富完善、拓展深化的一个全新的前瞻性、开拓性学术命题。和以往学术界对徐中舒史学的“纪念”“回忆”“一些启示”“粗浅体会”相比，本书更加注意到在尽可能充分占有第一手材料，在更为广阔的学术背景和视野下，试图从中国现代学术史的视角，对徐中舒学术思想渊源、流变与马克思主义新史学转向，徐中舒对史料分类、扩充与澄滤的理论与方法，徐中舒与古史辨的学术互动，徐中舒对古典文献研究，徐中舒对中国上古民族文化东西二分论之再构，徐中舒对古史分期与中国古代社会形态理论研究，徐中舒对巴蜀文化与西南地方史研究几个略具代表性的专题作一些尝试性的“深度”发掘与“理性”思索，为学术界积极贡献一些并非“定论”，甚或有误，但或许对中外学术界略具启发意义和借鉴价值的意见。

本书主要采用专题研究和比较研究的方法，选取徐中舒史学研究的若干重要专题，从学术史的视角进行深度发掘与剖析，积极拓展与深化主

① 刘丽婷：《徐中舒〈耒耜考〉的当代价值和历史局限》，《农业考古》2015年第6期，第208页。

② 刘丽婷：《徐中舒〈耒耜考〉的当代价值和历史局限》，《农业考古》2015年第6期，第208页。

题。其中某些专题，如徐中舒与傅斯年史料扩充的理论与方法，徐中舒与古史辨的学术互动，郭沫若、徐中舒有关中国奴隶社会研究等，通过比较，彰显出徐中舒学术思想鲜明的个性特征与理论方法的重要特色。

本书可能的创新点，主要体现在以下几个方面。

第一，选题新。相对于王国维、陈寅恪、郭沫若、钱穆、顾颉刚等史学家的研究，徐中舒史学研究总体上显得相对冷清，前期研究成果颇为薄弱，以《徐中舒史学研究》为题，颇为新颖，对于先秦史、中国学术史以及新时期古典学理论重建均具有重要的参考价值。

第二，材料新。近年来，一些学术人物传记、日记、回忆录、年谱等陆续出版，一些前所未见的新资料为徐中舒史学研究提供了重要支撑。本书注重尽可能充分发掘利用新资料，突出问题意识，拓展深化研究主题。

第三，观点新。本书将若干重要专题置于 20 世纪特定的学术史背景下，通过专题研究和比较研究，提出不少有价值的独到见解，如晚清桐城学派学术风尚与治学原则对徐中舒新史学思想的奠基、徐中舒与古史辨学术旨趣的异同、徐中舒古诗考订方法、徐中舒巴蜀文化与西南地方史研究等。以往学者或鲜有论及，或多停留于问题的表层，本书既具有一定的学术深度，同时又提出了不少持之有故、言之成理的新见。

三、框架结构与主要论点

本书主体部分围绕徐中舒学术思想渊源、流变与转向，史料分类、澄滤与扩充的理论与方法，与古史辨的学术互动，古典文献研究，上古民族文化东西二分论之再构，古史分期与中国古代社会形态理论研究，巴蜀文化与西南地方史研究七个专题，分设为七章。

在长期深入思考和研究的基础上，笔者对以上问题初步形成了以下若干认识。

徐中舒直接继承晚清桐城学派“博求慎取”“穷原竟委”的学术风尚与“唯是之求”的治学原则，以及王国维、梁启超的新史学观念与科学的治学门径，并自觉借鉴傅斯年、李济、陈寅恪等学者的新汉学理论与方法，兼收并蓄，融会贯通，建立起圆融通博而又富于鲜明个性特征的学术思想。中华人民共和国成立后，在新的政治和学术背景下，徐中舒先生通过参加政治学习和马克思主义思想改造，以及长期系统地学习马列主义理论，自觉完成了从近代新史学向以唯物史观为理论指导的马克思主义新史学的转向，并直接影响到其学术思想发生一系列重大变化。

徐中舒在对传世文献的史料价值进行科学发掘的同时，逐步建立起传世文献、古文字资料、田野考古资料、语言学材料、档案材料和民族学材料相互扩充、补证、辅助、比勘、参照的广泛的史料观与古史多重证法。徐氏在对多学科的纷繁复杂的古史材料进行科学澄滤、审查的基础上，有机结合，综合运用，从而为其新史学研究奠定了坚实的史料学基础。“古史多重证”的方法论对于徐中舒从疑古辨伪到古史重建的学术路向的转变起到了颇为关键的作用。徐氏积极扩充书本以外的材料，在中国上古民族史研究中取得了一系列卓越的成就，然在扩充材料的同时，疏于方法理论的革新，研究中也暴露出明显的缺失。20 世纪 50 年代后，徐氏自觉运用马克思主义理论和方法研究中国古代社会，之后，其学术思想逐渐发生较大的变化。

受陈寅恪蒙古史构成理论的影响，徐中舒建立了“中国古史乃由并行的传说，演为直系的系统”“商周以前的古史实即一部古代民族史”的古史构成理论。徐氏对早期“古史辨”采取了赞同和批评的二重态度。随着新史学的日益进步，古史辨不断受到新史学家的影响，顾颉刚的学术思想正在逐步突破“破坏伪古史”的学术局限，并自觉运用与徐氏类似的古史多重证法，逐渐向着古史建设的道路迈进。

20 世纪 20 至 40 年代，徐中舒借鉴前人古书年代考证方法和理论，穷原竟委，综贯会通，高度重视古诗著录、拟作、称引、诗体、文字、特别名称的同时，积极寻绎历史、地理、习俗、思想、天文、历法等多方面的证据，建立起以文史互证和多学科知识相互配合印证为特色的新的研究范式。徐氏古诗考订方法迄今仍具有重要的方法论价值，值得中国古典文献学界和史学界借鉴。

徐中舒在系统考察西汉时期《左传》流传情况的基础上，进一步申论了作为古文一系的《左传》之可信，有力批驳了晚清以来今文经学家刘歆伪造《左传》的谬说。在经学史学化的影响下，徐氏发挥章学诚六经皆史的观点，以《春秋》《左传》为史，其意义不仅在于试图从根本上解决经学传统下的《左传》经史之争，同时也为新的学术背景下，回归原典《左传》学初步奠定了理论基础。徐氏根据《左传》所用有别于《春秋》周正的夏正和《左传》中预言资料推测，《左传》就是魏国霸业鼎盛时代的作品，其成书年代在公元前 375 —前 351 年之间，《左传》的作者可能就是子夏的一再传弟子，不失为一种较为合理的假说。徐氏的某些推论为长沙马王堆汉墓出土帛书《春秋事语》和湖南慈利楚简《国语·吴语》所印证，结论的科学性日益受到学术界的重视，与此同时，徐氏《左传》学的学术价值亦在长期的学术争鸣中日渐得到彰显。

徐氏在前人已有研究成果的基础上，对《战国策》的成书过程、资料来源和版本流传进行了更加系统的考察，并在此基础上对《战国策》《史记·苏秦列传》所记苏秦年代和史事进行了缜密的考订，从纷繁复杂的错乱记载中“澄滤”出部分真实可信的史料，从而为战国史研究提供更为坚实可信的研究材料。在新的学术背景下，学术界对徐氏苏秦年代和史事考订的质疑与辩难，在某种意义上，有助于学术界更加冷静理性地审视《战国策》《史记·苏秦列传》及帛书《战国纵横家书》等的史料价值。

受王国维《殷周制度论》的影响，徐中舒最早提出“殷、周非同种民族”说，并在对仰韶、小屯文化作深入系统考察的基础上，建立虞夏、殷商西、东说。徐氏的以上理论对傅斯年的“夷夏东西说”产生了直接的影响。此后，在傅氏“夷夏东西说”的影响下，徐中舒自觉运用中国上古民族文化东西二系说理论完成了对中国上古低地农业区、高地农业区的界定以及高辛氏、高阳氏传说的补充完善，并在对上古民族构成、迁徙分合及文化交流传播进行系统考察的基础上，对中国上古民族文化东西二系说进行补正，从而建立起有别于傅氏“夷夏东西说”的独到的中国上古民族文化“东西二分”论。随着考古学、民族学、历史地理学等的蓬勃发展，徐氏所建构的中国上古民族文化东西二分论为20世纪中国新史学的建立奠定了崇高的学术起点。

徐中舒通过对上古社会氏族组织与婚姻、继嗣、亲属称谓，村社共同体的存在形态与特征，亚细亚生产方式及夏商奴隶制形态等一系列重要理论问题的探索，建立起独到完善的中国前封建社会理论体系。徐氏坚持以马克思主义唯物史观为理论指导，充分发掘古代文献、考古资料，并高度重视作为人类社会“活化石”的民族学材料的参照作用，在坚实的史料和科学理论基础上，逐步揭示出中国前封建社会的绝大部分历史真相，促进了唯物史观指导下的中国前封建社会形态研究的深入与理论体系的完善，对于建设有中国特色的前封建社会形态理论体系具有重要的理论价值和启发意义。

郭沫若、徐中舒两位史学大家均充分肯定中国奴隶社会的存在，在“求同”与“辨异”两种不同理论思维方式主导下，分别对中国奴隶社会形态理论进行了建构。新时期关于中国古代社会形态特殊性的研究明显呈现出“求同”与“辨异”两种不同理论思维方式，在批判继承前人已有研究成果的基础上，中国古代社会形态特殊性研究如何打破相持不下的局面，重新回归到科学理性的轨道上来，则是当前史学界更应继续深入思考的重大理论性问题之一。

徐中舒在自觉地借鉴马克思主义经典作家理论，结合历史文献和考古资料，对西周社会的生产力和生产关系作综合分析的基础上，建立起自成一系的西周封建论论点体系，从田制和税制两方面考察了从西周末年到唐朝末年封建领主制向封建地主制转化的过程，从政治、经济等因素较为深入系统地考察了封建专制主义逐步加强和封建统治逐步削弱的原因。徐氏关于中国封建社会形态的研究，推进了唯物史观指导下的古史体系的建构，在长期的学术论争过程中，其学术史价值日益得到彰显。

徐氏对巴蜀文献的考订及其史料价值的审查，对古代四川经济的全方位多角度审视，对古代四川文化起源与形成发展道路的探索，对巴蜀文化内涵的阐发与空间架构的说明，不仅为新时期巴蜀文化与西南地方史研究奠定了较为坚实的基础，也为新时期巴蜀文化与西南地方史研究提出了大量有待进一步深化的学术命题，从而不断助推巴蜀文化与西南地方史研究向着纵深方向推进。

应该说明的是，本书中主体部分的若干重要专题已在国内报刊陆续发表。每个专题所涉问题，有大有小，有繁有简，因而章节结构似未必匀称。在书稿结集过程中，笔者对已发表的文章逐一进行了文献核对和内容修改、补充、完善，力图使各个专题之间形成贯通构连、结构紧凑、逻辑严密的论点体系。学术研究，永无止境。本书研究暂告一段落，这并非意味着徐中舒史学研究的终结，相反，应被视为新的学术背景下，徐中舒史学研究的一个新起点。是是非非，任由学人方家评说。路漫漫其修远兮，吾将上下而求索。笔者虚心接受中外学术界的批评指正，并期盼该书能够起到抛砖引玉的作用，助推中国学术史研究向着更高层次、更高水准发展。

目　　录

前言

第一章　学术思想渊源、流变与转向 ······ 1

第一节　晚清桐城学派"博求慎取""穷原竟委"的学术风尚与"唯是之求"的治学原则——徐中舒学术思想渊源之一 ······ 2

第二节　王国维、梁启超的新史学观念与科学的治学门径——徐中舒学术思想渊源之二 ······ 7

第三节　史语所新汉学理论、方法的借鉴与徐中舒学术思想流变——以傅斯年、李济、陈寅恪对徐中舒的学术影响为例 ······ 14

第四节　20 世纪 50 年代的新史学转向 ······ 18

第二章　史料分类、澄滤与扩充的理论与方法 ······ 38

第一节　对史料的分类与运用 ······ 38

第二节　"澄滤"说与古史建设理论 ······ 60

第三节　古史材料扩充——以上古民族研究为例 ······ 76

第三章　与古史辨的学术互动 ······ 94

第一节　徐中舒古史构成理论的提出及科学运用 ······ 94

第二节　徐中舒对"层累"说的两种态度 ······ 100

第三节　徐中舒新古史建设理论与早期古史辨旨趣之异同 ······ 106

第四节　徐中舒新史学理论与古史辨的互动及顾颉刚学术思想之转向 ······ 111

第四章　古典文献研究 ······ 116

第一节　古诗考订方法 ······ 116

第二节 《左传》的作者及成书年代的推定 …… 132
第三节 《战国策》考辨与苏秦史事考订 …… 147
第五章 上古民族文化东西二分论之再构 …… 159
第一节 早期三代民族文化“东西二分”论之建构及学术疑难 …… 160
第二节 从“殷、周非同种民族”说到“虞夏、殷商西、东”说 …… 166
第三节 低地农业、高地农业的界说及古史传说的重新解释
——上古民族文化东西二分论在古史研究中的运用 …… 172
第四节 上古民族迁徙分合与文化交流的考察与分析
——对传统上古民族文化东西二分论的补正 …… 176
第五节 徐氏上古民族文化东西二分论的学术价值 …… 181
附记 …… 183
第六章 古史分期与中国古代社会形态理论研究 …… 190
第一节 关于氏族组织 …… 191
第二节 关于农村公社 …… 197
第三节 关于亚细亚生产方式 …… 204
第四节 关于夏、商奴隶制形态 …… 206
第五节 求同与辨异：以郭沫若、徐中舒关于中国奴隶社会形态研究为中心的考察 …… 211
第六节 西周封建论的论点体系 …… 222
第七节 关于封建领主制向封建地主制转变的论述 …… 232
第八节 关于中国封建社会长期延续问题的探讨 …… 236
第七章 巴蜀文化与西南地方史研究 …… 241
第一节 巴蜀文献的考订及其史料价值的审查 …… 242
第二节 古代四川经济的全方位多角度审视 …… 248
第三节 古代四川文化起源与形成发展道路的探索 …… 252
第四节 巴蜀文化内涵的阐发与空间架构的说明 …… 258
结语 …… 266
参考文献 …… 270
后记 …… 286

第一章　学术思想渊源、流变与转向

自20世纪初，在长达七十余年的学术实践中，徐中舒直接继承晚清桐城学派“博求慎取”“穷原竟委”的学术风尚与“唯是之求”的治学原则，以及王国维、梁启超的新史学观念与科学的治学门径，并自觉借鉴傅斯年、李济、陈寅恪等学者的新汉学理论与方法，兼收并蓄，融会贯通，建立起圆融通博而又富于鲜明个性特征的学术思想。晚清桐城学派的学术风尚与治学原则和王国维、梁启超的新史学观念与科学的治学门径分别构成徐中舒学术思想的两个重要源头。相对于以上的两个重要源头，傅斯年、李济、陈寅恪的新汉学理论与方法，则是徐中舒学术思想的重要支流。中华人民共和国成立后，在新的政治和学术背景下，徐中舒先生通过参加政治学习和马克思主义思想改造，以及长期系统地学习马列主义理论，自觉完成了从近代新史学向以唯物史观为理论指导的马克思主义新史学的转向，并直接影响到其学术思想发生一系列重大变化。这主要表现为，在此后的学术研究中，徐中舒由此前重史料、考据转向以史料、理论并重；由重微观研究转向宏观研究、微观研究兼顾；进一步重视民族史研究，继续完善并积极实践将文献记载、田野考古资料相结合，再参以民族学材料进行互证的古史多重证法等。

徐中舒（1898—1991年）先生是中国现代杰出的史学家、古文字学家。在长达七十余年的学术生涯中，徐中舒在先秦史、古文字学、考古学、文献学、明清史、巴蜀文化与西南地方史等多个学科领域，著述宏富，成就卓著，并由此确立了其在中国现代学术史上一代宗师的崇高地位。然迄今为止，对徐中舒学术思想及徐中舒史学的研究，学术界尚未引起充分的关注和重视，已有的研究从总体上看缺乏一定的深度和系统性，诸多相关专题的研究仍存在不少空白。徐中舒学术思想渊源及流变为徐中舒学术思想和徐中舒史学研究的基础和关键，科学领会与准确把握徐中舒学术思想渊源及流变，对中国现代学术史研究的拓展与深化，具有重要的启发意义和借鉴价值。

第一节 晚清桐城学派“博求慎取”“穷原竟委”的学术风尚与“唯是之求”的治学原则——徐中舒学术思想渊源之一

徐中舒于1898年10月出生于安徽省怀宁县（今安庆市），1914年2月考入安庆初级师范学校，1917年1月毕业。徐氏出生和早年读书的安庆，历史悠久，文风昌盛，人才荟萃。清代以来，崛起于此，以文统源远流长、文论博大精深、著述丰厚清正风靡全国、享誉海外的桐城古文派，作为清代文坛上最大的散文流派，在中国学术史上有着显赫的地位。徐氏回忆说：“清朝光绪年间，桐城古文学派的文章经曾国藩的提倡而风行全国，作为桐城派故乡的安徽，影响更是深刻。”①迄徐氏入安庆初级师范学校前夕的清末民初，桐城古文派已进入末流期，其学术风尚也随着社会政治环境的深刻变化而呈现出颇为鲜明的时代特色。事实上，此种变化可以上溯至嘉庆年间。方东树所著《汉学商兑》，批判清代汉学之失，极力为宋学辩护，“但其总的立意却在于为宋儒辩护的同时，主张汉宋兼采”②。方氏之后，“治汉学者颇欲调和汉宋”③。迄咸、同年间，湘乡派代表人物曾国藩则逐步建立起调和汉宋、兼收并蓄的学术思想。李鸿章曾充分肯定曾氏“兼综汉宋”“持论最为平允”的治学风尚：

> 盖公之学，其大要在渊源经术，兼综汉宋，以实事求是、即物穷理为主，以古圣人之仁礼为宗，以程、朱之义理为准，以唐杜氏、宋马氏及国朝诸老之考据为佐助，持论最为平允。④

无独有偶，钱穆亦对曾氏“平正通达，宽宏博实”⑤的学术取向作出如是评价：

---

① 徐中舒：《我的学习之路》，《文史知识》1987年第6期，第3页。

② 尚小明：《门户之争，还是汉宋兼采？——析方东树〈汉学商兑〉之立意》，《思想战线》2001年第1期，第139页。

③ 梁启超著，朱维铮导读：《清代学术概论》，上海：上海古籍出版社，1998年版，第69页。

④ （清）李鸿章：《求阙斋文钞序》，（清）曾国藩著，王澧华校点：《曾国藩诗文集》附录二《各家评论摘要》，上海：上海古籍出版社，2005年版，第458页。

⑤ 钱穆：《中国近三百年学术史》下册，北京：商务印书馆，1997年版，第655页。

虽自谓“粗解文章，由姚先生启之”，然平日持论，并不拘拘桐城矩矱，而以姚氏与亭林、蕙田、王怀祖父子同列考据之门，尤为只眼独具。虽极推唐镜海诸人，而能兼采当时汉学家、古文家长处，以补理学枯槁狭隘之病。其气象之阔大，包蕴之宏丰，更非镜海诸人断断徒为传道、翼道之辩者所及。①

之后，曾国藩的“平正通达，宽宏博实”学术思想为被学术界称为晚清桐城学派最后一位宗师的吴汝纶所继承并发扬光大。《清史稿》卷四百八十六《吴汝纶传》说：

汝纶为学，由训诂以通文辞，无古今，无中外，唯是之求。自群经子史、周、秦故籍，以下逮近世方、姚诸文集，无不博求慎取，穷其原而竟其委。②

吴氏指出，汉学、宋学，各有缺陷：

窃谓古经简奥，一由故训难通，一由文章难解，马郑诸儒，通训诂不通文章，故往往迂僻可笑；若后之文士，不通训诂，则又望文生训，有似韩子所讥“郢书燕说”者，较是二者，其失维钧……唐宋文人，于六经能抉摘隐奥矣，其所短则古训失也。朱子于理学家独为知文，其说得失参半，又其文事未深，故古人微妙深远之文，多以后世文字释之，往往不惬人意。③

与以往清儒治学风尚迥然有别，吴氏指出：“义理、文章、训诂，虽一源而分三端，兼之则为极至之诣。”④基于此，吴氏对清代学者鄙弃宋学、祖护汉学、偏执一端的学术风尚提出批判：

我朝儒者鄙弃其说，一以汉人为归，可谓宏伟矣，唯意见用事，

---

① 钱穆：《中国近三百年学术史》下册，北京：商务印书馆，1997年版，第655页。

② 赵尔巽等：《清史稿》卷四百八十六《文苑三》，北京：中华书局，1977年版，第13444页。

③ （清）吴汝纶撰，施培毅、徐寿凯校点：《吴汝纶全集》第三册《尺牍·辑佚·与王晋卿》，合肥：黄山书社，2002年版，第615—616页。

④ （清）吴汝纶撰，施培毅、徐寿凯校点：《吴汝纶全集》第三册《尺牍·辑佚·与王晋卿》，合肥：黄山书社，2002年版，第616页。

于汉则委曲弥缝，于宋则吹毛求疵，又其甚者，据贾、马、许、郑而上讥迁《史》……不能观其会通，而斤斤于汉儒之家法。①

吴氏将“博求慎取”“穷原竟委”的学术思想与“唯是之求”的治学原则贯穿于其宏富的学术论著中。吴氏的代表性学术著作《尚书故》一书，“用近世汉学家体制，考求训诂，一以《史记》为主，《史记》所无，则郢书燕说，不肯蹈袭段孙一言半义”②；《易说》“则用宋元人说经体，亦以训诂文字为主，其私立异说尤多，盖自汉至今，无所不采，而亦无所不扫”③。在以上学术思想与治学原则的主导下，吴氏探索出了一条研治经学的新思路、新途径。

吴氏关于“博求慎取”的学术思想在其学术研究中，还体现在其对于新知、真知的孜孜追求方面。如吴氏根据当时的天文学新知，对《丰卦》六二“丰其蔀，日中见斗”虞翻注“日蔽云中称‘蔀’”提出批判：“但云去地至近，日去地至远，‘日在云下’，乃昔人天算之疏，无是事也。”④又如《尚书·洪范》说：“月之从星，则以风雨。”吴氏论及：“以岁、月、日、星，况上下之相应，非谓君行如此则天应如彼也。自大、小夏侯等推《五行传》，刘向、歆父子傅以行事，而《洪范》一篇，遂为灾异荒怪之嚆矢，班氏取以入史，此其失也。后儒集录伏生《大传》以《洪范五行传》为伏生之作，此考之不审也。……伏生解五行，以为是为人用，不作为天行气之语，其不妄推灾异如《五行传》所言明矣。星之‘好风好雨’，中国经典旧说，今西域天文家不谓然也。”⑤吴氏运用现代科学知识，在对儒家经典作出新的阐释的同时，也给经学研究带来了一些崭新的气象。

徐氏在安庆初级师范学校学习三年，师从晚清桐城学派大师吴汝纶的弟

① （清）吴汝纶撰，施培毅、徐寿凯校点：《吴汝纶全集》第三册《尺牍·辑佚·与王晋卿》，合肥：黄山书社，2002年版，第616页。

② （清）吴汝纶撰，施培毅、徐寿凯校点：《吴汝纶全集》第三册《尺牍·卷一·答黎莼斋》，合肥：黄山书社，2002年版，第101页。

③ （清）吴汝纶撰，施培毅、徐寿凯校点：《吴汝纶全集》第三册《尺牍·卷一·答黎莼斋》，合肥：黄山书社，2002年版，第101页。

④ （清）吴汝纶撰，施培毅、徐寿凯校点：《吴汝纶全集》第二册《易说·卷二·丰》，合肥：黄山书社，2002年版，第171页。

⑤ （清）吴汝纶撰，施培毅、徐寿凯校点：《吴汝纶全集》第二册《尚书故·卷二·洪范》，合肥：黄山书社，2002年版，第625页。

子胡远浚。[①]胡氏直接继承吴汝纶的学术思想与治学原则，其著述以哲学为主，“学问渊博，为世所宗，尤深于老庄之学”[②]。胡氏“除精研哲学外，于其他学科，未尝不津津探讨，以求与哲学中诸问题互参解答也”[③]。徐氏反复强调说，安庆初级师范学校三年所受的中等教育，是其“一生最重要的阶段”，“在这里我受桐城派的影响很深”：

> 一九一七年我在初级师范毕业，这时我所受的中等教育，是我一生最重要的阶段。我在这里啃了些中国旧书，在这里我受桐城派的影响很深。学校里学古文只是练习写作的，但我受了桐城派的启示，就不能以此为满足。桐城派要义理、词章、考据三者并重，我就要求从这三方面充实我自己。[④]

此后，师从徐中舒先生四十余年的唐嘉弘先生，谈到徐氏的治学方法和学风：

> 徐老一贯事必求根，言必求据，穷源究委，上下求索；常将历史学、文献学、古文字学、考古学、民族学诸学科的材料、观点与方法，紧密结合，融会贯通，综合分析，从而提出问题，解决问题，“惟陈言之务去”，能成一家之言，创见甚多，新颖笃实。[⑤]

唐氏以上所论，是颇为切合实际的，唐氏将徐氏的治学方法和学风视

---

① 胡庆禧在《胡远浚传略》中说，胡氏“自幼从叔父读书，承家学渊源”。胡文未言及师承吴汝纶之事。吴天墀在《徐中舒先生对学术、教育的贡献——为其九十诞辰而作》一文中也仅仅言及胡远浚“擅长桐城派古文，与桐城派最后一位巨子吴汝纶（挚甫）有交情”。唯徐氏于《我的学习之路》一文明确言及：“教授我们国文课的是前清举人、桐城派古文大师吴汝纶的弟子胡远浚先生。”笔者以为徐氏文较为可信。参见政协安庆市委文史资料委员会、《安庆文史资料》编辑部编：《安庆文史资料》总第15辑《安庆人物史料专辑（一）·胡远浚传略》，1986年版，第64页；吴天墀：《徐中舒先生对学术、教育的贡献——为其九十诞辰而作》，唐嘉弘主编：《先秦史论集——徐中舒教授九十诞辰纪念论文集》，郑州：中州古籍出版社，1989年版，第3页；徐中舒：《我的学习之路》，《文史知识》1987年第6期，第3页。

② 《安徽通志稿·艺文考·子部》，安庆市地方志办公室藏，1934年版。

③ 胡远浚：《老子述义》附录《胡渊如先生小传》，南京：钟山书局，1933年版。

④ 徐中舒：《我的思想检查》，《人民川大》1952年7月14日，第四版。

⑤ 唐嘉弘：《从徐中舒的治学看史语所的学风》，杜正胜、王汎森主编：《新学术之路——“中央研究院”历史语言研究所七十周年纪念文集》上册，台北：长达印刷有限公司，1998年版，第312页。

为“史语所的学风及治学方法的组成部分”①，但追根求源，则不难看出，徐氏日后在科学研究中形成的优良学风和建立的科学治学方法，则清晰地打着晚清桐城学派“博求慎取”“穷原竟委”的学术思想与“唯是之求”的治学原则的深深印记。

徐氏受桐城学派的另一重要影响，是接受了现代西方思想和理论：

> 我因为学桐城派古文，就读了些严复翻译的《天演论》《社会通译》《群学肄言》这一类的书。因为严复是吴汝纶的弟子，他是用桐城家法来翻译文章的，因此，我就开始接受了些资产阶级的教育，社会进化论和物竞天择优胜劣败的理论，从前所接受的封建教育，也就有些动摇了。②

现代西方思想和理论对于日后徐氏走上新史学之路，产生了深远的影响：

> 一九一九年五四运动之后，彻底改革旧中国的思想弥漫全国……那时整理国故的呼声很高，古史的讨论很热烈，这都很合我的脾胃。我的思想也由主观的尊崇国学转变为客观的整理国故派了。我一方面接受新理论，把学以致用分裂开来。……一方面我开始研读清代汉学家的著述，段玉裁、王念孙、孙诒让所著的有关文字训诂的书；一方面我开始学习甲骨钟鼎，读罗振玉、王国维所著的甲骨书籍。传统的尊经观点，我是没有了。……到一九二五年我入清华大学研究院告一段落，我把以前所受的封建教育与资产阶级社会教育结合起来为新汉学奠立了基础。③

综上可知，安庆初级师范学校的三年，在晚清桐城学派“博求慎取”“穷原竟委”的学术思想与“唯是之求”的治学原则的深刻影响下，徐氏奠定了较为坚实的国学基础，初步培育了实事求是的优良学风，建立博涉基础、综贯会通、穷原竟委、言必有据、独辟蹊径、务求创新的学术思想。与此同时，在现代西方思想和理论的影响下，徐氏自觉走上与传统学

---

① 唐嘉弘：《从徐中舒的治学看史语所的学风》，杜正胜、王汎森主编：《新学术之路——“中央研究院”历史语言研究所七十周年纪念文集》上册，台北：长达印刷有限公司，1998年版，第312页。

② 徐中舒：《我的思想检查》，《人民川大》1952年7月14日，第四版。

③ 徐中舒：《我的思想检查》，《人民川大》1952年7月14日，第四版。

术旨趣迥然有别的新史学之路。有的学者认为，“这可以看作是徐先生从事学术事业的开端”①。因此，该阶段也基本上可以视作徐氏学术思想的重要奠基时期。

第二节　王国维、梁启超的新史学观念与科学的治学门径——徐中舒学术思想渊源之二

徐氏回忆说：“一直到1925年我考上清华国学研究院，遂正式走上了研习中国古史的道路。”②清华国学研究院自筹备之初就确立了“对特种问题为高深之研究”③的目标，并明确了研究内容及方法——“惟兹所谓国学者，乃指中国学术文化之全体而言。而研究之道，尤注重正确精密之方法（即时人所谓科学方法）并取材于欧美学者研究东方语言及中国文化之成绩，此又本校研究院之异于国内之研究国学者也”④。徐氏在清华国学研究院读书的时间仅仅一年之久，但其得以领略学术大师的学术风范与治学门径。

一、对王国维学术思想和治学方法的继承与发展

徐亮工在《徐中舒先生生平编年（未定稿）》中说：“先生在这里奠定了自己一生学业的基础，尤其受王国维影响最巨。”⑤徐氏的回忆也可以证实这一点：

> 在清华国学研究院一年的学习中，我把大部分时间都用在从王国维先生学习古文字，抄写甲骨文、金文，并采用王国维先生提出的“古史二重证法”，将古文字材料与古代的文献典籍相互映证，互相补充，运用于中国古代史的探索之中。《从古书上所见的殷周民族》一文，这是我在清华国学研究院的毕业论文，也是我对中国古代社会研

---

① 徐亮工：《从“书”里到“书”外：徐中舒先生的学术与生平》，《古今论衡》2004年第11期，第117页。

② 徐中舒：《我的学习之路》，《文史知识》1987年第6期，第4页。

③《清华大学筹备委员报告草案：清华大学之工作及组织纲要（十三年十月二一、二日经筹备大学委员会之课程及计画组通过）》，《清华周刊》1924年第332期，第33页。

④ 吴宓：《清华开办研究院之旨趣及经过（开学日演说词）》，《清华周刊》1925年第2期（总第351期）。

⑤ 徐亮工：《徐中舒先生生平编年（未定稿）》，四川联合大学历史系主编：《徐中舒先生百年诞辰纪念文集》，成都：巴蜀书社，1998年版，第315页。

究的开端。[①]

王国维对徐氏古史研究产生最直接的影响，即王氏开创的“二重证据法”：

吾辈生于今日，幸于纸上之材料外，更得地下之新材料。由此种材料，我辈固得据以补正纸上之材料，亦得证明古书之某部分全为实录，即百家不雅驯之言亦不无表示一面之事实。此二重证据法，惟在今日始得为之，虽古书之未得证明者，不能加以否定，而其已得证明者，不能不加以肯定，可断言也。[②]

徐氏在《追忆王静安先生》一文中说：

时先生方讲《古史新证》，以钟鼎款识，及甲骨文字中有关古代史迹者，疏通而证明之，使古史得有地下材料为之根据，此为先生平生最著名之研究。[③]

值得注意的是，王氏开创的“二重证据法”主要用于殷周史研究。随着视野的开阔和研究领域的拓展，王氏研究治学方法亦在不断完善。之后，陈寅恪将王国维学术内容及方法概括为以下三个方面：

其学术内容及治学方法，殆可举三目以概括之者。一曰取地下之实物与纸上之遗文互相释证。凡属于考古学及上古史之作，如《殷卜辞中所见先公先王考》及《鬼方昆夷玁狁考》等是也。二曰取异族之故书与吾国之旧籍互相补正。凡属于辽金元史事及边疆地理之作，如《萌古考》及《元朝秘史之主因亦儿坚考》等是也。三曰取外来之观念，与固有之材料互相参证。凡属于文艺批评及小说戏曲之作，如《红楼梦评论》及《宋元戏曲考》《唐宋大曲考》等是也。此三类之著作，其学术性质固有异同，所用方法不尽符会，要皆足以转移一时之风气，而示来者以轨则。吾国他日文史考据之学，范围纵广，途径纵

① 徐中舒：《我的学习之路》，《文史知识》1987年第6期，第5页。

② 王国维：《古史新证——王国维最后的讲义》，北京：清华大学出版社，1994年版，第2—3页。

③ 徐中舒：《追忆王静安先生》，《文学周报》1928年第276—300期，第68页。

多，恐亦无以远出三类之外。[①]

王国维学术研究的内容极其广泛，从哲学到文学再到历史，研究方法珠联璧合、圆融贯通。毫无疑问，徐氏也是一个文史兼通的名师大家，徐氏回忆说：

> 我年轻时对中国古典文学也有兴趣，曾发表过《木兰歌再考》《古诗十九首考》《五言诗发生时期的讨论》等文章，阐述了自己对中国古代文学的一些看法。……一个人精力有限，要同时在两个方向都取得成功的可能性极小，为了更好地发挥自己的特长，我便放弃了对文学的爱好，将精力专注于中国古史上。[②]

由此可知，徐氏“用边裔民族的资料阐发古代社会发展的实际情况，同样成为研究古代历史的重要途径”[③]的学术思想及古文字学和先秦史研究中“常以考古资料与文献资料相结合，再参以边地后进民族的历史和现况进行互证”[④]的“古史多重证法”，与其说是对王氏“二重证据法”的直接继承和发展，倒不如说是对王氏“取地下之实物与纸上之遗文互相释证”“取异族之故书与吾国之旧籍互相补正”等方法的直接借鉴与综合。

还应注意的是，王氏“二重证据法”作为一种科学的研究方法也暗含批判封建时代史学家“信古之过”与20世纪20年代古史辨“疑古之过”的双重旨趣：

> 孔子曰信而好古，又曰君子于其不知，盖阙如也，故于夏殷之礼曰，吾能言之，杞宋不足征也，文献不足故也。孟子于古事之可存疑者则曰，于传有之于不足信者，曰好事者为之。太史公作《五帝本纪》取孔子所传《五帝德》及《帝系姓》而斥不雅驯之百家言。于《三代世表》取《世本》而斥黄帝以来皆有年数之《谍记》，其术至为谨慎，然好事之徒世多有之。故《尚书》于今古文外，在汉有张霸之百两篇，在魏晋有伪孔安国之《书》。百两虽斥于汉，而伪孔《书》

① 陈寅恪：《王静安先生遗书序》，《金明馆丛稿二编》，北京：生活·读书·新知三联书店，2001年版，第247—248页。

② 徐中舒：《我的学习之路》，《文史知识》1987年第6期，第4页。

③ 徐中舒：《我的学习之路》，《文史知识》1987年第6期，第5页。

④ 徐中舒：《徐中舒历史论文选辑》，北京：中华书局，1998年版，前言，第1页。

则六朝以降行用，迄于今日。又汲冢所出《竹书纪年》自夏以来皆有年数，亦《谍记》之流亚。皇甫谧作《帝王世纪》亦为五帝三王尽加年数，后人乃复取以补太史公书，此信古之过也。……疑古之过，乃并尧、舜、禹之人物而亦疑之。其于怀疑之态度及批评之精神，不无可取，然惜于古史材料未尝为充分之处理也。①

正是基于以上学术思想，王氏提出了处理古史传说的著名的“素地”论：

上古之事，传说与史实混而不分，史实之中固不免有所缘饰，与传说无异；而传之说中亦往往有史实为之素地。②

王氏“素地”论所体现的学术思想，既有别于泥古不化、抱残守缺的信古派，也不同于疑古过甚的古史辨派，呈现出一种崭新的学术取向。徐氏对王氏“素地”论高度重视。如其对《史记·匈奴列传》中有关匈奴族源的传说力陈自己的见解：“此据匈奴的习俗，附会古代传说，可信的程度自然不多，但此传说决不能凭空捏造，至少也得像刘聪之称大汉，赫连勃勃之称大夏一样，必有若干事实为其素地。”③徐氏强调：“商、周以前的古史，大概都可认为传说。传说中固有许多错误、重复、分化、演变种种；但传说总有若干史实为素地，绝不能凭空虚构。”④在王氏“素地”论的基础上，徐氏积极阐发了古史材料审查和运用的“澄滤”说：

古代传说，本多缘饰之词，但亦当有若干事实，为其素地。此若干事实，如在传说中澄滤而出，即与信史无二。而传说之可信与否，即视此澄滤而出之事实之多寡而定。⑤

---

① 王国维：《古史新证——王国维最后的讲义》，北京：清华大学出版社，1994年版，第1—2页。

② 王国维：《古史新证——王国维最后的讲义》，北京：清华大学出版社，1994年版，第1页。

③ 徐中舒：《再论小屯与仰韶》，原刊《安阳发掘报告》1931年第3期，收录徐中舒：《徐中舒历史论文选辑》上册，北京：中华书局，1998年版，第166页。

④ 徐中舒：《陈侯四器考释》附记，原刊《国立中央研究院历史语言研究所集刊》第三本第四分，1933年，收录徐中舒：《徐中舒历史论文选辑》上册，北京：中华书局，1998年版，第445页。

⑤ 徐中舒：《殷人服象及象之南迁》，原刊《国立中央研究院历史语言研究所集刊》第二本第一分，1930年，收录徐中舒：《徐中舒历史论文选辑》上册，北京：中华书局，1998年版，第53页。

徐氏在其向清华国学研究院提交的毕业论文《殷周民族考》一文中言及：

> 史言上古之事，虽属传说，然其立国建都之地，犹可考见。以此证史，固嫌文献之不足，而以此说古代民族分布之迹，则绝好之资料也。①

又如，徐氏论及殷人服象的传说：

> 殷虚产象，既由甲骨文为之证明，则殷人服象之说，经此次澄滤，实已取得信史之价值。而殷代河南产象之说，又因此传说，为两重之证明。②

综上可知，徐氏循着王国维的治学方法和学术思想的主流脉络，加以继承发展、融通创新，并逐步建立起自己独到完善的学术思想体系。

二、梁启超学术思想对徐中舒的深刻影响

在清华国学研究院一年的学习中，除王国维之外，梁启超的治学方法和学术思想亦对徐氏的新史学思想产生过重要的影响。

梁启超是徐氏清华国学研究院读书期间的又一位导师。1926 年 6 月，徐氏向清华国学研究院提交的《徐奄淮夷群舒考》一文，指导老师即为梁启超。梁氏学识渊博，淹贯经史，著作宏富。梁氏学术思想对徐氏的影响是多方面的，兹略举以下几例。

梁启超在《新史学》一书中批判旧史家“知有个人而不知有群体”③：

> 历史者英雄之舞台也。舍英雄几无历史，虽泰西良史，亦岂能不置重于人物哉？虽然，善为史者，以物为历史之材料，不闻以历史人物之画像。以人物为时代之代表，不闻以时代为人物之附属。中国之

---

① 徐中舒：《从古书中推测之殷周民族》，原刊《国学论丛》1927 年第 1 卷第 1 号，收录徐中舒：《徐中舒历史论文选辑》上册，北京：中华书局，1998 年版，第 26 页。

② 徐中舒：《殷人服象及象之南迁》，原刊《国立中央研究院历史语言研究所集刊》第二本第一分，1930 年，收录徐中舒：《徐中舒历史论文选辑》上册，北京：中华书局，1998 年版，第 53 页。

③ 梁启超：《饮冰室合集》第一册《新史学》，北京：中华书局，1989 年版，第 3 页。

史，则本纪、列传，一篇一篇，如海岸之石，乱堆误落。质而言之，则合无数之墓志铭而成者耳。夫所贵乎史者，贵其能叙一群人，相交涉，相竞争，相团结之道，能述一群人，所以休养生息，同体进化之状。①

徐氏对梁氏这一学术思想，心领神会，其在《耒耜考》一文开篇即言及：

如果夏、商以前，我们就有像后来的耒耜耕农，那岂不是我们的农业从最初到现在就没有什么演进？从而我们社会上的一切，也完全在停滞之中。我们的历史，只有几个帝王卿相的号谥，也就可以表示我们文化之古了？②

徐氏产生有别于旧史家“知有个人而不知有群体”③的新的观念，显然是受到了梁启超新史学观念的直接影响。

梁氏在《新史学》中还论及历史学与其他学科之间的关系：

夫地理学也，地质学也，地种学也，人类学也，言语学也，群学也，政治学也，宗教学也，法律学也，平准学也（即日本人所谓经济学），皆与史学有直接之关系。其他如哲学范围所属之伦理学、心理学、论理学、文章学及天然科学范围所属之天文学、物质学、化学、生理学，其理论亦常与史学有间接之关系。④

梁氏强调：“取诸学之公理公例，而参伍钩距之，虽未尽适用，而所得亦必多矣。”⑤按照我们今天的理解，梁氏高度重视学科之间的科际整合，重视历史研究过程中多学科知识、方法、理论的借鉴与运用。梁氏这一学术思想对徐氏学术研究产生过颇为直接深刻的影响。诸如，徐氏在向清华国学研究院提交的毕业论文《殷周民族考》一文论及：“王静安先生谓殷以前帝王宅京，皆在东方，惟周独崛起西土，其界划至为明白。此东

① 梁启超：《饮冰室合集》第一册《新史学》，北京：中华书局，1989年版，第3页。

② 徐中舒：《耒耜考》，原刊《国立中央研究院历史语言研究所集刊》第二本第一分，1930年，收录徐中舒：《徐中舒历史论文选辑》上册，北京：中华书局，1998年版，第72页。

③ 梁启超：《饮冰室合集》第一册《新史学》，北京：中华书局，1989年版，第3页。

④ 梁启超：《饮冰室合集》第一册《新史学》，北京：中华书局，1989年版，第10—11页。

⑤ 梁启超：《饮冰室合集》第一册《新史学》，北京：中华书局，1989年版，第11页。

西两土之民族，是否为同一民族？此问题在人类学地质学未有新发见以前，吾人实不能加以证明。”[①]之后，徐氏屡屡论及：“近代学术的进展，是人们离开书本子而向宇宙间去搜寻去扩充材料的结果”[②]，“天文的观测，气象的记录，地质的探检，地下遗物的发见，方言和民俗的调查，都在书本子以外增加了许多材料。将来这些材料积聚愈多，更不断的继续整理，在不远的将来，一定更有很大的进展”[③]。两相比较，梁氏学术思想对徐氏的影响清晰可见。

又如，在《中国历史研究法》一书中，梁氏用“史料为史之组织细胞，史料不具或不确，则无复史之可言”[④]一语准确概括了史料对于史学研究的重要性；之后，徐氏“史之良窳率以史料为准，史家不能无史料而为史，犹之巧妇不能无米而为炊”[⑤]一语，则基本上是梁氏一语的翻版。在《古书真伪及其年代》一书中，梁氏指出，古诗“在年代未考清楚以前，文学史无从作起”[⑥]。徐氏亦曾指出：“关于此类资料，苟不处置适宜；则吾人一切论断推比皆无所施其功”[⑦]，二者所论，学术旨趣，异曲同工。梁氏将古书辨伪及年代考证方法归纳为“就传授统绪上辨别”和“就文义内容上辨别”两个系统，“一则注重书的来源，一则注重书的本身”[⑧]，强调“从书名或书内的名词可以知道书的真伪”[⑨]，“每一时代的文体各不相同”，并将文体作为“辨伪书最主要的标准”[⑩]。徐氏对古诗年代、作者进行考订，高度重视著录、拟作、称引等重要文献信息，重视古诗的诗体和文字使用特点，将诗体、文字和“特别名称”[⑪]等作为古诗

① 徐中舒：《从古书中推测之殷周民族》，原刊《国学论丛》1927年第1卷第1号，收录徐中舒：《徐中舒历史论文选辑》上册，北京：中华书局，1998年版，第26页。

② 徐中舒：《近代学术是怎样进展的》，《生活与学习月刊》1946年第1卷第5—6期，第5页。

③ 徐中舒：《近代学术是怎样进展的》，《生活与学习月刊》1946年第1卷第5—6期，第5页。

④ 梁启超撰，汤志钧导读：《中国历史研究法》，上海：上海古籍出版社，1998年版，第40页。

⑤ 徐中舒：《殷周之际史迹之检讨》，原刊《国立中央研究院历史语言研究所集刊》第七本第二分，1936年，收录徐中舒：《徐中舒历史论文选辑》上册，北京：中华书局，1998年版，第652页。

⑥ 梁启超演讲，周传儒、姚名达、吴其昌笔记：《古书真伪及其年代》，北京：中华书局，1955年版，第13页。

⑦ 徐中舒：《〈木兰歌再考〉补篇》，《东方杂志》1926年第23卷第11号，第89页。

⑧ 梁启超演讲，周传儒、姚名达、吴其昌笔记：《古书真伪及其年代》，北京：中华书局，1955年版，第45页。

⑨ 梁启超演讲，周传儒、姚名达、吴其昌笔记：《古书真伪及其年代》，北京：中华书局，1955年版，第57页。

⑩ 梁启超演讲，周传儒、姚名达、吴其昌笔记：《古书真伪及其年代》，北京：中华书局，1955年版，第57页。

⑪ 徐中舒：《木兰歌再考》，《东方杂志》1925年第22卷第14号，第72—89页。

年代、作者推定的重要证据之一的学术思想，基本上可以视为梁氏古书辨伪原则及年代考订方法的进一步具体化。总之，在徐氏的学术论著中，梁氏学术思想的影响随处可见。

综上可知，清华国学研究院期间，王国维、梁启超的科学的治学方法与严谨的学术思想，对徐氏日后古史研究产生了直接、深刻的影响，并构成徐氏学术思想的又一个重要源头。

第三节　史语所新汉学理论、方法的借鉴与徐中舒学术思想流变——以傅斯年、李济、陈寅恪对徐中舒的学术影响为例

“中央研究院”历史语言研究所（后文简称史语所）于 1928 年成立于广州，次年迁往北平。该所先后设历史组、语言组、考古组、人类学四个组，会集了傅斯年、陈寅恪、赵元任、罗常培、李方桂、李济、董作宾等一批著名学者。傅斯年在《历史语言研究所工作之旨趣》中，提出了“保持亭林、百诗的遗训”①、“扩张研究的材料”②、“扩张研究的工具”③三条宗旨。史语所一方面继承了乾嘉学派的治学精神，一方面汲取了包括西方近代新史学、人文科学和自然科学在内的研究方法，建设“科学的东方学之正统”④。有的学者指出：“傅斯年创立史语所，不论治学的态度、方法、目标和组织，都为中国二十世纪的学术树立一个新典范。”⑤亦有学者称“傅斯年的《历史语言研究所工作之旨趣》作为近代中国学术转折的标志”⑥。徐亮工在《徐中舒先生生平编年（未定稿）》中说：“1929 年 2 月，经陈寅恪先生推荐，先生受聘于中央研究院历史语言研究所编辑

① 傅斯年：《历史语言研究所工作之旨趣》，《国立中央研究院历史语言研究所集刊》第一本第一分，1928 年，第 7 页。

② 傅斯年：《历史语言研究所工作之旨趣》，《国立中央研究院历史语言研究所集刊》第一本第一分，1928 年，第 7 页。

③ 傅斯年：《历史语言研究所工作之旨趣》，《国立中央研究院历史语言研究所集刊》第一本第一分，1928 年，第 7 页。

④ 傅斯年：《历史语言研究所工作之旨趣》，《国立中央研究院历史语言研究所集刊》第一本第一分，1928 年，第 10 页。

⑤ 杜正胜：《无中生有的志业——傅斯年的史学革命与史语所的创立》，杜正胜、王汎森主编：《新学术之路——“中央研究院”历史语言研究所七十周年纪念文集》上册，台北：长达印刷有限公司，1998 年版，第 1 页。

⑥ 桑兵：《近代学术转承：从国学到东方学——傅斯年〈历史语言研究所工作之旨趣〉解析》，《历史研究》2001 年第 3 期，第 29 页。

员……遂辞去立达、复旦、暨南等校教职，赴北平就职。”[①]1938 年春，“历史语言研究所由长沙迁昆明时，先生即离开了工作 9 年的史语所，由傅斯年推荐，接受中英庚款委员会和四川大学的聘请为四川大学历史系中英庚款教授，挈家入川”[②]。徐中舒在史语所任职长达 9 年，与傅斯年、李济、陈寅恪等均有密切的学术交往，在此期间，徐氏的学术思想亦广泛受到以上学者学术思想和方法的多方面影响。

一、傅斯年的史学观与方法论对徐中舒的影响

早年崇尚太炎之学，此后在胡适直接影响下走上新的治学道路的近代“史料学派”大师傅斯年，自 20 世纪 20 年代初，受到德国比较语言学和现代物理理论的启发，逐步建立起一套崭新的史学观和独到的方法论。在二人长期的学术交往过程中，傅斯年的史学观和方法论对徐中舒新学术之路产生过极为深刻的影响。

诸如，傅氏屡屡论及：“史学的对象是史料”[③]，“史学的工作是整理史料”[④]，“史学便是史料学”[⑤]，在此基础上，傅氏尤其强调“扩张研究的材料”[⑥]，“求新材料”[⑦]。在以后的新学术实践过程中，徐氏“近代学术的进展，如其说是方法的革新；毋宁说是材料的扩充”[⑧]之论断与傅氏的以上学术思想，则明显呈现出异中有同的旨趣。又如，傅氏把“著史的事业之进步，在于由人文的手段，变做如生物学地质学等一般的事业”[⑨]视为中国及欧洲史学观念演进的一个重要表现，并屡屡强调：“现代的历史学研究已经成了一个各种科学的方法之汇集。地质、地理、考古、生

① 徐亮工：《徐中舒先生生平编年（未定稿）》，四川联合大学历史系主编：《徐中舒先生百年诞辰纪念文集》，成都：巴蜀书社，1998 年版，第 319 页。

② 徐亮工：《徐中舒先生生平编年（未定稿）》，四川联合大学历史系主编：《徐中舒先生百年诞辰纪念文集》，成都：巴蜀书社，1998 年版，第 329 页。

③ 傅斯年：《史学方法导论》，刘梦溪主编：《中国现代学术经典·傅斯年卷》，石家庄：河北教育出版社，1996 年版，第 242 页。

④ 傅斯年：《史学方法导论》，刘梦溪主编：《中国现代学术经典·傅斯年卷》，石家庄：河北教育出版社，1996 年版，第 242 页。

⑤ 傅斯年：《史学方法导论》，刘梦溪主编：《中国现代学术经典·傅斯年卷》，石家庄：河北教育出版社，1996 年版，第 243 页。

⑥ 傅斯年：《历史语言研究所工作之旨趣》，《国立中央研究院历史语言研究所集刊》第一本第一分，1928 年，第 7 页。

⑦ 傅斯年：《历史语言研究所工作之旨趣》，《国立中央研究院历史语言研究所集刊》第一本第一分，1928 年，第 9 页。

⑧ 徐中舒：《近代学术是怎样进展的》，《生活与学习月刊》1946 年第 1 卷第 5—6 期，第 4 页。

⑨ 傅斯年：《史学方法导论》，刘梦溪主编：《中国现代学术经典·傅斯年卷》，石家庄：河北教育出版社，1996 年版，第 242 页。

物、气象、天文等学，无一不供给研究历史问题者之工具”①，高呼“要把历史学语言学建设得和生物学地质学等同样”②。傅氏这一积极借鉴多学科理论和方法的主张，与前举梁启超强调加强科际整合的思想如出一辙。这一学术思想对徐氏新学术方法的影响，前已举证，这里不再赘述。

二、李济对徐中舒“地下材料”观及治史方法的影响

李济是中国现代著名考古学家、人类学家，被誉为“中国考古学之父”。1925 年李济曾任清华国学研究院讲师。苏云峰追忆说：“李济因主持安阳考古发掘工作及赴美参加考古学术会议，在研究院讲课的时间每学期不过数周，参加研究院教务会议次数也最少，所指导的学生仅徐中舒、吴金鼎二人。”③自 1929 年以后，李济和徐中舒一起在史语所任职长达数年之久，因此，李氏对徐氏学术的影响发端于清华国学研究院，却主要在史语所时期。

综前所论，早在清华国学研究院读书期间，徐氏治史直接受到王国维“二重证据法”的影响，自觉将“纸上之材料”与“地下之新材料”有机结合研讨古史。由于时代的局限，王氏所说的“地下之材料”显然是指经过地下发掘获得的甲骨文、金文、简牍文字等古文字资料，田野考古发掘所获得的文化遗迹、遗物尚未被视为新材料而加以利用。20 世纪 20 年代以后，仰韶文化、龙山文化的发现以及殷墟的科学发掘，为中国上古史研究提供了大量无文字的第一手研究材料，从而使得“地下之新材料”的内涵大为丰富。1930 年，徐氏发表的《再论小屯与仰韶》④一文，即是将传世文献与田野考古发掘所获得的考古资料进行有机结合的典范之作，而“启发他写出《再论小屯与仰韶》一文的，正是在清华国学研究院教授过考古学的李济先生”⑤。有的学者指出：“在地下证据由文字向实物转换这方面，李氏（按，指李济）的划时代影响无人能及。从徐中舒等人治学的变化可以看出，从王国维到李济这一路向的发展后来基本落实在史语

① 傅斯年：《历史语言研究所工作之旨趣》，《国立中央研究院历史语言研究所集刊》第一本第一分，1928 年，第 6 页。

② 傅斯年：《历史语言研究所工作之旨趣》，《国立中央研究院历史语言研究所集刊》第一本第一分，1928 年，第 10 页。

③ 苏云峰：《从清华学堂到清华大学 1911—1929：近代中国高等教育研究》，北京：生活·读书·新知三联书店，2001 年版，第 316 页。

④ 徐中舒：《再论小屯与仰韶》，原刊《安阳发掘报告》1931 年第 3 期，收录徐中舒：《徐中舒历史论文选辑》上册，北京：中华书局，1998 年版，第 145—181 页。

⑤ 陈力：《徐中舒先生与夏文化研究》，杜正胜、王汎森主编：《新学术之路——“中央研究院”历史语言研究所七十周年纪念文集》上册，台北：长达印刷有限公司，1998 年版，第 326 页。

所”[①]。综上所论，不难看出，史语所时期李济对徐氏治学方法的影响是颇为深刻的。

三、陈寅恪“蒙古史之构成”理论与徐中舒古史构成理论的学术关联

陈寅恪是中国现代最负盛名的集历史学家、古典文学研究家、语言学家、诗人于一身的大师级学者之一。陈氏继承清代乾嘉学者治史中重证据、重事实的科学精神，又吸取西方的“历史演进法”，运用中西结合的考证比较方法，对一些资料穷本溯源、核订确切，并在这个基础上，对纷繁复杂的史实进行综合分析，从许多事物的联系中考证出关键所在，用以解决一系列问题，求得历史面目的真相。陈寅恪虽为清华国学研究院的四大导师之一，然徐亮工在《徐中舒先生生平编年（未定稿）》中说：“（1926年）6月底，先生在清华研究院毕业后，即离北京返皖”[②]，而《吴宓日记》则明确记载，陈氏到清华国学研究院报到的时间是1926年7月8日[③]，显然，徐氏在学术上受到陈氏的影响，并非始于清华国学研究院时期。徐亮工《徐中舒先生生平编年（未定稿）》记载，徐中舒于1929年2月“受聘于中央研究院历史语言研究所编辑员”[④]，又说时史语所“专任研究员傅斯年、顾颉刚、陈寅恪、罗常培、李济等6人”[⑤]，由此可知，陈、徐二氏大体是同时任职史语所的，徐氏学术受到陈氏影响始于史语所时期。

20世纪30年代以后，陈氏与徐氏研究领域并不相同，但其对徐氏新学术道路产生的影响还是颇为深刻的。其中，徐氏古史构成理论则是受到陈氏“蒙古史之构成”理论的直接影响。1930—1931年，陈寅恪先生陆续发表了四篇论文，对《蒙古源流》一书做了多方面研究，其中《彰所知论与蒙古源流——蒙古源流研究之三》[⑥]一文，对该书源流作了确切的论

① 罗志田：《史料的尽量扩充与不看二十四史——民国新史学的一个诡论现象》，《历史研究》2000年第4期，第156页。

② 徐亮工：《徐中舒先生生平编年（未定稿）》，四川联合大学历史系主编：《徐中舒先生百年诞辰纪念文集》，成都：巴蜀书社，1998年版，第316页。

③ 《吴宓日记·第3册：1925—1927》1926年7月8日记载：“十时半，至新宾旅馆，与陈寅恪合乘汽车回校。抵校，进午餐，陈君即住西客厅。下午，陪导陈君至研究院游观。……四时，同谒校长于其宅中，进冰点。”参见吴宓著，吴学昭整理注释：《吴宓日记·第3册：1925—1927》，北京：生活·读书·新知三联书店，1998年版，第188页。

④ 徐亮工：《徐中舒先生生平编年（未定稿）》，四川联合大学历史系主编：《徐中舒先生百年诞辰纪念文集》，成都：巴蜀书社，1998年版，第319页。

⑤ 徐亮工：《徐中舒先生生平编年（未定稿）》，四川联合大学历史系主编：《徐中舒先生百年诞辰纪念文集》，成都：巴蜀书社，1998年版，第319页。

⑥ 陈寅恪：《彰所知论与蒙古源流——蒙古源流研究之三》，《国立中央研究院历史语言研究所集刊》第二本第三分，1931年，第302—309页。

证。陈氏将“考东西文字之蒙古旧史，其世界创造及民族起源之观念”分为“与夫余、鲜卑诸民族相似之感生说”“高车、突厥等民族之神话”“阿剌伯、波斯诸国之文化……附益以天方教之言”“天竺、吐蕃二国之旧载”四类。该文中，陈氏详细地阐发了蒙古民族史之构造之“愈高而愈上者，其时代转较后而较新者”①及“糅合数民族之神话，以为一民族之历史”②之理论。受以上陈氏蒙古史构成理论的影响，徐中舒发表了著名的《陈侯四器考释》一文，较早建立了崭新独到的“中国商、周以前之古史，实即一部古代民族史”③、“中国古史乃由并行的传说，演为直系的系统”④的中国上古史构成理论。

综上可知，史语所时期徐氏所受傅斯年、李济、陈寅恪诸家新汉学观念、理论和方法的影响颇为广泛深刻。在史语所的九年，是徐氏“系统地研治中国古史并在学术界崭露头角的九年”⑤，也是徐氏学术思想形成和完善的重要时期。至于史语所时期及20世纪40年代以后，徐氏与顾颉刚、赵元任、芮逸夫、冯汉骥、蒙文通等名师大家，或广泛交往，或长期相处，他们的学术思想都或多或少地在颇多方面存在着相互影响。但相对于傅斯年、李济、陈寅恪诸家，他们的学术思想则只能称得上是徐中舒学术思想流变中的支流中的支流。

第四节 20世纪50年代的新史学转向

中华人民共和国成立之初，一些从旧时代走过来的知识分子，通过政治学习和思想改造，逐渐理解和接受了马克思主义的辩证唯物论和历史唯物论，学术思想也随之发生了较大的变化。1951年7月28日，在中国史学会成立大会上，郭沫若指出，中国史学界在“历史研究的方法、作风、

① 陈寅恪：《彰所知论与蒙古源流——蒙古源流研究之三》，《国立中央研究院历史语言研究所集刊》第二本第三分，1931年，第302页。

② 陈寅恪：《彰所知论与蒙古源流——蒙古源流研究之三》，《国立中央研究院历史语言研究所集刊》第二本第三分，1931年，第307页。

③ 徐中舒：《陈侯四器考释》，原刊《国立中央研究院历史语言研究所集刊》第三本第四分，1933年，收录徐中舒：《徐中舒历史论文选辑》上册，北京：中华书局，1998年版，第440页。

④ 徐中舒：《陈侯四器考释·附记》，原刊《国立中央研究院历史语言研究所集刊》第三本第四分，1933年，收录徐中舒：《徐中舒历史论文选辑》上册，北京：中华书局，1998年版，第445页。

⑤ 徐亮工：《从“书”里到“书”外：徐中舒先生的学术与生平》，《古今论衡》2004年第11期，第123页。

目的和对象各方面都有了很大转变”“大家都已转移到新的方向”。①20世纪50年代，徐中舒通过学习辩证唯物主义和历史唯物主义，充分认识到“马列主义是科学的普遍真理”②，在学术研究上自觉“接受马克思列宁主义和毛泽东思想教育”③，逐渐完成了从近代新史学向以唯物史观为理论指导的马克思主义新史学的转向。较之于中华人民共和国成立之前，转向至马克思主义新史学前后，徐氏的学术思想发生了较大的变化，并呈现出若干新的时代特色。

一、“转向”的背景与过程

以唯物史观为理论指导的马克思主义史学在中国的建立，可以追溯至20世纪20年代末乃至更早，然在中华人民共和国成立之前，中国马克思主义史学虽然不断获得发展，但始终未成为中国史学的主流。中华人民共和国成立前的1949年7月1日，中国新史学研究会筹备会通过的《中国新史学研究会暂行简章》强调，研究会的宗旨是“学习并运用历史唯物主义的观点和方法，批判各种旧史观，并养成史学工作者实事求是的作风，以从事新史学的建设工作”④。此后，“提倡用科学的历史观点，研究和解释历史、经济、政治、文化及国际事务”⑤，被写进了中华人民共和国成立初期具有临时宪法性质的《中国人民政治协商会议共同纲领》。中华人民共和国成立之初，“学会应用马克思列宁主义的立场、观点和方法，认真地研究中国的历史，研究中国的经济、政治、军事和文化”⑥，由20世纪40年代初领导人的积极倡导，通过全国范围内的政治学习与知识分子的思想改造，逐步落实到中华人民共和国成立之初中国新史学转向的学术实践中。

中华人民共和国成立初期，不少从旧时代过来的史学家，通过学习马

① 郭沫若：《中国历史学上的新纪元》，《进步日报》1951年9月29日，第五版。郭沫若在文中还指出，“转向”表现为：（1）从旧的唯心史观逐步转向为唯物史观；（2）从由个人兴趣出发的个体研究逐步转向到集体研究；（3）研究态度从“名山事业”逐步转向到“为人民服务”；（4）从贵古贱今的偏向逐步转向为注重近代史的研究；（5）从大汉族主义逐步转向到注重和研究各少数民族的历史；（6）从欧美中心主义的思想逐步转向为注重研究亚洲历史。郭沫若同时提到，这种“转向”不是“转变”，只是“转向到新的方向”。

② 徐中舒：《我的思想检查》，《人民川大》1952年7月14日，第四版。

③ 徐中舒：《徐中舒历史论文选辑》，北京：中华书局，1998年版，前言，第1页。

④ 《中国新史学研究会暂行简章》，《人民日报》1949年7月2日。

⑤ 《中国人民政治协商会议共同纲领》，上海：中华书局，1952年版，第36页。

⑥ 毛泽东：《整顿党的作风》，《毛泽东选集》第三卷，北京：人民出版社，1953年版，第817页。

列主义，加强思想改造，开始尝试着实现从近代新史学向马克思主义新史学的转向。如 1950 年 5 月 13 日，缪钺先生致刘永济函中言及："弟近来研读马列学说诸书籍，尊词所谓'补读平生未见书'者也。"[①]1951 年 8 月 5 日，缪先生又讲道："我学习了历史唯物论，知道对历史人物应当用马列主义的立场与观点重新批判。"[②]又如 1951 年 11 月 11 日，高亨致蒙文通先生的函中提到："弟志在用新观点、新方法研究古典，所以于四月间入西南革命大学研究班学习。……对于辩证唯物论和历史唯物论及政治经济学，粗有了解。"[③]1952 年，蒙文通先生致张澜的函中亦讲道："文通于解放后一二年来，研读马列著作，于列宁哲学尤为服膺，不徒有科学之论据，亦驾往旧时哲学而上之。往昔中国文化，其应据以改造修正者何可胜数。"[④]蒙文通"于宋明之确然未是者，积思之久，于陈乾初之说得之，于马列之说证之。尝拟勒为一篇，存汉、宋、明、清义理之合者，而辩其不合者，于中国文化一部分之扬弃工作稍致力焉，俾后之或有志于斯者有所商榷"[⑤]。总之，在新的政治和学术背景下，马列主义既是旧史家政治学习的重要内容，也是业务学习的重要内容。

事实上，中华人民共和国成立初期中国史学界的马克思主义新史学转向，并非一蹴而就，而是经历了一个颇为漫长的过程。1951 年 9 月，中国史学会成立之初，郭沫若指出，中国史学界的这种转向，"应该说是初步地转向"[⑥]。迄 1952 年 2 月，郭氏继续指出："我们在过去两年中也曾进行过相当的（马克思列宁主义）学习，但是效果不大。"[⑦]直到 1958 年，郭沫若在《关于厚今薄古问题——答北京大学历史系师生的一封信》中，仍实事求是地指出："史学界的转向速度并不那么快。"[⑧]之所以产生以

① 缪元朗：《缪钺先生编年事辑》，北京：中华书局，2014 年版，第 128 页。

② 缪钺：《由〈武训传〉、"武训精神"的讨论与批判联系到自己的思想改造和学术革命问题》，（成都）《工商导报·学林副刊》第 15 期，1951 年 8 月 5 日。

③ 《蒙文通先生论学来往信函》，《高亨来函》（1951 年），四川大学历史文化学院编：《蒙文通先生诞辰 110 周年纪念文集》，北京：线装书局，2005 年版，第 31 页。

④ 《致张表方书》，蒙文通著，蒙默编：《蒙文通全集》一《儒学甄微·性理学言》，成都：巴蜀书社，2015 年版，第 371 页。

⑤ 《致张表方书》，蒙文通著，蒙默编：《蒙文通全集》一《儒学甄微·性理学言》，成都：巴蜀书社，2015 年版，第 372 页。

⑥ 郭沫若：《中国历史学上的新纪元》，《进步日报》1951 年 9 月 29 日，第五版。

⑦ 郭沫若：《为科学工作者的自我改造与科学研究工作的改进而奋斗》，《科学通报》1952 年第 3 卷第 1、2 期合刊，第 6 页。

⑧ 郭沫若：《关于厚今薄古问题——答北京大学历史系师生的一封信》，《光明日报》1958 年 6 月 10 日，第一版。

上问题，郭沫若认为，是因为“以前所采取的学习方法是有缺陷的”①：

> 我们贪多骛得地读了一些马列主义的文献，所采取的主要地是客观主义的读法，没有联系自己、联系实际来展开批评和讨论，对于马列主义的认识我们没有达到融会贯通的阶段，没有达到用马列主义的立场、观点和方法来改造自己和工作方法的阶段。②

郭沫若所说的以上情况，在当时的中国学术界颇为普遍。如顾颉刚在1950年7月4日的日记中记录下了当时的情况：“予于辩证法及社会发展史亦甚用功，惟此事非一蹴可及。现在普通机关之学习……除造成几句口头禅之外无所有也。”③顾先生所述，大体能反映出20世纪50年代初旧史家的马克思主义新史学转向过程中的一些历史实际。

20世纪50年代华西大学和四川大学旧史家的马克思主义新史学转向过程中的情形，缪钺先生屡有论述。1951年8月5日，缪氏在《由〈武训传〉、“武训精神”的讨论与批判联系到自己的思想改造和学术革命问题》一文中讲道：“我们都自己以为学习了马列主义……但是一遇到具体的问题，我们常是会流露出违反马列主义的思想。”④1953年6月11日，缪氏又在《我如何讲授中国史与中国文学史》一文中说道：“至于运用马列主义的理论作分析批判，我在这方面是很慎重的。虽然大致的方向不错，但是有些问题，在深入与细致方面，我没有十分把握。”⑤“我自从解放以后，常常试用新观点解释历史事实，批判历史人物，最初我总觉得是对的，但是后来经过与朋友的讨论，或者我自己更多读了些关于历史唯物论的书籍与论文，于是发觉自己以前的意见常是不十分正确的，常是不尽符合马列主义的观点而有旧思想在作祟。”⑥综上可知，早在中华人民

---

① 郭沫若：《为科学工作者的自我改造与科学研究工作的改进而奋斗》，《科学通报》1952年第3卷第1、2期合刊，第6页。

② 郭沫若：《为科学工作者的自我改造与科学研究工作的改进而奋斗》，《科学通报》1952年第3卷第1、2期合刊，第6页。

③ 顾颉刚：《顾颉刚日记》卷六，北京：中华书局，2011年版，第654—655页。

④ 缪钺：《由〈武训传〉、“武训精神”的讨论与批判联系到自己的思想改造和学术革命问题》，（成都）《工商导报·学林副刊》第15期，1951年8月5日。

⑤ 缪钺：《我如何讲授中国史与中国文学史》，《缪钺全集》第七卷《冰茧庵序跋随笔》，石家庄：河北教育出版社，2004年版，第70页。

⑥ 缪钺：《由〈武训传〉、“武训精神”的讨论与批判联系到自己的思想改造和学术革命问题》，（成都）《工商导报·学林副刊》第15期，1951年8月5日，转引自缪元朗：《缪钺先生编年事辑》，北京：中华书局，2014年版，第153—154页。

共和国成立之初，从旧时代走过来的缪钺先生很早就开始“研读马列学说诸书籍”，但和当时绝大多数旧史家的情形类似，真正领会把握马列主义的理论，大都经历了颇为漫长的过程。

这一点，改革开放以后，缪氏的回忆文章说得更为清楚：

> 建国后，我学习了马克思主义，知道只有运用辨（辩）证唯物论与历史唯物论，才能对许多学术问题做出更为科学的论断。不过，真正掌握马克思主义的理论，结合丰富的资料，实事求是、恰如其分地分析问题，还是很不容易的。①
>
> 解放后，我才开始学习马克思主义。既未能深入了解，又因各种运动及“左”思潮之干扰，产生困惑。拨乱反正之后，才体会到，马克思主义的精髓是“实事求是”，而用辩证的观点看问题，世上一切事物都是不断发展变化的而不是僵化的。②
>
> 对于马克思主义理论，我是在解放后才开始学习的，曾试图运用其观点、方法以分析问题，但是总没有能够学好。自从拨乱反正，尤其是党的十一届三中全会之后，提倡解放思想，实事求是，我才逐渐从教条主义的桎梏中解脱出来，认识到，马克思主义的生命力在于其革命性、创造性与开放性，开始有点新的体会。③

在缪氏看来，其克服教条主义，真正掌握马克思主义理论，则是在党的十一届三中全会之后。

据文献记载，1952 年 6 月 3 日，川西区党委派出以龙舒林为组长的工作组进校，组建了由周太玄、谢文炳等 27 人组成的四川大学思想改造学习委员会。④四川大学的知识分子思想改造运动正式开始。1952 年 7 月 14 日，徐中舒先生在《我的思想检查》一文中屡屡讲道：“解放初对于马列主义全无认识”⑤，“解放后对于新理论只有一点感性知识，看不出马列主义全貌”⑥，“今后我要加紧钻研认真学习，用马列主义建立革命的

① 缪钺：《治学琐言》，《缪钺全集》第七卷《冰茧庵序跋随笔》，石家庄：河北教育出版社，2004 年版，第 76 页。

② 缪钺：《我的人生观》，《缪钺全集》第七卷《冰茧庵序跋随笔》，石家庄：河北教育出版社，2004 年版，第 176 页。

③ 缪钺：《自传》，缪元朗编：《缪钺先生学记》，成都：四川大学出版社，2016 年版，第 36 页。

④ 《四川大学史稿》编审委员会编：《四川大学史稿》第二卷，成都：四川大学出版社，2006 年版，第 17 页。

⑤ 徐中舒：《我的思想检查》，《人民川大》1952 年 7 月 14 日，第四版。

⑥ 徐中舒：《我的思想检查》，《人民川大》1952 年 7 月 14 日，第四版。

人生观，武装自己”[①]。较之于缪钺、高亨等学者，徐中舒接触和学习马列主义似乎略迟，一直至1962年12月，徐氏仍自称：“我对马列主义还是一个启蒙的小学生。”[②]结合当时的历史实际，我们认为，徐氏所言，并非全为自谦之辞。诸如，有的学者曾批评徐氏发表的《试论周代田制及其社会性质——并批判胡适井田辨观点和方法的错误》一文，在史料和理论的结合上，“让人有‘孔子穿西装’的错愕感”[③]。我们在今天看来，这一批评虽然有因意识形态差异而产生的偏见，但在一定程度上，其还是反映出当时的部分历史实际。

中华人民共和国成立初期，树立和巩固马列主义在学术界的主导地位是和全面开展批判以胡适为代表的资产阶级唯心主义思想同时进行的。1954年12月10日，四川大学历史系举行“红楼梦研究座谈会”。据报道，座谈会由胡鉴民任主席，伍仕谦、梁仲华、赵卫邦、徐中舒、缪钺、孙次舟相继发言。[④]徐氏发言的内容，未知其详，但笔者推测，1955年1月11日徐氏发表的《我对胡适派资产阶级观点对历史学界毒害的一点认识》一文，很可能与此次发言有关。[⑤]1955年，全国范围内的批判胡适派学术思想和胡风资产阶级文艺思想全面展开。四川大学历史系批判胡适思想的专题有12个，其中包括徐氏的《论胡适对老子年代考证方法的错误》。[⑥]在对胡适派学术思想进行批判的同时，1956—1957年间，四川大学历史系成立政治理论自学小组，徐氏先后参加过两次政治理论讨论会。1956年10月17日下午，徐氏与冯汉骥、缪钺、胡鉴民、赵卫邦等组成政治理论自学小组，并进行第一次讨论会，学习恩格斯的《家庭、私有制和

---

① 徐中舒：《我的思想检查》，《人民川大》1952年7月14日，第四版。

② 徐中舒：《论自然经济、阶级和等级》，《中华文化论坛》1998年第1期，第48页。按，徐氏是文完成于1962年12月2日，系徐先生为四川大学第四次科学讨论会提交的论文。徐先生生前，是文未发表，迄徐先生百年诞辰之际，方由徐亮工先生整理发表于《中华文化论坛》1998年第1期。

③ 赖建诚：《井田辨：诸说辩驳》，台北：学生书局，2012年版，第43页。

④ 《严肃批判胡适派学术思想的影响——记历史系教师关于〈红楼梦研究〉的批判》，《人民川大》第144期，1954年12月17日，第三版。《徐中舒先生生平编年（未定稿）》和《缪钺先生编年事辑》均提到此次座谈会和徐先生发言。徐亮工：《徐中舒先生生平编年（未定稿）》，四川联合大学历史系主编：《徐中舒先生百年诞辰纪念文集》，成都：巴蜀书社，1998年版，第342页；缪元朗：《缪钺先生编年事辑》，北京：中华书局，2014年版，第173页。

⑤ 徐中舒：《我对胡适派资产阶级观点对历史学界毒害的一点认识》，《四川日报》1951年1月11日，第三版。

⑥ 《中文、历史两系教师拟出专题批判胡适与胡风资产阶级学术思想》，《人民川大》第153期，1955年4月2日，第一版。

国家的起源》，由冯汉骥作中心发言。[①]1957 年 1 月 9 日，徐氏参加政治理论自学小组第二次座谈会，继续学习《家庭、私有制和国家的起源》，由胡鉴民作中心发言，徐氏做补充发言。[②]在此期间，徐氏还先后参加了四川大学两次科学讨论会。在 1956 年 11 月 9 日，四川大学历史系中国史教研组组织的座谈会上，徐氏认为，西周的生产力已达到封建社会生产力的水平，进而用边区存在过的奴隶社会为范例，说明奴隶制与封建制的差别，论证了作为西周封建制的特征，并由此判定西周是封建社会。[③]1957 年 2 月中旬，在四川大学历史系第二次科学讨论会上，徐氏做了《论西周是封建制社会——兼论殷代社会性质》的报告。[④]综上可知，从 1954 年 12 月到 1957 年 2 月，徐氏将系统学习马列主义政治理论和深入批判胡适派资产阶级唯心主义思想相结合，并积极参与到马克思主义唯物史观指导下的中国古史分期大讨论中。和诸多以史料见长的旧史家类似，对中国古史分期问题的讨论，为徐氏运用马克思主义唯物史观研究中国历史提供了重要的实践机会，加速了其学术研究从近代新史学向马克思主义新史学的转向进程。较之于中华人民共和国成立之前，转向至马克思主义新史学后，徐中舒的学术思想发生了较大的变化，并呈现出若干新的时代特色。

二、由重史料、考据转向史料、理论并重

20 世纪 30—40 年代，整个史学界长期笼罩在“史学的工作是整理史料”[⑤]，“史学便是史料学”[⑥]的浓郁氛围里。在史料派的深刻影响下，徐

① 参见成众：《历史系教师政治理论小组自学小组座谈“家庭、私有制和国家的起源”》，《人民川大》第 198 期，1956 年 12 月 4 日，第一版。

② 参见成众：《一次成功的学习谈论会》，《人民川大》第 202 期，1957 年 1 月 16 日，第二版。按，徐亮工《徐中舒先生生平编年（未定稿）》将第二次座谈会时间记为 1957 年 1 月 16 日，座谈会和《人民川大》报道时间不可能为同日，显然错误。徐亮工：《徐中舒先生生平编年（未定稿）》，四川联合大学历史系主编：《徐中舒先生百年诞辰纪念文集》，成都：巴蜀书社，1998 年版，第 344 页。缪元朗《缪钺先生编年事辑》，所记时间是正确的。参见缪元朗：《缪钺先生编年事辑》，北京：中华书局，2014 年版，第 180 页。

③ 参见嘉弘：《四川大学历史系关于中国古代史分期问题的讨论》，《历史研究》1957 年第 1 期，第 93—94 页。徐亮工《徐中舒先生生平编年（未定稿）》所记讨论会日期为 1956 年 11 月 19 日，王承军《蒙文通先生年谱长编》照录《徐中舒先生生平编年（未定稿）》。

④ 嘉弘：《四川大学第二次科学讨论会历史系分会概况》，《历史研究》1957 年第 4 期，第 88 页。

⑤ 傅斯年：《史学方法导论》，刘梦溪主编：《中国现代学术经典·傅斯年卷》，石家庄：河北教育出版社，1996 年版，第 242 页。

⑥ 傅斯年：《史学方法导论》，刘梦溪主编：《中国现代学术经典·傅斯年卷》，石家庄：河北教育出版社，1996 年版，第 243 页。

氏亦曾屡屡论及："史之良窳率以史料为准，史家不能无史料而为史，犹之巧妇不能无米而为炊"①，"近代学术的进展，如其说是方法的革新，毋宁说是材料的扩充"②。笔者以为，徐氏前一句话基本可以看作梁启超"史料为史之组织细胞，史料不具或不确，则无复史之可言"③一语的翻版，那么，后一句话则同傅斯年积极主张的"扩张研究的材料"④、"求新材料"⑤学术旨趣，颇为吻合。

史料对于历史研究的重要性，自然不言而喻。马克思主义唯物史观派史学家同样充分肯定："史料的整理与鉴别，是研究历史最基本的工作"⑥，但和史料派不同，唯物史观派大家翦伯赞则认为，史学的任务，"不止于史料的整理，而是要辩证史料，综合史料，写成完整而有系统的历史"⑦。"史料是重要的，但更重要的是理论。不用正确的理论来分析研究，史料等于废物。"⑧和翦伯赞的观点类似，郭沫若亦曾有相似的论述：

> 研究历史当然要有史料。马克思主张尽可能地占有大量资料，也说明资料对科学研究的重要。占有了史料，就必须辨别它的真假，查考它的年代，去其糟粕，取其精华，这一番检查的功夫，也就是所谓考据。这些工作是不可少的，是应该肯定的。但它毕竟是历史研究的初步阶段。没有史料固然不能研究历史，专搞史料也决不能代替历史学。过去，旧的史学工作者停滞在这初步阶段，就认为很够了，说什么整理史料即历史学，这显然是错误的。⑨

---

① 徐中舒：《殷周之际史迹之检讨》，原刊《国立中央研究院历史语言研究所集刊》第七本第二分，1936年，收录徐中舒：《徐中舒历史论文选辑》上册，北京：中华书局，1998年版，第652页。

② 徐中舒：《近代学术是怎样进展的》，《生活与学习月刊》1946年第1卷第5—6期，第4页。

③ 梁启超撰，汤志钧导读：《中国历史研究法》，上海：上海古籍出版社，1998年版，第40页。

④ 傅斯年：《历史语言研究所工作之旨趣》，《国立中央研究院历史语言研究所集刊》第一本第一分，1928年，第7页。

⑤ 傅斯年：《历史语言研究所工作之旨趣》，《国立中央研究院历史语言研究所集刊》第一本第一分，1928年，第9页。

⑥ 翦伯赞：《正在展开中之史学的反动倾向》，《文萃》1947年第2卷第15—16期，第43页。

⑦ 翦伯赞：《正在展开中之史学的反动倾向》，《文萃》1947年第2卷第15—16期，第43页。

⑧ 翦伯赞：《目前历史教学中的几个问题》，《翦伯赞全集》第四卷《历史问题论丛增补本》，石家庄：河北教育出版社，2008年版，第379页。

⑨ 《郭沫若全集·历史编》第三卷《史学论集·关于目前历史研究中的几个问题——答〈新建设〉编辑部问》，北京：人民出版社，1984年版，第483页。

与此同时，郭沫若还进一步指出：

> 占有和整理了史料，如何运用它们，这是历史研究中更重要的问题。有了史料，如果没有根据辩证唯物主义和历史唯物主义的方法加以处理研究，好像炊事员手中有了鱼、肉、青菜、豆腐而没有烹调出来一样，不能算作已经做出了可口的菜。研究历史的目的，是要用大量的史料来具体阐明社会发展的规律。①

徐氏曾屡屡检讨，其在史语所工作了九年，“没有从历史唯物观点出发”②，入川以后十多年间写了几篇论文，如《井田制度探原》《结绳遗俗考》《黄河流域穴居遗俗考——兼论地上建筑的由来》，“这几篇在研究古代社会发展史时，也许有一点参考价值，但是这都属于非马列主义的，是要经严格的批判才能采用的”③。在特定的时代背景下，徐氏的检讨中不乏自污之论，但大体看来，中华人民共和国成立之前其发表的《古诗十九首考》④、《木兰歌再考》⑤、《耒耜考》⑥、《陈侯四器考释》⑦、《殷周之际史迹之检讨》⑧、《结绳遗俗考》⑨、《黄河流域穴居遗俗考——兼论地上建筑的由来》⑩、《九歌九辩考》⑪等一系列学术名篇，仅仅从篇名即可

---

① 《郭沫若全集·历史编》第三卷《史学论集·关于目前历史研究中的几个问题——答〈新建设〉编辑部问》，北京：人民出版社，1984年版，第485页。

② 徐中舒：《我的思想检查》，《人民川大》1952年7月14日，第四版。

③ 徐中舒：《我的思想检查》，《人民川大》1952年7月14日，第四版。

④ 徐中舒：《古诗十九首考》，原刊《立达》季刊1925年第1期，收录徐中舒：《徐中舒历史论文选辑》上册，北京：中华书局，1998年版，第1—12页。

⑤ 徐中舒：《木兰歌再考》，《东方杂志》1925年第22卷第14号，第72—89页。

⑥ 徐中舒：《耒耜考》，原刊《国立中央研究院历史语言研究所集刊》第二本第一分，1930年，收录徐中舒：《徐中舒历史论文选辑》上册，北京：中华书局，1998年版，第72—127页。

⑦ 徐中舒：《陈侯四器考释》，原刊《国立中央研究院历史语言研究所集刊》第三本第四分，1933年，收录徐中舒：《徐中舒历史论文选辑》上册，北京：中华书局，1998年版，第405—446页。

⑧ 徐中舒：《殷周之际史迹之检讨》，原刊《国立中央研究院历史语言研究所集刊》第七本第二分，1936年，收录徐中舒：《徐中舒历史论文选辑》上册，北京：中华书局，1998年版，第652—691页。

⑨ 徐中舒：《结绳遗俗考》，原刊《说文月刊》1944年第4卷合订本，收录徐中舒：《徐中舒历史论文选辑》上册，北京：中华书局，1998年版，第705—712页。

⑩ 徐中舒：《黄河流域穴居遗俗考——兼论地上建筑的由来》，原刊《中国文化研究汇刊》1950年第9卷，收录徐中舒：《徐中舒历史论文选辑》下册，北京：中华书局，1998年版，第787—800页。

⑪ 徐中舒：《九歌九辩考》，原刊《史学论丛》1949年第1卷，收录徐中舒：《徐中舒历史论文选辑》下册，北京：中华书局，1998年版，第771—786页。

看出，其在历史研究过程中，重视史料、考据的实证主义特色颇为鲜明。

自 1951 年 1 月起，徐氏学术思想已开始呈现出颇为明显的变化。诸如，1951 年 1 月 7 日，徐氏发表的《论殷代社会的氏族组织》一文，大体上可以视为徐氏运用马克思主义理论研究中国早期社会形态的开篇之作。该文就已不再是纯粹的考证文章了。

该文开篇，徐氏即讲道：

> 近二十多年来，国内外学者开始用唯物史观研治中国历史，已经有了显著的成就。但是关于中国奴隶社会的内容及其分期，在研究的过程中还有很多的歧见，一直没有得到一个客观而比较一致的结论。这中间有两个不容易解决的问题：一、氏族社会是奴隶社会的基层组织，而在中国史上关于氏族的资料，还是极端的缺乏或是过于零碎；就是中国四裔的兄弟民族的历史，也都是氏族组织解体以后而以家族谱系为骨干来写成的，所以它的面貌是一直是看不清楚的。二、希腊、罗马的奴隶社会到铁器时代才出现，而中国的封建社会反而在铜器时代就已经存在了，这个距离是不容易比较说明的；亚细亚生产方式在马克思的著作里，只有简略的概念，关于这方面我们期待他日再作进一步的研究。①

该文徐氏自觉地以马克思主义唯物史观为理论指导，以坚实的传世文献、古文字资料为基础，参证周边地区民族学材料，论从史出，自觉克服以往史观派学者将马克思主义教条化、公式化等倾向。此后，徐氏所发表的《论秦与匈奴的统一及其经济原因》②、《论东亚大陆牛耕的起原》③、《试论周代田制及其社会性质——并批判胡适井田辨观点和方法的错误》④、《论西周是封建制社会——兼论殷代社会性质》⑤、《论商于中、

---

① 徐中舒：《论殷代社会的氏族组织》，（成都）《工商导报·学林副刊》第 1 期，1951 年 1 月 7 日，收录徐中舒：《徐中舒历史论文选辑》，北京：中华书局，1998 年版，第 801 页。

② 徐中舒：《论秦与匈奴的统一及其经济原因》，（成都）《工商导报·学林副刊》第 12 期，1951 年 6 月 17 日。

③ 徐中舒：《论东亚大陆牛耕的起原》，（成都）《工商导报·学林副刊》第 24 期，1951 年 12 月 23 日。

④ 徐中舒：《试论周代田制及其社会性质——并批判胡适井田辨观点和方法的错误》，《四川大学学报（社会科学版）》1955 年第 2 期，第 51—90 页。

⑤ 徐中舒：《论西周是封建制社会——兼论殷代社会性质》，《历史研究》1957 年第 5 期，第 55—78 页。

楚黔中和唐宋以后的洞——对中国古代村社共同体的初步研究》[①]、《对古史分期问题的几点意见》[②]、《论殷周的外服制——关于中国奴隶制和封建制分期的问题》[③]等文，均为史料、理论兼备的鸿篇力作。通过以上探讨，徐氏对于中国古代社会形态和发展道路等重大问题形成一系列独到的见解，建立起中国古史分期与古代社会形态的周密贯通的论点体系。由于以上论述更能够贴近古代中国的历史实际，毫无疑问，其在客观上对中国马克思主义史学的发展起到了积极的推进和深化作用。

史料、理论并重也是马克思主义史学的基本要求。长期坚持以马克思主义唯物史观为理论指导的郭沫若，亦同样强调史料、理论并重：

> 固然，史料不能代替历史学，但在历史研究中，只有历史唯物主义的一般原理而没有史料，那是空洞无物的。炊事员仅抱着一部烹调术，没有做出席面来，那算没有尽到炊事员的责任。由此看出，没有史料是不能研究历史的。因而，对搜集、考察史料的工作，不能一概加以否定。[④]

然而，20 世纪 50 年代，中国史学界不少学者在批判近代史料派"史学便是史料学"论点的同时，却又转向至重理论轻史料，乃至否定史料在历史研究中的地位和作用的错误倾向。

翦伯赞曾严厉批判当时学术界广为流行的"以论带史"倾向：

> 有一个时期，在学校里曾经流行过"以论带史"的口号，这个口号在当时是起过一定的积极作用的。通过这个口号，我们反击了资产阶级的"唯史料论""史料即史学"等等的谬论，从原则上扭转了那种轻视马克思列宁主义、毛泽东著作的资产阶级历史学的倾向。但是这个口号带有很大的片面性，在我个人看，甚至可以说是错误的。因为"以论带史"的提法，意味着研究历史要从理论或概念出发，不从

---

① 徐中舒：《论商于中、楚黔中和唐宋以后的洞——对中国古代村社共同体的初步研究》，《四川大学学报（哲学社会科学版）》1978 年第 1 期，第 59—71 页。

② 徐中舒：《对古史分期问题的几点意见》，《四川大学学报（哲学社会科学版）》1979 年第 1 期，第 65—67 页。

③ 徐中舒、唐嘉弘：《论殷周的外服制——关于中国奴隶制和封建制分期的问题》，原刊《人文杂志》增刊《先秦史论文集》，1982 年，收录徐中舒：《徐中舒历史论文选辑》下册，北京：中华书局，1998 年版，第 1410—1428 页。

④ 《郭沫若全集·历史编》第三卷《史学论集·关于目前历史研究中的几个问题——答〈新建设〉编辑部问》，北京：人民出版社，1984 年版，第 486 页。

具体史实出发。这和马克思主义经典著作上的提法是不符合的。……正确的提法应该是观点与材料统一。①

综上可见，迄20世纪50年代后，通过系统学习马列主义，长期受史料派学术思想深刻影响的徐中舒先生，在向马克思主义新史学转向过程中，显然并非放弃史料，以论带史，从一个极端走向另一个极端，而是由此前的重史料、考据转向为史料、理论并重。转至马克思主义新史学之后，徐氏和以郭沫若、翦伯赞为代表的唯物史观派的学术思想，已看不出有什么明显的区别。

三、由微观研究为主转向宏观、微观研究兼顾

微观研究与宏观研究之间的关系，学术界已做过不少深入的探讨。有的学者从文学评论的角度论及：

宏观研究如果不以微观研究作基础，必然会导致论题大、框架大，缺少丰富的容量，深邃的内涵，不可能真正有所突破。微观研究如果不以宏观研究作指导，囿于一孔之见而沾沾自喜，当然不会有多少价值。②

事实上，以上论述也同样适用于历史学。在历史研究过程中，和材料与观点的统一性要求类似，要自觉做到微观研究与宏观研究相结合。如有的学者对中国经济史研究中微观研究与宏观研究之间的关系，亦曾作如下论述：

深入开展具体专题的研究和区域性的研究，固然有助于推动中国经济史的细部考察，进而以小见大，剖析中国经济史的方方面面。但是如果中国的经济史学者都把主要精力用于细部的考察，它终究无法完全代替中国经济历史的整体宏观审视。中国经济史学的构建，将缺乏其应有的完整性。③

---

① 翦伯赞：《目前历史教学中的几个问题》，《翦伯赞全集》第四卷《历史问题论丛增补本》，石家庄：河北教育出版社，2008年版，第413—414页。

② 张德林：《文学评论的个性与风格》，《文学评论》1983年第6期，第119页。

③ 陈支平：《理论探索、宏观研究与旧事重提》，《中国经济史研究》2006年第1期，第12页。

20世纪50年代初，徐氏曾在思想检查中自污式地说，其在史语所期间发表的《耒耜考》《再论小屯与仰韶》《殷周之际史迹之检讨》《陈侯四器考释》等文，“只有一鳞片爪”①，但在当代学者看来，这些研究成果体现的正是民国考据史学家所向往和提倡的“小题大做，以小见大的研究境界”②。时过境迁，20世纪50年代之前，徐氏所作一系列选题过于狭窄、考证过于琐细的微观研究和当今“高层次的史学活动，必须紧紧围绕长时段问题、全局性问题、本质性问题展开，重视规律总结、理论概括和提升，坚持究天人之际、通古今之变”③的要求，显然仍有一定的距离。

20世纪50年代以后的相当长的一段时期，史学界在向马克思主义新史学转向过程中，对于民国考据式的微观研究矫枉过正，迄改革开放前期，历史研究过程中重宏观研究、轻微观研究的倾向颇为突出。如有的学者曾对20世纪五六十年代《历史研究》所发表的中国古代史研究文章进行统计后指出：“围绕‘五朵金花’问题展开的讨论当之无愧的占据了史学论文的第一把交椅。”④“先秦史是古史分期问题争论的焦点，其中有30余篇相关论文；秦汉史关于社会性质的讨论文章约有一半；明清史的繁盛则源于资本主义萌芽问题的讨论。”⑤此后，徐中舒先生曾有过如下论述：

> 三中全会以前，主要是五十年代，集中的讨论了古史分期问题，后来，还相继重印和新编不少通史性著作。由于对先秦史上许多重大问题，没有认真进行深入的分析研究，见仁见智，众说纷纭；从史料的理解到马克思主义理论的领会，都莫衷一是，形成了偏重宏观研究，忽略微观研究的局面。现在二者并重，结合起来是十分必要的。……如果能够把每一个局部的历史问题加以研究解决，一个全面的科学的古史体系才能建立在坚实的基础上。⑥

由此可见，转向马克思主义新史学之后的徐中舒，坚持的是宏观研

① 徐中舒：《我的思想检查》，《人民川大》1952年7月14日，第四版。

② 王学典：《20世纪史学进程中的“乾嘉范式”》，《新史学与新汉学》，上海：上海古籍出版社，2013年版，第140页。

③ 高翔：《推动新时代中国史学繁荣发展》，《人民日报》2019年1月15日，第五版。

④ 盖志芳：《〈历史研究〉（1954—1966）研究》，山东大学博士学位论文，2010年，第119页。

⑤ 盖志芳：《〈历史研究〉（1954—1966）研究》，山东大学博士学位论文，2010年，第118页。

⑥ 徐中舒：《关于夏商史研究——〈夏商史论集〉序言》，《郑州大学学报（哲学社会科学版）》1985年第1期，第30页。

究、微观研究并重，并自觉地在学术实践中将二者有机地结合起来。颇可值得注意的是，在20世纪50至60年代，除了参与古史分期问题讨论，发表上举数篇论文外，徐氏对此后被学术界称为“五朵金花”的封建社会土地所有制、资本主义生产关系萌芽、封建社会农民战争、汉民族的形成等重大理论问题，似乎兴趣不大，也基本未看到其有相关问题的著述。① 由此可见，在相当长的时期，徐氏对于中国现代学术上这场参与人数之多、规模之大、持续时间之久的学术大讨论，则始终保持着极其清醒和理性的态度，从而避免走上重宏观、轻微观的歧路。

徐氏采用宏观研究、微观研究相结合的方法研究中国古代历史，最典范的例证即分别发表于《四川大学学报（社会科学版）》1959年第2期和1960年第1期的《巴蜀文化初论》《巴蜀文化续论》等。较之于20世纪40年代徐氏发表的《古代四川之文化》②、《蜀锦——缎为蜀中原产六朝时由蜀输入江南》③等文，这一特点颇为显著。

迄今为止，巴蜀文化的概念，学术界理解并不统一，目前较有影响力的一种意见认为：“巴蜀文化是指从古至今以四川盆地为中心，以历史悠久的巴文化和蜀文化为主体，包括周邻地区各少数民族文化在内的多元复合

① 徐亮工在《徐中舒先生生平编年（未定稿）》中说，1961年9月1日，先生写成《论中国古代社会自然经济与城乡对立等有关问题》一文，这是先生继20世纪50年代参加中国古史分期问题的讨论，写出《试论周代田制及其社会性质》《论西周是封建制社会——兼论殷代社会性质》等文后，则是对这一问题所作的进一步探讨。参见徐亮工：《徐中舒先生生平编年（未定稿）》，四川联合大学历史系主编：《徐中舒先生百年诞辰纪念文集》，成都：巴蜀书社，1998年版，第349页。此文写好后先生并未交给刊物发表，而是实践着他自己“放一放”的原则，直至徐先生一百周年诞辰之后，该文方由徐亮工提交《中国文化》发表于2001年第17期、18期合刊。《徐中舒先生生平编年（未定稿）》中还提到，1962年12月2日，先生完成论文《论自然经济、阶级和等级》（未公开发表）的写作。同月8日，四川大学举行第四次科学讨论会，先生在会上做了《论自然经济、阶级和等级》的学术报告。参见徐亮工：《徐中舒先生生平编年（未定稿）》，四川联合大学历史系主编：《徐中舒先生百年诞辰纪念文集》，成都：巴蜀书社，1998年版，第351页。由此可见，徐氏一直在结合马列经典文献，对相关理论问题进行深入思考。该篇遗稿于徐先生百年诞辰之际方由徐亮工提交《中华文化论坛》1998年第1期发表。此外，《徐中舒先生生平编年（未定稿）》中还提到，1959年4月3日，历史系举行学术研讨会，就对曹操的评价问题展开辩论，先生在会上发言，不同意郭沫若先生所说曹操继承了黄巾运动的观点。参见徐亮工：《徐中舒先生生平编年（未定稿）》，四川联合大学历史系主编：《徐中舒先生百年诞辰纪念文集》，成都：巴蜀书社，1998年版，第349页。此发言虽见于《人民川大》1959年4月1日，第339期的报道，但迄今未见徐氏有相关文章发表。显然，即使对古史分期问题的讨论，徐氏也未盲目跟风，对于其他重大理论问题的讨论，则更加保持了清醒和理性的态度。

② 徐中舒：《古代四川之文化》，《史学季刊》1940年第1卷第1期，第28—41页。

③ 徐中舒：《蜀锦——缎为蜀中原产六朝时由蜀输入江南》，《说文月刊》1942年第3卷第7期，第127—129页。

文化的总汇。”①当代学者强调，“巴蜀文化是一个博大精深的文化体系，它主要包括政治、经济、社会和精神文化几个子系统，由这几个子系统组成它的基本框架，在不同层面上展开它的全部内容”②。显然，徐氏《巴蜀文化初论》《巴蜀文化续论》所论述的是一个博大精深的宏观论题。

徐氏《巴蜀文化初论》《巴蜀文化续论》并非仅仅停留于对巴蜀文化特色的泛泛而谈层面，而是以大量坚实可信的文献资料、考古资料和民族学材料为基础，将巴蜀文化置于中国文化的大背景下加以系统地考察，诸如其以栈道、索桥及考古遗址出土的陶器、卜甲为据，力证“四川是古代中国的一个经济文化区，但是它并不是孤立的。也不是与其他地区，尤其是与中原地区没有联系的”③；“巴蜀虽然仅限于祖国的一隅，但是它与祖国其它部分仍然息息相关，就在远古时代也不例外”④。其通过从“更广阔的范围”⑤、“从全国范围”⑥对巴蜀古代人群移徙及蛮僚族属的分析，从而得出“中国广大的人民群众，原来就是一家”⑦的颇具一定说服力的宏观结论。

四、进一步重视民族史研究，研究方法日趋科学

徐氏对民族史的关注，可以追溯至20世纪20年代其在清华国学研究院时期的《殷周民族考》⑧、《徐奄淮夷群舒考》⑨两篇论文，迄20世纪80年代，徐氏在谈到其学习之路时说：“我系统地学习民族史是在解放以后。”⑩徐氏这一说法，显然是就其学术思想由新史学路径向唯物史观转变后的民族史研究而言。⑪20世纪50年代以后，徐氏进一步重视民族历史研究，应与当时特定的政治与学术背景密切相关。

中华人民共和国成立后不久，随着全国性的民族识别与少数民族社会历史调查工作的大规模展开，民族史研究日渐受到重视。如岑家梧先生积

---

① 段渝主编：《巴蜀文化史》，成都：四川人民出版社，2012年版，前言，第1页。

② 段渝主编：《巴蜀文化史》，成都：四川人民出版社，2012年版，前言，第1页。

③ 徐中舒：《巴蜀文化初论》，《四川大学学报（社会科学版）》1959年第2期，第21页。

④ 徐中舒：《巴蜀文化续论》，《四川大学学报（社会科学版）》1960年第1期，第1页。

⑤ 徐中舒：《巴蜀文化续论》，《四川大学学报（社会科学版）》1960年第1期，第1页。

⑥ 徐中舒：《巴蜀文化续论》，《四川大学学报（社会科学版）》1960年第1期，第1页。

⑦ 徐中舒：《巴蜀文化续论》，《四川大学学报（社会科学版）》1960年第1期，第43页。

⑧ 该文发表于《国学论丛》1927年第1卷第1号，发表时题目改为《从古书中推测之殷周民族》。

⑨ 徐氏一直将此文珍藏，直到去世后才由后人整理，以《蒲姑、徐奄、群舒、淮夷考》为题发表于《四川大学学报（哲学社会科学版）》1998年第3期，第65—76页。

⑩ 徐中舒：《我的学习之路》，《文史知识》1987年第6期，第5页。

⑪ 周书灿：《古史材料扩充与徐中舒上古民族研究》，《浙江社会科学》2016年第3期，第141页。

极呼吁："迅速地开展少数民族历史研究工作。"[①]翁独健先生指出："中国少数民族历史的研究与编写，是摆在中国史学工作者面前的一项极重要、极迫切的任务"[②]，并强调指出："少数民族历史的研究是直接为我国民族工作服务的，它的研究成果将有助于各族人民的团结合作，有助于全国各族人民共同向社会主义迈进。因此，它是一项极重要的政治任务。"[③]与此同时，翁氏还强调，要做好少数民族历史研究的工作，完成研究少数民族历史的任务，"全国各族从事少数民族历史研究工作的人必须加强学习历史唯物主义与马克思列宁主义关于民族问题的学说和理论，以及中国的民族政策"[④]；"史学工作者必须与民族学、考古学和语言学各方面的工作者紧密合作"[⑤]。由此可见，中华人民共和国成立后，徐氏进一步重视少数民族历史研究，在马克思主义历史唯物主义的指导下系统地学习民族史，完全可以视为20世纪50年代徐氏马克思主义新史学转向过程中学术思想发生较为深刻变化的又一重要表现。

早在20世纪50年代之前，四川大学的民族学、民族史等研究就已有较好的基础。如受到了徐中舒、冯汉骥、胡鉴民、任乃强等多位名师大家的影响[⑥]，很早就对民族史、西南地方史产生浓厚兴趣的唐嘉弘先生，在

① 岑家梧：《迅速地开展少数民族历史研究工作》，《光明日报》1955年5月18日。

② 翁独健：《关于中国少数民族历史研究的情况和问题》，中央民族学院研究部编：《中国民族问题研究集刊》第5辑，1956年，收录《民族史论文选（1951—1983）》上册，北京：中央民族学院出版社，1986年版，第1页。

③ 翁独健：《关于中国少数民族历史研究的情况和问题》，中央民族学院研究部编：《中国民族问题研究集刊》第5辑，1956年，收录《民族史论文选（1951—1983）》上册，北京：中央民族学院出版社，1986年版，第9页。

④ 翁独健：《关于中国少数民族历史研究的情况和问题》，中央民族学院研究部编：《中国民族问题研究集刊》第5辑，1956年，收录《民族史论文选（1951—1983）》上册，北京：中央民族学院出版社，1986年版，第9页。

⑤ 翁独健：《关于中国少数民族历史研究的情况和问题》，中央民族学院研究部编：《中国民族问题研究集刊》第5辑，1956年，收录《民族史论文选（1951—1983）》上册，北京：中央民族学院出版社，1986年版，第9页。

⑥ 20世纪30年代末至40年代，人类学、民族学日益受到重视。1938年夏，冯汉骥为进行"西南人种学及体质人类学调查"，只身前往松潘、里番、茂县、汶川等地考察羌族资料。胡鉴民也在20世纪30年代末至40年代初进行了羌族、苗族的调查工作。自1929年起，任乃强三次考察西康地区，搜集了大量第一手资料，先后完成了《西康诡异录》《西康十一县考察报告》《西康图经》《康藏史地大纲》《吐蕃丛考》等著作。1946年任乃强在四川大学发起组织了中国第一个专门从事藏学研究的民间学术团体康藏研究社，出版了《康藏研究月刊》，在国际藏学界赢得了极大声誉。抗战时期，巴蜀史的研究一时蔚为风潮。随着徐中舒、蒙文通、缪钺等学者先后加入巴蜀史研究，巴蜀文化与西南地方史研究得到空前发展。参见贾大泉、陈世松主编：《四川通史》卷七《民国》，成都：四川人民出版社，2010年版，第556—557页。

《中国古代民族研究》自序中说：

> 我的老师徐中舒教授经常指出：先秦史距离现代是遥远的，要清楚理解先秦史上的问题，民族志和民族学上的材料不能忽视，应当把它摆在一个十分重要的位置上。徐老还强调了考古学对先秦史研究的重大意义。正如马克思所说："要认识已灭亡的动物的身体组织，必须研究遗骨的构造。"古代民族社会史料，正是研究先秦史可供借鉴的"遗骨"；而我国现存的少数民族及其社会历史，正是研究中国古代史——尤其是研究先秦史的"活化石"或一面镜子。①

由此可知，20 世纪 50 年代以后，徐氏进一步重视少数民族历史研究，在马克思主义历史唯物主义的指导下系统地学习民族史的意义和价值，远远超出了纯粹的民族史研究，更重要的则在于徐氏试图通过民族史研究，以获取研究先秦史可供借鉴的"遗骨"，研究中国古代史——尤其是先秦史的"活化石"或"一面镜子"。从这重意义上讲，徐氏进一步重视少数民族历史研究，在马克思主义历史唯物主义的指导下系统地学习民族史，更不断促进其长期积极倡导并科学实践地将文献记载、考古资料、民族史、民族志记载及通过民族调查获取的民族学材料有机结合起来研究古代历史的古史多重证法，进一步科学完善。

徐氏曾经充分肯定民族史、民族志及民族调查等民族学材料在中国古代历史研究中的重要作用：

> 过去不少历史学家在研究中国古代历史时，着眼于文献史料的钻研，这当然是完全必要的和应该如此的；但是，如果忽视了考古学上的出土资料……忽视了人类社会历史的"活化石"——民族学资料，往往导致或多或少的局限性，难于对有关社会历史问题进行深入的全面的分析与综合，同时对于古代文献上的费解之处难于作出合乎历史实际的解释。②

徐氏曾结合马克思主义经典作家的论述，对以上论点进行系统的申论：

① 唐嘉弘：《中国古代民族研究》，西宁：青海人民出版社，1987 年版，自序，第 2 页。

② 徐中舒：《〈西双版纳份地制与西周井田制比较研究〉序言》，《云南社会科学》1989 年第 5 期，第 42 页。

许多历史现象说明，在人类社会历史的演进过程中，在一些民族社会当中，出现了许多带有共性的事物，历史学家能够在其中找出各式各样的规律，能在一些浅演或后进的民族社会里面找到人们经历过来的社会历史影子。这个道理，马克思和恩格斯都给予了十分认真的重视。……民族学所提供的资料，不仅对原始社会史有重大参考价值，对于奴隶社制会和封建制社会的研究，也同样具有重大价值。……中国古代历史上的许多哑谜，仍然需要利用民族学的调查资料去进行破解。①

20世纪50年代后，徐氏更加重视民族学材料在中国古代历史研究中的借鉴参证价值。诸如其结合大量南方民族史材料，深入了解探讨中国古代村社共同体的形态和亚细亚生产方式的理论价值：

远在太古时代，中国大陆上普遍存在一种原始形态的村社共同体。这种共同体因时代和地区的不同，在商代汉中地区则称为于中，在战国时代夜郎的东境则称为黔中，在唐宋以后的西南地区则通称为洞（溪洞或山洞）。名称虽有不同，所指都是属于这一类型的村社。它就是以一夫一妻制父系家庭，在土地公有的基础上合耦共耕共同分配生产物的社会团体。这样的村社，是殷周两代赖以建立庞大的专制王朝的社会基础。……这和十九世纪存在于印度的村社共同体，十分相似，它们都是属于同一类型的社会。这种村社共同体就是构成古代亚细亚生产方式的社会基础。②

又如，徐氏将大量民族学材料视为“研究人类母系社会最重要的宝库”：

我们生息于父系社会，经过了几千年，对于母系社会还了解得不多。在中国古代历史中，由于一部分羌人还停留在母系社会中，他们就建立了许多女国：在战国时代有西王母；在唐代有东女，有苏毗。吐蕃兴起以后，征服了苏毗，苏毗就由母系转为父系。只有东女留在

---

① 徐中舒：《〈西双版纳份地制与西周井田制比较研究〉序言》，《云南社会科学》1989年第5期，第42—43页。

② 徐中舒：《论商于中、楚黔中和唐宋以后的洞对中国古代村社共同体的初步研究》，《四川大学学报（哲学社会科学版）》1978年第1期，第59页。

四川、云南之间，现在的纳西族实行望门居的阿注婚，他们就是东女的后裔。母系社会在中国延续之久，分布之广，都是我们研究人类母系社会最重要的宝库。西方学者过去没有接触到这些资料，摩尔根《古代社会》里没有，恩格斯《家庭、私有制和国家的起源》里也没有。①

徐氏将文献记载、考古资料和民族学材料有机结合起来研究中国古代历史，尤其是先秦史的多重证法，在其弟子唐嘉弘先生的先秦史研究中，被娴熟地加以运用。唐先生在《中国古代民族研究》自序中讲道：

建国后，我先后在四川大学西南民族研究组和文科研究所治民族史和先秦史。我国的不少古代民族通过自己的具体途径，从原始社会向奴隶制社会或封建制社会过渡；先秦史上的一些重大问题，都和这一过渡密切相关。各个民族社会发展的规律性及其绚丽多彩的演进行程，均有许多贴切生动的材料，可以相互印证，相互补充。很自然的，先秦史和民族史二者结合起来了。②

改革开放以来，随着考古学、民族学、人类学等学科的蓬勃发展，把历史学、考古学、民族学结合起来，互相补充及互相印证的综合、比较研究的方法，日益受到学术界的普遍重视。早在20世纪50年代，范文澜先生即认为，较历史文献和考古资料更为丰富、生动、充满活力的民族学材料，形象地被称为“山野妙龄女郎”③，并认为同她打交道“往往是发现新的问题，进行新的探索，得出新的结论的重要途径”④。由此可见，转向至马克思主义新史学后，徐氏积极采用“以考古资料与文献资料相结合，再参以边地后进民族的历史和现况进行互证”⑤的方法研究先秦史和古文字，“由于观察思考方面较广，易得其实”⑥。在这一点上，徐氏和范文澜的学术思想，显然不谋而合，别无二致。二者的区别则在于，徐氏

① 徐中舒：《〈羌族史稿〉序》，《历史研究》1983年第1期，第60—61页。

② 唐嘉弘：《中国古代民族研究》，西宁：青海人民出版社，1987年版，自序，第1—2页。

③ 范文澜：《介绍一篇待字闺中的稿件》，《光明日报》1956年5月24日，收录《范文澜全集》第十卷《文集》，石家庄：河北教育出版社，2002年版，第354—358页。

④ 刘尧汉：《前言——忆范老等前辈对我的教诲》，《彝族社会历史调查研究文集》，北京：民族出版社，1980年版，第6页。

⑤ 徐中舒：《徐中舒历史论文选辑》，北京：中华书局，1998年版，前言，第1页。

⑥ 徐中舒：《徐中舒历史论文选辑》，北京：中华书局，1998年版，前言，第1页。

及其弟子自觉地将这一学术思想落实到马克思主义新史学转向之后的学术实践中。

综上可知，和绝大多数从旧时代走过来的知识分子类似，在新的政治和学术背景下，徐氏通过参加政治学习和马克思主义思想改造及长期系统地学习马列主义理论，自觉完成了从近代新史学向以唯物史观为理论指导的马克思主义新史学的转向，并直接影响到其学术思想发生一系列重大变化。这主要表现为，在此后的学术研究中，徐氏由此前重史料、考据转向为史料、理论并重；由重微观研究转向宏观研究、微观研究兼顾；进一步重视民族史研究，继续完善并积极实践将文献记载、田野考古资料相结合，再参以民族学材料进行互证的古史多重证法等。

第二章　史料分类、澄滤与扩充的理论与方法

第一节　对史料的分类与运用

在长期的学术实践中，徐中舒在对传世文献的史料价值进行科学发掘的同时，逐渐建立起传世文献、古文字资料、田野考古资料、语言学材料、档案材料和民族学材料相互扩充、补证、辅助、比勘、参照的广泛的史料观与古史多重证法。徐氏在对多学科纷繁复杂的古史材料进行科学澄滤、审查的基础上，有机结合，综合运用，从而为其新史学研究奠定了坚实的史料学基础。其积极倡导并科学实践的古史多重证法大大促进了中国现代学术方法论的变革，为新时期中国古史研究的拓展与深化指明了一条可资借鉴的路向。

自20世纪初中国新史学兴起后，史料对于史学研究的重要性为越来越多的史学家所肯定。梁启超曾经论及："史料为史之组织细胞，史料不具或不确，则无复史之可言。"①傅斯年甚至直言："史学的工作是整理史料"，"史学便是史料学"。②直接师承王国维、梁启超并深受傅斯年学术影响的徐中舒亦曾有类似的表述："史之良窳率以史料为准，史家不能无史料而为史，犹之巧妇不能无米而为炊。"③"近代学术的进展，如其说是方法的革新，毋宁说是材料的扩充。"④与此同时，田野考古工作大规模开展，殷墟甲骨文、汉晋简牍、敦煌文书等大批新史料不断出土，国内少数民族文字的发现与运用，明清以来档案、文集、方志、笔记、报刊的整理与出版，为中国史学研究提供了空前丰富的珍贵史料，新史料的发现不断刷新着单靠传世文献治史的传统史料观。王国维较早将史料区分为

---

① 梁启超撰，汤志钧导读：《中国历史研究法》，上海：上海古籍出版社，1998年版，第40页。

② 傅斯年：《民族与古代中国史》附录三《史学方法导论》，石家庄：河北教育出版社，2002年版，第420—421页。

③ 徐中舒：《殷周之际史迹之检讨》，原刊《国立中央研究院历史语言研究所集刊》第七本第二分，1936年，收录徐中舒：《徐中舒历史论文选辑》上册，北京：中华书局，1998年版，第652页。

④ 徐中舒：《近代学术是怎样进展的》，《生活与学习月刊》1946年第1卷第5—6期，第4页。

“纸上之材料”与“地下之新材料”[①]，梁启超将史料区分为“在文字记录以外者”和“在文字记录者”[②]，傅斯年将史料区分为“直接的史料”和“间接的史料”[③]，顾颉刚更将史料区分为“实物”“记载”“传说”三类[④]。尽管以上各家分类方法不同，但各家皆注意到，史料并不仅仅限于传世文献，“扩充史料”“促成史学之进步”已成为新史学家们新史学研究的一致目标。[⑤]

对于史料的分类，徐中舒最初似基本上承袭了王国维的“纸上之材料”与“地下之新材料”之二分法，但如果认真品味，则可发现徐氏的史料观另有不少新的旨趣：

> 吾人如尚论殷以降至殷、周之际，则又觉有难言者。其地下史料如铜器等，虽偶有发见，但尚无甲骨文字及其同出器物之丰富整秩。吾人决不能仅据此若干遗物，以治此期之史。至于旧有之纸上史料，其出于当时所记述者，如《周书》所载既为周人一方面之辞，而又残阙不全。其出于后来相传述者，如战国之世百家所称，大王、王季、文、武、周公积德累行吊民伐罪之说，则又食土践毛之民，历代积誉之总录。[⑥]

这里，首先应该强调的是，徐氏以上所论的史料，仅仅局限于自“殷以降至殷、周之际”，而并非针对整个中国古代史乃至中国通史而论。值

---

① 王国维：《古史新证——王国维最后的讲义》，北京：清华大学出版社，1994年版，第2页。

② 梁启超撰，汤志钧导读：《中国历史研究法》，第42页。该书第40—60页记载梁氏将“现存之实迹”“传述之口碑”“遗下之古物”皆视为“在文字记录以外者”，将“旧史”、“关系史迹之文件”（档案、函牍、私家之行状、家传、墓文等）、“史部以外之群籍”、“类书及古逸书辑本”、“古逸书及古文件之再现”、“金石及其它镂文”、“外国人著述”皆视为“在文字记录者”。

③ 傅斯年：《民族与古代中国史》附录三《史学方法导论》，石家庄：河北教育出版社，2002年版，第421页。傅氏解释说：“凡是未经中间人手修改或省略或转写的，是直接的史料；凡是已经中间人手修改或省略或转写的，是间接的史料。《周书》是间接的材料，毛公鼎则是直接的；《世本》是间接的材料（今已佚），卜辞则是直接的；《明史》是间接的材料，明档案则是直接的。”

④ 顾颉刚：《战国秦汉间人的造伪与辨伪》，吕思勉、童书业编著：《古史辨》第七册上编，上海：上海古籍出版社，1982年版，第1页。

⑤ 傅斯年：《民族与古代中国史》附录三《史学方法导论》，石家庄：河北教育出版社，2002年版，第448页。

⑥ 徐中舒：《殷周之际史迹之检讨》，原刊《国立中央研究院历史语言研究所集刊》第七本第二分，1936年，收录徐中舒：《徐中舒历史论文选辑》上册，北京：中华书局，1998年版，第652页。

得注意的是，和王氏不同，徐氏不仅将“纸上史料”区分为“当时所记述者”和“后来相传述者”两种，而且“地下材料”似乎亦并不仅仅局限于殷墟出土的甲骨文、金文等古文字资料。徐氏所言“铜器”，实际上相当于以上所举新史学家们所说的“在文字记录以外者”、“直接的史料”或“实物”。兹可以从 1933 年徐氏为北京大学历史系编印的《殷周史料考订大纲》讲义稿得到印证。[①]在中国考古学工作尚未全面展开之前，王国维于现代考古发现之遗址、遗迹、遗物等未能见到而无法涉及。随着中国田野考古工作的全面展开，徐氏逐渐将地下史料的范围扩充至甲骨文、金文、简牍文字等以外的考古学遗迹、遗物等，并有机结合语言学材料、档案材料、民族学材料治史，从而进一步丰富了古史研究的地下证据材料。之后，在长期的学术实践中，徐氏研究领域在不断拓宽的同时，学术视野日臻开阔，娴熟地运用更为丰富的新旧史料和古史多重证法治史，建立起广泛的史料观与科学的方法论。

一、传世文献史料价值的科学发掘

中国古代传世文献，屡经后人修改、省略或转写，往往掺杂有不同时期不同作者的个人观念，“真赝错出，非经谨严之抉择，不能甄别适当”[②]。徐氏对待传世文献的态度是谨慎的，诸如对于传世文献所载古代传说，其并未不加分析地盲目信从，亦未主观武断地予以彻底否定：“古代传说，本多缘饰之词，但亦当有若干事实，为其素地。此若干事实，如在传说中澄滤而出，即与信史无二。而传说之可信与否，即视此澄滤而出之事实多寡而定。”[③]徐氏曾根据殷墟发掘的甲骨文及旧石器时代遗物，推测“殷代河南实为产象之区”，“旧石器时代，中国北部，曾为犀、象长养之地”，并综合考察了古代黄河流域象之南迁的若干事实，在此基础上推论《吕氏春秋·古乐篇》所载殷人服象之事及《孟子》卷三所云“周公

---

① 讲义稿中“第二 殷周史料”一目，徐氏将“地下材料”分列为“（甲）甲骨文字”“（乙）殷虚遗物”“（丙）铜器款识及其图释”三部分，同时又专列“殷代遗址及其发掘”一目，尤其在“（4）发掘”条目下简明扼要地列举出“地下情形之重要——首被注意之陶片、铜范、骨刻、石器等——版筑及地下室——文化层”一个笼统的粗纲。参见徐中舒：《殷周史料考订大纲》，北京大学历史系讲义，铅字印刷稿。

② 梁启超撰，汤志钧导读：《中国历史研究法》，上海：上海古籍出版社，1998 年版，第 69 页。

③ 徐中舒：《殷人服象及象之南迁》，原刊《国立中央研究院历史语言研究所集刊》第二本第一分，1930 年，收录徐中舒：《徐中舒历史论文选辑》上册，北京：中华书局，1998 年版，第 53 页。

相武王，诛纣伐奄……驱虎豹犀象而远之”必为古代相传之信史[①]，断言：“《吕氏春秋》与《孟子》并为战国末年之书，其时服象之事，早已轶出黄河流域居民记忆之外，必不能臆造此种传说也。”[②]和近代以来的疑古派不同，徐氏运用“澄滤”说[③]，积极发掘传世文献，尤其是“后来相传述”文献的史料价值，并科学地运用考而后信的文献史料进行古史研究。

《左传》一书是中国最早而又最详备完整的编年史著作，是研究春秋及其以前历史的一部难得的文献。《周礼》一书，一般被认为是战国后期人采择西周、春秋时期的官制和其他相关原始资料，参考战国时期各国已实行的有关政治制度，再加上编撰者自己的政治理想，综合融会，编纂而成，是一部研究周代的极重要的文献。长期以来，《左传》《周礼》二书也是学术界争议极大的两部古书。晚清以来，自刘逢禄著《左氏春秋考证》一书，首倡《左传》乃刘歆附益改窜之作[④]，刘氏的论点得到皮锡瑞[⑤]的充分肯定，并对廖平[⑥]、康有为[⑦]、崔适[⑧]等产生重要影响。康有为、崔适的《左传》刘歆伪经说经过钱玄同[⑨]等人的倡导，一度对学术界影响很大，如郭沫若[⑩]、徐仁甫[⑪]等学者均曾在此说基础上立论。和对《左传》

---

① 徐中舒：《殷人服象及象之南迁》，原刊《国立中央研究院历史语言研究所集刊》第二本第一分，1930年，收录徐中舒：《徐中舒历史论文选辑》上册，北京：中华书局，1998年版，第58页。

② 徐中舒：《殷人服象及象之南迁》，原刊《国立中央研究院历史语言研究所集刊》第二本第一分，1930年，收录徐中舒：《徐中舒历史论文选辑》上册，北京：中华书局，1998年版，第58页。

③ 周书灿：《论徐中舒的“澄滤”说与古史建设理论》，《四川大学学报（哲学社会科学版）》2011年第2期，第23—29页。

④ （清）刘逢禄著，顾颉刚校点：《左氏春秋考证》，北京：朴社，1933年版，第46—47页。

⑤ （清）皮锡瑞：《经学历史》，北京：中华书局，1959年版，第41页。

⑥ （清）廖平著，张西堂点校：《古学考》，北京：景山书社，1935年版，第53—54页。

⑦ （清）康有为著，章锡琛点校：《新学伪经考》，北京：古籍出版社，1956年版，第84页。

⑧ （清）崔适著，张烈点校：《史记探源》，北京：中华书局，1986年版，第70—71页。

⑨ 钱玄同：《左氏春秋考证书后》，顾颉刚编著：《古史辨》第五册上编，上海：上海古籍出版社，1982年版，第3页。

⑩ 郭沫若先生曾推测：“《春秋左氏传》是刘歆割裂古史搀杂已见而伪托的”，“凡是《左传》上解经的语句，如‘礼也’‘非礼也’一类的文章，都是刘歆所窜加。观书的几句话直承在窜加语的‘礼也’之下，而把上下文的聘与享一联的事迹插断，作伪的痕迹甚为显着”。“《左传》和《国语》，其实是一套，同是经过刘歆玩过把戏的东西，而刘歆是古文家的宗主。……便是《左传》昭七年文是刘歆的造作固不用说，便是《史记·孔子世家》中的关于正考父的那一段，明明也是经过刘歆窜改的。”参见《郭沫若全集·历史编》第一卷《青铜时代》，北京：人民出版社，1982年版，第529、384—385、447页。

⑪ 徐仁甫：《左传疏证》，成都：四川人民出版社，1981年版，第1—2页。

的怀疑相比，学术界对《周礼》一书的怀疑更甚。清代学者方苞《周官辨伪》一书“就《周礼》中可疑者摘出数条，断以己见，分《别伪》《辨惑》二门，大旨以窜乱归之刘歆”①。此后，经今文经学家不遗余力鼓吹，此说更为盛行。廖平断言：“此书乃刘歆本《佚礼》羼臆说糅合而成者，非古书也”②，康有为亦指斥《周官》六篇“盖刘歆所伪撰也”，“歆之伪学，此书为首”③。徐氏高度重视《周礼》《左传》二书的史料价值：

> 《周礼》《左传》二书为今古文学家聚讼之焦点，晚近今文学家至斥为刘歆之所伪造，其说实不足据。《左传》保存极多信史资料，其成书当在战国初期，绝非汉人所得伪作。《周礼》成书当在春秋末或战国初。所载周代典制，虽非周公致太平之迹，然其书实多存春秋、战国时列国之典要。吾人如取以论彼时政治社会之背景，则仍具信史价值。④

在《井田制度探原》⑤、《试论周代田制及其社会性质——并批判胡适井田辨观点和方法的错误》⑥、《论西周是封建制社会——兼论殷代社会性质》⑦等文，徐氏科学地运用《周礼》保存的周代田制、兵制资料，提出一系列独到的见解。此后，徐氏详细地考察了《左传》一书所依据的文献。徐氏认为，《左传》所依据的文献除《春秋》和《国语》外，还有《世》《令》《诗》《礼》《故志》《训典》等书，“《左传》就是凭借了这样繁富的资料编纂成书的，在旧史中实具有很高的信史价值”⑧。在指出“春秋时代官写的文献资料是相当复杂的”⑨同时，徐氏还强调指出：

① （清）永瑢、纪昀主编，周仁等整理：《四库全书总目提要》，海口：海南出版社，1999年版，第129页。

② （清）廖平著，张西堂校点：《古学考》北京：景山书社，1935年版，第3页。

③ （清）康有为著，章锡琛点校：《新学伪经考》，北京：古籍出版社，1956年版，第73页。

④ 徐中舒：《井田制度探原》，原刊《中国文化研究汇刊》1944年第4卷上册，收录徐中舒：《徐中舒历史论文选辑》下册，北京：中华书局，1998年版，第714页。

⑤ 徐中舒：《井田制度探原》，原刊《中国文化研究汇刊》1944年第4卷上册，收录徐中舒：《徐中舒历史论文选辑》下册，北京：中华书局，1998年版，第713—760页。

⑥ 徐中舒：《试论周代田制及其社会性质——并批判胡适井田辨观点和方法的错误》，《四川大学学报（社会科学版）》1955年第2期，第51—90页。

⑦ 徐中舒：《论西周是封建制社会——兼论殷代社会性质》，《历史研究》1957年第5期，第55—78页。

⑧ 徐中舒：《〈左传〉的作者及其成书年代》，《历史教学》1962年第11期，第36页。

⑨ 徐中舒：《〈左传〉的作者及其成书年代》，《历史教学》1962年第11期，第35页。

《左传》记事固然有些浮夸失实的地方，但是，它还是充分地利用了当时所能获得的成文的以及传诵的一切文献资料，取精用宏，有意识地以《春秋》为纲领，按年编写这个时期的历史。此外，《左传》也保存了春秋以前的古史旧说。因此，它又是研究春秋以前的古史必须参考的重要史籍。①

徐氏赞同章学诚“六经皆史”②的论点，并明确指出：“六经中不但《尚书》《春秋》是史，就是《易》《礼》《诗》《乐》也是人类社会的记录……六经就是古代的史料。”③

值得注意的是，徐氏并不否认古代文献在流传过程中，由于种种原因产生的错乱。如他曾讲到《战国策》所记战国史事错乱的情况：

战国时的历史，既赖当时游说之士递相传习而保存至今，但这些游说之士为达到其游说目的，对于当时的历史不惜加以杜撰和窜改，也造成这个时期历史不少的错乱。这些错乱的历史，流传二千余年还没有得到彻底的澄清。④

南宋姚本《战国策》是传世最好的版本。此书虽经过曾巩、姚宏、吴师道以及清代许多学者的校订，存在的问题还是不少。《国策》的成书和流传的版本，存在这样一大堆问题，我们要利用这些资料，就必须慎重的考虑了。⑤

徐氏亦曾论及《史记·西南夷列传》庄蹻王滇传说存在的问题：

《史记》庄蹻王滇之说，存在的问题，确是不少。司马迁作《西南夷传》，有许多都是他亲身经历的见闻，翔实可信；但有关滇王的部分，则得之于传闻，也是很明显的事实。……庄蹻的故事，他只在昆明得自传闻，而不能再作进一步的调查，存在一些问题，也是难以避免的。⑥

---

① 徐中舒：《〈左传〉的作者及其成书年代》，《历史教学》1962年第11期，第35页。

② （清）章学诚著，刘公纯标点：《文史通义》卷一《内篇·易教上》，北京：古籍出版社，1956年版，第1页。

③ 徐中舒：《〈左传〉的作者及其成书年代》，《历史教学》1962年第11期，第30页。

④ 徐中舒：《论〈战国策〉的编写及有关苏秦诸问题》，《历史研究》1964年第1期，第150页。

⑤ 徐中舒：《论〈战国策〉的编写及有关苏秦诸问题》，《历史研究》1964年第1期，第135页。

⑥ 徐中舒：《试论岷山庄王与滇王庄蹻的关系》，《思想战线》1977年第4期，第81—82页。

然尽管如此，徐氏并未因此而否定《战国策》《史记·西南夷列传》的史料价值。徐氏强调："在古代史料匮乏的时代，有时片言只字，也是非常可贵的记录"，"战国时代最基本的史料是《战国策》"。①司马迁《史记·西南夷列传》"为我们保存了这些原始的地方史料，信以传信，疑以传疑，功绩长在人间，是永远不会磨灭的"②。甚至被历代学者斥为怪诞不经之书的《山海经》，徐氏也予以高度重视：

> 《山海经》中既有山、水、动、植、矿等自然现象的知识；又有社会现象的知识，包括政治、军事、经济、巫术、图腾、神话、部落酋豪、传承世系等；还有一些韵语节段，应属谚语或歌词。内容如此丰富……《山海经》是可大放异彩，充分显示出它的珍贵的史料价值。③

综上所述，徐氏不断依据考古资料和民族学材料，通过对传世文献史料价值的"澄滤"与发掘，获取大量丰富可信的珍贵史料，并运用考而后信的珍贵文献材料，开拓性地进行古史研究与建设。

二、古文字资料对传世文献的扩充

目前学术界普遍认为，利用地下出土的甲骨文、金文等古文字资料考证古史，始于罗振玉、王国维二人。事实上，早在罗、王之前，古代不少学者已经充分注意到金石文字的史料价值及其对传世文献的补正作用。钱大昕曾举证宋代以来金石学资料的两种价值："自宋以来，谈金石刻者有两家：或考稽史传，证事迹之异同；或研讨书法，辨源流之升降。"④事实上，早在钱氏之前，顾炎武更强调金石文字的考史价值："余自少时，即好访求古人金石之文，而犹不甚解，及读欧阳公《集古录》，乃知其事多与史书相证明，可以阐幽表微，补阙正误，不但词翰之工而已。"⑤诸如顾氏《日知录》卷四"春秋时月并书"条，除举证《尚书》外，特别强

---

① 徐中舒：《论〈战国策〉的编写及有关苏秦诸问题》，《历史研究》1964 年第 1 期，第 133 页。

② 徐中舒：《试论岷山庄王与滇王庄蹻的关系》，《思想战线》1977 年第 4 期，第 82 页。

③ 徐中舒、唐嘉弘：《〈山海经〉和"黄帝"》，《〈山海经〉新探》，成都：四川省社会科学院出版社，1986 年版，第 100 页。

④ （清）钱大昕：《潜研堂文集》卷二十五《郭伯允金石史序》，顾廷龙主编：《续修四库全书》第 1438 册，《集部》影印清嘉庆十一年刻本，上海：上海古籍出版社，2002 年版，第 668 页。

⑤ 《亭林文集》卷二《金石文字记序》，顾廷龙主编：《续修四库全书》第 1402 册，《集部》影印四部丛刊景清康熙本，上海：上海古籍出版社，2002 年版，第 82 页。

调“其他钟鼎古文多如此”，作为传世文献证据的补充。

直接师承王国维的徐氏，自走上新史学之路开始，即以古文字记录的古代史事为史料，“将古文字材料与古代的文献典籍相互映证，互相补充，运用于中国古代史的探索之中”①。1926年6月，徐氏向清华国学研究院提交的《殷周民族考》《徐奄淮夷群舒考》两篇论文，即已开始自觉借鉴王氏所积极倡导的“二重证据法”。前文为证明“殷、周畿内之内称夷”的论点，徐氏除了征引《左传》昭公二十六年、《后汉书·郡国志》、《周礼·凌人》郑注、《孝经》、《经典释文》、《汉书·樊哙传》颜注、《史记·秦本纪》、《逸周书·作雒》等传世文献外，还征引兮甲盘、师酉镦铭文资料，互为补充，参相映证。《徐奄淮夷群舒考》受到梁启超“从音训及金文款识以贯串传注，精思独辟，有左右逢源之乐”之高度评价。此后，循着这一方向，徐氏相继发表了《耒耜考》②、《殷人服象及象之南迁》③、《殷周文化之蠡测》④、《遞敦考释》⑤、《厵氏编钟考释》⑥、《陈侯四器考释》⑦、《殷周之际史迹之检讨》⑧、《禹鼎的年代及其相关问题》⑨、《甲骨文中所见的儒》⑩、《中山三器释文及宫堂图说

① 徐中舒：《我的学习之路》，《文史知识》1987年第6期，第5页。

② 徐中舒：《耒耜考》，原刊《国立中央研究院历史语言研究所集刊》第二本第一分，1930年，第11—59页，收录徐中舒：《徐中舒历史论文选辑》上册，北京：中华书局，1998年版，第72—127页。

③ 徐中舒：《殷人服象及象之南迁》，原刊《国立中央研究院历史语言研究所集刊》第二本第一分，1930年，第60—75页，收录徐中舒：《徐中舒历史论文选辑》上册，北京：中华书局，1998年版，第51—71页。

④ 徐中舒：《殷周文化之蠡测》，《国立中央研究院历史语言研究所集刊》第二本第三分，1931年，第275—280页。

⑤ 徐中舒：《遞敦考释》，原刊《国立中央研究院历史语言研究所集刊》第三本第二分，1932年，第279—293页，收录徐中舒：《徐中舒历史论文选辑》上册，北京：中华书局，1998年版，第182—204页。

⑥ 徐中舒：《厵氏编钟考释》，原刊《国立中央研究院历史语言研究所专刊（7）》，1932年，收录徐中舒：《徐中舒历史论文选辑》上册，北京：中华书局，1998年版，第205—224页。

⑦ 徐中舒：《陈侯四器考释》，《国立中央研究院历史语言研究所集刊》第三本第四分，1933年，第479—506页。徐氏在该文指出：“此四器之铭文虽或简略复出，然实为研究当时史事及经典上最重要之资料。”

⑧ 徐中舒：《殷周之际史迹之检讨》，《国立中央研究院历史语言研究所集刊》第七本第二分，1936年，第137—174页。

⑨ 徐中舒：《禹鼎的年代及其相关问题》，《考古学报》1959年第3期，第53—65页。

⑩ 徐中舒：《甲骨文中所见的儒》，《四川大学学报（哲学社会科学版）》1975年第4期，第70—74页。

明》[①]、《西周利簋铭文笺释》[②]等一系列论文。

值得注意的是，与王氏不同，徐氏更发现古文字本身即最佳的古代史料。在《井田制度探原》一文，徐氏论及：

> 我国文字蕴藏古代社会史料，至为丰赜。不但可补古史之缺佚，更可为社会学家拓一园地。……惟我国文字中所蕴藏之丰富史料，则往昔尚未能充分利用。[③]

在《黄河流域穴居遗俗考——兼论地上建筑的由来》一文，徐氏指出：

> 殷、周之际既然没有完全脱离穴居生活，所以从那时流传下来的文字，也保存了许多穴居的资料。这都是当时的直接记录，在研究古代穴居遗俗时，尤为珍贵。[④]

在《古井杂谈》[⑤]一文，徐氏更明确指出：

> 象形文字是古代直接遗存的文献，反映了当时存在的事物，我们必须加以充分利用。

在古史研究过程中，徐氏以古文字所蕴含的史料扩充补正古代文献记载的例子颇多。早在20世纪30年代初，徐氏已注意到从古文字中揭示出更为丰富的古代史料，“补古史之缺佚”。《殷人服象及象之南迁》一文，徐氏由“《禹贡》豫州之豫，为象、邑二字之合文”推论“豫当以产象得名，与秦时之象郡以产象得名者相同”，以证古代河南产象为之区，另考证甲骨文“为”字“从又牵象”，推论“殷人以牵象为作为”，以证文献所

---

① 徐中舒、伍仕谦：《中山三器释文及宫堂图说明》，原刊《中国史研究》1979年第4期，收录徐中舒：《徐中舒历史论文选辑》下册，北京：中华书局，1998年版，第1329—1348页。

② 徐中舒：《西周利簋铭文笺释》，《四川大学学报（哲学社会科学版）》1980年第2期，第109—110、93页。

③ 徐中舒：《井田制度探原》，原刊《中国文化研究汇刊》1944年第4卷上册，收录徐中舒：《徐中舒历史论文选辑》下册，北京：中华书局，1998年版，第758—760页。

④ 徐中舒：《黄河流域穴居遗俗考——兼论地上建筑的由来》，原刊《中国文化研究汇刊》1950年第9卷，收录徐中舒：《徐中舒历史论文选辑》下册，北京：中华书局，1998年版，第791页。

⑤ 徐中舒：《古井杂谈》，《四川大学学报（哲学社会科学版）》1977年第3期，第76页。

记“殷人服象”之传说“必不能臆造”，“象为其日常服用之物”。《耒耜考》堪称以新材料、新方法研究新问题的典范之作。徐氏将出土古文字资料与古代典籍及实物相互对照，作了周密的考证，“正确地指明了耒的形状”①，阐明了古农具耒和耜的形制及其功用。陈梦家先生指出甲骨文字审释的第二个时期：“有好些人很轻易的印出小册，他们的说法是臆想多于考证。他们的态度是求发明新字而释字，其结果是一无所得。反之，有些人从研究某一问题而涉及甲骨文，常常有较好的结果。徐中舒的《耒耜考》提出了耤、劦、男、利、方等字象征着某种农耕工具之形，全文虽不无尚待商榷之处，但用这种方法处理文字是很正确的。”②《黄河流域穴居遗俗考——兼论地上建筑的由来》一文，徐氏通过对“穴”“亚”“丘”“虚”“陵”“阜”“享”“高”“京”“商”“亳”“宋”及一组偏旁从“阜”的甲骨文、金文字义、字形的分析，科学地考察了上古时代黄河流域穴居的事实以及从穴居到地面建筑的次第。在《北狄在前殷文化上之贡献——论殷墟青铜器与两轮大车之由来》③一文中，据对“金”字初形及得名之由来的分析，对“各”与“车”之初形初义的解说，以论证青铜器与两轮大车由北狄输入的过程，“别具一格，特别能体现以古文字及字形字义为史料这一特征”④。

综上所述，徐氏不仅注意到充分利用古文字资料和传世文献有机结合治史，而且高度重视古文字本身所蕴藏的丰富的史料价值，这就大大扩充了传世文献以外的古代史料范围，将王国维古史二重证据法向前推进了一步。

三、田野考古资料对传世文献的补证

20 世纪初，近代考古学传入中国促使中国传统的“金石学”发展为“古器物学”，继之又发展为考古学。随着中国考古学的建立与发展，通过科学的田野发掘获得古代遗迹、遗物不断为古史研究提供日益丰富的第一手实物资料，与此同时，越来越多的学者逐渐认识到“古史问题的惟一解决方法”就是“考古学”⑤，“要建设真实的古史，只有从实物上着手的

① 王宇信、杨升南主编：《甲骨学一百年》，北京：社会科学文献出版社，1999 年，第 526 页。

② 陈梦家：《殷虚卜辞综述》，北京：中华书局，1988 年，第 67 页。

③ 徐中舒：《北狄在前殷文化上之贡献——论殷墟青铜器与两轮大车之由来》，《中华文化论坛》2000 年第 1 期，第 31—50 页。

④ 徐亮工：《从“书”里到“书”外：徐中舒先生的学术与生平》，《古今论衡》2004 年第 11 期，第 129 页。

⑤ 李玄伯：《古史问题的惟一解决方法》，《现代评论》1924 年第 1 卷第 3 期，第 16 页。

一条路是大路”①。徐氏对田野考古资料的史料价值，极为重视，徐氏晚年回忆说：

> 二十年代后期，以安阳殷墟的田野发掘为标志的我国现代考古学产生了，在此后半个多世纪里，尤其是新中国建立之后，随着大规模的基本建设和农田改造事业的开展，我国的考古学得到了突飞猛进的发展，中国古代各个阶段的遗址、遗物，几乎在全国范围内都被揭露出来并得以妥善处理，为中国古代社会研究提供了大量的翔实可信的第一手材料……我在三十年代初根据殷墟的考古发掘资料写出了《再论小屯与仰韶》一文，开始了利用考古资料并结合古代文献来探索中国古史的尝试，在此后半个多世纪里，不断涌现的新的考古资料成为我研究中国古史不可或缺的重要依据，考古学知识也成为我治史的必不可少的基础知识了。②

学术界普遍认为，《再论小屯与仰韶》一文为徐氏首次利用田野发掘的考古资料研究夏文化的论著。事实上，早在该文发表之前，在《殷人服象及象之南迁》一文中，徐氏已开始注意并自觉运用田野考古资料探索中国文化的发生和进展：

> 代表甘肃辛店期者，为彩色陶瓮，而在安阳出土者则绝无著色之器（此文草成时，适李济之先生由安阳来平，携有殷虚出土之唯一的彩色陶片一块。疑非殷虚所产，当由他处携来者，或即东西两地已有交通之证。李先生于此陶片，将著为论文，谨先介绍于此），其形式亦复不类。而《甘肃考古记》中之鸟、人等，又与铜器、甲骨中，字形迥殊。其最显著易见者，即铜器、甲骨中画鸟兽形，多作侧式，两足之鸟，皆作一足，四足之兽，皆作两足。此不但与《甘肃考古记》之鸟，作两足者不同，即求之巴比伦、埃及古器物中，亦罕见此形。即此一端，已可证明东西风尚之不同，而甲骨文字，尤不得与辛店、仰韶之文化，混为一谈。③

---

① 顾颉刚编著：《古史辨》第一册，上海：上海古籍出版社，1982 年版，自序，第 50 页。

② 徐中舒：《我的学习之路》，《文史知识》1987 年第 6 期，第 5 页。

③ 徐中舒：《殷人服象及象之南迁》，原刊《国立中央研究院历史语言研究所集刊》第二本第一分，1930 年，收录徐中舒：《徐中舒历史论文选辑》上册，北京：中华书局，1998 年版，第 51 页。

通读以上文字，不难发现，徐氏已自觉地将田野考古资料作为重要的第一手材料和研究古代文化的重要证据。与此同时，徐氏还进一步注意到："铜器中之周器，不见周成王以前之物。传世'周公作文王尊彝'诸器，皆伪作。"[①]《再论小屯与仰韶》一文，徐氏对安特生"小屯与仰韶为一脉相承的文化"的论点大胆提出了质疑，他认为："（安氏）这些证据似乎还不够，还有仰韶与甘肃各地的人类遗骸经步达生博士测验过，也与现代北中国的人种没有什么分别。……这样的文化遗迹，关于中国文化的特殊点，如束发的笄，跪起的习惯，以及商周以来沿用的器物花纹，一点也寻不出。"[②]以下，徐氏分别从仰韶、小屯两遗迹鸟兽纹饰作风的不同，"断定这两遗址为两种不同的各自发展的文化"[③]。

在以后的研究过程中，徐氏不断结合古文字资料和地下出土的铜器、古井遗址、漆器等实物资料，辨明先秦文化演进[④]，考察中国古代凿井技术的演进[⑤]；四川古代巴、蜀的历史及其与中原、西南民族的关系[⑥]；春秋时期楚国黄金来源及楚国在楚雄的移民情况[⑦]等一系列重要历史问题。尤其应强调的是，徐氏高度重视铜器的年代，并形成一套独到的铜器年代判定方法。徐氏强调指出："铜器年代之断定，为研究铜器最先决之问题"[⑧]，并结合铜器的名称、形制、纹饰、铭文、制作工艺、器物组合、用途用法、时地关系和所包含的历史信息，提出独到的铜器断

---

① 徐中舒：《殷人服象及象之南迁》，原刊《国立中央研究院历史语言研究所集刊》第二本第一分，1930年，收录徐中舒：《徐中舒历史论文选辑》上册，北京：中华书局，1998年版，第52页。

② 徐中舒：《再论小屯与仰韶》，原刊《安阳发掘报告》1931年第3期，收录徐中舒：《徐中舒历史论文选辑》上册，北京：中华书局，1998年版，第146页。

③ 徐中舒：《再论小屯与仰韶》，原刊《安阳发掘报告》1931年第3期，收录徐中舒：《徐中舒历史论文选辑》上册，北京：中华书局，1998年版，第155页。

④ 徐中舒：《古代狩猎图象考》，原刊《蔡元培先生六十五岁纪念文集》，上海：商务印书馆，1932年，收录徐中舒：《徐中舒历史论文选辑》上册，北京：中华书局，1998年版，第225—293页。

⑤ 徐中舒：《古井杂谈》，《四川大学学报（哲学社会科学版）》1977年第3期，第76—83页。

⑥ 徐中舒：《四川彭县濛阳镇出土的殷代二觯》，《文物》1962年第6期，第15—18、23页；徐中舒：《四川涪陵小田溪出土的虎钮錞于》，《文物》1974年第5期，第81—83页；徐中舒、唐嘉弘：《錞于与铜鼓》，《社会科学研究》1980年第5期，第17—20页。

⑦ 徐中舒：《试论岷山庄王与滇王庄蹻的关系》，《思想战线》1977年第4期，第75—82页。

⑧ 徐中舒：《古代狩猎图象考》，原刊《蔡元培先生六十五岁纪念文集》，上海：商务印书馆，1932年，收录徐中舒：《徐中舒历史论文选辑》上册，北京：中华书局，1998年版，第225页。

代标准[①]，从而进一步增强了铜器的史料价值。

还应强调的是，和对传世文献的“澄滤”的态度类似，徐氏也屡屡强调考古资料固有的复杂性，并指出对考古资料要不断进行科学的审查。徐氏举例说明：“仰韶遗物大部仍属于西方式，其具有东方式的三足的鬲与鼎，则有由东向西传播的趋势，这不过在其固有文化中，输入一点东方的物事而已。近来蒙古小库伦也曾发现过土鬲，我们并不能因此断定蒙古也属汉化范围。”[②]徐氏屡屡指出：“传世青铜器还没有发见夏代遗物，群书所载夏器无一可信”[③]，“薛尚功、阮元、吴荣光等编集铜器款识，有许多题为夏器的都属于晚周之物”[④]，亦不止一次言及“罗振玉《殷文存》里所收的铭文十之七八属于周器。铜器中以甲乙为名的并不能为断定年代的标准”[⑤]，“铜器中之素鼎、模制圆整之鸟兽纹壶及具有熊足之螭梁盉，在《博古图》《西清古鉴续鉴》诸书中以为汉器或唐器者，其年代皆当重定”[⑥]。综上所述，在对考古资料进行科学审查的基础上，徐氏将大量有价值的地下材料与传世文献有机地结合起来，不断在充分汲取地下材料的同时，逐步拓展古史研究的领域。值得注意的是，随着考古学的蓬勃发展，迄20世纪后期，“集考古学和文献材料于一体的研究取向越来越少见”，“考古学与历史学的疏离倾向逐渐明显”[⑦]，这一现象已引起学术界的高度关注。

---

① 徐中舒：《古代狩猎图象考》，原刊《蔡元培先生六十五岁纪念文集》，上海：商务印书馆，1932年，收录徐中舒：《徐中舒历史论文选辑》上册，北京：中华书局，1998年版，第225—293页；徐中舒：《屭氏编钟考释》，原刊《国立中央研究院历史语言研究所专刊(7)》，1932年，收录徐中舒：《徐中舒历史论文选辑》上册，北京：中华书局，1998年版，第205—224页；徐中舒：《陈侯四器考释》，原刊《国立中央研究院历史语言研究所集刊》第三本第四分，1933年，收录徐中舒：《徐中舒历史论文选辑》上册，北京：中华书局，1998年版，第405—446页。

② 徐中舒：《再论小屯与仰韶》，原刊《安阳发掘报告》1931年第3期，收录徐中舒：《徐中舒历史论文选辑》上册，北京：中华书局，1998年版，第154—155页。

③ 徐中舒：《再论小屯与仰韶》，原刊《安阳发掘报告》1931年第3期，收录徐中舒：《徐中舒历史论文选辑》上册，北京：中华书局，1998年版，第164页。

④ 徐中舒：《再论小屯与仰韶》，原刊《安阳发掘报告》1931年第3期，收录徐中舒：《徐中舒历史论文选辑》上册，北京：中华书局，1998年版，第180页。

⑤ 徐中舒：《再论小屯与仰韶》，原刊《安阳发掘报告》1931年第3期，收录徐中舒：《徐中舒历史论文选辑》上册，北京：中华书局，1998年版，第181页。

⑥ 徐中舒：《陈侯四器考释》，原刊《国立中央研究院历史语言研究所集刊》第三本第四分，1933年，收录徐中舒：《徐中舒历史论文选辑》上册，北京：中华书局，1998年版，第443页。

⑦ 罗志田主编：《20世纪的中国：学术与社会·史学卷》（上下），济南：山东人民出版社，2001年版，编序，第9页。

四、语言学材料对传世文献的辅助

语言学在古代又被称为小学，曾受到历代学者的重视。“以声音、文字为本”①是清代学者治小学的最主要方法。受王国维“本之《诗》《书》以求其文之义例，考之古音以通其义之假借，参之彝器以验其文字之变化”②的启发，徐氏在高度重视古文字资料对传世文献扩充的同时，颇为重视语言学材料对于古史研究的辅助作用：

> 字与字之间，有相互的联系，每个字的形音义，都有它自己的发展历史。……一个字讲楚了，还要联系一系列相关的字，考察其相互关系。③

徐氏强调要深入了解古人的生产、生活情况，根据考古资料、民俗学、社会学及历史记载的原始民族的情况和现在一些民族的生活情况，“探索每个字的字源和语源”④，反对“凭空想象、望文生义”⑤。

1927 年 6 月，徐氏发表《从古书中推测之殷周民族》一文，文中讲道：

> 《康诰》：“殪戎殷。”伪《孔传》：“戎，兵也。”殊为不词，郑注：“戎，大也。”亦非。⑥

与此同时，徐氏对“戎殷”作出新的解释：“戎殷犹殷戎也，亦称戎商。”之后，经过长期的探索，徐氏在以往研究的基础上继续对“戎”之语义作出更为详备的解释：

---

① （清）郝懿行：《晒书堂集》卷二《又与王伯申学使书》，《续修四库全书》第 1481 册《集部·别集类》，上海：上海古籍出版社，2002 年版，第 450 页。

② 王国维：《观堂集林》卷六《艺林六·毛公鼎考释序》，北京：中华书局，1959 年版，第 294 页。

③ 徐中舒：《怎样考释古文字》，原刊香港中文大学《古文字学论集》，1983 年，收录徐中舒：《徐中舒历史论文选辑》下册，北京：中华书局，1998 年版，第 1435 页。

④ 徐中舒：《怎样考释古文字》，原刊香港中文大学《古文字学论集》，1983 年，收录徐中舒：《徐中舒历史论文选辑》下册，北京：中华书局，1998 年版，第 1435 页。

⑤ 徐中舒：《怎样考释古文字》，原刊香港中文大学《古文字学论集》，1983 年，收录徐中舒：《徐中舒历史论文选辑》下册，北京：中华书局，1998 年版，第 1435 页。

⑥ 徐中舒：《从古书中推测之殷周民族》，原刊《国学论丛》1927 年第 1 卷第 1 号，收录徐中舒：《徐中舒历史论文选辑》上册，北京：中华书局，1998 年版，第 28 页。

古音戎、庸、崇、嵩、崧并在东部，而《广韵·东韵》娀、嵩、崧三字又并读“息弓切”。古代形声声系并无统一的标准读音，因此声系偏旁相同之字，随地异读，惟嵩、崧、娀为地名、人名，在口语中尚能保持较原始的音读。据此言之，古代戎之读音必更与崇为近。因此戎族的名称，即当出于崇或庸。①

戎，《说文》篆文作𢦦，以为从戈从甲，此当为许氏臆改的篆文。在经典及楷书，戎皆不从甲。……戎是居于山岳地带城居的部族。弓矢的威力，没有象（像）在平原里那样显著。因此，他们的主要武器，就是戈盾。这和后来的板楯蛮即以善用板楯得名，是有相同的理由的。②

徐氏以上对“戎”字语义的考察，不仅为“殷周非同种民族”的推论增加了说服力，同时也为顾颉刚先生提出的“戎夏一源说”提供了语言学方面的支持。③

在《再论小屯与仰韶》一文，徐氏论及《左传》昭公四年“四岳、三涂、阳城、大室、荆山、中南、九州之险”之“九州”问题：

九州名称转变最繁，各书所载有种种不同。《逸周书·伊尹献令》作仇州，《战国策·西周策》作厹由，《吕氏春秋·权动篇》作夙繇，《淮南子·精神》作仇由，《汉志》临淮郡有厹犹县。并为九州的对音。……

夏后为连称之词，与《史记·五帝本纪》的荤粥，《匈奴传》的浑庾（《汉书》作浑窳），《赵世家》的休浑，贾谊《新书》的灌窳，并是九州的对音字。④

根据以上推论，明确指出，以此九州，当作《禹贡》的九州，“实在是大错特错”⑤。

在《巴蜀文化续论》一文，徐氏指出：“黔、越、溪、洞、阴、阳、

① 徐中舒：《巴蜀文化续论》，《四川大学学报（社会科学版）》1960年第1期，第20页。

② 徐中舒：《巴蜀文化续论》，《四川大学学报（社会科学版）》1960年第1期，第20页。

③ 周书灿：《戎夏一源说续论》，《中州学刊》2012年第5期，第177—178页。

④ 徐中舒：《再论小屯与仰韶》，原刊《安阳发掘报告》1931年第3期，收录徐中舒：《徐中舒历史论文选辑》上册，北京：中华书局，1998年版，第167—168页。

⑤ 徐中舒：《再论小屯与仰韶》，原刊《安阳发掘报告》1931年第3期，收录徐中舒：《徐中舒历史论文选辑》上册，北京：中华书局，1998年版，第166页。

林、箐等名称，是历史上常用以记述南方部族居处的自然环境的。懂得这些名词的含义，对于理解我国南方境内少数民族的历史，是有帮助的。”[①] 在对以上名称进行语义分析的同时，还从语言学角度对氐、巴、濮、庸、羌等族称作出独到的解释，尤其对蛮、僚的语义作出更为详尽的语言学解析：

> 氓和民是中国历史上最广大的土著部族。他们和历史上称为蛮或闽的人，都属同音同义的名称。在更古的年代里，他们就应属于同一族类的人群。他们就是中国历史上最广大的劳动人民，他们就是中国历史的创造者。在印欧语系里以man为人的单数之称，以men为人的复数之称。在单音缀的汉语，虽无单复之分，但宋元以后称复数的人仍缀以每或们，如我每、你每、我们、你们、他们之类，每或们，也就是民或闽的转音。这一个名称，可能为人类同源说在语言上的一个佐证。……[②]
>
> 貉也应是岷、民的转音。因此貉族也就是从岷民分化出来的一支。[③]

在以上研究的基础上，徐氏对上古民族构成与分合情况作了总体的概述：

> 中国基本的广大的人民群众，原来就只有蛮、僚两族，甚至于僚还是蛮的一支。从远道来的，也只有使用细石器的狄族。他们在长期杂居之后，也成为蛮、僚的姻族。中国广大的人民群众，原来就是一家。自从阶级社会出现以后，他们为统治部族所把持、所分割，形成为无数的部族。自从这些逃亡的部族进入江南以后，在长期闭塞的农业公社之间，就起了一个根本的变化，而他们的族类，也就从此日趋复杂了。[④]

综上所述，徐氏通过对上古族群称谓的语言学分析，为先秦民族史重构奠定了坚实的理论基础。[⑤]

---

① 徐中舒：《巴蜀文化续论》，《四川大学学报（社会科学版）》1960年第1期，第9—10页。
② 徐中舒：《巴蜀文化续论》，《四川大学学报（社会科学版）》1960年第1期，第31—32页。
③ 徐中舒：《巴蜀文化续论》，《四川大学学报（社会科学版）》1960年第1期，第32页。
④ 徐中舒：《巴蜀文化续论》，《四川大学学报（社会科学版）》1960年第1期，第43页。
⑤ 周书灿：《上古族群称谓与先秦民族史重构》，《中州学刊》2014年第6期，第131—136页。

在《试论岷山庄王与滇王庄蹻的关系》一文，徐氏论及：

滇王庄蹻之蹻，原当作豪。《后汉书·西南夷传》将此庄蹻分属于滇王和夜郎两传中，在滇则称为庄蹻，在夜郎则称为庄豪。蹻豪同音，只是声调有平上之分，在口语上原可互通。庄蹻历史，得自传闻，作蹻作豪，虽可互通，但在文法上则显有区别；蹻仅为个人的私名，豪则为酋豪的通称。①

此后，在《夜郎史迹初探》一文，徐氏继续强调：

豪、蹻古同在幽部蹻即豪之音转。范氏（按，指范晔）于此强分豪、蹻为二人，实无足取。②

尽管，近年来有的学者提出“蹻即豪之音转”的论点③，但徐氏“蹻仅为个人的私名，豪则为酋豪的通称”的论述，则由于有更为坚实的民族学材料佐证，几成定论。

徐氏高度重视语言学在古史研究中的辅助作用的论述，除以上所举三例外，在徐氏的论著中还可以举出很多。如徐氏屡屡指出：“夷与尸同字，人之形体曰尸，故夷之本义当训人”④；“壶即昆吾二字合音”⑤；“淳维即獯粥之转音”⑥；“昆吾为胡，胡即匈奴”⑦；“狄、亦、易古书同为文部入声字，故得相通”⑧；狄历“应是读狄（t或d）历（l或r）两个复辅音的字，原义就是林”⑨。综上可见，徐氏长期将语言学材料作为传世文献的辅助材料，不断从语言学材料中揭示出大量有价值的历史信息，进一步拓展了古史史料的范围，增强了古史研究的科学性。

---

① 徐中舒：《试论岷山庄王与滇王庄蹻的关系》，《思想战线》1977年第4期，第81页。

② 徐中舒、唐嘉弘：《夜郎史迹初探》，《贵州社会科学》创刊号，1980年第1期，第55页。

③ 周宏伟：《庄蹻入滇与庄豪入滇非一事辨》，《西南大学学报（社会科学版）》2009年第1期，第54—62页。

④ 徐中舒：《从古书中推测之殷周民族》，原刊《国学论丛》1927年第1卷第1号，收录徐中舒：《徐中舒历史论文选辑》上册，北京：中华书局，1998年版，第29页。

⑤ 徐中舒：《再论小屯与仰韶》，原刊《安阳发掘报告》1931年第3期，收录徐中舒：《徐中舒历史论文选辑》上册，北京：中华书局，1998年版，第162页。

⑥ 徐中舒：《再论小屯与仰韶》，原刊《安阳发掘报告》1931年第3期，收录徐中舒：《徐中舒历史论文选辑》上册，北京：中华书局，1998年版，第165页。

⑦ 徐中舒：《巴蜀文化续论》，《四川大学学报（社会科学版）》1960年第1期，第34页。

⑧ 徐中舒：《巴蜀文化续论》，《四川大学学报（社会科学版）》1960年第1期，第35页。

⑨ 徐中舒：《巴蜀文化续论》，《四川大学学报（社会科学版）》1960年第1期，第35页。

五、档案材料与传世文献的比勘

重视档案材料的史料价值是中国历史学的传统。徐氏屡屡指出：

历史的利用档案，是很古的事。《尚书》中的商书、周书，差不多每篇都是当时的案卷。号称良史的司马迁、班固，也因为他们能够接近石室、兰台的秘藏。国史纂修，本于实录，这是唐宋以来史学上一大进步。①

徐氏引述万斯同自述编纂《明史》的旨意，指出：

万氏这样推崇实录，实具有最近代的卓识，因为实录大都出于档案，例如清修《明史》，便因为实录残阙而征集档案，可见实录多取材于直接史料的档案。②

在以上论述的基础上，徐氏指出：

过去的史家，他们于正史纪传之外，备载礼乐、律历、五行、灾异、经籍、艺文、地理、百官、食货诸志。像这一类的史料，无一不可在档案里搜寻出来。所以过去的史家，对于档案也是很注意的。例如清代国史编纂，大部都以档案为依据。③

亲自参加内阁大库档案整理的徐氏，对于档案材料的史料价值有更为深刻的认识。徐氏充分肯定档案的史料价值：

史料来源，当然不限于档案，而档案却是一切史料当中，最重要

① 徐中舒：《内阁档案之由来及其整理》，原刊《明清史料》甲编，国立中央研究院历史语言研究所编，上海：商务印书馆，1932年，收录徐中舒：《徐中舒历史论文选辑》上册，北京：中华书局，1998年版，第318页。

② 徐中舒：《内阁档案之由来及其整理》，原刊《明清史料》甲编，国立中央研究院历史语言研究所编，上海：商务印书馆，1932年，收录徐中舒：《徐中舒历史论文选辑》上册，北京：中华书局，1998年版，第319页。

③ 徐中舒：《再述内阁大库档案之由来及其整理》，原刊《国立中央研究院历史语言研究所集刊》第三本第四分，1933年，收录徐中舒：《徐中舒历史论文选辑》上册，北京：中华书局，1998年版，第375页。

的史料。一切档案，都可当史料看待。[①]

徐氏指出：

清代内阁……所存档案都是当时构成史迹者自身的叙述；虽不免带些官家的夸张，究竟还是第一等的史料。[②]

正因为此，徐氏高度重视档案材料的运用：

我们以为凡是历史，都是具有连续性的，历史上往往以此事件之果，为彼事件之因，因果互嬗，无有已时。我们现在非在旧史料之外，多集史料，参互比观，则不能明其因果互嬗的关系。这些史料，往往存于旧史所刊落的史料当中。我们如其求史料于旧史，我们毋宁求之于旧史所依据的史料。如档案之类，我们决不能任其轻易的逸去。[③]

徐氏指出："康、乾以来迭兴文字之狱，再申禁书之令，其惨酷直为前史所未闻。他们对于自己的实录，不惮一改再改，对于明清之间的史料，不惮大规模的焚毁。……明清史料在这样禁令下所受的损失，简直是无从估计。但我们现在还得保存着这仅存的内阁档案，使那些已湮灭的已涂饰的史迹，还得这些直接史料为之比勘，这真是近代史上最可欣慰的事！"[④]徐氏认为，档案材料与传世文献相比勘，不仅可以补充丰富传世文献记载的不足，亦可订正传世文献记载的错讹。

如徐氏通过对满洲老档和《东华录》记载的比对，指出："满文老档

① 徐中舒：《再述内阁大库档案之由来及其整理》，原刊《国立中央研究院历史语言研究所集刊》第三本第四分，1933年，收录徐中舒：《徐中舒历史论文选辑》上册，北京：中华书局，1998年版，第375页。

② 徐中舒：《内阁档案之由来及其整理》，原刊《明清史料》甲编，国立中央研究院历史语言研究所编，上海：商务印书馆，1932年，收录徐中舒：《徐中舒历史论文选辑》上册，北京：中华书局，1998年版，第294页。

③ 徐中舒：《再述内阁大库档案之由来及其整理》，原刊《国立中央研究院历史语言研究所集刊》第三本第四分，1933年，收录徐中舒：《徐中舒历史论文选辑》上册，北京：中华书局，1998年版，第376页。

④ 徐中舒：《内阁档案之由来及其整理》，原刊《明清史料》甲编，国立中央研究院历史语言研究所编，上海：商务印书馆，1932年，收录徐中舒：《徐中舒历史论文选辑》上册，北京：中华书局，1998年版，第294—295页。

为开国期唯一的官撰记录”[①]，“为开国期最质实的记录”[②]，“满文老档的追改，最迟也应是入关以前的事”[③]，由此推论：“满洲名称完全出于崇德时的伪作。”[④]“天聪时奏本十余通，有些可补崇谟阁汉文旧档的缺失，有些可订汉文旧档的省改。”[⑤]徐氏注意到“内阁档案中有天聪二年失名奏本，说明清间的形势极为透彻”[⑥]。徐氏指出：“我们若是昧了这个原因，我们就不能明白明清间的一切交涉，以及袁崇焕、陈新甲的被杀了。”[⑦]又如，徐氏指出：“清代内阁虽然是承袭明人遗制，但所存明档，大都是清初顺、康间搜集的。大部分，也可以说是全部，都属于天启、崇祯两朝的遗物。”[⑧]明档记录了《天启实录》残毁的原因，“为我们保存了许多珍贵的直接史料”[⑨]。还有，史语所保存的清档中有朝鲜、琉球、越南、南掌、暹罗、苏禄、缅甸七国朝贡表章，还有顺治年间译进荷兰国表

---

① 徐中舒：《内阁档案之由来及其整理》，原刊《明清史料》甲编，国立中央研究院历史语言研究所编，上海：商务印书馆，1932 年，收录徐中舒：《徐中舒历史论文选辑》上册，北京：中华书局，1998 年版，第 311 页。

② 徐中舒：《内阁档案之由来及其整理》，原刊《明清史料》甲编，国立中央研究院历史语言研究所编，上海：商务印书馆，1932 年，收录徐中舒：《徐中舒历史论文选辑》上册，北京：中华书局，1998 年版，第 310 页。

③ 徐中舒：《内阁档案之由来及其整理》，原刊《明清史料》甲编，国立中央研究院历史语言研究所编，上海：商务印书馆，1932 年，收录徐中舒：《徐中舒历史论文选辑》上册，北京：中华书局，1998 年版，第 311 页。

④ 徐中舒：《内阁档案之由来及其整理》，原刊《明清史料》甲编，国立中央研究院历史语言研究所编，上海：商务印书馆，1932 年，收录徐中舒：《徐中舒历史论文选辑》上册，北京：中华书局，1998 年版，第 311 页。

⑤ 徐中舒：《内阁档案之由来及其整理》，原刊《明清史料》甲编，国立中央研究院历史语言研究所编，上海：商务印书馆，1932 年，收录徐中舒：《徐中舒历史论文选辑》上册，北京：中华书局，1998 年版，第 311 页。

⑥ 徐中舒：《内阁档案之由来及其整理》，原刊《明清史料》甲编，国立中央研究院历史语言研究所编，上海：商务印书馆，1932 年，收录徐中舒：《徐中舒历史论文选辑》上册，北京：中华书局，1998 年版，第 311 页。

⑦ 徐中舒：《内阁档案之由来及其整理》，原刊《明清史料》甲编，国立中央研究院历史语言研究所编，上海：商务印书馆，1932 年，收录徐中舒：《徐中舒历史论文选辑》上册，北京：中华书局，1998 年版，第 311 页。

⑧ 徐中舒：《内阁档案之由来及其整理》，原刊《明清史料》甲编，国立中央研究院历史语言研究所编，上海：商务印书馆，1932 年，收录徐中舒：《徐中舒历史论文选辑》上册，北京：中华书局，1998 年版，第 313 页。

⑨ 徐中舒：《内阁档案之由来及其整理》，原刊《明清史料》甲编，国立中央研究院历史语言研究所编，上海：商务印书馆，1932 年，收录徐中舒：《徐中舒历史论文选辑》上册，北京：中华书局，1998 年版，第 313—314 页。

文等文献，“这些颟顸的外交史迹，竟是我们近代史开端的一幕”①。应该强调的是，徐氏长期以上古史和古文字学为主要研究领域，对明清史的研究仅仅是涉及，但他积极倡导的档案“是一切史料当中，最重要的史料”的史料观和开创的“以档案治史”的研究方法，已引起档案学和明清史学者的充分关注。戴逸先生指出：“故宫明清档案的公开于众，推进了明清史、近代史的研究，使中国历史档案学得以诞生。”②随着古史研究的不断深化与拓展，徐氏的档案史料观和方法论，必将会对明清史、近代史和历史档案学的研究产生更为深远的积极影响。

六、民族学材料与传世文献的参照

20世纪初，诞生于西方的人类学传入中国，民族学材料在古史研究中的参照作用日渐得到彰显，越来越多的学者开始自觉地将民族学材料与古代文献记载相互结合，陈寅恪总结王国维的治学方法时，即曾提到“取异族之故书与吾国之旧籍互相补正”③之法。事实上，除了王氏外，柳诒徵亦由“侄娣从嫁之法，可以陈鼎《滇黔土司婚礼记》（诸丛书中多载之）证之”亦曾论及“故讲古史不限于专读古书，最野蛮之社会可以考证最古之史事，学者能观其通，则古今一也”。④此后，蔡元培曾尝试通过据民族学材料的比较，从美术、交通、饮食、算数、币制、语言文字、音乐、宗教情感阐述人类文明由远及近、由简及繁之迹。⑤

1937年，徐氏在《跋苗族的洪水故事与伏羲女娲的传说》⑥一文，盛赞芮逸夫“从现存民族中寻出伏羲女娲之故事。从民族地理的分布，以为伏羲女娲为苗和猓猓的传说，盘古为猺和畲民的传说，为古史指出一个新方向”。与此同时，芮氏亦指出：“徐中舒先生曾提及伏羲女娲皆‘凤姓’，及伏羲‘德于木’，‘出于震’的传说，并以为均含伏羲女娲为南方或东方民族之义”，“这两点似乎又可作伏羲女娲为南方或东方民族的一个

---

① 徐中舒：《再述内阁大库档案之由来及其整理》，原刊《国立中央研究院历史语言研究所集刊》第三本第四分，1933年，收录徐中舒：《徐中舒历史论文选辑》上册，北京：中华书局，1998年版，第353页。

② 戴逸：《世纪之交中国历史学的回顾与展望》，中国史学会编，庄建平、陆勤毅主编：《世纪之交的中国史学——青年学者论坛》，北京：中国社会科学出版社，1999年版，第8页。

③ 陈寅恪：《王静安先生遗书序》，《金明馆丛稿二编》，北京：生活·读书·新知三联书店，2001年版，第247页。

④ 柳诒徵：《史学概论》，《柳诒徵史学论文集》，上海：上海古籍出版社，1991年版，第103页。

⑤ 蔡元培：《民族学上之进化观》，《新社会科学季刊》1935年第1卷第4期，第1—4页。

⑥ 徐中舒：《跋苗族的洪水故事与伏羲女娲的传说》，《国立中央研究院历史语言研究所人类学集刊》1938年第1卷第1期，第195页。

佐证”[①]。“徐先生跋文所论五个故事与苗族洪水故事相互间的类似，记载显然，可无疑义。”[②]此后，徐氏逐步尝试着将民族学材料与传世文献记载相互配合，解释古史传说的发生演变和中国古代社会的一系列重要问题。徐氏在晚年屡屡论及：

> 由于近代文化人类学的长足进展，用边裔民族的资料阐发古代社会发展的实际情况，同样成为研究古代历史的重要途径。……许多处于不同社会发展阶段的兄弟民族具体而微的材料使我得到极大的启发，过去古史研究中许多百思不得其解的疑点现在能够得到比较合理的说明了，譬如中国古代传说的禅让制度，人类婚姻家庭的演进，私有制的发生与发展，国家的产生以及中国古史分期等一系列重大课题都是在引进了民族史材料以后有了较大的进展。[③]

在长期的学术实践中，徐氏研究古文字和先秦史，“常以考古资料与文献资料相结合，再参以边地后进民族的历史和现状进行互证”[④]，建立起科学的古史多重证法，极大地促进了中国现代史学研究史料观和方法论的变革，不少学者将包括民族学材料在内的多重证据法的学术实践称为“跨文化研究”，并指出：“这一方法的成熟势必使人们看到以前看不到的东西，推进学术格局的‘新’变。”[⑤]徐氏科学地将边地民族史、民族志材料和传世文献记载、古文字资料及田野考古资料等多学科材料相结合，对远古时期的结绳遗俗[⑥]、尧舜禹时期的禅让制度与家族私有制的发生发展[⑦]、中国古代社会中的氏族[⑧]、家族组织和农村公社的形态[⑨]、井田制

---

① 芮逸夫：《苗族的洪水故事与伏羲女娲的传说》，《国立中央研究院历史语言研究所人类学集刊》1938年第1卷第1期，第194页。

② 芮逸夫：《苗族的洪水故事与伏羲女娲的传说》，《国立中央研究院历史语言研究所人类学集刊》1938年第1卷第1期，第201—202页。

③ 徐中舒：《我的学习之路》，《文史知识》1987年第6期，第5—6页。

④ 徐中舒：《徐中舒历史论文选辑》，北京：中华书局，1998年版，前言，第1页。

⑤ 叶舒宪：《国学方法论的现代变革》，《文史哲》1994年第3期，第48—49页。

⑥ 徐中舒：《结绳遗俗考》，原刊《说文月刊》1944年第4卷合订本，收录徐中舒：《徐中舒历史论文选辑》上册，北京：中华书局，1998年版，第705—712页。

⑦ 徐中舒：《论尧舜禹禅让与父系家族私有制的发生和发展》，《四川大学学报（社会科学版）》1958年第1期，第1—14页。

⑧ 徐中舒：《论殷代社会的氏族组织》，（成都）《工商导报·学林副刊》第1期，1951年1月7日。

⑨ 徐中舒：《巴蜀文化续论》，《四川大学学报（社会科学版）》1960年第1期，第1—43页；《论商于中、楚黔中和唐宋以后的洞——对中国古代村社共同体的初步研究》，《四川大学学报（哲学社会科学版）》1978年第1期，第59—71页。

度[①]、殷代社会的贵族选举制[②]和指定服役的外服制[③]等一系列重要难题进行了大量有价值的开拓性研究，逐步建立起对中国古代社会独到完善的论点体系。

综上所述，在长期的学术实践中，徐氏逐渐建立了广泛的史料观与古史多重证法，在对多学科纷繁复杂的古史材料进行科学澄滤、审查的基础上，有机结合，综合运用，从而为其新史学研究奠定了坚实的史料学基础。其积极倡导并科学实践的古史多重证法大大促进了中国现代学术方法论的变革，为新时期中国古史研究的拓展与深化指示了一条可资借鉴的路向。随着古史研究的不断深化及中国考古学、古文字学、民族学、档案学等学科的蓬勃发展，徐氏广泛的史料观与古史多重证法的现代学术价值将会进一步得到彰显。

第二节 “澄滤”说与古史建设理论

直接继承中国传统史学考据辨疑理论，并受到罗振玉、王国维之学及梁启超、陈寅恪、李济等学术思想深刻影响的徐中舒积极借鉴和汲取《古史辨》中古史理论和学术思想中科学合理因素，从而为其古史研究奠定了较为坚实的理论基础。与《古史辨》派学者相比，徐氏运用“澄滤”说和“素地”论对上古时期文献记载和古史传说的发生及演变过程的分析，更具科学和理性的因素。“古史多重证”的方法论对于徐氏从疑古辨伪到古史重建学术路向的转变起到了颇为关键的作用。

徐中舒是享誉海内外的著名史学家，其直接继承中国传统史学考据辨疑理论，并受到罗、王之学及梁启超、陈寅恪、李济等学术思想深刻影响，对古史辨派史料审查理论和疑古辨伪思想也高度重视。在长期的学术实践过程中，徐氏的史料审查理论和疑古辨伪思想，与《古史辨》既有诸多相通之处，也有不少自己的独到见解。徐氏的一系列精湛的史料审查理

① 徐中舒：《井田制度探原》，原刊《中国文化研究汇刊》1944年第4卷上册，收录徐中舒：《徐中舒历史论文选辑》下册，北京：中华书局，1998年版，第713—760页。

② 徐中舒：《殷代兄终弟及为贵族选举制说》，原刊《文史杂志》1945年第5卷第5、6期合刊，收录徐中舒：《徐中舒历史论文选辑》下册，北京：中华书局，1998年版，第713—760页。

③ 徐中舒：《论西周是封建制社会——兼论殷代社会性质》，《历史研究》1957年第5期，第55—78页；徐中舒、唐嘉弘：《论殷周的外服制——关于中国奴隶制和封建制分期的问题》，原刊《人文杂志》增刊《先秦史论文集》，1982年，收录徐中舒：《徐中舒历史论文选辑》下册，北京：中华书局，1998年版，第1410—1428页。

论和科学的疑古辨伪思想，对于建立在唯物主义基础上的先秦史料学奠定了较为坚实的理论基础，为 20 世纪以来新史学的发展指明了正确的路向，因而具有重要的理论价值和现代学术意义。

一、对传统史学考据辨疑理论的继承

先秦史是徐中舒终其一生孜孜钻研的最重要的学术领域。秦汉以来，从事古史研究的学者，一方面慨叹夏商周文献的极度匮乏，同时又注意到先秦史料自身所固有的复杂性。著名历史学家梁启超即曾讲道："时代愈远，则史料遗失愈多而可征信者愈少。"①无独有偶，自称"不敢观三代两汉之书"②、"平生不能读先秦之书"③的一代学术大师陈寅恪先生也曾言及："上古去今太远，无文字记载，有之亦仅三言两语，语焉不详，无从印证。加之地下考古发掘不多，遽难据以定案。画人画鬼，见仁见智，曰朱曰墨，言人人殊，证据不足，孰能定之？"④正因为由于先秦史料"真赝错出，非经谨严之抉择，不能甄别适当"⑤，对史料的考据辨疑历来为建设真实中国古史的基础和关键。

早在汉代，史学家司马迁著述时即曾感叹传说中的五帝时期距离其所处的时代已颇为久远，"百家言黄帝，其文不雅驯，荐绅先生难言之"。在"书缺有间"的情况下，他将其搜集到的文献材料和通过实地调查获得的来源不同的大量民间传说有机结合起来，"择其言尤雅者"，编著成《五帝本纪》。毫无疑问，"他的本意还不是要我们盲目地加以信用，而是提供一些较为可靠的线索，甚至包含不少矛盾的线索，等待着后人进一步实事求是地研究"⑥。诸如舜葬苍梧的传说，多有与历史事实相抵牾之处，故其在广为流传的同时，自东汉以来即屡屡受到古代学者们的质疑。如王

---

① 梁启超撰，汤志钧导读：《中国历史研究法》，上海：上海古籍出版社，1998 年版，第 41 页。

② 陈寅恪：《陈垣元西域人华化考序》，《金明馆丛稿二编》，北京：生活・读书・新知三联书店，2001 年版，第 270 页。

③ 陈寅恪：《刘叔雅庄子补正序》，《金明馆丛稿二编》，北京：生活・读书・新知三联书店，2001 年版，第 258 页。

④ 王钟翰：《陈寅恪先生杂议》，《王钟翰清史论集》第四册，北京：中华书局，2004 年版，第 2394 页。

⑤ 梁启超撰，汤志钧导读：《中国历史研究法》，上海：上海古籍出版社，1998 年版，第 69 页。

⑥ 徐中舒、唐嘉弘：《〈山海经〉和"黄帝"》，《〈山海经〉新探》，成都：四川省社会科学院出版社，1986 年版，第 98 页。

充[①]、刘知几[②]、罗泌[③]、罗苹[④]等学者认为，古代文献所载舜葬苍梧，于情事颇不合。郑樵、林之奇、梁玉绳指斥舜葬苍梧是“流俗之妄语”[⑤]、“理之必不然者”[⑥]、“荒唐谬悠”[⑦]。徐氏直接继承中国传统史学中考据辨疑理论，强调对古史材料进行严格的甄别和审查。

早在20世纪20年代，徐氏著述《从古书中推测之殷周民族》一文，其在文中讲道：

> 殷、周之际，我国民族之分布，实经一度极剧之变迁。其关系后世，至为重要。旧史非但不载其事，又从而湮晦其迹；使我国古代史

---

① 《论衡·书虚篇》载：“舜之与尧，俱帝者也。共五千里之境，同四海之内。二帝之道，相因不殊。《尧典》之篇，舜巡狩东至岱宗，南至霍山，西至太华，北至恒山。以为四岳者，四方之中，诸侯之来，并会岳下，幽深远近，无不见者，圣人举事求其宜适也。禹王如舜，事无所改，巡狩所至，以复如舜。舜至苍梧，禹到会稽，非其实也。”王充一方面对舜到苍梧、禹到会稽之事表示怀疑，同时又将以上传说与治水相联系：“舜南治水，死于苍梧；禹东治水，死于会稽。贤圣家天下，故因葬焉。”可见，王充只是对舜“南巡狩，崩于苍梧之野”表示怀疑，但对舜葬苍梧并未予以否定，而只是用治水之事重新解释。参见（东汉）王充：《论衡》，上海：上海人民出版社，1974年版，第57页。

② 《史通·外篇·疑古》载：“苍梧者，于楚则川号汨罗，在汉则邑称零桂。地总百越，山连五岭。人风婐婳，地气歊瘴。虽使百金之子，犹惮经履其途；况以万乘之君，而堪巡幸其国？且舜必以精华既竭，形神告劳，舍兹宝位，如释重负。何得以垂殁之年，更践不毛之地？兼复二妃不从，怨旷生离，万里无依，孤魂溘尽，让王高蹈，岂其若是者乎？”刘知几用形式逻辑推理方法推论舜死苍梧乃系被禹篡位放逐，非因南巡：“历观自古人君废逐，若夏桀放于南巢，赵迁迁于房陵，周王流彘，楚帝徙郴，语其艰棘，未有如斯之甚者也。斯则陟方之死，其殆文命之志乎？”参见（唐）刘知几撰，赵吕甫校注：《史通新校注》，重庆：重庆出版社，1990年版，第787页。

③ 《路史·发挥·辨帝舜冢》载：“《竹书》、《郡国志》言帝舜葬苍梧，则自汉失之，至郑康成遂以鸣条为南夷之地不已疏乎？夫苍梧自非五服，人风婀划，地气高瘴。在虞夏乃无人之境，岂巡守所至邪？方尧老舜摄也，于是有巡狩之事。今舜既已耄期倦剧，释负而付禹，则巡守之事禹为之矣，岂复躬巡守于要、荒之外也哉！……虽然虞帝之坟，在在有之，何邪？盖古圣王久于其位，恩沾于倮隅，泽及于牛马，赴格之日，殊方异域无不为位而坟土以致其哀敬而承其奉，是以非一所也。颛、喾、尧、汤之墓传皆数出，汉远郡国皆起国庙，亦若是也。”参见（宋）罗泌：《路史》卷三十六《发挥五》，文渊阁《四库全书》第383册，上海：上海古籍出版社，1987年版，第525页。

④ 罗苹曾为《路史》作注，《尧冢篇》注曰：“仪墓如汉世远郡园陵，与苍梧舜墓之类，非实所葬。”《舜冢篇》注曰：“传谓伐苗民而崩苍梧，伐苗乃禹也”。转引自（清）梁玉绳：《史记志疑》卷一，北京：中华书局，1981年版，第25页。

⑤ （宋）郑樵：《六经奥论》卷五《礼经》，文渊阁《四库全书》第184册，上海：上海古籍出版社，1987年版，第102页。

⑥ （宋）林之奇：《尚书全解》卷三《舜典》，文渊阁《四库全书》第55册，上海：上海古籍出版社，1987年版，第68页。

⑦ （清）梁玉绳：《史记志疑》卷一，北京：中华书局，1981年版，第25页。

上因果之关系，全失真相。[①]

汉人所传之《世本·帝系姓》，谓殷、周同出帝喾之后。世远代湮，其说难征。[②]

之后，徐氏举许慎《说文》以“为”为母猴之谬说，反复强调，古代文献记载，“时代愈后，则讹谬愈甚”[③]。徐氏考察中国农史的起源，对于《易系·辞下》“神农氏作，斫木为耜，揉木为耒”，《说文解字耒·部》“古者垂作耒枱”、《尚书·尧典》“后稷播时百谷”及《史记周·本纪》中弃教民稼穑等传说的真实性质疑：“如果夏、商以前，我们就有像后来的耒耜耕农，那岂不是我们的农耕从最初到现在就没有什么演进？从而我们社会上的一切，也完全在停滞之中。我们的历史，只要有几个帝王卿相的号谥，也就可以表示我们文化之古了？”[④]在强调对古史材料进行严格审查理论和疑古辨伪学术思想的指导下，徐氏对豳《诗》之地理背景、《战国策》的编写及有关苏秦史事记载的讹谬等问题进行了深入细致的考察。

徐氏指出：“春秋、战国之世，《诗》并无三千余篇之多。因而删《诗》之说，亦不足据。”[⑤]“《诗经》之结集实为一尚未解决之问题。……《诗经》十五《国风》、大小《雅》、三《颂》，以国为别（雅与夏同，亦当作地名解），其《诗》所涉及之时地，虽大多数可以证明与所标示之国名相应，但仍有许多例外。如《邶风》、《墉风》，并咏卫事；《唐风》、《魏风》，同为晋诗；《周南》、《召南》，《诗序》系之周公、召公，而《诗》则有平王之称。旧说于此每作曲解，如平王：毛、郑乃以为平正之

① 徐中舒：《从古书中推测之殷周民族》，原刊《国学论丛》1927年第1卷第1号，收录徐中舒：《徐中舒历史论文选辑》上册，北京：中华书局，1998年版，第26页。

② 徐中舒：《从古书中推测之殷周民族》，原刊《国学论丛》1927年第1卷第1号，收录徐中舒：《徐中舒历史论文选辑》上册，北京：中华书局，1998年版，第26页。

③ 徐中舒：《殷人服象及象之南迁》，原刊《国立中央研究院历史语言研究所集刊》第二本第一分，1930年，收录徐中舒：《徐中舒历史论文选辑》上册，北京：中华书局，1998年版，第58页。

④ 徐中舒：《耒耜考》，原刊《国立中央研究院历史语言研究所集刊》第二本第一分，1930年，收录徐中舒：《徐中舒历史论文选辑》上册，北京：中华书局，1998年版，第72页。

⑤ 徐中舒：《豳风说——兼论诗经为鲁国师工歌诗之底本》，原刊《国立中央研究院历史语言研究所集刊》第六本第一分，1936年，收录徐中舒：《徐中舒历史论文选辑》上册，北京：中华书局，1998年版，第608页。

王。若此之类，不必列举。”①文中，徐氏专门论及《豳风》曰：“至于《豳风》之豳，原为公刘所居，但《诗》则绝无关于公刘之事。《七月》诗言农桑衣食之本甚备，农桑实非豳地所宜。”②徐氏举十证论定“《豳风》宜为春秋时之鲁诗”③，又详举五证推论“今本《诗经》宜为鲁国师工歌诗之底本”④。

徐氏虽然赞同“战国时代最基本的史料是《战国策》”⑤，但同时又强调指出“此书出于战国秦、汉间，是当时游说之士世代传习、随时增益和编录的总集，其中所保存的史料，也有不尽可信的”⑥，“《国策》是游说之士在递相传受中随时编录的总集，来源不一，其中又杂有从⑦横说士悬梁刺股、简练揣摩的拟说、拟作”⑧。徐氏进一步举出以下例证：

> 其中如《中山策》张登对蓝诸君说：“请以公为齐王，而登试说，公可，乃行之。”这里就说明了是试说，而不是事实。⑨
>
> 又如《齐策》三楚王死太子在齐质章，苏秦说薛公要利用楚怀王死于秦、太子在齐为质的机会，作多方面的要挟……这里连用十个“可以”，都是虚构的拟议之词，可以如此而已，并非实有其事。⑩
>
> 又如《楚策》二楚襄王为太子时质于齐章，记楚太子返国后慎子教太子同时采用三种不同的主张以应付齐国的要挟，他说：“臣请效其说而王且见其诚也”，效其说也就是试说。⑪

---

① 徐中舒：《豳风说——兼论诗经为鲁国师工歌诗之底本》，《国立中央研究院历史语言研究所集刊》第六本第一分，1936年，收录徐中舒：《徐中舒历史论文选辑》上册，北京：中华书局，1998年版，第608页。

② 徐中舒：《豳风说——兼论诗经为鲁国师工歌诗之底本》，《国立中央研究院历史语言研究所集刊》第六本第一分，1936年，收录徐中舒：《徐中舒历史论文选辑》上册，北京：中华书局，1998年版，第608页。

③ 徐中舒：《豳风说——兼论诗经为鲁国师工歌诗之底本》，原刊《国立中央研究院历史语言研究所集刊》第六本第一分，1936年，收录徐中舒：《徐中舒历史论文选辑》上册，北京：中华书局，1998年版，第633页。

④ 徐中舒：《豳风说——兼论诗经为鲁国师工歌诗之底本》，原刊《国立中央研究院历史语言研究所集刊》第六本第一分，1936年，收录徐中舒：《徐中舒历史论文选辑》上册，北京：中华书局，1998年版，第634页。

⑤ 徐中舒：《论〈战国策〉的编写及有关苏秦诸问题》，《历史研究》1964年第1期，第133页。

⑥ 徐中舒：《论〈战国策〉的编写及有关苏秦诸问题》，《历史研究》1964年第1期，第133页。

⑦ 原文为从，下同。

⑧ 徐中舒：《论〈战国策〉的编写及有关苏秦诸问题》，《历史研究》1964年第1期，第134页。

⑨ 徐中舒：《论〈战国策〉的编写及有关苏秦诸问题》，《历史研究》1964年第1期，第134页。

⑩ 徐中舒：《论〈战国策〉的编写及有关苏秦诸问题》，《历史研究》1964年第1期，第134页。

⑪ 徐中舒：《论〈战国策〉的编写及有关苏秦诸问题》，《历史研究》1964年第1期，第134页。

徐氏说："《国策》中类此之说尚多，而苏秦、张仪以合从连横说六国，更是系统的夸张的拟作，按其情事大率与当时历史条件无一相合"①，并在此基础上言及："《国策》的成书和流传的版本，存在这样一大堆问题，我们要利用这些资料，就必须慎重的考虑了。"②

徐氏强调指出："苏秦、张仪是战国时代合从连横说的箭垛式人物，战国时代凡有关合从连横的说词，往往都附会为他们的事迹而流传下来。司马迁为苏秦、张仪作传，虽然连篇累牍地罗列许多游说之词，他知道其中年代错牾，有许多都不是信史……所以他就告诫后人对于这些史料要分别看待，其中有的是本事，有的是出于后人附会。"③"凡有关苏秦的故事和传说，在战国、秦、汉间的漫长时期中，还在不断的塑造中，迄至司马迁作《史记·苏秦传》时，苏秦传说始凝成定型。……凡有关合从的传说与拟作，附会为苏秦的事迹，有的被涂改了，有的还保存着原状，纷然淆乱。"④在此基础上，徐氏对战国时期的文献记载提出自己的看法：

> 战国时的历史，既赖当时游说之士递相传习而保存至今，但这些游说之士为达到其游说目的，对于当时的历史不惜加以杜撰和窜改，也造成这个时期历史不少的错乱。这些错乱的历史，流传二千余年还没有得到彻底的澄清。⑤

综上所述，在长期的学术实践中，徐氏直接继承中国传统史学考据辨疑理论，在古史研究中形成了完整的对古史材料进行严格甄别与审查的理论，从而为其古史研究奠定了较为坚实的理论基础。

二、考而后信的学术倾向及"澄滤"说、"素地"论的理论价值

和《古史辨》的旨趣略有不同，对于上古传说和记载，徐氏并非一味地全盘否定，而是主张在上古传说和记载中，寻绎出真实的历史信息和素材。如徐氏强调："史言上古之事，虽属传说，然其立国建都之地，犹可考见。以此证史，固嫌文献之不足，而以此说古代民族分布之迹，则绝好

① 徐中舒：《论〈战国策〉的编写及有关苏秦诸问题》，《历史研究》1964 年第 1 期，第 134 页。
② 徐中舒：《论〈战国策〉的编写及有关苏秦诸问题》，《历史研究》1964 年第 1 期，第 135 页。
③ 徐中舒：《论〈战国策〉的编写及有关苏秦诸问题》，《历史研究》1964 年第 1 期，第 135 页。
④ 徐中舒：《论〈战国策〉的编写及有关苏秦诸问题》，《历史研究》1964 年第 1 期，第 141 页。
⑤ 徐中舒：《论〈战国策〉的编写及有关苏秦诸问题》，《历史研究》1964 年第 1 期，第 150 页。

之资料也。”[①]徐氏反复强调：“古代传说，本多缘饰之词，但亦当有若干事实，为其素地。此若干事实，如在传说中澄滤而出，即与信史无二。而传说之可信与否，即视澄滤而出之事实之多寡而定。”[②]

在“澄滤”说的基础上，徐氏借鉴王国维“上古之事，传说与史事混而不分，史实之中固不免有所缘饰，与传说无异；而传说中亦往往有史实为之素地”[③]的论断继续阐述了著名的古史传说“素地”论。他说：“殷虚产象，既由甲骨文为之证明，则殷人服象之说，经此次澄滤，实已取得信史之价值。而殷代河南产象之说，又因此传说，为两重之证明。”[④]徐氏结合甲骨文资料及《孟子》等先秦文献，以证殷人服象“必为古代相传之信史”[⑤]，“河东产象，在殷商以前，或为事实”[⑥]。徐氏指出：“《吕氏春秋》与《孟子》并为战国末年之书，其时服象之事，早已轶出黄河流域居民记忆之外，必不能臆造此种传说也。”[⑦]又如徐氏对《史记·匈奴列传》中有关匈奴族源的传说力陈自己的见解：“此据匈奴的习俗，附会古代传说，可信的程度自然不多，但此传说决不能凭空捏造，至少也得像刘聪之称大汉，赫连勃勃之称大夏一样，必有若干事实为其素地。”[⑧]徐氏就《左传》昭公二十年所载齐国沿革的传说亦提出类似的看法：“这个传说必含有若干可信的史实在内。”[⑨]徐氏曾评价丁山先生“古帝王世系，

---

① 徐中舒：《从古书中推测之殷周民族》，原刊《国学论丛》1927年第1卷第1号，收录徐中舒：《徐中舒历史论文选辑》上册，北京：中华书局，1998年版，第26页。

② 徐中舒：《殷人服象及象之南迁》，原刊《国立中央研究院历史语言研究所集刊》第二本第一分，1930年，收录徐中舒：《徐中舒历史论文选辑》上册，北京：中华书局，1998年版，第53页。

③ 王国维：《古史新证——王国维最后的讲义》，北京：清华大学出版社，1994年版，第1页。

④ 徐中舒：《殷人服象及象之南迁》，原刊《国立中央研究院历史语言研究所集刊》第二本第一分，1930年，收录徐中舒：《徐中舒历史论文选辑》上册，北京：中华书局，1998年版，第53页。

⑤ 徐中舒：《殷人服象及象之南迁》，原刊《国立中央研究院历史语言研究所集刊》第二本第一分，1930年，收录徐中舒：《徐中舒历史论文选辑》上册，北京：中华书局，1998年版，第58页。

⑥ 徐中舒：《殷人服象及象之南迁》，原刊《国立中央研究院历史语言研究所集刊》第二本第一分，1930年，收录徐中舒：《徐中舒历史论文选辑》上册，北京：中华书局，1998年版，第59页。

⑦ 徐中舒：《殷人服象及象之南迁》，原刊《国立中央研究院历史语言研究所集刊》第二本第一分，1930年，收录徐中舒：《徐中舒历史论文选辑》上册，北京：中华书局，1998年版，第58页。

⑧ 徐中舒：《再论小屯与仰韶》，原刊《安阳发掘报告》1931年第3期，收录徐中舒：《徐中舒历史论文选辑》上册，北京：中华书局，1998年版，第166页。

⑨ 徐中舒：《再论小屯与仰韶》，原刊《安阳发掘报告》1931年第3期，收录徐中舒：《徐中舒历史论文选辑》上册，北京：中华书局，1998年版，第181页。

亦必渊源有自，绝非晚周诸子，邹衍之徒所得凭空虚构”[①]的论点乃“实为不可摇撼之说”[②]，再次强调“商、周以前的古史，大概都可认为传说。传说中固有许多错误、重复、分化、演变种种；但传说总有若干史事为素地，绝不能凭空虚构”[③]。徐氏具体指出，“殷、周以前之古史，又未必尽属无征”[④]，“周公适楚，必为春秋以来相传之旧说，必有若干史事为其素地”[⑤]，“先秦以来兵法权谋之家，及《六韬》《阴符》多传太公阴谋……或非虚言”[⑥]，《易・系辞》“上古结绳而治”的传说“必非虚语”[⑦]，“苏秦传说，既非全属信史，也非全属虚构”[⑧]。

和《古史辨》派学者相比，徐氏对古史传说的“素地”有自己独到的认识。他在顾颉刚先生“层累地造成的古史”说的基础上，借鉴陈寅恪先生蒙古民族史之构成的论述，提出了“商、周以前之古史，实即一部古代民族史”[⑨]的著名理论：

> 铸为黄帝后，黄帝即铸民族所构成之传说。此犹后稷之于周，契之于商，禹之于夏，舜之于陈，少皞之于郯，大皞之于风姓，盘古（即槃瓠之音转）之于南蛮，原皆为各民族之传说。中国历史自商、周以来始用文字写定，同时此民族乃由黄河流域渐次同化其邻近不同

① 丁山：《由陈侯因脊錞铭黄帝论五帝》，《国立中央研究院历史语言研究所集刊》第三本第四分，1933年，第520页。

② 徐中舒：《陈侯四器考释》附记，原刊《国立中央研究院历史语言研究所集刊》第三本第四分，1933年，收录徐中舒：《徐中舒历史论文选辑》上册，北京：中华书局，1998年版，第445页。

③ 徐中舒：《陈侯四器考释》附记，原刊《国立中央研究院历史语言研究所集刊》第三本第四分，1933年，收录徐中舒：《徐中舒历史论文选辑》上册，北京：中华书局，1998年版，第445页。

④ 徐中舒：《陈侯四器考释》附记，原刊《国立中央研究院历史语言研究所集刊》第三本第四分，1933年，收录徐中舒：《徐中舒历史论文选辑》上册，北京：中华书局，1998年版，第446页。

⑤ 徐中舒：《殷周之际史迹之检讨》，原刊《国立中央研究院历史语言研究所集刊》第七本第二分，1936年，收录徐中舒：《徐中舒历史论文选辑》上册，北京：中华书局，1998年版，第667页。

⑥ 徐中舒：《殷周之际史迹之检讨》，原刊《国立中央研究院历史语言研究所集刊》第七本第二分，1936年，收录徐中舒：《徐中舒历史论文选辑》上册，北京：中华书局，1998年版，第682页。

⑦ 徐中舒：《结绳遗俗考》，原刊《说文月刊》1944年第4卷合订本，收录徐中舒：《徐中舒历史论文选辑》上册，北京：中华书局，1998年版，第706页。

⑧ 徐中舒：《论〈战国策〉的编写及有关苏秦诸问题》，《历史研究》1964年第1期，第137页。

⑨ 徐中舒：《陈侯四器考释》，原刊《国立中央研究院历史语言研究所集刊》第三本第四分，1933年，收录徐中舒：《徐中舒历史论文选辑》上册，北京：中华书局，1998年版，第440页。

之民族，因此邻近民族固有之传说，乃随其同化之先后，而渗入中国文化中，使之渐次构成一荒远古史系统。其同化愈后者，其在古史系统中之年代，转愈高而愈远。故中国商、周以前之古史，实即一部古代民族史。……中国古史之构成，在长期演进中，自不免采取多民族之传说，而演为直贯一系之事迹。①

凡一民族必有一民族之传说，其被同化者，又将其固有之传说携入……中国古史乃由并行的传说，演为直系的系统。在长期演进中，其同化愈后者，其在古史系统中，转愈高而愈远。似此演成之古史，真既非是，伪亦不能。②

他运用此种理论解释五帝时期的古史传说：

司马迁整理的系统是有相当根据的。他所据的“古文”是战国时代六国流传下来的资料，是保存了古代人民对于过去的酋长各据一方及其相互次第代立的史传。这些传说的次第，经过战国的史家们根据当时人民渴望统一的要求，从他们生活在私有制社会形成的父子世及观念出发而整齐划一的，司马迁就是以这种观念而评定选用他认为是“雅驯”又“不离古文”的资料，抛弃了汉代流传的对于黄帝的许多“不雅驯”的传说，而著成《五帝本纪》。③

“三皇”“五帝”的传说，既为后世追记，还夹杂理想成份，传者非一，记者非一，在战国秦汉前的两三千年间，愈后愈繁，附丽益多。……战国或两汉的附加成份，当然应当归入相应的时期；西南、西北、东北和南方的土著传统神话，自应归入各族各该地区，以与中原区辨。因为一个“黄帝”，《山海经》和《史记》二者之间有同有异，根源之一即在于不同时地的层累聚积于一个目标所致。④

显然，和《古史辨》派学者相比，徐先生运用“澄滤”说和“素地”

① 徐中舒：《陈侯四器考释》，原刊《国立中央研究院历史语言研究所集刊》第三本第四分，1933 年，收录徐中舒：《徐中舒历史论文选辑》上册，北京：中华书局，1998 年版，第 440—442 页。

② 徐中舒：《陈侯四器考释》，原刊《国立中央研究院历史语言研究所集刊》第三本第四分，1933 年，收录徐中舒：《徐中舒历史论文选辑》上册，北京：中华书局，1998 年版，第 445 页。

③ 徐中舒：《先秦史论稿》，成都：巴蜀书社，1992 年版，第 16 页。

④ 徐中舒、唐嘉弘：《〈山海经〉和“黄帝”》，《〈山海经〉新探》，成都：四川省社会科学院出版社，1986 年版，第 100 页。

论对于上古时期文献记载和古史传说的发生及演变过程的分析，更具科学和理性的因素。早在顾颉刚先生“层累地造成的古史”说提出不久，就有不少学者对《古史辨》的疑古理论不断地提出大胆的质疑和批判。如王国维先生《古史新证》第一章《总论》批判古史辨“疑古之过，乃并尧、舜、禹之人物而亦疑之。其于怀疑之态度及批评之精神，不无可取，然惜于古史材料未尝为充分之处理也”①。张荫麟先生批判顾氏“误用默证”，“凿空附会”②。中华人民共和国成立后，徐旭生先生批判极端疑古派学者错疑所不应疑的不良学术倾向，具体指出《古史辨》派学者“广泛地使用默证”③、“把主观的见解增损客观事实”④、夸张春秋、战国各学派所称古史的“歧异、矛盾”⑤，“对于掺杂神话的传说和纯粹神话的界限似乎不能分辨，或者是不愿意去分辨”⑥，“努力打击”尧、舜、禹的“人格问题”⑦，“对于夏启以前的历史一笔勾销”⑧。从徐旭生先生对极端疑古派学者不良学术倾向的纠偏，为中国的古史传说时代的研究创立“一个新体系”⑨，到当代学术界对疑古与复古、信古思潮的理性反思⑩，学术界对《古史辨》的评价在旷日持久的激烈争鸣过程中渐趋理性。不容忽视的是，徐氏考而后信的学术倾向和对上古史料进行“澄滤”的学说及“传说总有若干史实为素地，绝不能凭空虚构”⑪的理论，则早已为《古史辨》之后中国古典学的发展指明了一条正确的方向。徐氏“商、周以前

① 王国维：《古史新证——王国维最后的讲义》，北京：清华大学出版社，1994年版，第2页。

② 张荫麟：《评近人对于中国古史之讨论》，《学衡》1925年第40期，第1—18页。

③ 徐旭生：《中国古史的传说时代》，桂林：广西师范大学出版社，2003年版，第27页。

④ 徐旭生：《中国古史的传说时代》，桂林：广西师范大学出版社，2003年版，第28页。

⑤ 徐旭生：《中国古史的传说时代》，桂林：广西师范大学出版社，2003年版，第28页。

⑥ 徐旭生：《中国古史的传说时代》，桂林：广西师范大学出版社，2003年版，第28—29页。

⑦ 徐旭生：《中国古史的传说时代》，桂林：广西师范大学出版社，2003年版，第30页。

⑧ 徐旭生：《中国古史的传说时代》，桂林：广西师范大学出版社，2003年版，第30页。

⑨ 黄石林：《徐旭生传略》，《中国现代社会科学家传略》第3辑，太原：山西人民出版社，1983年版，第379页。

⑩ 裘锡圭：《中国古典学重建中应该注意的问题》，《北京大学中国古文献研究中心集刊》第2辑，北京：北京燕山出版社，2001年版；杨春梅：《去向堪忧的中国古典学——“走出疑古时代”述评》，《文史哲》2006年第2期，第5—25页；张富祥：《“走出疑古”的困惑——从“夏商周断代工程”的失误谈起》，《文史哲》2006年第3期，第19—30页；林沄：《真该走出疑古时代吗？——对当前中国古典学取向的看法》，《史学集刊》2007年第3期，第3—8页；周书灿：《论“走出疑古”与古史重建》，《贵州大学学报（社会科学版）》2007年第6期，第51—57页；王先胜：《评〈走出疑古时代〉》，《中国政法大学学报》2008年第2期，第129—146页；周书灿：《目前古史研究中的“信古”、“复古”倾向评析》，《社会科学评论》2009年第2期，第5—14页。

⑪ 徐中舒：《陈侯四器考释》附记，原刊《国立中央研究院历史语言研究所集刊》第三本第四分，1933年，收录徐中舒：《徐中舒历史论文选辑》上册，北京：中华书局，1998年版，第445页。

之古史，实即一部古代民族史”[①]的著名理论由于其自身的科学性迄今仍倍受学术界的重视。显然，徐氏的古史研究已昭示着中国古典学早已开始了超越《古史辨》的学术实践。

三、“古史多重证”的运用与古史建设实践

按照郭沫若先生的说法，罗、王之学对于中国文化史所作出的贡献仅仅局限于“整理”[②]，顾颉刚先生则坦言，他自己的工作“偏于破坏伪史方面”[③]。郭沫若先生评价罗、王之学“‘整理’的究极目标是在‘实事求是’”[④]，“‘整理’的方法所能做到的是‘知其然’”[⑤]，“‘整理’自是‘批判’过程所必经的一步，然而它不能成为我们所应该局限的一步”[⑥]。顾颉刚先生对“建设”和“破坏”有如是解释：“……建设的意义只是‘恢复’，而所谓破坏也只等于扫除尘障。”[⑦]顾氏指出：“我们的破坏……只是使它们各各回复其历史上的地位：真的商、周回复其商、周的地位，假的唐、虞、夏、商、周回复其先秦或汉、魏的地位”[⑧]，并强调“我们要打破旧说甚易而要建立新的解释则大难。这因为该破坏的有坚强的错误的证据存在，而该建设的则一个小问题往往牵涉到无数大问题上”[⑨]。同罗、王之学和《古史辨》相比，徐氏的古史研究则基本告别了“整理”和“破坏”，并在“古史多重证”法的探索和实践过程中，开始了古史重建工作。

与罗、王之学和《古史辨》不同，徐氏在强调对古代文献记载和古史传说进行大胆怀疑的同时，也注意到对考古资料进行科学的审查。徐氏讲

---

① 徐中舒：《陈侯四器考释》附记，原刊《国立中央研究院历史语言研究所集刊》第三本第四分，1933年，收录徐中舒：《徐中舒历史论文选辑》上册，北京：中华书局，1998年版，第440页。

② 《郭沫若全集·历史编》第一卷《中国古代社会研究》，北京：人民出版社，1982年版，自序，第6—10页。

③ 罗根泽编著：《古史辨》第四册，上海：上海古籍出版社，1982年版，顾颉刚先生序，第14页。

④ 《郭沫若全集·历史编》第一卷《中国古代社会研究》，北京：人民出版社，1982年版，自序，第7页。

⑤ 《郭沫若全集·历史编》第一卷《中国古代社会研究》，北京：人民出版社，1982年版，自序，第7页。

⑥ 《郭沫若全集·历史编》第一卷《中国古代社会研究》，北京：人民出版社，1982年版，自序，第7页。

⑦ 顾颉刚编著：《古史辨》第三册，上海：上海古籍出版社，1982年版，自序，第1页。

⑧ 罗根泽编著：《古史辨》第四册，上海：上海古籍出版社，1982年版，顾颉刚先生序，第13页。

⑨ 顾颉刚编著：《古史辨》第三册，上海：上海古籍出版社，1982年版，自序，第2页。

道："在仰韶遗物中，据现在所得的还没有文字发现过，在研究上似缺乏精确的论证。"[①]徐氏认为，安特生据苏萨（Susa）、安诺（Anau）第一纪及第二纪的彩色陶片，计算仰韶时代约在公元前三千年的推断"可信的程度也很薄弱"[②]，他指出："纵使苏萨、安诺与仰韶有若何显著的关联，我们只看有记载以来的交通，从小亚细亚传播到黄河流域，也须要相当的时日，何况这两方的关系，我们还无从明了呢？"[③]徐氏一再强调要充分注意到田野考古资料自身所固有的复杂性，他曾举例说明：

> 安氏曾郑重指出仰韶具有东方式的器物及食猪的习惯，但这些事实我们不能就认为是小屯文化的前驱。李济之氏说小屯所得牛骨较多于猪骨，这已与仰韶不同；且仰韶遗物大部仍属于西方式，其具有东方式的三足的鬲与鼎，则有由东向西传播的趋势，这不过在其固有的文化中，输入一点东方的物事而已。近来蒙古小库伦也曾发现过土鬲，我们并不能因此断定蒙古也属汉化范围。而且器物形制的仿效，要比器物纹饰容易得多，隋唐以来中国制的玻璃器也具有西方的样式，而附加的花纹则中国化了；日本制的镜子，也具有中国的样式，而附加的钮扣花纹则日本化了。我们正见因这两遗迹的纹饰作风的不同，断定这两遗址为两种不同的各自发展的文化。[④]

徐氏还就陈侯四器论及：

> 铜器中之素鼎、模制圆整之鸟兽纹壶及具有熊足之螭梁盉，在《博古图》、《西清古鉴续鉴》诸书中以为汉器或唐器者，其年代皆当复位。[⑤]

---

① 徐中舒：《再论小屯与仰韶》，原刊《安阳发掘报告》1931年第3期，收录徐中舒：《徐中舒历史论文选辑》上册，北京：中华书局，1998年版，第145页。

② 徐中舒：《再论小屯与仰韶》，原刊《安阳发掘报告》1931年第3期，收录徐中舒：《徐中舒历史论文选辑》上册，北京：中华书局，1998年版，第145—146页。

③ 徐中舒：《再论小屯与仰韶》，原刊《安阳发掘报告》1931年第3期，收录徐中舒：《徐中舒历史论文选辑》上册，北京：中华书局，1998年版，第146页。

④ 徐中舒：《再论小屯与仰韶》，原刊《安阳发掘报告》1931年第3期，收录徐中舒：《徐中舒历史论文选辑》上册，北京：中华书局，1998年版，第154—155页。

⑤ 徐中舒：《陈侯四器考释》，原刊《国立中央研究院历史语言研究所集刊》第三本第四分，1933年，收录徐中舒：《徐中舒历史论文选辑》上册，北京：中华书局，1998年版，第443页。

徐氏强调指出：“传世青铜器还没有发见夏代遗物，群书所载夏器无一可信”[①]，“薛尚功、阮元、吴荣光等编集的铜器款识，有许多题为夏器的都属于晚周之物”[②]，亦不止一次言及“罗振玉《殷文存》里所收的铭文十之七八属于周器。铜器中以甲乙为名的并不能为断定年代的标准”[③]。正因为此，徐氏研究古史并非简单套用王国维先生积极倡导并实践的以“地下之新材料”补正“纸上之材料”的“二重证据法”[④]，而是在更为科学理性的方法论的基础上，开拓性地进行繁难的古史重建工作。

徐氏检讨殷、周之际的历史，指出：“吾人如尚论殷以降至殷、周之际，则又觉有难言者。其地下史料如铜器等，虽偶有发见，但尚无甲骨文字及其同出器物之丰富整秩。吾人决不能仅据此若干遗物，以治此期之史。至于旧有之纸上史料，其出于当时所记述者，如《周书》所载既为周人一方面之辞，而又残阙不全。其出于后来相传述者……则又食土践毛之民，历代积誉之总录。……故此期新旧史料，皆有所不足。”[⑤]徐氏主张“据……新旧史料而善为抉择、贯串、证明之”[⑥]，并提出以下三条原则：“（一）综合旧史料中有关地理之记载，而推论其发展之次第。（二）以新史料中涉及地理者，证明旧史料之可信。（三）以后来开国期之史事比拟之。”[⑦]徐氏所提出的以上三条原则，显然在学理上已较王氏“二重证据法”向前迈进了一步。之后，徐氏反复强调，“用边裔民族的资料阐发古代社会发展的实际情况，同样成为研究古代历史的重要途径”[⑧]，并自觉将历史文献、考古资料和民族学材料有机结合起来，成功地开创了古

① 徐中舒：《再论小屯与仰韶》，原刊《安阳发掘报告》1931年第3期，收录徐中舒：《徐中舒历史论文选辑》上册，北京：中华书局，1998年版，第164页。

② 徐中舒：《再论小屯与仰韶》，原刊《安阳发掘报告》1931年第3期，收录徐中舒：《徐中舒历史论文选辑》上册，北京：中华书局，1998年版，第180页。

③ 徐中舒：《再论小屯与仰韶》，原刊《安阳发掘报告》1931年第3期，收录徐中舒：《徐中舒历史论文选辑》上册，北京：中华书局，1998年版，第181页。

④ 王国维：《古史新证——王国维最后的讲义》，北京：清华大学出版社，1994年版，第2—3页。

⑤ 徐中舒：《殷周之际史迹之检讨》，原刊《国立中央研究院历史语言研究所集刊》第七本第二分，1936年，收录徐中舒：《徐中舒历史论文选辑》上册，北京：中华书局，1998年版，第652页。

⑥ 徐中舒：《殷周之际史迹之检讨》，原刊《国立中央研究院历史语言研究所集刊》第七本第二分，1936年，收录徐中舒：《徐中舒历史论文选辑》上册，北京：中华书局，1998年版，第653页。

⑦ 徐中舒：《殷周之际史迹之检讨》，原刊《国立中央研究院历史语言研究所集刊》第七本第二分，1936年，收录徐中舒：《徐中舒历史论文选辑》上册，北京：中华书局，1998年版，第653页。

⑧ 徐中舒：《我的学习之路》，《文史知识》1987年第6期，第5页。

史研究的新途径。有的学者指出，“这种尝试实已预示着考据学方法和视界的又一次突破性变革”①，并指出，“这一方法的成熟势必使人们看到以前看不到的东西，推进学术格局的‘新’变”②。徐氏运用“古史多重证”法研究中国古代社会的例子颇多，兹略举数例。

徐氏探讨井田制度③，其针对“社会学家每以渔猎、游牧、农业为社会演进中之三阶段”的说法，提出不同意见，即“我国先秦社会田猎、畜牧、农业乃同时并存”。他举《后汉书》《三国志》《北史》所载东夷之夫余、高丽、濊貉的社会状况，又举“清初女真初起，仍为城郭、田猎、畜牧而兼具农业之部族”，以“边裔部族既为文教所不及，其农业亦未发达，因之其射猎之风遂终古不改”为证，指出“殷、周之世畜牧既兴，而田猎犹盛；农业代起，而畜牧不废，社会之演进，久陷停顿，论者徒羡井田均产之美名，而不知此制实为统治部族奴役他族之工具，于农业实无多贡献，徒使封建社会因此绵展千岁而不坠”。为深入细致考察周代田制，徐氏专门用一节论及边裔部族之田制与屯田。徐氏说：“唐、宋以来，我国边裔之羁縻州府，土司藩属，其酋有土有民，皆各以其俗治，惟岁时朝贡，与古之封建无异。”他将宋周去非《岭外代答》卷三所记深广、清余庆远《维西见闻记》所记滇边栗粟、宋范成大《桂海虞衡志》所记邕州羁縻州洞、商务印书馆所出李拂一之《车里》所记车里十二版纳之田制，朝鲜平壤府城大同江畔之箕田同殷、周时期中原地区田制进行比较，以为车里田制“犹存殷人井田之遗意”、栗粟田制“犹存周人藉田之意”、朝鲜大同江畔之箕田，“尤与殷、周田制为近”，并附录冯汉骥先生记述英卡（Inca）帝国之田制，从而得出结论：“在我国边裔及初民社会中，既有此制，则《孟子》《周官》所称之井田，必非向壁之谈。”综上所述，不难看出，徐氏对殷、周时代田制的考察，较之学术界，材料更为充分，结论亦更近合理。

氏族制是徐氏重点考察的社会问题之一。在考察殷代社会的氏族组织之前，徐氏首先强调中国奴隶社会的内容及其分期的研究，存在两个不容易解决的问题：“一、氏族社会是奴隶社会的基层组织，而在中国史上关于氏族的资料，还是极端的缺乏或是过于零碎；就是中国四裔的兄弟民族的历史，也都是氏族组织解体以后而以家族谱系为骨干来写成的，所以它

① 叶舒宪：《国学方法论的现代变革》，《文史哲》1994年第3期，第47页。

② 叶舒宪：《国学方法论的现代变革》，《文史哲》1994年第3期，第49页。

③ 徐中舒：《井田制度探原》，原刊《中国文化研究汇刊》1944年第4卷上册，收录徐中舒：《徐中舒历史论文选辑》下册，北京：中华书局，1998年版，第713—760页。

的面貌一直是看不清楚的。二、希腊、罗马的奴隶社会到铁器时代才出现，而中国的封建社会反而在铜器时代就已经存在了，这个距离是不容易比较说明的；亚细亚生产方式在马克思的著作里，只有简略的概念，关于这方面我们期待他日再作进一步的研究。”①徐氏举澳大利亚土人中阿兰大（Aranda）部族分族婚级制下的亲族称谓与周代昭穆制作比较，并结合殷代遗物，以证殷代王族确属父系。为说明族的原始意义，他举《北史·突厥传》、《新唐书·吐蕃传》和《清开国方略》卷三中古代民族的材料，得出结论：“古代的氏族组织，就是聚集血缘的兄弟辈于一个旗帜统一指挥之下以从事田猎或战争。”②为说明“古代父系氏族只有贵族行亲迎礼，女子从夫居；至于平民，大都是先从妇居，等到生子长大后，挈其妻子返家”③的论点，徐氏举《后汉书·高句丽传》“其婚姻皆就妇家，生子长大，然后将还”边裔民族普遍的风俗相互参证，并由以上论述对殷、周社会基层组织的变化情况进行了科学的考察与分析。

为考察《易·系辞》“上古结绳而治”传说，徐氏列举了宋代李心传《建炎以来朝野杂记》中鞑靼“刻木为契”、明代田汝成《炎徼纪闻》中白罗罗“结绳刻木为信”、清代严如煜《苗疆风俗考》中苗民“结于绳”“为契券刻木以为信”的典型例证，参互印证，指出“夫我国周遭民族既皆行之，则《系辞》所云，必非虚语也”④。

为论证殷代兄终弟及为贵族选举制的论点，徐氏指出：“殷之王族既与北族或东北族为近，中国史上北族、东北族所缔构之王朝，如契丹，如女真，如蒙古，其大统之继承，如未受汉化影响，其初皆由贵族选举。如契丹八部大人之递代，蒙古之库鲁泰大会，清初八旗之合议皆是。”⑤在相互参证的基础上，徐氏指出：“殷代王族，其开祖传说既与东夷、北狄为近……则殷代武丁以前王位之继承，由于贵族选举，亦非过论也。”⑥

---

① 徐中舒：《论殷代社会的氏族组织》，（成都）《工商导报·学林副刊》第1期，1951年1月7日，收录徐中舒：《徐中舒历史论文选辑》，北京：中华书局，1998年版，第801页。

② 徐中舒：《论殷代社会的氏族组织》，（成都）《工商导报·学林副刊》第1期，1951年1月7日，收录徐中舒：《徐中舒历史论文选辑》，北京：中华书局，1998年版，第808页。

③ 徐中舒：《论殷代社会的氏族组织》，（成都）《工商导报·学林副刊》第1期，1951年1月7日，收录徐中舒：《徐中舒历史论文选辑》，北京：中华书局，1998年版，第808页。

④ 徐中舒：《结绳遗俗考》，原刊《说文月刊》1944年第4卷合订本，收录徐中舒：《徐中舒历史论文选辑》上册，北京：中华书局，1998年版，第706页。

⑤ 徐中舒：《殷代兄终弟及为贵族选举制说》，原刊《文史杂志》1945年第5卷第5、6期合刊，收录徐中舒：《徐中舒历史论文选辑》上册，北京：中华书局，1998年版，第767页。

⑥ 徐中舒：《殷代兄终弟及为贵族选举制说》，原刊《文史杂志》1945年第5卷第5、6期合刊，收录徐中舒：《徐中舒历史论文选辑》上册，北京：中华书局，1998年版，第770页。

由于材料的扩张，徐氏的以上认识较之王国维、胡厚宣的认识，向前迈进了一大步。

为了揭示古代黄河流域穴居遗俗，徐氏在涉猎文献资料和新出的考古资料的基础上，同样高度重视民族学材料。徐氏指出："𡈼地穴居，不仅殷末周初如此，现在陕、甘、豫西一带，还有许多人民仍旧居在窑洞里。穴居遗俗，在这里的劳苦大众就一直没有改变过。"[①]"更辽远的边区，北狄或黑龙江一带的女真，也曾盛行穴居。……东北民俗穴居之风，也是我们古代遗俗留存于边区的一环。"[②]他以周去非《岭外代答》、田汝成《行边纪闻》所载僮、瑶及顾炎武《天下郡国利病书》所载畲民之俗申明"南方卑湿，不宜穴居，从来就居在地面上"[③]之论点。由于徐氏研究该问题的视野更为开阔，所以，以上观点，信而有征，自成一说。

诸如此类的例子，还有很多。由此可见，在努力实现对《古史辨》超越的过程中，徐氏逐步建立起自己独到的古史体系。中华人民共和国成立后，徐氏在《试论周代田制及其社会性质——并批判胡适井田辨观点和方法的错误》《论西周是封建制社会——兼论殷代社会性质》等代表性论著中，力陈"西周是封建社会"。在中华人民共和国成立后的古史分期讨论中，西周封建论与郭沫若先生长期主张的"中国古代奴隶社会与封建社会的交替，是在春秋与战国之交"[④]观点，成为中国古史分期问题中最有影响力的两种说法。学术界普遍认为，"西周封建论因为有了徐中舒这样的古史专家的支持和参与，学术主张的坚定性才有了深厚的底蕴"[⑤]。"古史多重证"的方法论对于徐氏从疑古辨伪到古史重建的学术路向的转变起到了颇为关键的作用。

---

① 徐中舒：《黄河流域穴居遗俗考——兼论地上建筑的由来》，原刊《中国文化研究汇刊》1950年第9卷，收录徐中舒：《徐中舒历史论文选辑》下册，北京：中华书局，1998年版，第790页。

② 徐中舒：《黄河流域穴居遗俗考——兼论地上建筑的由来》，原刊《中国文化研究汇刊》1950年第9卷，收录徐中舒：《徐中舒历史论文选辑》下册，北京：中华书局，1998年版，第790—791页。

③ 徐中舒：《黄河流域穴居遗俗考——兼论地上建筑的由来》，原刊《中国文化研究汇刊》1950年第9卷，收录徐中舒：《徐中舒历史论文选辑》下册，北京：中华书局，1998年版，第796页。

④《郭沫若全集·历史编》第三卷《奴隶制时代》，北京：人民出版社，1984年版，第13页。

⑤ 王晓清：《专家之学寄遥深——徐中舒学述》，《博览群书》2001年第7期，第51页。

第三节 古史材料扩充——以上古民族研究为例

20世纪40年代，徐中舒提出了“近代学术的进展，如其说是方法的革新，毋宁说是材料的扩充”，旨趣有别于傅斯年“扩张研究的材料”的学术论点。在这一学术思想主导下，徐氏积极扩充书本以外的材料，在中国上古民族史研究中取得了一系列卓越的成就，然在扩充材料的同时，疏于方法理论的革新，研究中也暴露出明显的缺失。20世纪50年代后，徐氏自觉运用马克思主义理论和方法研究中国古代社会，其学术思想逐渐发生较大的变化。

以积极倡导“史学的对象是史料”①，“史学的工作是整理史料”②，“史学便是史料学”③而蜚声史林的史料派大师傅斯年，早在1928年《历史语言研究所工作之旨趣》的演讲中，提出了学术进步的三项标准：“保持亭林、百诗的遗训”，“扩张研究的材料”，“扩张研究的工具”。④傅氏指出：“现代的历史学研究已经成了一个各种科学的方法之汇集。地质、地理、考古、生物、气象、天文等学，无一不供给研究历史问题者之工具。”⑤此后，师承王国维、梁启超、李济等名师大家，学术思想又深受傅斯年影响的著名史学家徐中舒，亦曾屡屡论及：“史之良窳率以史料为准，史家不能无史料而为史，犹之巧妇不能无米而为炊”⑥，“近代学术的进展，是人们离开书本子而向宇宙间去搜寻去扩充材料的结果”⑦，“天文的观测，气象的记录，地质的探检，地下遗物的发见，方言和民俗的调查，都在书本子以外增加了许多材料。将来这些材料积聚愈多，更不

① 傅斯年：《史学方法导论》，《中国现代学术经典·傅斯年卷》，石家庄：河北教育出版社，1996年版，第242页。

② 傅斯年：《史学方法导论》，《中国现代学术经典·傅斯年卷》，石家庄：河北教育出版社，1996年版，第242页。

③ 傅斯年：《史学方法导论》，《中国现代学术经典·傅斯年卷》，石家庄：河北教育出版社，1996年版，第243页。

④ 傅斯年：《历史语言研究所工作之旨趣》，《国立中央研究院历史语言研究所集刊》第一本第一分，1928年，第7页。

⑤ 傅斯年：《历史语言研究所工作之旨趣》，《国立中央研究院历史语言研究所集刊》第一本第一分，1928年，第6页。

⑥ 徐中舒：《殷周之际史迹之检讨》，原刊《国立中央研究院历史语言研究所集刊》第七本第二分，1936年，收录徐中舒：《徐中舒历史论文选辑》上册，北京：中华书局，1998年版，第652页。

⑦ 徐中舒：《近代学术是怎样进展的》，《生活与学习月刊》1946年第1卷第5—6期，第5页。

断的继续整理，在不远的将来，一定更有很大的进展”[①]。对照以上文字，不难看出，徐氏的以上论断几乎是傅斯年早年“扩张研究的材料”主张的翻版。然较之傅氏，徐氏“近代学术的进展，如其说是方法的革新，毋宁说是材料的扩充”[②]之论断，在学术思想上则有着更为独到的学术旨趣，彰显出其更为鲜明的学术特色。

上古民族史是徐氏毕生用功最深的重要研究领域之一。在漫长的学术生涯中，徐氏研究上古民族史，高度重视“材料扩充”，自觉结合上古文献记载、古文字资料以外的语言学材料及地名、姓氏、田野考古与古器物学资料和民族学材料等，不断对上古族群称谓、民族族属、民族源流、民族迁徙分合、民族文化交流等一系列繁难问题，进行深入系统的研究，为中国上古民族史研究作出了卓越的贡献。与此同时，徐氏在上古民族研究过程中“材料扩充”的学术思想和研究方法，也屡屡暴露出若干明显的缺失和不足。在新的学术背景下，重新审视新史学家材料扩充学术思想的理论价值与缺失，对于新时期中国古史理论的建设具有重要的启发意义。

一、语言学材料所蕴含上古族群称谓原始语义的揭发

现代民族学家认为，上古时期的人们共同体，有许多尚处于氏族部落的发展阶段，他们的社会尚在“野蛮向文明的过渡、部落制度向国家的过渡、地域局限性向民族的过渡”[③]，因而，上古文献和甲骨文、金文中所见族号，有夷、蛮、戎、闽、貉、氐、羌、濮、越、僚、胡等十多种。早在清代，顾栋高就发现，蛮、夷、戎、狄，“春秋之世，其见于《经传》者，名号错杂”[④]，并特别强调：“四裔之中，戎种最杂乱难稽，或三名而为一族，或一种而随地立名，随时易号至五六世未已。”[⑤]这一复杂的历史现象，不断对于迄今民族史学界建构的周代“五大民族集团”[⑥]和“华夏五方格局”[⑦]的上古民族区分理论提出新的质疑。

早在20世纪20年代，徐中舒就注意到，古代文献中周人屡屡称殷为

① 徐中舒：《近代学术是怎样进展的》，《生活与学习月刊》1946年第1卷第5—6期，第5页。
② 徐中舒：《近代学术是怎样进展的》，《生活与学习月刊》1946年第1卷第5—6期，第4页。
③ 《马克思恩格斯选集》第一卷，北京：人民出版社，2012年版，第184页。
④ （清）顾栋高辑，吴树平、李解民点校：《春秋大事表》卷三十九《春秋四裔表》，北京：中华书局，1993年版，第2159页。
⑤ （清）顾栋高辑，吴树平、李解民点校：《春秋大事表》卷三十九《春秋四裔表》，北京：中华书局，1993年版，第2162页。
⑥ 田继周：《先秦民族史》，成都：四川民族出版社，1988年版，第335—345页。
⑦ 王钟翰主编：《中国民族史》上册，武汉：武汉大学出版社，2012年版，第158—167页。

夷、为戎，且徐氏较早从语言学角度对“夷”“戎”之本义训释如下：

夷与尸同字，人之形体曰尸，故夷之本义当训人；戎从戈从甲，其本义亦当训兵，原无贱恶之意。……以戎、夷，与闽、蛮、貉、狄并称，盖以为异族，此后起之说。①

迄20世纪60年代初，徐氏继续从语言学角度对“戎”之语义作进一步的申论：

古无嵩字，嵩山即名崇高山，字或作崧以作宻，古音戎、庸、崇、嵩、崧并在东部，而《广韵·东韵》娀、嵩、崧三字又并读“息弓切”。古代形声声系并无统一的标准读音，因此声系偏旁相同之字，随地异读，惟嵩、崧、娀为地名、人名，在口语中尚能保持较原始的音读。据此言之，古代戎之读音必更与崇为近。因此戎族的名称，即当出于崇或庸。②

在此基础上，徐氏修正了此前其关于“戎从戈从甲，其本义亦当训兵”的训释：

戎，《说文·篆文》作，以为从戈从甲，此当为许氏臆改的篆文。在经典及楷书，戎皆不从甲。甲骨文有字，当释为戎。早期金文作、，从、，并象盾形。……戎是居于山岳地带城居的部族。③

在此前后，徐氏还从语言学角度对文献和金文中出现频率较高的“蛮”之语义作了独到的阐释：

邓嫚姓，嫚、蛮古明母字，嫚或即蛮转音。④

① 徐中舒：《从古书中推测之殷周民族》，原刊《国学论丛》1927年第1卷第1号，收录徐中舒：《徐中舒历史论文选辑》上册，北京：中华书局，1998年版，第29页。

② 徐中舒：《巴蜀文化续论》，《四川大学学报（社会科学版）》1960年第1期，第20页。

③ 徐中舒：《巴蜀文化续论》，《四川大学学报（社会科学版）》1960年第1期，第20页。

④ 徐中舒：《殷周之际史迹之检讨》，原刊《国立中央研究院历史语言研究所集刊》第七本第二分，1936年，收录徐中舒：《徐中舒历史论文选辑》上册，北京：中华书局，1998年版，第674页。

> 氓和民是中国历史上最广大的土著部族。他们和历史上称为蛮或闽的人，都属同音同义的名称。在更古的年代里，他们就应属于同一族类的人群。他们就是中国历史上最广大的劳动人民，他们就是中国历史的创造者。在印欧语系里以 man 为人的单数之称，以 men 为人的复数之称。在单音缀的汉语，随无单复之分，但宋元以后称复数的人仍缀以每或们，如我每、你每、他每、我们、你们、他们之类，每或们，也就是民或闽的转音。这一个名称，可能为人类同源说在语言上的一个佐证。①
>
> 《礼记·王制篇》说“南方曰蛮”，这完全是出于战国以后的解说。西周时代铜器虢季子白盘记述虢季子伯伐玁狁……玁狁在北而称为蛮，是西周时代尚不以蛮为南方蛮夷的专称，其字亦不从虫。《大雅·韩奕》诗王命韩侯统治北国的追、貉诸族而曰：“因时（是）百蛮”……追、貉皆属北国，而通称之为百蛮，是西周时代不以蛮［为］南方蛮夷……蛮实为中国大陆上的基本人群。貉则是蛮在东北的一支。②

此外，徐氏还从语言学角度对古代文献和古文字资料中的“狄”字进行独到的训释：

> 狄亦易古书同为支部入声字，故得相通。狄是居在森林中的部族，他们的经济基础以射猎为主，犬就是他们经常的伙伴，因此狄字就从犬旁。……他们自称为狄历，应是读狄（t 或 d）历（l 或 r）两个复辅音的字，原义就是林。③

值得注意的是，《礼记·王制》④、《风俗通义》佚文《四夷》⑤等战

① 徐中舒：《巴蜀文化续论》，《四川大学学报（社会科学版）》1960 年第 1 期，第 31—32 页。

② 徐中舒：《巴蜀文化续论》，《四川大学学报（社会科学版）》1960 年第 1 期，第 32—33 页。

③ 徐中舒：《巴蜀文化续论》，《四川大学学报（社会科学版）》1960 年第 1 期，第 35 页。

④ 《礼记·王制》：“东方曰夷，被发文身，有不火食者矣。南方曰蛮，雕题交趾，有不火食者矣。西方曰戎，被发衣皮，有不粒食者矣。北方曰狄，衣羽毛穴居，有不粒食者矣。”参见陈澔注：《礼记》卷 3，上海：上海古籍出版社，1987 年版，第 74 页。

⑤ 《风俗通义》佚文《四夷》：“东方曰夷者，东方仁，好生，万物抵触地而出。夷者，抵也，其类有九：一曰玄菟，二曰乐浪，三曰高骊，四曰满饰（一作蒲饰），五曰凫臾，六曰索家，七曰东屠，八曰倭人，九曰天鄙。南方曰蛮者，君臣同川而浴，极为简慢。蛮者，慢也，其类有八：一曰天竺，二曰垓首，三曰僬侥，四曰跂踵，五曰穿胸，六曰儋耳，七曰狗轵，八曰旁脊。西方曰戎者，斩伐杀生，不得其中。戎者，凶也，其类有六：一曰侥夷，二曰戎夷，三曰老白，四曰耆羌，五曰鼻息，六曰天刚。北方曰狄者，父子叔嫂，同穴无别。狄者，辟也，其行邪辟，其类有五：一曰月支，二曰秽貊，三曰匈奴，四曰单于，五曰白屋。”参见（汉）应劭撰，王利器校注：《风俗通义校注》，北京：中华书局，1981 年版，第 487—488 页。

国至汉代文献较早笼统地以地域区分“中国戎夷五方之民”，在相当长的时期，学术界多以战国至汉代形成的东夷、西戎、南蛮、北狄族群观念，臆测先秦时期的族群构成，从而造成一系列的混乱。直到清代，吴大澂始结合文献记载和金文资料从语言学角度对“夷”字本义重新进行考察：

> 古夷字作，即今之尸字也。……夷为东方之人，字与字相似，象人曲躬蹲踞形。……或故书本作尸而汉儒误释为夷；或当时尸、夷二字通用，古文尸字隶书皆改作夷，均未可知。然则汉初去古未远，必有知尸字即夷字者，故改尸为夷也。①

吴氏从文字学角度释古夷字，“即今之尸字也”，别有一番新意，但其仍笃信战国至汉代形成的“夷为东方之人”概念。众所周知，在古代文献和甲骨文、金文中，夷并非东方民族的专称。周代及其以后的文献中除“东夷”外，亦屡有“西夷”“南夷”“北夷”等称谓。如《水经·清水注》引《竹书纪年》曰：“周武王率西夷诸侯伐殷，败之于坶野。”②《孟子·滕文公下》载：“东面而征西夷怨。”③《公羊传》僖公四年：“南夷与北狄交，中国不绝若线。”④《史记·天官书》载：“故北夷之气如群畜穹闾。”⑤尤其应强调的是，西周中期的秦族地处西陲，西周中期青铜器询簋铭文则有“秦尸（夷）”之称。直到司马迁撰著《史记》、班固撰著《汉书》、范晔撰著《后汉书》，仍分别专列有《西南夷列传》《西南夷传》，显然直至刘宋时期，西南地区的一些族群亦可称“夷”。所以其很难准确训释出先秦文献及甲骨文、金文中“夷”字的本义。相比之下，徐氏在吴氏的基础上，从语言学角度所作“夷与尸同字，人之形体曰尸，故夷之本义当训人”之训释，更为接近先秦时期“夷”字的本义。

徐氏从语言学角度对“夷”之语义解析，渐为学术界普遍接受。如傅斯年结合古代文献记载和甲骨文、金文资料，明确指出：

---

① （清）吴大澂：《字说·夷字说》，苏州大学炳麟图书馆特藏室，清光绪线装本（年代不详），第30—31页。

② （北魏）郦道元注，（民国）杨守敬、熊会贞疏，段熙仲点校，陈桥驿复校：《水经注疏》上册卷9，南京：江苏古籍出版社，1989年版，第815页。

③ （清）焦循：《孟子正义》，《诸子集成》第一册，北京：中华书局，1954年版，第255页。

④ 《春秋公羊传注疏》卷10，（清）阮元校刻：《十三经注疏》下册，北京：中华书局，1980年版，第2249页。

⑤ （汉）司马迁：《史记》卷27，北京：中华书局，1959年版，第1338页。

“人”、“尸”（夷）二字在最早可见之文字中固无严界，皆象人形，一踞而一立，踞者后人以为尸（夷）字，立者后人以为人字，在其原始则无别也。其有别者，至西周中叶诸器始然，师酉簋其例也。人夷二字，字本作同形，音亦为邻近，其在太初为一事明矣。①

此外，徐氏“氓和民是中国历史上最广大的土著部族。他们和历史上称为蛮或闽的人，都属同音同义的名称”的论点，也不断受到学术界的关注，如傅斯年从语言学角度释“民”之本义：

“民”之一词亦疑其亦本为族类之名。民、蛮、闽、苗，诸字皆双声，似是一名之分化。②

又如徐氏将苗、蛮区分为二：

疑髳即后世所谓苗，盖苗、蛮初时皆在中国，故《诗》以髳、蛮并举。③

凌纯声、芮逸夫则从民族学角度将苗、蛮作更为细致的区分：

广义的蛮与广义的苗同义，唐以前多称蛮，宋以后又称苗，或苗蛮并称。狭义的蛮，自称为槃瓠的子孙，可称之为槃瓠种，今之名称已不一律。在今湘、粤、桂、滇四省者为傜人；散布于闽、浙二省者称畲民；只有在安南东京北部的，至今尚自称为蛮，但汉人则称之为傜人。④

尽管迄今为止，徐氏从语言学角度对夷、戎、蛮、狄之语义的训释，未必皆为学术界的最后定论，但总的来看，徐氏从语言学角度对夷、戎、蛮、狄之原始语义所作的新解释，部分地还原了上古民族构成的若干历史

① 傅斯年：《性命古训辨证》，《中国现代学术经典·傅斯年卷》，石家庄：河北教育出版社，1996年版，第105—106页。
② 傅斯年：《性命古训辨证》，《中国现代学术经典·傅斯年卷》，石家庄：河北教育出版社，1996年版，第106页。
③ 徐中舒：《殷周之际史迹之检讨》，原刊《国立中央研究院历史语言研究所集刊》第七本第二分，1936年，收录徐中舒：《徐中舒历史论文选辑》上册，北京：中华书局，1998年版，第673页。
④ 凌纯声、芮逸夫：《湘西苗族调查报告》，上海：商务印书馆，1947年版，第7页。

实际。徐氏运用语言学材料对上古族群称谓语义解析的方法日渐受到学术界的高度重视。

二、地名层化与上古民族迁徙分合的推论

地名是历史和社会的产物。历史地名具有相对稳定性，因而往往能保留丰富的历史与社会信息。早在20世纪20年代，受王国维《殷周制度论》一文启发，徐氏论及："史言上古之事，虽属传说，然其立国建都之地，犹可考见。以此证史，固嫌文献之不足，而以此说古代民族分布之迹，则绝好之资料也。"①之后，徐氏检讨殷周之际史事，提出了据新旧史料"而善为抉择、贯串、证明"②之三原则，其中"综合旧史料中有关地理之记载，而推论其发展之次第""以新史料中涉及地理者，证明旧史料之可信"两条原则，均强调地名资料对于上古民族文化研究的重要性。③

徐氏颇为关注上古地名层化现象和民族迁徙之间的关系。④早在20世纪20年代，徐氏即由"蒲姑两次见灭，实非一地"⑤论及："古时都邑虽有迁徙，而其名多从旧称。如：晋迁于新田，即名新田为绛，而以旧都为故绛；楚都丹阳，为今秭归，后徙枝江，亦名丹阳；楚武王都郢为今江陵，至昭王时，徙都于鄀，因谓江陵为纪郢，鄀为鄢郢；此皆以其旧名，名其新邑也。"⑥徐氏曾指出："徐吾氏茅戎之别号，本为殷诸侯余无戎之后，春秋时尚居于茅津，在成周畿内。郑有徐吾氏，当即由此东迁者

① 徐中舒：《从古书中推测之殷周民族》，原刊《国学论丛》1927年第1卷第1号，收录徐中舒：《徐中舒历史论文选辑》上册，北京：中华书局，1998年版，第26页。

② 徐中舒：《殷周之际史迹之检讨》，原刊《国立中央研究院历史语言研究所集刊》第七本第二分，1936年，收录徐中舒：《徐中舒历史论文选辑》上册，北京：中华书局，1998年版，第653页。

③ 徐中舒：《殷周之际史迹之检讨》，原刊《国立中央研究院历史语言研究所集刊》第七本第二分，1936年，收录徐中舒：《徐中舒历史论文选辑》上册，北京：中华书局，1998年版，第653页。

④ 早在20世纪30年代，郑德坤先生曾"大胆断说，河水流域的地名的层化是民族迁移的结果"，又说："现代的学者张星烺、傅斯年、钱穆、徐中舒诸先生又不约而同的发现了这现象而与以同样的解释。"参见郑德坤：《层化的河水流域地名及其解释》，《燕京学报》1932年第11期，第2301—2351页。

⑤ 徐中舒：《蒲姑、徐奄、淮夷、群舒考》，《四川大学学报（哲学社会科学版）》1998年第3期，第67页。

⑥ 徐中舒：《蒲姑、徐奄、淮夷、群舒考》，《四川大学学报（哲学社会科学版）》1998年第3期，第67页。

也。”①以上推论，为《左传》昭公十六年子产“昔我先君桓公，与商人皆出自周”一语作出了准确的注释。徐氏还指出：“黎民疑即西伯戡黎之黎。黎在殷、周之际，为殷畿内之国，居于上党，与殷人同为东方民族。周既灭殷，黎之遗族，或留居故土，周人谓之白狄，战国以后为东胡。或南迁于淮，春秋时为徐，为群舒。或与殷人错居于中国，周人呼之曰民，累言则曰黎民。厥后与周民族渐次混合，遂成为今日中国之汉族。此两民族既经混合之后，种族之分已泯，于是黎民遂为黎庶之称。其南迁者，至秦、汉时大部分仍与汉族混合……其小部分则疑为今日福建之畲民及琼州之黎民。”②徐氏从地名层化与民族迁徙关系角度对“黎民”语义所作推测，尽管并非学术界的最后定论③，但较之笼统地释黎民“当即九黎之民”④，或“今所谓苗族者，其本名盖曰黎”⑤之论断，更为接近历史的真实。

迄20世纪30年代，徐氏又论及：“地以大小为名，原有对称之意，故地称小，新迁称大。如小宛、大宛、少梁、大梁（少梁为秦所灭之梁，大梁战国时魏都，当是秦灭后，其人奔晋，后迁于此）、小东、大东”⑥，并由此类推：“大月氏、大夏为虞夏民族西徙后的名称”⑦，并由“《汉书·地理志》京兆尹、左冯翊、右扶风、陇西、金城、天水、武威、张掖、安定、北地、上郡、朔方诸郡，今陕西、甘肃境内，有许多地名仍保存了蛮夷或汉代西域诸国的名称”进一步推论，“在东方史上不但大月氏、大夏为由东西徙的民族，即西域诸国当秦、汉以前也有西迁的

---

① 徐中舒：《从古书中推测之殷周民族》，原刊《国学论丛》1927年第1卷第1号，收录徐中舒：《徐中舒历史论文选辑》上册，北京：中华书局，1998年版，第30页。

② 徐中舒：《从古书中推测之殷周民族》，原刊《国学论丛》1927年第1卷第1号，收录徐中舒：《徐中舒历史论文选辑》上册，北京：中华书局，1998年版，第30—31页。

③ 凌纯声、芮逸夫先生提出“古代的九黎为今日之黎”的观点：“据古籍所载，三代以前，中国南方民族的分布，大江以南，以九黎最占势力，洞庭彭蠡之间为其根据地”“广东在汉民族未移入之前，其土著之民为俚，故在汉唐之时，岭南民族多以里著称”“九黎自长江以南，逾五岭，经两粤，而退居于今之海南岛。据近人的考证，亦以今日海南岛之黎……既非蛮，又非苗”。参见凌纯声、芮逸夫：《湘西苗族调查报告》，上海：商务印书馆，1947年版，第6、7页。

④ 杨筠如著，黄怀信标校：《尚书核诂》卷一《虞夏书·尧典》，西安：陕西人民出版社，2005年版，第6页。

⑤ 吕思勉：《中国民族史》，上海：世界书局，1934年版，第195页。

⑥ 徐中舒：《再论小屯与仰韶》，原刊《安阳发掘报告》1931年第3期，收录徐中舒：《徐中舒历史论文选辑》上册，北京：中华书局，1998年版，第168页。

⑦ 徐中舒：《再论小屯与仰韶》，原刊《安阳发掘报告》1931年第3期，收录徐中舒：《徐中舒历史论文选辑》上册，北京：中华书局，1998年版，第168—172页。

趋势”[①]。

汉代以前月氏、大夏的史迹，文献记载颇为简略。王国维较早在《月氏未西徙大夏时故地考》一文赞同清代学者何秋涛“禺氏盖月氏”[②]的观点，以为《逸周书·王会篇》中的“禺氏”、《穆天子传》中的“禺知”即汉代文献中月氏，并据以上两则记载推测，“战国时之月氏，当在中国正北”[③]。无独有偶，王氏在《西胡考下》一文另征引《逸周书·王会篇》、《史记·封禅书》引《管子》佚文、《吕氏春秋·古乐篇》等时代略早的文献记载推测，“大夏本东方古国”，“明非远夷”[④]。在以上考察的基础上，王氏推断：“大夏之徙，大月氏之徙，匈奴之徙，嚈哒之徙，九姓昭武之徙，突厥之徙，回鹘之徙，蒙古之徙，莫不自东而西。”[⑤]在今天看来，王氏仅仅以几条文献记载和语言学材料作为证据，以证大月氏、大夏于先秦、秦汉时期有一个“自东而西”的西徙过程，显然仅仅可以作为一种假说。应该强调的是，徐氏由地名层化所作月氏、大夏此两族“与中国有悠久的历史关系，即中国之虞夏民族，自然也是可能的事”，“西域诸国当秦、汉以前也有西迁的趋势”之推论，显然是对王国维的假说的进一步丰富与补充。

徐氏“在东方史上不但大月氏、大夏为由东西徙的民族，即西域诸国当秦、汉以前也有西迁的趋势”之推论，得到了郑德坤的支持：“徐先生以为西域诸国当秦、汉以前也有西迁的趋势，为秦强盛的压迫，举《汉志》为例，占篇幅一面半，均为事宜。其理论与劣见完全相同。”[⑥]徐氏对大月氏、大夏族属及西域诸国西迁趋势的推论，除关注大量有价值的地名信息外，还注意广泛运用语言学、民俗学等多学科的证据，此后，其在与顾颉刚的书信中，继续言及：“至月氏、大夏为虞夏之后，虽是新说，亦是依据许多史实而得之结论，其说之能成立与否，自须待他日论定，然

---

① 徐中舒：《再论小屯与仰韶》，原刊《安阳发掘报告》1931年第3期，收录徐中舒：《徐中舒历史论文选辑》上册，北京：中华书局，1998年版，第172页。

② 何秋涛较早释曰：“禺氏在西北，月氏亦在西北。汉以后禺氏无闻而月氏详于史。禺、月一声之转，禺氏盖即月氏也。”《王会篇笺释》卷下，《续修四库全书》第301册史部·别史类，上海：上海古籍出版社，1996年版，第286—287页。

③ 王国维：《观堂别集》卷一《月氏未西徙大夏时故地考》，《观堂集林》第四册，北京：中华书局，1959年版，第1157页。

④ 王国维：《观堂集林》第二册卷十三《西胡考下》，北京：中华书局，1959年版，第612页。

⑤ 王国维：《观堂集林》第二册卷十三《西胡考下》，北京：中华书局，1959年版，第611页。

⑥ 郑德坤、徐中舒、冯家升：《月氏为虞后及“氏”和“氐”的问题》乙《郑德坤先生答书》，原刊《燕京学报》1933年第13期，引自郑德坤：《郑德坤古史论集选》，北京：商务印书馆，2007年版，第166页。

亦非片言可以否决。”[①]因此，在各种研究资料并不充分的情况下，徐氏运用地名学资料对上古民族迁徙分合所作推测，显然是有价值的。

除以上典型例证外，徐氏还屡屡从地名学资料中推论《左传》哀公四年所记缯关之缯，“当即缯国故地所在，杞、鄫同为夏侯，又同由西东迁”[②]，“武王伐纣，鲁人初即驻防于此（按，今河南鲁山），故其地有鲁山之名。……武庚既灭，周人势力渐次东徙，于是鲁之驻军即由鲁山东徙”[③]等上古民族迁徙分合的有价值的重要信息。

三、田野考古与古器物学资料所反映上古民族文化传播交流信息的考察

随着西方人类学的传播与中国考古学的建立，迄20世纪30年代，徐氏自觉借鉴吸收人类学、考古学的理论，田野考古资料对于中国民族史研究的重要性日益受到学术界的重视。徐氏早期所运用的考古学资料，实际上仅仅局限于王国维所说的“地下之新材料”，即甲骨文字和金文，如1926年其向清华国学研究院提交的《殷周民族考》一文，“由载籍及古文字，说明殷、周非同种民族”[④]及《徐奄淮夷群舒考》一文，“从音训及金文款识以贯串传注”[⑤]，即可说明这一点。此后不久，徐氏即开始自觉注意到将地下之新材料扩充到田野考古发现的文化遗迹、遗物等更为广泛的范围。又如1930年5月，在《殷人服象及象之南迁》一文开篇，徐氏结合考古资料对学术界影响较大的商代文化外来说质疑与批判。徐氏推测，殷墟出土之唯一的一块彩色陶片，“疑非殷虚所产，当由他处携来者，或即东西两地已有交通之证”[⑥]。1931年4月，在《殷周文化之蠡测》一文，徐氏在继续坚持“殷、周非同种民族”观点的基础上，从“与人类生活密切相关”的七个方面，论及殷、周两代文化“全趋一致”。除了运用古文字资料

① 郑德坤、徐中舒、冯家升：《月氏为虞后及“氏”和“氐”的问题》甲《徐中舒先生来书》，原刊《燕京学报》1933年第13期，引自郑德坤：《郑德坤古史论集选》，北京：商务印书馆，2007年版，第164页。

② 徐中舒：《再论小屯与仰韶》，原刊《安阳发掘报告》1931年第3期，收录徐中舒：《徐中舒历史论文选辑》上册，北京：中华书局，1998年版，第159页。

③ 徐中舒：《殷周之际史迹之检讨》，原刊《国立中央研究院历史语言研究所集刊》第七本第二分，1936年，收录徐中舒：《徐中舒历史论文选辑》上册，北京：中华书局，1998年版，第670页。

④ 徐中舒：《从古书中推测之殷周民族》，原刊《国学论丛》1927年第1卷第1号，收录徐中舒：《徐中舒历史论文选辑》上册，北京：中华书局，1998年版，第27页。

⑤ 梁启超先生对是文评语中文字，转引自徐中舒：《蒲姑、徐奄、淮夷、群舒考》，《四川大学学报（哲学社会科学版）》1998年第3期，第65页。

⑥ 徐中舒：《殷人服象及象之南迁》，原刊《国立中央研究院历史语言研究所集刊》第二本第一分，1930年，收录徐中舒：《徐中舒历史论文选辑》上册，北京：中华书局，1998年版，第51页。

外，徐氏还自觉以殷墟出土骨器、青铜器、贝器等古器物资料作为证据。[①]

学术界普遍认为，《再论小屯与仰韶》一文是首次系统利用田野考古资料研究上古民族文化的重要力作。徐氏举证“小屯有甲骨文字，有骨制的笄，有席地的象形字，这都是汉化的特征。而仰韶就绝不见这一类的遗物”，推论“小屯与仰韶两遗址的文化，必各有其源流”[②]。徐氏还论及小屯与仰韶两遗址鸟兽纹饰作风“有很显明的界限”[③]。与此同时，徐氏较早结合田野考古资料谈到上古民族文化间的传播交流问题：“仰韶遗物大部分仍属于西方式，其具有东方式的三足的鬲与鼎，则有由东向西传播的趋势，这不过在其固有文化中，输入一点东方的物事而已。”[④]此后，《古代狩猎图象考》一文，徐氏以猎器为主要材料，除推断猎器之年代外，主要探检“中国铜器自身之演化与所受外来之影响”[⑤]。如徐氏注意到，1924 年归化城北发现铜器群上鸟兽狩猎图样，在古依兰民族或斯克泰遗物中，尤为盛行，由此推断：“此类铜器，当受斯克泰文化之影响，而自成一集团”，“此类铜器既受外来之影响，而秦又适为之介，因以之传布于东方之诸国”。[⑥]通过对猎物图象的综合研究，徐氏指出：“人类文化演进，不外两途：其一由于文化自身之继续发展，其又一则由于接受外来文化之影响。此二者实互相为用。历史上固无全然孤立之文化，亦无全然受外来文化支配之民族”[⑦]，“先秦文化虽受有些许外来影响，而大部分仍为中国文化自身继续发展之结果”[⑧]。而徐氏获得以上认识，显然与其

① 徐中舒：《殷周文化之蠡测》，《国立中央研究院历史语言研究所集刊》第二本第三分，1931 年，第 275—280 页。

② 徐中舒：《再论小屯与仰韶》，原刊《安阳发掘报告》1931 年第 3 期，收录徐中舒：《徐中舒历史论文选辑》上册，北京：中华书局，1998 年版，第 147—148 页。

③ 徐中舒：《再论小屯与仰韶》，原刊《安阳发掘报告》1931 年第 3 期，收录徐中舒：《徐中舒历史论文选辑》上册，北京：中华书局，1998 年版，第 153 页。

④ 徐中舒：《再论小屯与仰韶》，原刊《安阳发掘报告》1931 年第 3 期，收录徐中舒：《徐中舒历史论文选辑》上册，北京：中华书局，1998 年版，第 154 页。

⑤ 徐中舒：《古代狩猎图象考》，原刊《国立中央研究院历史语言研究所集刊》外编《蔡元培先生六十五岁纪年论文集》下册，1933 年，收录徐中舒：《徐中舒历史论文选辑》上册，北京：中华书局，1998 年版，第 226 页。

⑥ 徐中舒：《古代狩猎图象考》，原刊《国立中央研究院历史语言研究所集刊》外编《蔡元培先生六十五岁纪年论文集》下册，1933 年，收录徐中舒：《徐中舒历史论文选辑》上册，北京：中华书局，1998 年版，第 241 页。

⑦ 徐中舒：《古代狩猎图象考》，原刊《国立中央研究院历史语言研究所集刊》外编《蔡元培先生六十五岁纪年论文集》下册，1933 年，收录徐中舒：《徐中舒历史论文选辑》上册，北京：中华书局，1998 年版，第 291 页。

⑧ 徐中舒：《古代狩猎图象考》，原刊《国立中央研究院历史语言研究所集刊》外编《蔡元培先生六十五岁纪年论文集》下册，1933 年，收录徐中舒：《徐中舒历史论文选辑》上册，北京：中华书局，1998 年版，第 292 页。

积极扩充“东西两土遗物之出土者”[①]有直接关系。

徐氏运用考古资料研究中国上古民族文化传播交流的例子还有很多，如其“据弹及弋射之缴断定最初用弩者，当为居住黄河流域之华族”[②]，并从用弩区域“遍于亚洲之东南”[③]的分布状况推测：“弩在南方之传播，必在有史以前。……殷商以前之文化，必受有若干南方文化之影响。”[④]又如，徐氏通过对古器物资料的研究，由“殷墟之青铜器与两轮大车，由北狄自西方输入”[⑤]以证“中国文化在远古并非孤立”[⑥]。徐氏推测四川彭县濛阳镇竹瓦街出土铜器群中之殷器，“必为战利品，或为周王颁赐的掳获物”[⑦]，并由此断定：“这正是蜀人参加伐纣之役最直接有力的物证”[⑧]；徐氏认为，四川涪陵小田溪出土的虎钮錞于，“当由中原传入”[⑨]，以证“古代巴族与中原地区的来往和联系”[⑩]；徐氏对我国南方出土铜鼓进行综合考察，发现“铜鼓上的纹饰及其内容，虽然其中有一些各地区各族落的自己的特色，但有许多都是向中原地区仿摩，接受中原地区的影响而来”[⑪]，以证南部地区出土铜鼓反映的文化，“确曾受到中原地区的许多影响”[⑫]。

自 20 世纪 20 年代中国考古学建立后，越来越多的学者意识到，“古

① 徐中舒：《古代狩猎图象考》，原刊《国立中央研究院历史语言研究所集刊》外编《蔡元培先生六十五岁纪年论文集》下册，1933 年，收录徐中舒：《徐中舒历史论文选辑》上册，北京：中华书局，1998 年版，第 293 页。

② 徐中舒：《弋射与弩之溯源及关于此类名物之考释》，原刊《国立中央研究院历史语言研究所集刊》第四本第四分，1934 年，收录徐中舒：《徐中舒历史论文选辑》上册，北京：中华书局，1998 年版，第 480 页。

③ 徐中舒：《弋射与弩之溯源及关于此类名物之考释》，原刊《国立中央研究院历史语言研究所集刊》第四本第四分，1934 年，收录徐中舒：《徐中舒历史论文选辑》上册，北京：中华书局，1998 年版，第 480 页。

④ 徐中舒：《弋射与弩之溯源及关于此类名物之考释》，原刊《国立中央研究院历史语言研究所集刊》第四本第四分，1934 年，收录徐中舒：《徐中舒历史论文选辑》上册，北京：中华书局，1998 年版，第 480—481 页。

⑤ 徐中舒：《北狄在前殷文化上之贡献——论殷墟青铜器与两轮大车之由来》，《中华文化论坛》2000 年第 1 期，第 31—50 页。

⑥ 徐中舒：《北狄在前殷文化上之贡献——论殷墟青铜器与两轮大车之由来》，《中华文化论坛》2000 年第 1 期，第 31—50 页。

⑦ 徐中舒：《四川彭县濛阳镇出土的殷代二觯》，《文物》1962 年第 6 期，第 23 页。

⑧ 徐中舒：《四川彭县濛阳镇出土的殷代二觯》，《文物》1962 年第 6 期，第 23 页。

⑨ 徐中舒：《四川涪陵小田溪出土的虎钮錞于》，《文物》1974 年第 5 期，第 83 页。

⑩ 徐中舒：《四川涪陵小田溪出土的虎钮錞于》，《文物》1974 年第 5 期，第 83 页。

⑪ 徐中舒、唐嘉弘：《錞于与铜鼓》，《社会科学研究》1980 年第 5 期，第 20 页。

⑫ 徐中舒、唐嘉弘：《錞于与铜鼓》，《社会科学研究》1980 年第 5 期，第 20 页。

史问题的惟一解决方法”就是“考古学”[①]，“要建设真实的古史，只有从实物着手的一条路是大路”[②]。从徐氏的新史学路径看，其对考古资料的重视，显然直接受到李济“地下古物是宝贵的历史材料”[③]、“建设一部信史，发展考古学是一种必要的初步工作”[④]的影响。如果说20世纪20年代，徐氏“故吾人关于国学，苟欲为有条理，系统之整理……先将国学基础建筑于历史考古学之上”[⑤]的论说，仅仅反映其对田野考古资料对于史料扩充作用的肤浅认识，此后徐氏《再论小屯与仰韶》“提出来比传统记载更多的确凿证据”[⑥]，则是其“材料扩充”学术思想的一次积极实践。李济评论说，徐氏考证仰韶文化即为夏朝，尽管证据仍然不足，但其推测“可能有助于解决中国古代史的一些其他问题”[⑦]。此后，在不断运用新出考古资料对上古民族文化间传播交流考察的学术实践中，徐氏材料扩充的学术思想，进一步得到彰显。

四、民族学理论的借鉴及晚出民族史资料的参证

徐氏对民族学的关注可以追溯至20世纪20年代的清华国学研究院时期。1926年，徐氏向清华国学研究院提交的毕业论文《殷周民族考》中较早地提到了当时中国学术界刚刚开始使用的“人种”之概念和“人种学”学科名称[⑧]，并自觉运用体质人类学知识，就古代文献中的“黔首”“苍头”的原始语义提出独到的见解：“疑黔首、苍头，皆谓其发之颜色。盖战国、秦、汉之间，尚有黔首、苍头之两种民族。秦、汉而后，种族之界限渐泯，后人遂不知有黔首、苍头之别，因谓以黑巾青帛覆头云。”[⑨]徐氏从民族学角度释“黔首”“苍头”盖战国、秦、汉间之两种民族，颇多新意，并不断引起学术界的广泛关注与高度重视。如继徐氏之后，苏雪林教授亦批判应劭“黔，亦黎黑也”之说不通，批判以“黔首”为“黑巾

① 李玄伯：《古史问题的惟一解决方法》，《现代评论》1924年第1卷第3期，第16页。
② 顾颉刚编著：《古史辨》第一册，上海：上海古籍出版社，1982年版，自序，第50页。
③ 李济：《中国考古学之过去与将来》，《东方杂志》1934年第31卷第7期，第16页。
④ 李济：《编辑大旨》，《田野考古报告》第一册，1936年，第2页。文字虽然出于20世纪30年代，但其完全可以代表李济先生早年的学术思想。
⑤ 徐中舒：《木兰歌再考补篇》，《东方杂志》1926年第23卷第11号，第89页。
⑥ 李济：《安阳》，北京：商务印书馆，2011年版，第174页。
⑦ 李济：《安阳》，北京：商务印书馆，2011年版，第174—175页。
⑧ 《殷周民族考》一文于发表于清华大学《国学论丛》1927年第1卷第1号，发表时题目改为《从古书中推测之殷周民族》。该文中有“今之治人种学者，以肤发之色区别人种”之语句。
⑨ 徐中舒：《从古书中推测之殷周民族》，原刊《国学论丛》1927年第1卷第1号，收录徐中舒：《徐中舒历史论文选辑》上册，北京：中华书局，1998年版，第31页。

蒙首”之说，“明明是《说文》的杜撰”[①]。苏氏注意到“古代两河流域称人类为‘黑头’”[②]，并进一步推测，“黔首”一词，“恐与战国中叶大量传入中国的外来文化有关”[③]。苏氏关于“黔首”语义的解析和徐氏有一定的差异，但他们的研究理路则如出一辙。

20世纪30年代初，徐氏较早借用西方体质人类学理论，将民族与种族的概念进行了科学的区分，更多地从文化层面来分析民族的差异。徐氏曾举证：“匈奴、鲜卑、氐、羌的体质，其自相差异及与汉族的分别，现在仍是不曾解决的问题”[④]，并尤以《魏书·西域传》所记于阗国条的资料为证：“有些西方民族，并与汉人形貌相似”[⑤]，在此基础上言及：“汉胡文化的区分，在中国史上不必系于种族的差异。其差异的所在只系于风俗、习惯、语言、文字的不同”[⑥]，“形体并不是分别文化的标准，而可以为分别的标准的，只是饮食、衣服、语言、文字、冠带、束发、婚媾、伦常种种琐细的节文”[⑦]。徐氏这一见解，逐渐受到20世纪30年代以来学术界的普遍重视，如1935年，吕思勉《中国民族史》一书专门将种族和民族加以区分：“民族与种族不同。种族论肤色，论骨骼，其同异一望可知。然杂居稍久，遂不免于混合。民族则论言文，论信仰，论风俗，其同异不能别之以外观。”[⑧]1938年，凌纯声在《唐代云南的乌蛮与白蛮考》中说：“关于唐代乌蛮与白蛮的种族问题，中外学者聚讼纷纭，至今未有定论。……如果我们能够把他研究清楚，对于整个的云南民族史，便可得一线索”[⑨]，显然，凌氏同样是将“种族”“民族”区分开来的；和徐氏意见接近，凌氏研究乌蛮的族属，更强调诸如父子连名制之类的“文

① 苏雪林：《“黔首”一词来源的臆测》，原刊《幼狮》1953年第1卷第3期，引自苏雪林：《屈赋论丛》，武汉：武汉大学出版社，2007年版，第248页。

② 苏雪林：《“黔首”一词来源的臆测》，原刊《幼狮》1953年第1卷第3期，引自苏雪林：《屈赋论丛》，武汉：武汉大学出版社，2007年版，第248页。

③ 苏雪林：《“黔首”一词来源的臆测》，原刊《幼狮》1953年第1卷第3期，引自苏雪林：《屈赋论丛》，武汉：武汉大学出版社，2007年版，第248页。

④ 徐中舒：《再论小屯与仰韶》，原刊《安阳发掘报告》1931年第3期，收录徐中舒：《徐中舒历史论文选辑》上册，北京：中华书局，1998年版，第147页。

⑤ 徐中舒：《再论小屯与仰韶》，原刊《安阳发掘报告》1931年第3期，收录徐中舒：《徐中舒历史论文选辑》上册，北京：中华书局，1998年版，第147页。

⑥ 徐中舒：《再论小屯与仰韶》，原刊《安阳发掘报告》1931年第3期，收录徐中舒：《徐中舒历史论文选辑》上册，北京：中华书局，1998年版，第146—147页。

⑦ 徐中舒：《再论小屯与仰韶》，原刊《安阳发掘报告》1931年第3期，收录徐中舒：《徐中舒历史论文选辑》上册，北京：中华书局，1998年版，第147页。

⑧ 吕思勉：《中国民族史》，北京：东方出版社，1996年版，第8页。

⑨ 凌纯声：《唐代云南的乌蛮与白蛮考》，《国立中央研究院历史语言研究所人类学集刊》1938年第1卷第1期，第58页。

化特征”，即“某一民族特有的文化，这种文化在本民族不易改变或放弃，而他民族不能或不愿模仿”①。由此可见，从文化层面分析民族差异，已基本成为20世纪30年代学术界的普遍共识。

自20世纪30年代，徐氏自觉注意到：“用边裔民族的资料阐发古代社会发展的实际情况，同样成为研究古代历史的重要途径。”②1933年，徐氏受陈寅恪《彰所知论与蒙古源流——蒙古源流研究之三》一文影响，由蒙古史之构成详细阐述了“商、周以前之古史，实即一部古代民族史”③，“中国古史之构成，在长期演进中，自不免采取多数民族之传说，而演为直贯一系之事迹”④的古史构成理论。1938年，徐氏受民族学家芮逸夫《苗族的洪水故事与伏羲女娲的传说》一文的启发，继续论及：“商周民族以文化上政治上之优越，而渐次同化其邻近部族，由黄河上下游而延展于江淮流域，以及东南西南一带。此诸部族因同化先后之不同，亦先后将其部族神话加入中国文化系统中，其同化愈后者，则其神话在古史的系统中转愈远而愈古。”⑤芮氏文中提到，徐氏曾提出伏羲、女娲皆“凤姓”，及伏羲“德于木”“出于震”的传说，并以为均含有伏羲、女娲为南方或东方民族之义。⑥徐氏获此认识，显然是建立在对民族学材料科学运用的基础之上，而这些通过调查获得的民族学材料，正属于徐氏所言“书本子以外”新扩充的材料。徐氏屡屡以民族学材料作为参证资料，通过对上古民族文化残存的分析，试图恢复上古民族文化的若干历史实际。如徐氏指出，“玁狁、匈奴或是鬼方别部之崛兴者，如突厥之有敕勒、薛延陀；鲜卑之有契丹、库莫奚等”⑦，又如其以元代四大汗国之事比证文

① 凌纯声：《唐代云南的乌蛮与白蛮考》，《国立中央研究院历史语言研究所人类学集刊》1938年第1卷第1期，第66页。

② 徐中舒：《我的学习之路》，《文史知识》1987年第6期，第5页。

③ 徐中舒：《陈侯四器考释》，原刊《国立中央研究院历史语言研究所集刊》第三本第四分，1933年，收录徐中舒：《徐中舒历史论文选辑》上册，北京：中华书局，1998年版，第440页。

④ 徐中舒：《陈侯四器考释》，原刊《国立中央研究院历史语言研究所集刊》第三本第四分，1933年，收录徐中舒：《徐中舒历史论文选辑》上册，北京：中华书局，1998年版，第442页。

⑤ 徐中舒：《跋苗族的洪水故事与伏羲女娲的传说》，《国立中央研究院历史语言研究所人类学集刊》1938年第1卷第1期，第195页。

⑥ 芮逸夫：《苗族的洪水故事与伏羲女娲的传说》，《国立中央研究院历史语言研究所人类学集刊》1938年第1卷第1期，第194页。

⑦ 徐中舒：《殷周之际史迹之检讨》，原刊《国立中央研究院历史语言研究所集刊》第七本第二分，1936年12月，收录徐中舒：《徐中舒历史论文选辑》上册，北京：中华书局，1998年版，第654页。

献所记周初太伯仲雍奔吴的传说："此四汗国并与中土悬远，而族类言语、文化、习俗又无一相同，其事情与周之于吴实可作一对照。"①20世纪40年代以后，徐氏将民族学材料和文献记载、田野考古资料有机结合研究上古民族史的例证还有很多，兹不一一详举。

五、由徐中舒民族史研究得失论"材料扩充"与"方法革新"在古史研究中的地位和作用

众所周知，20世纪初是严格意义上的中国民族史学科的初步建立时期，然20世纪40年代，顾颉刚在评论该阶段中国古史研究时认为，"以民族史方面的探讨为最有成绩"②。如果按照顾颉刚的评价，20世纪初期，刘师培在姓氏传说的基础上，"研究出古代民族史的一个面目"③；王国维依都邑分布将上古民族区分为东西二系，打破了司马迁以来三代同出一元的传统观念，他们的研究使人们"在紊如乱丝的古史传说中摸到了真实的边际"④，而继刘、王二氏之后，徐中舒"由载籍及古文字，说明殷、周非同种民族"⑤，则被学术界认为，"自是碻切不移之论"⑥，"对于古代民族史的研究确是个重大的启发"⑦。尤其在之后的学术实践中，"徐氏对上古民族文化东西二分论之再构，则在积极拓展中国上古民族文化史研究视界的基础上，从根本上改变了中国上古民族文化史研究的面貌"⑧。从某种意义上讲，徐氏上古民族史研究中一系列卓越成就的取得，正与其积极扩充"书本子以外"的材料，并将语言学材料、地名学资料、田野考古与古器物资料、民族学材料等和传统文献记载、古文字资料有机结合，自觉开展多重证法的综合研究有直接关系。

徐氏"近代学术的进展，如其说是方法的革新；毋宁说是材料的扩

① 徐中舒：《殷周之际史迹之检讨》，原刊《国立中央研究院历史语言研究所集刊》第七本第二分，1936年12月，收录徐中舒：《徐中舒历史论文选辑》上册，北京：中华书局，1998年版，第662页。

② 顾颉刚撰，王晴佳导读：《当代中国史学》，上海：上海古籍出版社，2002年版，第127页。

③ 顾颉刚撰，王晴佳导读：《当代中国史学》，上海：上海古籍出版社，2002年版，第128页。

④ 顾颉刚撰，王晴佳导读：《当代中国史学》，上海：上海古籍出版社，2002年版，第127页。

⑤ 徐中舒：《从古书中推测之殷周民族》，原刊《国学论丛》1927年第1卷第1号，收录徐中舒：《徐中舒历史论文选辑》上册，北京：中华书局，1998年版，第27页。

⑥ 丁山：《由三代都邑论其民族文化》，《国立中央研究院历史语言研究所集刊》第五本第一分，1935年，第114页。

⑦ 顾颉刚撰，王晴佳导读：《当代中国史学》，上海：上海古籍出版社，2002年版，第128页。

⑧ 周书灿：《徐中舒上古民族文化"东西二分"论之再构》，《苏州大学学报（哲学社会科学版）》2014年第2期，第183页。

充”[①]的学术思想，大体上可以视为傅斯年“史学的工作是整理史料”，“史学便是史料学”等主张的翻版。然综合更为丰富的学术史资料，则不难确知，傅氏在重视材料扩充的同时，“对研究方法的注视却持久未衰”[②]。傅氏《史学方法导论》一书即为最有说服力的证明。有的学者另举证，“《性命古训辨证》所发明的语言历史门径，更是当代史学史上罕见的创获”[③]。显然，傅氏古史研究材料扩充与方法革新并重的学术思想与徐氏单方面强调材料扩充的学术思想，呈现出较为明显的旨趣上的差异。在我们今天看来，徐氏上古民族史研究中存在的若干疑问与缺失，均与缺乏科学的理论方法有一定的关系。诸如语言学材料，只能视为古史研究的辅助材料，而绝不能作为古史研究的直接证据。早在20世纪40年代，王玉哲曾质疑王国维“鬼方、昆夷、薰育、玁狁自系一语之变，亦即一族之种”之推断：“今按王氏谓诸名皆一语之变，以音韵核之，虽可通假，然音近之古名多矣，周时东南之异族曰淮夷，淮字与混夷之混字，古为双声（同为匣纽），二字且可阴阳对转（按混乃魂部字，为孔广森阴声辰类，淮在皆韵，为孔氏阴声脂类字，辰脂两类，正可对转），然不能合而为一者，以其无其他史料足证二者之间异名同实也。”[④]同样，徐氏用语言学材料对“戎”的解释，虽自成一说，但学者普遍注意到，从甲骨文发现之初至今，学术界对甲骨文中“戎”字的释读，仍存在很大的分歧，“在解释字义时，对于戎有无族群之意，学界认识不一”[⑤]，“学者们大都把其与‘武力’‘战争’‘兵器’‘族群’联系起来……此法是否可取，与‘戎’之本义到底有无差距，这是下一步研究要注意的问题”[⑥]。又如，徐氏从地名层化现象所作月氏、大夏此两族“与中国有悠长的历史关系，即中国之虞夏民族，自然也是可能的事”[⑦]，以及“西域诸国当秦、汉以前也有西迁的趋势”[⑧]之推论，亦曾遭遇到学术界的批评：“夫以两民族之名称偶尔相同，两地出土器物偶尔相似，遽断此民族为彼民族之后裔，

① 徐中舒：《近代学术是怎样进展的》，《生活与学习月刊》1946年第1卷第5—6期，第4页。

② 许冠三：《新史学九十年》，长沙：岳麓书社，2003年版，第234页。

③ 许冠三：《新史学九十年》，长沙：岳麓书社，2003年版，第235页。

④ 王玉哲：《鬼方考》，原刊《华中大学国学研究论文专刊》1945年第1辑，引自王玉哲：《古史集林》，北京：中华书局，2002年版，第289—290页。

⑤ 姚磊：《甲骨文戎字研究述评》，《宁夏大学学报（人文社会科学版）》2013年第2期，第15页。

⑥ 姚磊：《甲骨文戎字研究述评》，《宁夏大学学报（人文社会科学版）》2013年第2期，第16页。

⑦ 徐中舒：《再论小屯与仰韶》，原刊《安阳发掘报告》1931年第3期，收录徐中舒：《徐中舒历史论文选辑》上册，北京：中华书局，1998年版，第172页。

⑧ 徐中舒：《再论小屯与仰韶》，原刊《安阳发掘报告》1931年第3期，收录徐中舒：《徐中舒历史论文选辑》上册，北京：中华书局，1998年版，第172页。

诚为含沙射影之谈。”[①]再如，杨宽曾批评徐氏：“依据中国史上虞、夏民族分布的区域，断定仰韶为虞、夏民族的遗迹”[②]，“证据薄弱，仅因与夏民族之地域传说相合而谓即夏民族之遗址，实近武断！”[③]就连其自己亦认为“这本不是健全的方法”[④]。显然，徐氏上古民族史研究中的若干缺失，应与其重史料扩充、轻方法革新有一定的关系。

自20世纪30年代以来，随着马克思主义史学的建立，唯物史观派学者更加强调方法理论对于史学研究的重要性：“没有正确的方法，则虽有史料，也不会成为说明历史的资料，‘正犹愚贾操金，不能货殖’。没有方法，不但不能写成历史，即搜集史料，也不可能。因为史料并不像放在钱柜里的金银，随手可得。而是像矿石一样，埋藏在人所不知的地方，没有采矿学的智识，虽身入宝山，也只有空手而回。”[⑤]显然，史料扩充与方法革新对于古史研究同等重要，缺一不可。应该强调的是，在长期的学术生涯中，徐氏“近代学术的进展，如其说是方法的革新，毋宁说是材料的扩充”的学术思想并非一成不变的。迄20世纪50年代以后，在学习马克思列宁主义的过程中，徐氏这一学术思想逐渐发生较大的变化。这从徐氏“历史考证和史料搜集，只是研究工作的准备，决不能作支离破碎的或漫无限制的盲目的追求，这个工作必须在马克思列宁主义指导下才能作出一定的效果来”[⑥]，“我们必须对人类历史有了整体观念，我们才能充分利用这一大批材料，以阐明古代社会的真相。这犹如人类学家、古生物学家、考古学家，对于人类学、古生物学、古器物学，先有了一套整体观念，然后他们才能够从一颗牙齿、一片残骸、一块陶片，恢复它固有的形态”[⑦]等论述中，可获得较为清晰的认识。迄20世纪80年代，徐氏在谈到其学习之路时说：“我系统地学习民族史是在解放以后”[⑧]，徐氏这一说法，显然是就其学术思想由新史学路径向唯物史观转变后对民族史的研究而言。

---

① 《月氏为虞后及“氏”和“氐”的问题》丙《冯家升先生来书》，原刊《燕京学报》1933年第13期，引自郑德坤：《郑德坤古史论集选》，北京：商务印书馆，2007年版，第175页。

② 徐中舒：《再论小屯与仰韶》，原刊《安阳发掘报告》1931年第3期，收录徐中舒：《徐中舒历史论文选辑》上册，北京：中华书局，1998年版，第180页。

③ 杨宽：《中国上古史导论》，顾颉刚编著：《古史辨》第一册，上海：上海古籍出版社，1982年版，第66页。

④ 徐中舒：《再论小屯与仰韶》，原刊《安阳发掘报告》1931年第3期，收录徐中舒：《徐中舒历史论文选辑》上册，北京：中华书局，1998年版，第180页。

⑤ 翦伯赞：《正在展开中之史学的反动倾向》，《文萃》1947年第2卷第15—16期，第43页。

⑥ 徐中舒：《我对胡适派资产阶级观点对历史学界毒害的一点认识》，《四川日报》，1955年1月11日，第三版。

⑦ 徐中舒：《试论周代田制及其社会性质——并批判胡适井田辨观点和方法的错误》，《四川大学学报（社会科学版）》1955年第2期，第51页。

⑧ 徐中舒：《我的学习之路》，《文史知识》1987年第6期，第5页。

第三章　与古史辨的学术互动

受陈寅恪蒙古史构成理论的影响，徐中舒建立了“中国古史乃由并行的传说，演为直系的系统”“中国商、周以前之古史，实即一部古代民族史”的古史构成理论。徐氏所建构的古史构成理论与顾颉刚早年提出的“层累”说，学术理路早出，曾比较清晰地分为两途。徐氏对早期《古史辨》采取了赞同和批评的二重态度。徐氏在王国维“素地”论基础上，运用“澄滤”说揭发古史传说中的史料价值，并结合考而后信的文献资料及古文字资料、田野考古资料、古器物上的古代史资料，并以民族史、民族志中保存下来的民族学材料相互参证，建立了广泛的史料观与更为科学的古史多重证法。徐氏对于古史的建设与罗、王之学对中国文化史的“整理”和早期古史辨“偏于伪古史的破坏”，旨趣明显不同。随着新史学的日益进步，古史辨不断受到新史学家的影响，其学术思想正在逐步突破“破坏伪古史”的学术局限，并自觉运用与徐氏类似的古史多重证法，逐渐向着古史建设的道路迈进。

第一节　徐中舒古史构成理论的提出及科学运用

1930—1931 年间，陈寅恪先生陆续发表了四篇论文，对《蒙古源流》一书作了多方面研究，其中《彰所知论与蒙古源流——蒙古源流研究之三》[①]一文，对该书进行了确切的论证。陈氏将“考东西文字之蒙古旧史，其世界创造及民族起源之观念”分为以下四类：

> 最初者为与夫余、鲜卑诸民族相似之感生说。稍后乃取之于高车、突厥等民族之神话。迨受阿剌伯、波斯诸国之文化，则附益以天方教之言。而蒙古民族之皈依佛教者，以间接受之于西藏之故。其史书则掇采天竺、吐蕃二国之旧载，与其本来近于夫余、鲜卑等民族之

① 陈寅恪：《彰所知论与蒙古源流——蒙古源流研究之三》，《国立中央研究院历史语言研究所集刊》第二本第三分，1931 年，第 302—309 页。

感生说，及其所受于高车、突厥诸民族之神话，追加而混合之。[①]

该文中，陈氏详细地阐发了蒙古民族史构造之“愈高而愈上者，其时代转较后而较新者”及“糅合数民族之神话，以为一民族之历史”之理论：

夫蒙古民族最初之时叙述其起源，而冠以感生之说，譬诸栋宇，既加以覆盖，本已成一完整之建筑。若更于其上施以楼阁之工，未尝不可因是益臻美备而壮观瞻，然自建筑方面言之，是谓重叠之工事。有如九层之台累土而起，七级之塔，历阶而登，其构造之愈高而愈上者，其时代转较后而较新者也。[②]

《秘史》所记世系较《元史》为多者，乃由采用突厥等民族神话，追加附益于其本来固有者之所致。……《蒙古源流》于《秘史》所追加之史层上，更增建天竺、吐蕃二重新建筑，采取并行独立之材料，列为直贯一系之事迹。换言之，即糅合数民族之神话，以为一民族之历史。故时代以愈推而愈久，事迹亦因愈演而愈繁。[③]

受陈氏以上蒙古史构成理论的影响，徐氏发表了著名的《陈侯四器考释》一文，较早建立了崭新独到的“中国商、周以前之古史，实即一部古代民族史”[④]、“中国古史乃由并行的传说，演为直系的系统”[⑤]的中国上古史构成理论：

铸为黄帝后，黄帝即铸民族所构成之传说。此犹后稷之于周，契之于商，禹之于夏，舜之于陈，少皞之于郯，大皞之于风姓，盘古（即槃瓠之音转）之于南蛮，原皆为各民族之传说。中国历史自商、

① 陈寅恪：《彰所知论与蒙古源流——蒙古源流研究之三》，《国立中央研究院历史语言研究所集刊》第二本第三分，1931年，第302页。

② 陈寅恪：《彰所知论与蒙古源流——蒙古源流研究之三》，《国立中央研究院历史语言研究所集刊》第二本第三分，1931年，第302页。

③ 陈寅恪：《彰所知论与蒙古源流——蒙古源流研究之三》，《国立中央研究院历史语言研究所集刊》第二本第三分，1931年，第306—307页。

④ 徐中舒：《陈侯四器考释》，原刊《国立中央研究院历史语言研究所集刊》第三本第四分，1933年，收录徐中舒：《徐中舒历史论文选辑》上册，北京：中华书局，1998年版，第440页。

⑤ 徐中舒：《陈侯四器考释》，原刊《国立中央研究院历史语言研究所集刊》第三本第四分，1933年，收录徐中舒：《徐中舒历史论文选辑》上册，北京：中华书局，1998年版，第445页。

周以来始用文字写定，同时此民族乃由黄河流域渐次同化其邻近不同之民族，因此邻近民族固有之传说，乃随其同化之先后，而渗入中国文化中，使之渐次构成一荒远古史系统。其同化愈后者，其在古史系统中之年代，转愈高而愈远，故中国商、周以前之古史，实即一部古代民族史。……中国古史之构成，在长期演进中，自不免采取多数民族之传说，而演为直贯一系之事迹。①

此盖中华民族逐次同化其邻近民族所致。凡一民族必有一民族之传说，其被同化者，又将其固有之传说携入，因此，此民族遂并此被同化民族之传说传给其子孙，其子孙当然不须再为别白，孰为本所固有，孰为后来携入。……因此之故，中国古史乃由并行的传说，演为直系的系统。在长期演进中，其同化愈后者，其在古史系统中，转愈高而愈远。似此演成之古史，真既非是，伪亦不能。②

根据以上理论，徐氏指出，陈侯因資錞“此‘高祖黄帝’之铭辞，虽为地下发现之新史料，但仍只能视为作器时代，即战国初期流行于齐地之传说”③。

事实上，早在《陈侯四器考释》一文发表之前，徐氏“中国商、周以前之古史，实即一部古代民族史”④、“中国古史乃由并行的传说，演为直系的系统”⑤的古史构成理论早已初露端倪。

在《殷人服象及象之南迁》一文，徐氏首次阐发了文化渐进“层累而上”理论：

---

① 徐中舒：《陈侯四器考释》，原刊《国立中央研究院历史语言研究所集刊》第三本第四分，1933年，收录徐中舒：《徐中舒历史论文选辑》上册，北京：中华书局，1998年版，第440—442页。

② 徐中舒：《陈侯四器考释》，原刊《国立中央研究院历史语言研究所集刊》第三本第四分，1933年，收录徐中舒：《徐中舒历史论文选辑》上册，北京：中华书局，1998年版，第445页。

③ 徐中舒：《陈侯四器考释·附记》，原刊《国立中央研究院历史语言研究所集刊》第三本第四分，1933年，收录徐中舒：《徐中舒历史论文选辑》上册，北京：中华书局，1998年版，第444—445页。

④ 徐中舒：《陈侯四器考释》，原刊《国立中央研究院历史语言研究所集刊》第三本第四分，1933年，收录徐中舒：《徐中舒历史论文选辑》上册，北京：中华书局，1998年版，第440页。

⑤ 徐中舒：《陈侯四器考释》，原刊《国立中央研究院历史语言研究所集刊》第三本第四分，1933年，收录徐中舒：《徐中舒历史论文选辑》上册，北京：中华书局，1998年版，第445页。

文化之进展，应有一定之次第，层累而上。春秋、战国间，邹、鲁、宋、齐之文化，必有历史上之凭藉，决非骤然兴起者。①

在是文中，徐氏曾依陈民族有象为舜耕之传说推测："殷人服象之事，疑亦受他民族之影响"，并结合文献资料从姓氏、地名、传说各方面"推测陈民族与象之关系"，在此基础上，他继续推论："秦、汉以来，中原民族渐次向南开拓，象于是益有南迁之势。"②以上所论，恰从一个侧面印证了其所阐发的文化渐进"层累而上"理论。

此后，徐氏在"中国古史乃由并行的传说，演为直系的系统"③、"中国商、周以前之古史，实即一部古代民族史"④的古史构成理论指导下，更加重视古史构成中的地理学意义。在《殷周之际史迹之检讨》一文，徐氏提出了据新旧史料"善为抉择、贯串、证明"的三原则：

（一）综合旧史料中有关地理之记载，而推论其发展之次第。
（二）以新史料中涉及地理者，证明旧史料之可信。
（三）以后来开国期之史事比拟之。⑤

徐氏以为，"据此以论殷、周之间史迹，虽不足以为定论，但依历史之构成言，此实不失为一有理之假说"⑥。这里，徐氏强调了以综合"旧史料中有关地理之记载"、"新史料中涉及地理者"和比拟"开国期之史

① 徐中舒：《殷人服象及象之南迁》，原刊《国立中央研究院历史语言研究所集刊》第二本第一分，1930年，收录徐中舒：《徐中舒历史论文选辑》上册，北京：中华书局，1998年版，第52页。
② 徐中舒：《殷人服象及象之南迁》，原刊《国立中央研究院历史语言研究所集刊》第二本第一分，1930年，收录徐中舒：《徐中舒历史论文选辑》上册，北京：中华书局，1998年版，第66页。
③ 徐中舒：《陈侯四器考释》，原刊《国立中央研究院历史语言研究所集刊》第三本第四分，1933年，收录徐中舒：《徐中舒历史论文选辑》上册，北京：中华书局，1998年版，第445页。
④ 徐中舒：《陈侯四器考释》，原刊《国立中央研究院历史语言研究所集刊》第三本第四分，1933年，收录徐中舒：《徐中舒历史论文选辑》上册，北京：中华书局，1998年版，第440页。
⑤ 徐中舒：《殷周之际史迹之检讨》，原刊《国立中央研究院历史语言研究所集刊》第七本第二分，1936年，收录徐中舒：《徐中舒历史论文选辑》上册，北京：中华书局，1998年版，第653页。
⑥ 徐中舒：《殷周之际史迹之检讨》，原刊《国立中央研究院历史语言研究所集刊》第七本第二分，1936年，收录徐中舒：《徐中舒历史论文选辑》上册，北京：中华书局，1998年版，第653页。

事”的原则，科学检讨殷周之际历史。由此可见，在学术实践中，徐氏古史构成理论日趋丰富和完善。

徐氏在中华人民共和国成立后所作的论著中，科学地运用“中国古史乃由并行的传说，演为直系的系统”[①]及“中国商、周以前之古史，实即一部古代民族史”[②]的古史构成理论揭发、阐释古史传说及上古时期历史文化演进的若干真相。他曾就盘古传说的发生地域和背景作如下论述：

> 盘古是南方民族传说中的祖先。……在后汉以至六朝时代，盘古还没有成为中原传说中人类共同的祖先。西汉末的纬书把中国历史拉长到几万年，也还没有盘古出现，只有三国时代吴国徐整的《三五历记》才开始记载开天辟地的盘古。其后有梁代任昉《述异记》也曾涉及盘古祠墓。这都属于南方民族的传说。到了赵宋时代刘恕作《通鉴外纪》，罗泌作《路史》，盘古才成了中国传说中人类开天辟地的祖先。这可能是因为南方民族融合于中国的缘故。我们看现代南方瑶民、畲民还是盛传着盘古或槃瓠，这是他们祖先的传说。[③]

与此同时，徐氏还指出，皇甫谧《帝王世纪》编排的三皇五帝系统“是把东方民族传说的太昊、少昊与西方民族传说的尧、舜、禹揉合为一”[④]，相比之下，“司马迁整理的系统是有相当根据。他所根据的‘古文’，是战国时代六国流传下来的资料，而这些东西，是保存了古代人民对于过去的酋长各据一方或互相代立的次第的，至于酋长与酋长之间是否有血缘关系那不是重要的。这些传说的次第，经过战国的史家们根据当时人民渴望统一的国家的要求，从他们生活在私有制社会形成的父子世及的观念出发而整齐划一起来的”[⑤]。

---

① 徐中舒：《陈侯四器考释》，原刊《国立中央研究院历史语言研究所集刊》第三本第四分，1933年，收录徐中舒：《徐中舒历史论文选辑》上册，北京：中华书局，1998年版，第445页。

② 徐中舒：《陈侯四器考释》，原刊《国立中央研究院历史语言研究所集刊》第三本第四分，1933年，收录徐中舒：《徐中舒历史论文选辑》上册，北京：中华书局，1998年版，第440页。

③ 徐中舒：《论尧舜禹禅让与父系家族私有制的发生和发展》，《四川大学学报（社会科学版）》1958年第1期，第1页。

④ 徐中舒：《论尧舜禹禅让与父系家族私有制的发生和发展》，《四川大学学报（社会科学版）》1958年第1期，第2页。

⑤ 徐中舒：《论尧舜禹禅让与父系家族私有制的发生和发展》，《四川大学学报（社会科学版）》1958年第1期，第2页。

之后，徐氏继续对《史记·五帝本纪》所记黄帝之子昌意“降居若水”及“昌意娶蜀山氏女”的传说进行了科学的分析：

> 《史记·五帝本纪》说黄帝的儿子昌意，降居若水，娶蜀山氏，后来《华阳国志》和《十三州志》，以为这就是蜀的先代。严格的说，这些传说并出西汉以后，除牵合若水、蜀山地名人名一二字外，并无其他史迹可据，其可信的条件并不具备。[①]

他还指出：“汉代居于蜀地羌民皆以禹为其始祖”[②]，晚出文献所记“‘禹生石纽’乃蜀地羌民自述其先代的传说”[③]。司马迁《史记·六国年表序》“禹兴于西羌”之说“应是根据当时羌族内部累世相传的旧说”。[④]在以上研究的基础上，他提出了对待三皇五帝传说的科学态度：

> 战国或两汉的附加成份，当然应归入相应的时期；西南、西北、东北和南方的土著传统神话，自应归入各族各该地区，以与中原区辨。[⑤]

值得注意的是，早在1922年春，顾颉刚先生在整理上古史过程中，便发现尧、舜、禹之地位问题，乃初孕“古史是层累地造成”之学说：

> 《尧典》和《皋陶谟》我是向来不信的，但我总以为是春秋时的东西；哪知和《论语》中的古史观念一比较之下，竟觉得还在《论语》之后。我就将这三部书（按，《诗》《书》《论语》）中说到禹的语句钞录出来，寻绎古代对于禹的观念，知道可以分作四层……。因为得到了这一个指示，所以在我的意想中觉得禹是西周时就有的，尧、舜是春秋末年才起来的。越是起得后，越是排在前面。等到有了伏羲神农之后，尧舜又成了晚辈，更不必说禹了。我就建立了一个

① 徐中舒：《巴蜀文化初论》，《四川大学学报（社会科学版）》1959年第2期，第22页。

② 徐中舒：《论〈蜀王本纪〉成书年代及其作者》，《社会科学研究》创刊号，1979年第1期，第101页。

③ 徐中舒：《论〈蜀王本纪〉成书年代及其作者》，《社会科学研究》创刊号，1979年第1期，第101页。

④ 徐中舒：《中国古代的父系家庭及其亲属称谓》，《四川大学学报（哲学社会科学版）》1980年第1期，第110页。

⑤ 徐中舒、唐嘉弘：《〈山海经〉和“黄帝”》，《〈山海经〉新探》，成都：四川省社会科学院出版社，1986年版，第100页。

假设：古史是层累地造成的，发生的次序和排列的系统恰恰是一个反背。①

1923年2月，顾氏在致钱玄同先生的复函中，首次系统地公布了其著名的“层累”说：

东周的初年只有禹，是从《诗经》上可以推知的；东周的末年更有尧、舜，是从《论语》上可以看到的。……从战国到西汉，伪史充分的创造，在尧、舜之前更加上了多少古皇帝。于是春秋初年号为最古的禹，到这时真是近之又近了。自从秦灵公于吴阳作上畤，祭黄帝……于是黄帝立在尧、舜之前了。自从许行一辈人抬出了神农，于是神农又立在黄帝之前了。自从《易·系辞》抬出了庖牺氏，于是庖牺氏又立在神农之前了。……时代越后，知道的古史越前；文籍越无征，知道的古史越多。②

综前所论，不难发现，徐氏更加注重从民族与地理角度出发，运用独到的古史构成理论阐发中国古史之构成，揭发阐释古史传说的发生演变，其和顾颉刚先生“层累地造成的中国古史”说之学术旨趣，既有若干相通之处，又有明显的学理上的差异。在长期的学术实践中，徐、顾旨趣有别的两种古史理论，又不断呈现出兼收并蓄、交互影响的态势。然就中国现代学术史已有研究成果来看，学术界对该问题却罕有阐释，故笔者于此不揣浅陋，略陈管见，粗浅揭发。

第二节　徐中舒对“层累”说的两种态度

顾氏“层累”说发表不久，即引起学术界激烈的反响。学术思想与治学门径深受清华国学研究院新史学家影响的徐氏，“虽然没有参加这一讨论，但却十分关注讨论的进行”③。徐氏在之后曾讲道：“一九一九年五四运动之后，彻底改革旧中国的思想弥漫全国。……那时整理国故的呼声

① 顾颉刚编著：《古史辨》第一册，上海：上海古籍出版社，1982年版，自序，第52页。
② 参见顾颉刚：《与钱玄同先生论古史书》，《努力周报》附刊《读书杂志》1923年第9期。
③ 徐亮工：《从“书”里到“书”外：徐中舒先生的学术与生平》，《古今论衡》2004年第11期，第118页。

很高，古史的讨论很热烈，这都很合我的脾胃。”[①]徐亮工先生指出：“‘古史辨’的方法论在他发表的第一篇论文《古诗十九首考》中就有所表现”[②]：

（《古诗十九首》）吾人试取古代历史事实而考其原起，知大部分皆由传说构成。……吾人今日实无法以断为谁人之作。惟关于作诗之时代，从著录上，或拟作中，或后人引用其诗，或由诗中语句含有时间性、空间性者，参互以推之，尚可略得其梗概。[③]

徐氏对“古史辨”的关注从其日后的学术论著中，清晰可见。在《陈侯四器考释·附记》中，徐氏曾言及：

商、周以前的古史，大概都可认为传说。传说中固有许多错误、重复、分化、演变种种；但传说总有若干史事为素地，绝不能凭空虚构。顾颉刚先生谓，中国古史系层累的造成。中国古史确有时代愈后，所传古史时期愈古的情形。[④]

在该文正文部分，徐氏引证顾氏《五德终始说下的政治和历史》的观点以证《潜夫论·五德志》以唐、虞、夏、商、周分属五个系统，而独以虞、舜上承黄帝，实本于刘向、刘歆父子：

《清华学报》载顾颉刚先生《五德终始说下的政治和历史》，依刘说制有两表（一见于二一八面，一见于二三六面），虽未引及此文，而世系及五德次第，全与此合；其为向、歆父子旧说，可以无疑。[⑤]

---

① 徐中舒：《我的思想检查》，《人民川大》第65期，1952年7月14日，第四版。

② 徐亮工：《从“书”里到“书”外：徐中舒先生的学术与生平》，《古今论衡》2004年第11期，第118页。

③ 徐中舒：《古诗十九首考》，原刊《立达》季刊1925年第1期，收录徐中舒：《徐中舒历史论文选辑》上册，北京：中华书局，1998年版，第5页。

④ 徐中舒：《陈侯四器考释·附记》，原刊《国立中央研究院历史语言研究所集刊》第三本第四分，1933年，收录徐中舒：《徐中舒历史论文选辑》上册，北京：中华书局，1998年版，第445页。

⑤ 徐中舒：《陈侯四器考释》，原刊《国立中央研究院历史语言研究所集刊》第三本第四分，1933年，收录徐中舒：《徐中舒历史论文选辑》上册，北京：中华书局，1998年版，第433—434页。

在《古代狩猎图象考》一文，徐氏颇为赞同顾氏关于五行之说晚出的解释和其对《老子》书年代的考证：

五行之说见于《[尚]书·甘誓》及《洪范》，此皆春秋、战国时晚出之书（参看《清华学报》第六卷第一期顾颉刚《五德终始说下的政治和历史》七十一——七十七面，及《东方杂志》第二十卷第十号刘节《洪范疏证》）。顾颉刚先生谓《左氏》文七年《传》以水火金木土谷释夏书之六府，是此时只有六府而无五行，盖此时之五行说尚在创造途中。①

《老子》书自梁任公先生认为战国时书以后（见《讲演集》及《古书真伪及其年代讲义》），最近顾颉刚先生在其《从〈吕氏春秋〉推测〈老子〉之成书年代》一文中，阐说更加透辟（见《史学年报》第四期）。顾先生更单独指出长生久视是一甚后起之词（见原文十三面）。此长生久视之说，盖缘战国时燕、齐方士求神仙不死之药而起。②

在《豳风说——兼论诗经为鲁国师工歌诗之底本》一文，徐氏称顾氏《论〈诗经〉所录全为乐歌》所作结论“实不可易”：

顾颉刚先生《论〈诗经〉所录全为乐歌》（见《古史辨》第三册），其间推测之词虽不尽可据，但就其结论言，其说实不可易。③

在《跋苗族的洪水故事与伏羲女娲的传说》一文，徐氏论及：

商周民族以文化上政治上之优越，而渐次同化其邻近部族，由黄河上下游而延展于江淮流域，以及东南西南一带。此诸部族因同化先后之不同，亦先后将其部族神话加入中国文化系统中，其同化愈后者，则其神话在古史的系统中转愈远而愈古。此如积薪，如垒塔，皆

① 徐中舒：《古代狩猎图象考》，原刊《国立中央研究院历史语言研究所集刊》外编《蔡元培先生六十五岁纪念论文集》下册，1933年，收录徐中舒：《徐中舒历史论文选辑》上册，北京：中华书局，1998年版，第230页。

② 徐中舒：《古代狩猎图象考》，原刊《国立中央研究院历史语言研究所集刊》外编《蔡元培先生六十五岁纪念论文集》下册，1933年，收录徐中舒：《徐中舒历史论文选辑》上册，北京：中华书局，1998年版，第230—231页。

③ 徐中舒：《豳风说——兼论诗经为鲁国师工歌诗之底本》，原刊《国立中央研究院历史语言研究所集刊》第六本第四分，1936年，收录徐中舒：《徐中舒历史论文选辑》上册，北京：中华书局，1998年版，第617页。

后来居上。顾颉刚先生所谓层累地造成的中国古史，即指出此种现象（见《古史辨》第一册六十页。）①

在《殷周之际史迹之检讨》一文，徐氏论及新旧史料“皆有所不足”。在论述旧有之纸上史料的不足时，他征引顾氏《纣恶七十事的发生次第》一文，进行申论：

> 旧有之纸上史料，其出于当时所记述者，如《周书》所载既为周人一方面之辞，而又残阙不全。其出于后来相传述者，如战国之世百家所称，大王、王季、文、武、周公积德累行吊民伐罪之说，则又食土践毛之民，历代积誉之总录。至于殷人国亡之后，国与史料俱湮。其所蒙诟厉诋諆之辞，既无当时所存之记载为之辩正，积毁所至，遂使商纣为一穷凶极恶之人君。顾颉刚先生有《纣恶七十事的发生次第》一文（见《古史辨》第二册上编），论其衍变甚详。……此在稍具近代史识者，皆知此等因果关系实非国家兴亡唯一之解答。②

在《〈山海经〉和“黄帝”》一文，徐氏再次对顾氏“层累”说予以充分肯定：

> “三皇”“五帝”的传说，既为后世追记，还夹杂理想成份，传者非一，记者非一，在战国秦汉前的两三千年间，愈后愈繁，附丽益多。顾颉刚先生主张“层累地造成”上古历史，是有根据的。③

仅就以上文字而论，从表面看，徐氏古史构成理论与顾氏“层累”说之间在学术旨趣方面，似乎有着不少相通之处。在长期的学术实践中，学术思想直接根植于中国传统学术沃土的徐氏，对顾氏“层累地造成的中国古史”观及以此理论为指导提出的相关学术论点，总体上表示赞同并给予积极的支持。徐氏在其去世前完成的最后一篇力作《经今古文问题综述》

① 徐中舒：《跋苗族的洪水故事与伏羲女娲的传说》，《国立中央研究院历史语言研究所人类学集刊》1938年第1卷第1期，第195页。

② 徐中舒：《殷周之际史迹之检讨》，原刊《国立中央研究院历史语言研究所集刊》第七本第二分，1936年，收录徐中舒：《徐中舒历史论文选辑》上册，北京：中华书局，1998年版，第652页。

③ 徐中舒、唐嘉弘：《〈山海经〉和“黄帝”》，《〈山海经〉新探》，成都：四川省社会科学院出版社，1986年版，第100页。

中，颇为赞同顾氏对今文家荒诞不经的严厉指斥，盛赞顾氏是“用科学方法进行古史研究”①，这基本上代表了徐氏这一学术倾向。

然而，如果我们认真品味徐氏其他相关论述，则不难发现，徐、顾二者之间的学术思想仍有着颇为明显的区别。

在《陈侯四器考释》一文，徐氏对顾氏《五德终始说下的政治和历史》以“王莽《自本》之说，以陈氏迳接黄帝”之说“为莽所伪造”的观点提出质疑：

> 今出土《陈侯因資錞》竟以黄帝为陈氏高祖，与莽说合，此可证莽说并非全无所本。②

以下，徐氏接着对近代今文经学家指斥刘歆伪造古代文籍说提出批评：

> 近顷学者承今文学家之后，每谓王莽、刘歆于古代文籍多所窜乱，此其论证，不过据《汉书·王莽传》数语。……此数语所指何事，向无明白解说，而今文学家乃以己所不喜，或与己说抵触之论证，一切谓为莽、歆所伪造。此在逻辑上本不能成立，何况经典上问题至为繁复，亦非歆、莽伪造一语所能解决。覩此一证，可见王莽并不能臆造何说，即其《自本》亦有依据，故经典种种问题，当别寻解决，而不能一概指为莽、歆所伪造或窜乱。③

在《跋苗族的洪水故事与伏羲女娲的传说》一文，徐氏对顾氏古史层累造成之说提出批评：

> 不过顾先生所谓造成（编造或伪造）之说，似有语病。盖此等荒古远史，皆应有其民族的意识；视为信史既不可，视为伪作亦不能。④

---

① 徐中舒：《经今古文问题综述》，《纪念顾颉刚学术论文集》上册，成都：巴蜀书社，1990 年版，第 72 页。

② 徐中舒：《陈侯四器考释》，原刊《国立中央研究院历史语言研究所集刊》第三本第四分，1933 年，收录徐中舒：《徐中舒历史论文选辑》上册，北京：中华书局，1998 年版，第 443—444 页。

③ 徐中舒：《陈侯四器考释》，原刊《国立中央研究院历史语言研究所集刊》第三本第四分，1933 年，收录徐中舒：《徐中舒历史论文选辑》上册，北京：中华书局，1998 年版，第 444 页。

④ 徐中舒：《跋苗族的洪水故事与伏羲女娲的传说》，《国立中央研究院历史语言研究所人类学集刊》1938 年第 1 卷第 1 期，第 195 页。

这里，徐氏似乎已明确了，其积极建构的“中国商、周以前之古史，实即一部古代民族史”①、“中国古史乃由并行的传说，演为直系的系统”②的古史构成理论与古史辨的古史“编造或伪造”说是有着实质性差异的。

在《试论周代田制及其社会性质——并批判胡适井田辨观点和方法的错误》一文，徐氏在批判胡适“井田辨”的错误观点和方法后，顺带批判了古史辨：“胡适‘井田辨’发表之后，古史辨派就在这个基础上发展起来，中国历史就遭受很大的毒害，殷商以前的历史，几乎就成了空白了。”③如果说，徐氏以上对胡适的批判及对古史辨的指摘，在一定程度上，实属特殊政治与学术环境下之论④，但在其以后的学术研究中，他继续对古史辨发难，则显然具有较为明显的学术意义。

继《试论周代田制及其社会性质——并批判胡适井田辨观点和方法的错误》一文之后，徐氏在《论尧舜禹禅让与父系家族私有制的发生和发展》一文，再次言及：“过去疑古派否定夏代，这是应该批判的。”⑤在徐氏生前最后一篇力作《经今古文问题综述》中，他评论顾颉刚先生：“对两千年来古史传说敢于作彻底的怀疑而对于今古文的问题终不能作科学的公平的裁判，这完全是受了钱玄同先生‘今古文两者都难凭

① 徐中舒：《陈侯四器考释》，原刊《国立中央研究院历史语言研究所集刊》第三本第四分，1933年，收录徐中舒：《徐中舒历史论文选辑》上册，北京：中华书局，1998年版，第440页。

② 徐中舒：《陈侯四器考释》，原刊《国立中央研究院历史语言研究所集刊》第三本第四分，1933年，收录徐中舒：《徐中舒历史论文选辑》上册，北京：中华书局，1998年版，第445页。

③ 徐中舒：《试论周代田制及其社会性质——并批判胡适井田辨观点和方法的错误》，《四川大学学报（社会科学版）》1955年第2期，第85页。

④ 早在1944年，在《井田制度探原》（《中华文化研究汇刊》1944年第4卷上册）一文，徐氏称赞胡适“井田辨”“此说极有理解，不啻向数千年来传统学说挑战”，但在1955年发表的《试论周代田制及其社会性质》（《四川大学学报（社会科学版）》1955年第2期）一文，专门加了一个副标题《并批判胡适井田辨观点和方法的错误》，批判胡适“企图用主观唯心论歪曲历史事实，以达到他反对唯物史观的目的”“贩卖资产阶级唯心论”“资产阶级唯心观点在作祟”。在此期间，徐氏还发表《我对胡适资产阶级观点对历史学界毒害的一点认识》（《四川日报》1955年1月11日，第三版）、《论胡适对〈老子〉年代考证方法的错误》（《人民川大》第153期，1955年4月2日）两文。2011年1月中华书局出版的《顾颉刚日记》卷十第677页中记录了顾颉刚写于1967年5月25日的一段日记：“王国维之弟子，以徐中舒为最笃实，发现亦最多。”实事求是地说，徐氏以上三篇论文的学术价值，仍然能得到学术界的首肯。

⑤ 徐中舒：《论尧舜禹禅让与父系家族私有制的发生和发展》，《四川大学学报（社会科学版）》1958年第1期，收录徐中舒：《徐中舒历史论文选辑》，北京：中华书局，1998年版，第981页。

信’的影响。钱先生因为不相信王国维先生《战国时秦用籀文六国用古文说》，进退失据，既不知古文之足信，又怎么能判断今古文的是非标准呢！”①

综上可知，徐氏对古史辨的不少指摘与王国维先生批判“疑古之过，乃并尧、舜、禹之人物而亦疑之。其于怀疑之态度及批评之精神，不无可取，然惜于古史材料未尝为充分之处理也”②的学术思想是一脉相承的。由此可见，徐氏所建构的古史构成理论与顾氏早年提出的“层累”说，学术理路很早就比较清晰地分为两途。

第三节 徐中舒新古史建设理论与早期古史辨旨趣之异同

严格地讲，从中国学术史的视野加以宏观考察，对古史真伪与古书年代进行审查，并非古史辨的独自发明。学术思想根植于中国传统学术沃土，并受中国新史学熏陶的徐氏，对古史、古书的态度，在很大程度上与古史辨并无二致。

在《从古书中推测之殷周民族》一文开篇，徐氏讲道：

> 殷、周之际，我国民族之分布，实经一度极剧之变迁。其关系后世，至为重要。旧史非但不载其事，又从而湮晦其迹；使我国古代史上因果之关系，全失真相。
>
> 汉人所传之《世本·帝系姓》，谓殷、周同出帝喾之后。世远代湮，其说难征，梁任公先生于《中国文化史》之第一章已深致疑辞。③

在上文中，徐氏举证说：“牧野之役，本为两民族存亡之争。其后周人讳言侵略，而儒家又造为吊民伐罪之说，于是此东西两民族盛衰变迁之迹，遂湮没而无闻焉。”④“《周礼·职方氏》……以戎、夷，与闽、蛮、

① 徐中舒：《经今古文问题综述》，《纪念顾颉刚学术论文集》上册，成都：巴蜀书社，1990年版，第72页。

② 王国维：《古史新证——王国维最后的讲义》，北京：清华大学出版社，1994年版，第2页。

③ 徐中舒：《从古书中推测之殷周民族》，原刊《国学论丛》1927年第1卷第1号，收录徐中舒：《徐中舒历史论文选辑》上册，北京：中华书局，1998年版，第26页。

④ 徐中舒：《从古书中推测之殷周民族》，原刊《国学论丛》1927年第1卷第1号，收录徐中舒：《徐中舒历史论文选辑》上册，北京：中华书局，1998年版，第27页。

貉、狄并称，盖以为异族，此后起之说。”[①]徐氏具体指出：

> 孔颖达曰：“黔，黑也，凡民以黑巾覆头，故谓之黔首。”此后起之说也，黔首之本意，当不如此。……应劭曰：“时军皆著青巾，故曰苍头。”服虔曰：“苍头谓士卒青帛巾，若赤眉之号，以相识别也。”此以后起之事，拟于古代，其说亦非。[②]

在《耒耜考》一文，徐氏对《易·系辞下》《说文解字·耒部》《尚书·尧典》《史记·周本纪》中有关中国农业史开端的种种传说屡屡提出质疑：

> 如果夏、商以前，我们就有像后来的耒耜耕农，那岂不是我们的农业从最初到现在就没有什么演进？从而我们社会上的一切，也完全在停滞之中。我们的历史，只要有几个帝王卿相的号谥，也就可以表示我们文化之古了？[③]

总之，和古史辨对古史、古书的态度大体类似，徐氏很早就建立了“时代愈后，则讹谬愈甚”[④]的新史学观念，这有别于信古派，并在此新观念主导下，揭示中国上古历史发生的真相。诸如他对《战国策》《蜀王本纪》等的史料价值均产生过不小的疑问：

> 战国时的历史，既赖当时游说之士递相传习而保存至今，但这些游说之士为达到其游说目的，对于当时的历史不惜加以杜撰和窜改，也造成这个时期历史不少的错乱。[⑤]

---

① 徐中舒：《从古书中推测之殷周民族》，原刊《国学论丛》1927年第1卷第1号，收录徐中舒：《徐中舒历史论文选辑》上册，北京：中华书局，1998年版，第29页。中华人民共和国成立后，徐氏对“戎”的解释有较大的变化。他指出：“古代戎之读音必更与崇为近”，“戎族的名称，即当出于崇或庸”。参见徐中舒：《巴蜀文化续论》，《四川大学学报（社会科学版）》1960年第1期，第20页。

② 徐中舒：《从古书中推测之殷周民族》，原刊《国学论丛》1927年第1卷第1号，收录徐中舒：《徐中舒历史论文选辑》上册，北京：中华书局，1998年版，第31页。

③ 徐中舒：《耒耜考》，原刊《国立中央研究院历史语言研究所集刊》第二本第一分，1930年，收录徐中舒：《徐中舒历史论文选辑》上册，北京：中华书局，1998年版，第72页。

④ 徐中舒：《殷人服象及象之南迁》，原刊《国立中央研究院历史语言研究所集刊》第二本第一分，1930年，收录徐中舒：《徐中舒历史论文选辑》上册，北京：中华书局，1998年版，第58页。

⑤ 徐中舒：《论〈战国策〉的编写及有关苏秦诸问题》，《历史研究》1964年第1期，第150页。

战国时代凡有关合从连横的说词，往往都附会为他们的事迹而流传下来。司马迁为苏秦、张仪作传，虽然连篇累牍地罗列许多游说之词，他知道其中年代错牾，有许多都不是信史。①

凡有关苏秦的故事和传说，在战国、秦、汉间的漫长时期中，还在不断的塑造中，迄至司马迁作《史记·苏秦传》时，苏秦传说始凝成定型。②

《蜀王本纪》或《纪传》，大概都是蜀人依托之作，未必可信。③

他屡屡指出，诸葛亮、司马相如、扬雄、苏秦、张仪等皆为“箭垛式人物”：

诸葛亮是汉族和南方少数民族的箭垛式的人物。④

司马相如、扬雄，都是西汉时代最著名的文学家……他们都是后代箭垛式的人物。⑤

苏秦、张仪是战国时代合从连横说的箭垛式人物。⑥

苏秦是战国晚期合从说的箭垛式人物，关于他的传说，是跟着战国时代合从连横的形势而有所发展的。⑦

徐亮工教授指出，徐氏反复讲“箭垛式的人物”，“都用的是层累的造成的古史说”。⑧显而易见，中国传统学术中的疑古辨伪思想为徐氏新史学奠定了坚实的理论基础，终其一生，该思想影响着其新史学的路向。

在古史辨运动兴起不久后，王国维先生即提出有别于古史辨的“素地”论：“上古之事，传说与史实混而不分，史实之中固不免有所缘饰，与传说无异；而传说之中亦往往有史实为之素地。二者不易区别。”⑨王氏“传说之中亦往往有史实为之素地”的理论，对徐氏古史构成理论的建立产生了深刻的影响。徐氏完全赞同王氏的“素地”论，如“殷、周以前

① 徐中舒：《论〈战国策〉的编写及有关苏秦诸问题》，《历史研究》1964年第1期，第135页。
② 徐中舒：《论〈战国策〉的编写及有关苏秦诸问题》，《历史研究》1964年第1期，第141页。
③ 徐中舒：《巴蜀文化初论》，《四川大学学报（社会科学版）》1959年第2期，第29页。
④ 徐中舒：《巴蜀文化初论》，《四川大学学报（社会科学版）》1959年第2期，第41—42页。
⑤ 徐中舒：《巴蜀文化初论》，《四川大学学报（社会科学版）》1959年第2期，第29页。
⑥ 徐中舒：《论〈战国策〉的编写及有关苏秦诸问题》，《历史研究》1964年第1期，第135页。
⑦ 徐中舒：《论〈战国策〉的编写及有关苏秦诸问题》，《历史研究》1964年第1期，第138页。
⑧ 徐亮工：《学术如积薪，后来者居上——答天健文史社同学问》，《纪念徐中舒先生诞辰110周年国际学术研讨会论文集》，成都：巴蜀书社，2010年版，第510页。
⑨ 王国维：《古史新证——王国维最后的讲义》，北京：清华大学出版社，1994年版，第1页。

之古史，又未必尽属无征”①。“古代传说，本多缘饰之词，但亦当有若干事实，为其素地。”②徐氏屡屡举证说。

《史记·匈奴传·索隐》引乐彦《括地谱》“夏桀无道，汤放之鸣条，三年而死，其子獯粥，妻桀之众妻，避居北野，随畜移徙，中国谓之匈奴”之记载，“此据匈奴的习俗，附会古代传说，可信的程度自然不多，但此传说决不能凭空捏造，至少也得像刘聪之称大汉，赫连勃勃之称大夏一样，必有若干事实为其素地”。③秦、汉间流传已久之：“周公适楚，必为春秋以来相传之旧说，必有若干史实为其素地。”④“先秦以来兵法权谋之家，及《六韬·阴符》多传太公阴谋……或非虚言。”⑤《易·系辞》所记上古结绳之俗，“我国周遭民族既皆行之……必非虚语也”⑥。“《华阳国志》既根据《蜀王本纪》诸书，所载蜀的史迹，也是历代相传旧说。”⑦

在王氏“素地”论的基础上，徐氏提出了著名的“澄滤”说：“如在传说中澄滤而出，即与信史无二。而传说之可信与否，即视此澄滤而出之事实之多寡而定。”⑧徐氏不断运用“澄滤”说解释古史传说，他举证说：“殷虚产象，既由甲骨文为之证明，则殷人服象之说，经此次澄滤，实已取得信史之价值。”⑨由此，徐氏断言《吕氏春秋·古乐篇》“殷人服

① 徐中舒：《陈侯四器考释·附记》，原刊《国立中央研究院历史语言研究所集刊》第三本第四分，1933年，收录徐中舒：《徐中舒历史论文选辑》上册，北京：中华书局，1998年版，第446页。

② 徐中舒：《殷人服象及象之南迁》，原刊《国立中央研究院历史语言研究所集刊》第二本第一分，1930年，收录徐中舒：《徐中舒历史论文选辑》上册，北京：中华书局，1998年版，第53页。

③ 徐中舒：《再论小屯与仰韶》，原刊《安阳发掘报告》1931年第3期，收录徐中舒：《徐中舒历史论文选辑》上册，北京：中华书局，1998年版，第166页。

④ 徐中舒：《殷周之际史迹之检讨》，原刊《国立中央研究院历史语言研究所集刊》第七本第二分，1936年，收录徐中舒：《徐中舒历史论文选辑》上册，北京：中华书局，1998年版，第667页。

⑤ 徐中舒：《殷周之际史迹之检讨》，原刊《国立中央研究院历史语言研究所集刊》第七本第二分，1936年，收录徐中舒：《徐中舒历史论文选辑》上册，北京：中华书局，1998年版，第682页。

⑥ 徐中舒：《结绳遗俗考》，原刊《说文月刊》1944年第4卷合订本，收录徐中舒：《徐中舒历史论文选辑》上册，北京：中华书局，1998年版，第706页。

⑦ 徐中舒：《巴蜀文化初论》，《四川大学学报（社会科学版）》1959年第2期，第29页。

⑧ 徐中舒：《殷人服象及象之南迁》，原刊《国立中央研究院历史语言研究所集刊》第二本第一分，1930年，收录徐中舒：《徐中舒历史论文选辑》上册，北京：中华书局，1998年版，第53页。

⑨ 徐中舒：《殷人服象及象之南迁》，原刊《国立中央研究院历史语言研究所集刊》第二本第一分，1930年，收录徐中舒：《徐中舒历史论文选辑》上册，北京：中华书局，1998年版，第53页。

象”及《孟子》卷三“驱虎豹犀象而远之”之传说“必为古代相传之信史”，《吕氏春秋》与《孟子》“必不能臆造此种传说”。[①]由此可以清晰地看出，徐氏“澄滤”说基本上是直接继承王国维“素地”论且不断发展完善后建立起的崭新理论，和古史辨的古史“编造伪造”说的学术旨趣相去甚远。

与此同时，徐氏对学术界争议最大的《周礼》《左传》二书的史料价值也提出了有别于古史辨的看法：

> 《周礼》《左传》二书为今古文学家聚讼之焦点，晚近今文学家至斥为刘歆之所伪造，其说实不足据。《左传》保存极多信史资料，其成书当在战国初期，绝非汉人所得伪作。《周礼》成书当在春秋末或战国初。所载周代典制，虽非周公致太平之迹，然其书实多存春秋、战国时列国之典要。吾人如取以论彼时政治社会之背景，则仍具信史价值。[②]

徐氏“澄滤”说及考而后信的学术取向大大改变了古史辨将古史辨得支离破碎乃至大片空白的古史面貌，日后他将考而后信的古代文献资料和古文字资料、田野考古资料、古器物资料等充分地加以科学运用，并将民族史、民族志中保存下来的民族学材料相互参证，建立起广泛的史料观与古史多重证法，在不断为中国古史研究“扩张研究的材料”[③]之同时，大大拓宽了中国古史研究的新领域，增强了古史研究的科学性，不断促成新史学的进步。综上可知，在中国新史学的发展道路上，与罗、王之学对于中国文化史的“整理”[④]及古史辨早期“偏于破坏伪史”[⑤]的学术思想有着实质性的区别，徐氏一开始就更多地关注中国古史的建设，并将这一学术思想贯穿于其长期的学术实践中。

---

① 徐中舒：《殷人服象及象之南迁》，原刊《国立中央研究院历史语言研究所集刊》第二本第一分，1930年，收录徐中舒：《徐中舒历史论文选辑》上册，北京：中华书局，1998年版，第58页。

② 徐中舒：《井田制度探原》，原刊《中华文化研究汇刊》1944年第4卷上册，收录徐中舒：《徐中舒历史论文选辑》下册，北京：中华书局，1998年版，第714页。

③ 傅斯年：《历史语言研究所工作之旨趣》，《国立中央研究院历史语言研究所集刊》第一本第一分，1928年，第7页。

④ 《郭沫若全集·历史编》第一卷《中国古代社会研究》，北京：人民出版社，1982年版，自序。

⑤ 罗根泽编著：《古史辨》第四册，上海：上海古籍出版社，1982年版，顾颉刚先生序。

第四节　徐中舒新史学理论与古史辨的互动及顾颉刚学术思想之转向

事实上，根植于中国传统学术沃土，在特定的学术转型时期建立起的中国新史学，自诞生之日起就在学术批评与自我批评的背景下，兼收并蓄，相互影响和促进。徐氏新史学思想对于古史辨所产生的影响，限于目前所掌握的资料，还不易清晰可见，但从古史辨运动晚期顾氏学术思想的转变，则可约略推知一二。

这里，应该强调的是，徐氏在《经今古文综述》一文，首先，批判了古史辨出于今文学派的观点："过去有人说《古史辨》出于今文学派，这只是一种表面现象，是不足为凭的。"①徐氏举证顾氏"坚决不相信《左传》是伪书"，"也不承认《周礼》是伪书"②的观点加以申论。徐氏举证顾氏20世纪30年代所说"看清人的考订时，才知道他们只是做了一个考证的开头……他们的基础建筑在沙滩上，里面的漏洞和朽柱，不知道有多少。只要我们何时去研究它，就可以在何时发生问题，把它攻倒"的话，认为"完全是批判今文家的话，对乾嘉学派的考证学对不上号"。③徐氏还以顾氏晚年发表于《文史》第六辑的《周公制礼的传说与〈周官〉一书的出现》一文为例，以证顾氏"晚年反今文家的态度，就是这样鲜明"④。近年来学者对徐氏以上论断并未给予足够的重视，不仅非要将古史辨与近代今文经学扯上联系，还人为地虚构一个并不存在的"前疑古时代"⑤，以对"走出疑古时代"理论进行错误的辩护，这应该引起学术界的足够重视。

其次，以大禹传说的发生为例，我们较为清晰地发现，"层累"说提出后，顾氏仍在继续修改完善他早年提出的若干论断：

---

① 徐中舒：《经今古文问题综述》，《纪念顾颉刚学术论文集》上册，成都：巴蜀书社，1990年版，第71页。

② 徐中舒：《经今古文问题综述》，《纪念顾颉刚学术论文集》上册，成都：巴蜀书社，1990年版，第71页。

③ 徐中舒：《经今古文问题综述》，《纪念顾颉刚学术论文集》上册，成都：巴蜀书社，1990年版，第71页。

④ 徐中舒：《经今古文问题综述》，《纪念顾颉刚学术论文集》上册，成都：巴蜀书社，1990年版，第71页。

⑤ 晁福林：《论前疑古时代——五四新文化运动与学术方法的变革》，《北京师范大学学报（社会科学版）》1999年第2期，第58—65页。笔者近日发表《中国学术史无"前疑古时代"》（《中国社会科学报》2013年2月4日）一文，对以上论点的逻辑结构和论点体系提出商榷。

1923年7月，顾先生在《答刘胡两先生书》中即强调指出：

自从春秋以来，大国攻灭小国多了，疆界日益大，民族日益并合，种族观念渐淡而一统观念渐强，于是许多民族的始祖的传说渐渐归到一条线上……《尧典》《五帝德》《世本》诸书就因此出来。[①]

1923年8月，顾氏就古史问题回答刘掞藜、胡堇人二先生的文中即提出了“禹是南方民族的神话中的人物”的观点：

商周间，南方的新民族有平水土的需要，酝酿为禹的神话。这个神话的中心点在越（会稽）；越人奉禹为祖先。自越传至群舒（涂山）；自群舒传至楚，自楚传至中原。流播的地域既广，遂看得禹的平水土是极普遍的；进而至于说土地是禹铺镇的，山川是禹陈列的，对于禹有了一个“地王”的观念。中原民族自周昭王以后，因封建交战而渐渐与南方民族交通，故穆王以来始有禹名见于《诗》《书》，又特设后土之祀，得与周人的祖先后稷立于对等的地位。[②]

此后，1924年2月，顾氏复函丁文江先生，讨论禹治水故事，继续讲道：

禹的故事最有名的两个地方是涂山与会稽。涂山在淮河旁，淮河的水患至今依然。会稽在浙东，浙东以山多之故，时发山洪。……所以两地尽可都有洪水的传说。……禹的故事所以能由越、舒流传至中原，亦因中原有黄河的水患故……有求得一水神（或一个有治水的大神通之人）之需要，恰由越、舒传了一个禹来，于是就十分的信奉了。[③]

综上可知，尽管顾氏以上观点仍不无可商之处，但其逐渐关注大禹传说流变中的民族与文化因素，则此种观念与日后徐氏建构的中国古史构成理论之间的若干关联，似已约略可见。显然，顾氏并没有将“层累地造成

① 顾颉刚：《答刘胡两先生书》，《读书杂志》1923年第11期。

② 顾颉刚：《讨论古史答刘胡二先生》，《努力周报》附刊《读书杂志》1923年第12期，收录顾颉刚编著：《古史辨》第一册，上海：上海古籍出版社，1982年版，第127页。

③ 顾颉刚编著：《古史辨》第一册，上海：上海古籍出版社，1982年版，第209—210页。

的中国古史”这一过程视为“单线进展的过程”，依此责难“层累”说“粗糙”[①]，实在太不公允。

1936年6月，顾氏与童书业合作完成的《夏史考》六章及《附录》两节，为顾氏研究夏代历史的重要论文。该文“前言”云：

> 十三年前，我们在《努力周报》附刊的《读书杂志》上讨论古史，文中的中心问题为禹的是人是神？禹和夏有没有关系？讨论的结果固然对于这两个问题仍不能得到结论，但对于商以前的历史从此知道其中传说的成分极多，史实的成分极少，这便是我们工作的相当收获。这数年来，人家还只记得我在第一篇文字中所说的禹为虫，我屡次声明，这是我早已放弃了的假设；至于所以放弃的理由，乃为材料的不足，我们不该用了战国以下的记载来决定商周以前的史实。[②]

在迎接来自学术界的种种不同质疑和批判的同时，顾氏及时地对自己先前的学术观点进行修正，这一变化可以从顾氏对周初封建先圣王之后的若干论点中直接反映出来：

> 究竟武王之世有无此封，亦仅凭后世记载，未能确信……神农、黄帝之传说，在周初尚未发生，封建云云，当属不确。……尧、舜、大禹其人，亦未有有力之证足证其有，然则陈、杞二国，春秋时尚存，固为奉虞、夏之祀者，或在周初曾受周之封赠。[③]

1940年6月，吕思勉、童书业联合主编的《古史辨》第七册出版，该书“自序二”云：

> 这几十年中，学术随着时势而进展，“疑古”的学风更是前进得飞快，由怀疑古文经学到怀疑群经诸子，由怀疑儒家传说到怀疑夏以前的整个古史系统，这都是科学思想发展的自然趋势，虽有有力的反动者，也是无法加以遏止的。……最近的疑古大师，谁都知道是顾颉刚先生。他自从出版了他的名著《古史辨》第一册以后，继续努力不

---

① 谢维扬：《徐中舒先生读古史方法的一些启示》，《四川大学学报（哲学社会科学版）》2009年第4期，第18页。

② 顾颉刚、童书业：《夏史三论》，燕京大学《史学年报》1936年第2卷第3期，第1页。

③ 顾颉刚、史念海：《中国疆域沿革史》，上海：商务印书馆，1938年版，第37页。

息，到了今天，著述愈积愈富，发明愈来愈多，同志愈聚愈众，声名也已从毁誉参半到了誉多毁少的地步。①

顾颉刚先生对于古史、古书观念的变化，表明在新史学日益进步的进程中，古史辨不断受到新史学家的影响。顾颉刚先生的学术思想正在逐步突破“破坏伪古史”的学术局限，其不断转变史学观念，并逐渐向着古史建设的道路迈进。

最后，还应强调的是，古史辨运动一开始，顾氏就对包括王国维等先生在内的新史学家所采用的广泛的史料观与多重证据法的方法论格外关注。1982 年 6 月 20 日，王煦华先生在发表于《文献》第十五辑的《顾颉刚致王国维的三封信》一文“后记”中讲道：“顾颉刚师在当代的学者中，最佩服王国维先生，以为他是最渊博而又富于创造性的学者，内心钦佩，引为真正学术上的导师。”②1924 年 8 月顾氏奉江苏省教育厅委托，前往郑州参观出土文物，又至洛阳参观魏故城。顾氏在为《古史辨》第一册所作的序中追述说：“从器物的铭文里漏出古代的事迹，从器物的图画里漏出古人的想象，在古史的研究上真不知道可以获得多少的裨益。”③他明确指出：“要建设真实的古史，只有从实物着手的一条路是大路。”④1925 年 12 月，顾氏为王国维《古史新证第一二章》作跋时讲道：“我很快乐……从王静安先生的著作里得到了两个有力的证据。”⑤之后，王煦华再次提及：“王国维用实物材料研究古史所取得的成就给予顾先生深刻的影响。他认为出土古物所透露的古代文化的真相，可以用来建设真古史；而它正好又反映出古书中所写的古史是幻相，所以又可以用来作为破坏伪古史的工具”⑥，“顾先生的疑古辨伪用的是三重论证：历来相传的古书上的记载，考古发掘的实物材料和民俗学的材料……因此，他的疑古辨伪是既大胆又严谨的”⑦。有关顾颉刚对考古学成果的运用，在顾氏的论著

① 吕思勉、童书业编著：《古史辨》第七册，上海：上海古籍出版社，1982 年版，自序二，第 1 页。

② 王煦华：《顾颉刚致王国维的三封信》，《文献》第 15 辑，北京：书目文献出版社，1983 年版，第 12 页。

③ 顾颉刚编著：《古史辨》第一册，上海：上海古籍出版社，1982 年版，自序，第 57 页。

④ 顾颉刚编著：《古史辨》第一册，上海：上海古籍出版社，1982 年版，自序，第 50 页。

⑤ 顾颉刚编著：《古史辨》第一册，上海：上海古籍出版社，1982 年版，第 267 页。

⑥ 王煦华：《试论顾颉刚的疑古辨伪思想》，陈其泰、张京华主编：《古史辨学说评价讨论集》，北京：京华出版社，2001 年版，第 214 页。

⑦ 顾颉刚撰，王煦华导读：《秦汉的方士与儒生》，上海：上海古籍出版社，1998 年版，导读，第 5—6 页。

有不少例证，有的学者对此已作了详尽的论述。①由此可见，顾颉刚对新史学家的研究成果，尤其是考古学取得的成果格外重视，积极吸收，并自觉地将其运用到古史研究中。其将“历来相传古书上的记载，考古发掘的实物材料和民俗学的材料”结合起来研究古史的三重证法，与徐中舒先生长期实践的“常以考古资料与文献资料相结合，再参以边地后进民族的历史和现况进行互证”②的广泛史料观与多重证据法的方法论，几乎如出一辙。由此可见，徐中舒新史学理论与古史辨之间一开始就存在着不少重要的学术关联和互动，二者之间并非界划分明，甚至水火不容。

① 张京华：《顾颉刚与考古学》，《古籍整理研究学刊》2008年第2期，第88—94页。

② 徐中舒：《徐中舒历史论文选辑》，北京：中华书局，1998年版，前言，第1页。

第四章　古典文献研究

第一节　古诗考订方法

20 世纪 20 年代至 40 年代，徐中舒先生借鉴前人古书年代考证方法和理论，穷原竟委，综贯会通，高度重视古诗著录、拟作、称引、诗体、文字、特别名称的同时，积极寻绎历史、地理、习俗、思想、天文、历法等多方面的证据，建立起以文史互证和多学科知识相互配合印证为特色的新的研究范式。徐氏古诗考订方法迄今仍具有重要的方法论价值，值得中国古典文献学界和史学界借鉴。

中国诗歌具有悠久的历史和丰富的遗产。古诗在长期的流传过程中，由于种种复杂的原因，失名颇多，加之诗词又甚简略，诗的作者、年代、发生地域等常常混乱。以《诗经》为例，徐中舒先生曾举证《毛诗序》、《史记》、《三家诗》、伪《子贡诗传》、朱熹《集传》及姚际恒《诗经通论》、方玉润《诗经原始》有关《诗经》第一篇《关雎》之本事的阐发，加以说明：

> 《毛诗序》以为咏后妃之德也，司马迁以为周道缺而《关雎》作，《三家诗》(齐鲁韩) 以为刺康王诗，(《诗序》后汉卫宏作，不可信。三家去作诗时已远，亦无根据。) 伪《子贡诗传》以为姒氏思淑女而作，朱子《集传》以为宫人咏太姒之诗，姚际恒《诗经通论》(见《诗经原始》引) 以为诗人美世子娶妃初昏之诗，方玉润《诗经原始》以为周邑咏初昏者之诗，此三百篇开卷第一首诗也，诸说纷纷已如此，其他可知。盖三百篇之国风，皆民间歌谣，作者不知谁氏，诗词又甚简略；千载之下，何由推知其本事？以上诸说，聚讼纷纭，讵有一当？①

之后，徐氏又屡屡指出，《诗经》“如何结集而成，实为研究上首当解

① 徐中舒：《木兰歌再考》，《东方杂志》1925 年第 22 卷第 14 号，第 72 页。

决之问题”[①]。“《诗经》为古代歌舞祭享诗之总集，其中所录并非某一时代之作，其年代大约自西周以迄春秋之世……自汉以来，屡经转写，不无讹误。”[②]徐氏认为，古代文献屡有采诗之说，“皆据后起之事而加以缘饰之词，并不能视为《诗经》时代之信史”[③]。“汉代又有孔子删《诗》之说”，如“论春秋以前之情况，则大不然”，“春秋、战国之世，《诗》并无三千余篇之多。因而删《诗》之说，亦不足据”。[④]尤其徐氏发现，“《诗经》十五《国风》、大小《雅》、三《颂》，以国为别（雅与夏同，亦当作地名解），其《诗》所涉及之时地，虽大多数可以证明与所标示之国名相应，但仍有许多例外”[⑤]。诸如“《豳风》之豳，原为公刘所居，但《诗》则绝无关于公刘之事。《七月》诗言农桑衣食之本甚备，农桑实非豳地所宜”[⑥]。

除《诗经》外，徐氏又举证“在文学史上，占有极重要之地位”[⑦]的《古诗十九首》：“其诗失名已久，后人或以为西汉之诗，或指为某人之作，颠倒混淆，传说各殊。”[⑧]正因为此，徐氏强调指出：

> 其诗本非一人之辞，作者时代亦复先后不一，问题极为繁复；而

---

① 徐中舒：《豳风说——兼论诗经为鲁国师工歌诗之底本》，原刊《国立中央研究院历史语言研究所集刊》第六本第四分，1936年，收录徐中舒：《徐中舒历史论文选辑》上册，北京：中华书局，1998年版，第606页。

② 徐中舒：《金文嘏辞释例》，原刊《国立中央研究院历史语言研究所集刊》第六本第一分，1936年，收录徐中舒：《徐中舒历史论文选辑》上册，北京：中华书局，1998年版，第564页。

③ 徐中舒：《豳风说——兼论诗经为鲁国师工歌诗之底本》，原刊《国立中央研究院历史语言研究所集刊》第六本第四分，1936年，收录徐中舒：《徐中舒历史论文选辑》上册，北京：中华书局，1998年版，第607页。

④ 徐中舒：《豳风说——兼论诗经为鲁国师工歌诗之底本》，原刊《国立中央研究院历史语言研究所集刊》第六本第四分，1936年，收录徐中舒：《徐中舒历史论文选辑》上册，北京：中华书局，1998年版，第607、608页。

⑤ 徐中舒：《豳风说——兼论诗经为鲁国师工歌诗之底本》，原刊《国立中央研究院历史语言研究所集刊》第六本第四分，1936年，收录徐中舒：《徐中舒历史论文选辑》上册，北京：中华书局，1998年版，第608页。

⑥ 徐中舒：《豳风说——兼论诗经为鲁国师工歌诗之底本》，原刊《国立中央研究院历史语言研究所集刊》第六本第四分，1936年，收录徐中舒：《徐中舒历史论文选辑》上册，北京：中华书局，1998年版，第608页。

⑦ 徐中舒：《古诗十九首考》，原刊《立达》季刊1925年第1期，收录徐中舒：《徐中舒历史论文选辑》上册，北京：中华书局，1998年版，第1页。

⑧ 徐中舒：《古诗十九首考》，原刊《立达》季刊1925年第1期，收录徐中舒：《徐中舒历史论文选辑》上册，北京：中华书局，1998年版，第1页。

诗中语词简略，施以考证，实非易事。[①]

不唯《古诗十九首》考订清楚，“实非易事”，在徐氏看来，较之于《关雎》，广为流传的《木兰歌》虽具有“时代较近，可凭藉考证之资料多”，“本篇为纪事诗，内容充实”，“诗有特别名称，可藉以推知其时世”[②]等优点，然仍有“作者无主名”“木兰事实，无同时记载可据”“诗句含蓄，究非记述文字可比”之三“缺憾”。[③]自宋代以来，不少学者分别从文献著录、民歌特色、官职、兵制、名物、民俗等方面，对作为《木兰歌》研究基础的成诗年代、作者等问题进行过全方位多角度的考察，然由于考察的方法和角度不同，《木兰歌》的时代，分别有汉魏说、南北朝说、隋唐说等多种说法，迄今为止，有关《木兰歌》的时代问题，学术界仍聚讼纷纭，莫衷一是。

同《豳风》《古诗十九首》《木兰歌》情形类似的，还有楚辞中《九歌》《九辩》等篇。东汉学者王逸《楚辞章句·九辩序》说：“九者，阳之数，道之纲纪也。故天有九星，以正机衡；地有九州，以成万邦；人有九，窍以通精明。屈原……援天地之数，列人形之要，而作《九歌》《九章》之颂，以讽谏怀王。……宋玉者，屈原弟子也。闵惜其师忠而放逐，故作《九辩》以述其志。”[④]按照王逸的说法，《九歌》《九章》皆为屈原的作品，《九辩》则乃宋玉所作。以上说法，长期受到学术界的质疑。以《九歌》为例，早在宋代，朱熹就对王逸《楚辞章句·九歌序》之王逸《章句》中“《九歌》者，屈原之所作也。昔楚国南郢之邑，沅湘之间，其俗信鬼而好祀；其祠必作乐鼓舞以乐诸神。屈原放逐，窜伏其域，怀忧苦毒，愁思怫郁。出见俗人祭祀之礼，歌舞之乐，其词鄙陋，因为作《九歌》之曲”[⑤]之论点，提出不同看法，他在《楚辞集注》中认为，《九歌》是屈原对南楚祭歌修改加工、“更定”[⑥]其词的作品。20世纪20年代，胡适著有《读楚辞》一文，更提出《九歌》乃“湘江民族的宗教舞歌”之说：“《九歌》与屈原的传说绝无关系，细看内容，这九篇大概是最

---

① 徐中舒：《古诗十九首考》，原刊《立达》季刊1925年第1期，收录徐中舒：《徐中舒历史论文选辑》上册，北京：中华书局，1998年版，第23页。

② 徐中舒：《木兰歌再考》，《东方杂志》1925年第22卷第14号，第72—73页。

③ 徐中舒：《木兰歌再考》，《东方杂志》1925年第22卷第14号，第73页。

④ （汉）王逸撰，黄灵庚点校：《楚辞章句》，上海：上海古籍出版社，2017年版，第176页。

⑤ （汉）王逸撰，黄灵庚点校：《楚辞章句》，上海：上海古籍出版社，2017年版，第42页。

⑥ （宋）朱熹撰，蒋立甫校点：《楚辞集注》，上海：上海古籍出版社；合肥：安徽教育出版社，2001年版，第31页。

古之作，是当时湘江民族的宗教舞歌”。[①]胡适认为《九歌》非屈原所作的观点，在当今学术界影响很大。容肇祖将《九歌》区分为“民间恋歌”和“民间祭歌”两部分，并继续阐发与胡适颇为相近的观点：“《九歌》，便是当日湘江民族的民间歌谣，和屈原的传说绝无关系。”[②]与以上论点相左，苏雪林以《九歌》为“人神恋爱”的“整套神曲”[③]，闻一多以为《九歌》是一种雏形的歌舞剧[④]，孙作云则通过对《九歌》和汉《郊祭歌》的比较，进一步申论“《九歌》是楚国国家的祭祀乐章，非平民的祭祀”[⑤]。关于《九歌》的作者和时代，廖平较早言及：“《九歌》文见《尚书》。（启《九歌》与《九辩》），乃古书，非新作。”[⑥]此后，陆侃如、冯沅君说：“《九歌》纵使有人润饰过，但主要是来自民间的。……在文学史上，只有南朝的《神弦曲》可以比拟，因为那也是民间的祭歌。”[⑦]游国恩则断言：《九歌》必是战国以前春秋的产品。[⑧]综上可知，《九歌》的性质、作者与时代等一系列问题，颇为复杂，学术界迄今尚无定论。

古诗年代、作者和发生地域等问题是中国古代文学史和古典文献学无法绕开的最基本问题。梁启超先生指出，以上古诗“在年代未考清楚以前，文学史无从作起”[⑨]。徐氏亦曾指出，“关于此类资料，苟不处置适宜，则吾人一切论断推比皆无所施其功”[⑩]，并举证说：“吾人若不知苏武、李陵赠答之诗之为伪作，则决不能断定建安七子在文学史上之位置；吾人若不知《木兰歌》产生之时地，则决不能推溯有唐一代文学之源流。”[⑪]总之，对古诗的年代、作者、发生地域等问题进行深入细致的考订，无论对于中国古代文学史研究，还是对于古典文献学整理，均有着不

---

① 胡适：《读楚辞》，《胡适文存二集》第一册，上海：亚东图书馆，1931年版，第144页。

② 容肇祖：《中国文学史大纲》，北京：朴社，1935年版，第56页。

③ 苏雪林：《〈九歌〉中人神恋爱问题》，《屈赋论丛》，武汉：武汉大学出版社，2007年版，第75—95页；苏雪林：《屈原与〈九歌〉》，武汉：武汉大学出版社，2007年版，第124页。

④ 闻一多：《神话与诗》，《闻一多全集》第一册，北京：生活·读书·新知三联书店，1982年版，第277页。

⑤ 孙作云：《〈九歌〉非民歌说——〈九歌〉与汉〈郊祀歌〉的比较》，《孙作云文集》第一卷《〈楚辞〉研究（上）》，开封：河南大学出版社，2003年版，第287页。

⑥ （清）廖平撰，邱进之点校：《楚词讲义》，舒大刚、杨世文主编：《廖平全集10》，上海：上海古籍出版社，2015年版，第353页。

⑦ 陆侃如、冯沅君：《中国诗史》，天津：百花文艺出版社，2008年版，第61页。

⑧ 游国恩：《楚辞概论》，上海：商务印书馆，1934年版，第71—78页。

⑨ 梁启超演讲，周传儒、姚名达、吴其昌笔记：《古书真伪及其年代》，北京：中华书局，1955年版，第13页。

⑩ 徐中舒：《〈木兰歌再考〉补篇》，《东方杂志》1926年第23卷第11号，第89页。

⑪ 徐中舒：《〈木兰歌再考〉补篇》，《东方杂志》1926年第23卷第11号，第89页。

可低估的学术意义。

自20世纪20至40年代，徐中舒在潜心研治中国古史的同时，自觉借鉴前人已有研究方法，综贯会通，发展完善，对《古诗十九首》《木兰歌》《豳风》《九歌》《九辩》等古诗年代、作者、发生地域及五言诗的发生、六朝恋歌的源流特点等一系列问题均进行过深入细致的探讨，提出不少独到的见解，并在胡应麟①、胡适②、梁启超③、高本汉（Bernhard Karlgren）④等学者已有文献辨伪理论基础之上，建立起一整套颇具特色的古诗考订方法，并将这一整套科学方法运用到其文学与古史研究中，从而为其文学、古史研究奠定了坚实的文献学基础。

一、著录、拟作、称引的考察

早在晚明时期，胡应麟即曾提出核伪书之八法，其中“核之《七略》以观其源，核之群志以观其绪”⑤两条，涉及古书源流问题。之后，梁启超更将古书辨伪及年代考证方法归纳为“就传授统绪上辨别”和“就文义内容上辨别”两个系统，“一则注重书的来源，一则注重书的本身”。⑥梁氏“就古书传授绪统上辨别”，直接继承了清代学者章学诚所倡导的“辨章学术，考镜源流”“由委溯源”的学术思想。⑦梁氏对章氏“校雠之义，盖自刘向父子”⑧的观点颇为赞同。在论及古书时代考订时，梁氏遵循“从旧志不著录而定其伪或可疑”的原则：“最古的书目是西汉末刘歆的《七略》和东汉初班固的《汉书·艺文志》（略称《汉志》）。《汉志》是依傍《七略》做的，相距的时代很近，所以，《七略》虽亡，《汉志》尽可

---

① 胡应麟提出“核之《七略》以观其源，核之群志以观其绪，核之并世之言以观其称，核之异世之言以观其述，核之文以观其体，核之事以观其时，核对之撰者以观其托，核之传者以观其人”核伪书之八法。参见（明）胡应麟：《少室山房笔丛》卷三十二《丁部·四部正讹》下，明万历刻本，第142页。

② 胡适提出审订史料之“史事、文字、文体、思想、旁证”五种证据，亦可用于古书时代考订。参见胡适：《中国哲学史大纲》，武汉：崇文书局，2015年版，第11—12页。

③ 梁启超提出分别从传授统绪和文义内容等方面更为详密地考订古书真伪及其年代的方法。参见梁启超演讲，周传儒、姚名达、吴其昌笔记：《古书真伪及其年代》，北京：中华书局，1955年版，第54—66页。

④ 高本汉提出用我国所惯用之方法考证古书年代。参见高本汉（Bernhard Karlgren）：《中国古籍辨伪法》（The Authenticity Of Ancient Chinese Texts），崔垂言译，《北强》1934年 第1卷第3期。

⑤ （明）胡应麟：《少室山房笔丛》卷三十二《丁部·四部正讹》下，明万历刻本，第142页。

⑥ 梁启超演讲，周传儒、姚名达、吴其昌笔记：《古书真伪及其年代》，北京：中华书局，1955年版，第45页。

⑦ （清）章学诚著，刘公纯标点：《校雠通义》，北京：古籍出版社，1956年版，叙，第1页。

⑧ （清）章学诚著，刘公纯标点：《校雠通义》，北京：古籍出版社，1956年版，叙，第1页。

代他的功用。……我们想找三代先秦的书看，除了信《汉志》以外，别无可信”。[①]晚明以来学术界古典文献考订的原则、理论对徐氏独具特色的古诗考订方法论的建立产生了深刻的影响。

徐氏考订古诗年代、作者，高度重视著录、拟作、称引等重要文献信息。在《古诗十九首考》一文，徐氏初步总结出古典文献著述年代的若干考订方法：

> 十九首“不必一人之辞，一人之作”。其诗失名已久，诗句简略，载籍阙如，吾人今日实无法以断为谁人之作。惟关于作诗之时代，从著录上，或拟作中，或后人引用其诗，或由诗中语句含有时间性、空间性者，参互以推之，尚可略得其梗概。[②]

以上所言“从著录上，或拟作中，或后人引用其诗”考证“作诗之时代”的方法，大体可归入一个系统，“由诗中语句含有时间性、空间性者”则显然可归入另一个系统。

在《古诗十九首考》一文，徐氏即曾尝试着综合运用以上方法，详细考订《古诗十九首》的作诗年代。徐氏颇为关注《古诗十九首》之拟作及著录：

> 陆机所拟古诗十四首，其十二首载于《文选》杂拟类中（内六首亦载于《玉台》），其二首载于本集中，皆拟十九首之作也。陆机西晋人，去萧梁不过百余年，其诗既著录于《诗品》《文选》《玉台新咏》三书，决非伪作。此十四首古诗既经陆机拟作，知其必出于西晋以前。[③]

至于《全汉诗》所录枚乘九首，徐氏对是书后按引李善《文选》注已表示怀疑：“古诗不知作者，或云枚乘，疑不能明也。诗云‘驱马上东

---

① 梁启超演讲，周传儒、姚名达、吴其昌笔记：《古书真伪及其年代》，北京：中华书局，1955年版，第54页。

② 徐中舒：《古诗十九首考》，原刊《立达》季刊1925年第1期，收录徐中舒：《徐中舒历史论文选辑》上册，北京：中华书局，1998年版，第5页。

③ 徐中舒：《古诗十九首考》，原刊《立达》季刊1925年第1期，收录徐中舒：《徐中舒历史论文选辑》上册，北京：中华书局，1998年版，第2页。

门，游戏宛与洛’，此则辞兼东都，非尽是乘明矣。”[①]至于丁仲佑《全汉诗》后按及陈沆《诗比兴笺》以为《玉台新咏》所录古诗八首，“以为乘作”，证据并不“充足”。[②]徐氏仍以陆机所拟十四首进行参证：

> 陆机拟诗，则“驱车上东门”，“游戏宛与洛”二篇，正在所拟十四首内。机于古诗，既无别择，统曰杂拟，是陆机不以古诗为枚乘作甚明。[③]

徐氏又以《诗品》谓“自王、扬、枚、马之徒，词赋竞爽，而吟咏靡闻”，“直不认其（按，枚乘）有五言诗”为证，以证“梁、齐以前，古诗作者，尚无枚乘之说”。[④]徐氏还指出，刘勰作《文心雕龙》时“虽有枚乘传说，尚存疑辞”，“萧统与刘勰同时，其所撰《文选》，犹否认此说”，“考其所据，或即其前辈之传说”。[⑤]

在以上研究基础上，徐氏从“著录之辞，转变之迹”以证“枚乘之说，出于后起，决不可信”：

> 观陆机拟诗及《诗品》《文选》《文心雕龙》《玉台新咏》著录之辞，转变之迹，灼然可见。是枚乘之说，出于后起，决不可信。[⑥]

徐氏亦颇为关注“后人引用其诗”的情况：

诸如其从“昔为倡家女，今为荡子妻（妇）。荡子行不归，空床难独守”为曹植《七哀诗》所引用，以证《青青河畔草》“必作于建安之前”[⑦]；从“清商随风发，中曲正徘徊。一弹再三叹，慷慨有余哀！”为

① 徐中舒：《古诗十九首考》，原刊《立达》季刊1925年第1期，收录徐中舒：《徐中舒历史论文选辑》上册，北京：中华书局，1998年版，第4页。

② 徐中舒：《古诗十九首考》，原刊《立达》季刊1925年第1期，收录徐中舒：《徐中舒历史论文选辑》上册，北京：中华书局，1998年版，第4—5页。

③ 徐中舒：《古诗十九首考》，原刊《立达》季刊1925年第1期，收录徐中舒：《徐中舒历史论文选辑》上册，北京：中华书局，1998年版，第5页。

④ 徐中舒：《古诗十九首考》，原刊《立达》季刊1925年第1期，收录徐中舒：《徐中舒历史论文选辑》上册，北京：中华书局，1998年版，第5页。

⑤ 徐中舒：《古诗十九首考》，原刊《立达》季刊1925年第1期，收录徐中舒：《徐中舒历史论文选辑》上册，北京：中华书局，1998年版，第5页。

⑥ 徐中舒：《古诗十九首考》，原刊《立达》季刊1925年第1期，收录徐中舒：《徐中舒历史论文选辑》上册，北京：中华书局，1998年版，第5页。

⑦ 徐中舒：《古诗十九首考》，原刊《立达》季刊1925年第1期，收录徐中舒：《徐中舒历史论文选辑》上册，北京：中华书局，1998年版，第7页。

曹植《七哀诗》所引，以证《西北有高楼》与《青青陵上柏》“皆作于建安以前”[①]；从阮籍《咏怀诗》用“荣名非己宝，声色焉足娱？”之语，以证《回车嘉言迈》“应作于桓、灵之时”[②]。

关于《木兰歌》的作者，《文苑英华》以为韦元甫作。徐氏一方面指出“研究此歌之版本，自以《文苑英华》为最古矣”；另一方面，徐氏注意到《直斋书录解题》“《古文苑》……所录汉魏诗文，多从《艺文类聚》《初学记》，删节之本。《石鼓文》亦与近本相同，（宋时拓本）其真伪莫得而明也”之记载，并对《古文苑》唐人所辑的说法质疑：“《古文苑》若果为唐人所辑，则所录汉魏诗文何必从类书删节之本？”[③]徐氏列举守山阁丛书本《古文苑》校勘记之《石鼓文》条下“所录字数与《广川书跋》《钟鼎款识》《金薤琳琅》相出入，其为宋拓本甚明”及诅楚文条下“此文至宋始出，唐时未及见之，益信是书为宋人所辑也”两条重要证据以证“来历不明”的《古文苑》“著录于宋人……既不知谁氏所录，即不能断为唐人之书”。[④]徐氏还强调：“《古文苑》所载《木兰歌》，非原本所有。”[⑤]其征引章樵《古文苑·序》云：“《古文苑》者，唐人所编，史传所不载，《文选》所不录之文也……为体二十有一，为篇二百六十有四，附入者七，始于周宣《石鼓文》，终于齐永明倡和，上下一千三百年间……”推知“此书体例，不录唐人之作”。[⑥]又据今存韩元吉原刻本与章樵注本所载《木兰歌》“均题为‘唐人《木兰诗》’，列于齐梁诗之末”推知，“此歌又属后人附入”。[⑦]综合以上推论，徐氏指出“《文苑英华》之误，由于以后篇之作者被于不知名之前篇”[⑧]，“《木兰歌》（前篇）应作于唐武德以后宝应以前，即初唐盛唐之间（约当西历六三〇—七五〇），作者不知谁氏”[⑨]，“故杜子美得用其体，韦元甫得以续作也”[⑩]。

徐氏对《九歌》《九辩》的考订，注意到：“汉武、宣之世，楚辞之

---

① 徐中舒：《古诗十九首考》，原刊《立达》季刊1925年第1期，收录徐中舒：《徐中舒历史论文选辑》上册，北京：中华书局，1998年版，第10页。

② 徐中舒：《古诗十九首考》，原刊《立达》季刊1925年第1期，收录徐中舒：《徐中舒历史论文选辑》上册，北京：中华书局，1998年版，第17页。

③ 徐中舒：《〈木兰歌再考〉补篇》，《东方杂志》1926年第23卷第11号，第100页。

④ 徐中舒：《〈木兰歌再考〉补篇》，《东方杂志》1926年第23卷第11号，第99、100页。

⑤ 徐中舒：《〈木兰歌再考〉补篇》，《东方杂志》1926年第23卷第11号，第100页。

⑥ 徐中舒：《〈木兰歌再考〉补篇》，《东方杂志》1926年第23卷第11号，第100页。

⑦ 徐中舒：《〈木兰歌再考〉补篇》，《东方杂志》1926年第23卷第11号，第100页。

⑧ 徐中舒：《木兰歌再考》，《东方杂志》1925年第22卷第14号，第79页。

⑨ 徐中舒：《木兰歌再考》，《东方杂志》1925年第22卷第14号，第79页。

⑩ 徐中舒：《木兰歌再考》，《东方杂志》1925年第22卷第14号，第79页。

学，见重于世”，然《九歌》《九辩》“在两汉著作中，绝无称引者”。[①]贾生《吊屈原赋》“仅摭引《离骚》文句，他皆未及”[②]。《史记·屈原贾生传》称屈原之作“有《离骚》《天问》《招魂》《哀郢》，传又载其《怀沙》之赋，如是而已”[③]。《汉书·扬雄传》称屈原之作，“又谓雄《旁惜诵》以下至《怀沙》，于史公所称者外，多一《惜诵》”[④]。《汉书·艺文志》赋诗并列，“列《屈原赋》二十五篇。而歌诗中不复再列原作”[⑤]。迄王逸《楚辞章句·离骚后叙》“乃以《九歌》十一篇强列二十五篇之中”[⑥]。徐氏尤其强调《汉书·艺文志》中所列《屈原赋》二十五篇并未见《九歌》十一篇，为《九歌》年代推定增加了一条极为重要的旁证。

徐氏还关注到《九歌》《九辩》于汉代“亦无拟作”[⑦]。徐氏举证“扬雄有《广骚》、《反骚》及《畔牢愁》之作，而《九辩》《九歌》迄无依仿之篇”[⑧]。至于“《九章》之后虽有《九怀》《九叹》《九思》”，然《九章》“实未尽为原作”[⑨]，“《九章》之名亦属后人所加”[⑩]，并由“史公独称其《哀郢》《怀沙》之赋，扬雄独旁其《惜诵》以下至《怀沙》为《畔牢愁》”[⑪]推测，“西汉之世，《九章》皆各自成篇，必无《九章》之总称”[⑫]。徐氏列举“《九章》自《惜美人》以下多用《离骚》《哀郢》《怀

① 徐中舒：《九歌九辩考》，原刊《华西协和大学中国文化研究所集刊》1949年第1卷，收录徐中舒：《徐中舒历史论文选辑》下册，北京：中华书局，1998年版，第773页。

② 徐中舒：《九歌九辩考》，原刊《华西协和大学中国文化研究所集刊》1949年第1卷，收录徐中舒：《徐中舒历史论文选辑》下册，北京：中华书局，1998年版，第773页。

③ 徐中舒：《九歌九辩考》，原刊《华西协和大学中国文化研究所集刊》1949年第1卷，收录徐中舒：《徐中舒历史论文选辑》下册，北京：中华书局，1998年版，第773页。

④ 徐中舒：《九歌九辩考》，原刊《华西协和大学中国文化研究所集刊》1949年第1卷，收录徐中舒：《徐中舒历史论文选辑》下册，北京：中华书局，1998年版，第773页。

⑤ 徐中舒：《九歌九辩考》，原刊《华西协和大学中国文化研究所集刊》1949年第1卷，收录徐中舒：《徐中舒历史论文选辑》下册，北京：中华书局，1998年版，第773页。

⑥ 徐中舒：《九歌九辩考》，原刊《华西协和大学中国文化研究所集刊》1949年第1卷，收录徐中舒：《徐中舒历史论文选辑》下册，北京：中华书局，1998年版，第773页。

⑦ 徐中舒：《九歌九辩考》，原刊《华西协和大学中国文化研究所集刊》1949年第1卷，收录徐中舒：《徐中舒历史论文选辑》下册，北京：中华书局，1998年版，第773页。

⑧ 徐中舒：《九歌九辩考》，原刊《华西协和大学中国文化研究所集刊》1949年第1卷，收录徐中舒：《徐中舒历史论文选辑》下册，北京：中华书局，1998年版，第773页。

⑨ 徐中舒：《九歌九辩考》，原刊《华西协和大学中国文化研究所集刊》1949年第1卷，收录徐中舒：《徐中舒历史论文选辑》下册，北京：中华书局，1998年版，第773页。

⑩ 徐中舒：《九歌九辩考》，原刊《华西协和大学中国文化研究所集刊》1949年第1卷，收录徐中舒：《徐中舒历史论文选辑》下册，北京：中华书局，1998年版，第773页。

⑪ 徐中舒：《九歌九辩考》，原刊《华西协和大学中国文化研究所集刊》1949年第1卷，收录徐中舒：《徐中舒历史论文选辑》下册，北京：中华书局，1998年版，第773页。

⑫ 徐中舒：《九歌九辩考》，原刊《华西协和大学中国文化研究所集刊》1949年第1卷，收录徐中舒：《徐中舒历史论文选辑》下册，北京：中华书局，1998年版，第773页。

沙》语”，“《橘颂》首曰‘后皇嘉树’，后皇乃称汉帝而言”，“《郊祀歌》有‘后皇嘉坛’”进一步推测“《九章》之名，疑为东汉人杂取当时遗存原作及其他佚名之篇，以足《九章》之数，而名之云尔”。[①]徐氏又从“《九怀》《九叹》《九思》各九篇，篇皆有题，与《九章》同”与“《九辩》共十一节，每节更端，别无篇题”[②]相区别。徐氏进一步注意到，《九怀》《九叹》除本书以外，“绝无称引之者”，《九思序》称刘向、王褒之作“列于谱录，世世相传”[③]并非事实。

综上所述，徐氏考订古诗年代、作者等问题，高度重视古诗著录、拟作、称引等文献信息，穷原竟委，考镜源流，考证学术的来龙去脉，从源头上对古诗的年代、作者等问题加以考察甄别，从而使立论基础更为牢固，在对中国古典文献考辨理论的直接继承和发展的过程中，逐步建立起颇具特色的古诗考订方法。

二、诗体、文字及特别名称的审核

除著录、称引、拟作可以用于古典文献考订外，胡应麟提出过“核之并世之言以观其称，核之异世之言以观其述，核之文以观其体”[④]的方法。胡应麟所说的“言”“文”大体相当于后人常常强调的文字、文体、文法等内容。胡适举证史料审订方法时指出：“一时代有一时代的文字，不致乱用”[⑤]，又强调“不但文字可作证，文体也可作证”[⑥]。梁启超亦强调“从书名或书内的名词可以知道书的真伪”[⑦]，“每一时代的文体各不相同”，并将文体作为“辨伪书最主要的标准”。[⑧]徐氏继承前人的理论并不断发展完善，高度重视古诗的诗体和文字使用特点，将诗体、文字和“特别名称”[⑨]等作为古诗年代、作者推定的重要证据之一。

---

① 徐中舒：《九歌九辩考》，原刊《华西协和大学中国文化研究所集刊》1949年第1卷，收录徐中舒：《徐中舒历史论文选辑》下册，北京：中华书局，1998年版，第773页。

② 徐中舒：《九歌九辩考》，原刊《华西协和大学中国文化研究所集刊》1949年第1卷，收录徐中舒：《徐中舒历史论文选辑》下册，北京：中华书局，1998年版，第774页。

③ 徐中舒：《九歌九辩考》，原刊《华西协和大学中国文化研究所集刊》1949年第1卷，收录徐中舒：《徐中舒历史论文选辑》下册，北京：中华书局，1998年版，第774页。

④ （明）胡应麟：《少室山房笔丛》卷三十二《丁部·四部正讹》下，明万历刻本，第142页。

⑤ 胡适：《中国哲学史大纲》，武汉：崇文书局，2015年版，第11页。

⑥ 胡适：《中国哲学史大纲》，武汉：崇文书局，2015年版，第11页。

⑦ 梁启超演讲，周传儒、姚名达、吴其昌笔记：《古书真伪及其年代》，北京：中华书局，1955年版，第57页。

⑧ 梁启超演讲，周传儒、姚名达、吴其昌笔记：《古书真伪及其年代》，北京：中华书局，1955年版，第57页。

⑨ 徐中舒：《木兰歌再考》，《东方杂志》1925年第22卷第14号，第72—89页。

1．从诗体方面获取直接证据

徐氏考订《古诗十九首》的年代，即曾强调："作者既非负有盛名之文士，又无'奇辟之思，惊险之句'，故不能确指为何时之作。惟知其所用必为当时通行诗体耳。"[①]早在徐氏《古诗十九首考》发表前后，梁启超即以诗体为证，对《古诗十九首》的年代质疑："据《玉台新咏》所说，十九首中有八首，为枚乘所作。枚乘是汉景帝、武帝间的人，已经作有如此好诗。他死后百余年间，何以无人能作，直到东汉时，才有几篇五言诗，有一篇为大文学家班固所作，音韵既不调和，词旨亦很平淡。直到东汉末出了一个蔡文姬，三国时出了一个曹子建，他们的诗，倒与十九首差不多。如十九首真有些是枚乘所作，则西汉至三国，中间毫无进步，实在无法解释。"[②]

徐氏对五言诗体的发生作了更为细致的考察。徐氏以为，齐、梁以后所传所谓西汉五言诗，如李陵、班婕妤之作，"皆系伪托"[③]，《汉书·五行志》所载成帝时五言歌谣，"似为王莽后追述之辞……是否西汉时即有此谣，尚属疑问"[④]，《汉书·尹赏传》所载歌谣，"歌虽五言，词极幼稚"[⑤]，并由《隶续》所载作于汉顺帝汉安二年的《费凤别碑》文体杂用长短句，"五言幼稚如此"推断，"纵谓西汉时已有五言诗，但决不能产生苏、李等优美之作"[⑥]，"东汉桓、灵以前之文人，尚无五言之作"[⑦]，"足证明五言诗不能发生于西汉"[⑧]。徐氏通过对五言诗体发生年代的探讨，推定"古诗十九首，亦必出于东汉以后"[⑨]。除《古诗十九首》外，徐氏还积极从诗体方面寻找证据。徐氏论及："西汉歌诗五七言外，尚有

① 徐中舒：《古诗十九首考》，原刊《立达》季刊1925年第1期，收录徐中舒：《徐中舒历史论文选辑》上册，北京：中华书局，1998年版，第23页。

② 梁启超演讲，周传儒、姚名达、吴其昌笔记：《古书真伪及其年代》，北京：中华书局，1955年版，第11页。

③ 徐中舒：《古诗十九首考》，原刊《立达》季刊1925年第1期，收录徐中舒：《徐中舒历史论文选辑》上册，北京：中华书局，1998年版，第24页。

④ 徐中舒：《古诗十九首考》，原刊《立达》季刊1925年第1期，收录徐中舒：《徐中舒历史论文选辑》上册，北京：中华书局，1998年版，第24页。

⑤ 徐中舒：《古诗十九首考》，原刊《立达》季刊1925年第1期，收录徐中舒：《徐中舒历史论文选辑》上册，北京：中华书局，1998年版，第24页。

⑥ 徐中舒：《古诗十九首考》，原刊《立达》季刊1925年第1期，收录徐中舒：《徐中舒历史论文选辑》上册，北京：中华书局，1998年版，第24页。

⑦ 徐中舒：《古诗十九首考》，原刊《立达》季刊1925年第1期，收录徐中舒：《徐中舒历史论文选辑》上册，北京：中华书局，1998年版，第25页。

⑧ 徐中舒：《古诗十九首考》，原刊《立达》季刊1925年第1期，收录徐中舒：《徐中舒历史论文选辑》上册，北京：中华书局，1998年版，第25页。

⑨ 徐中舒：《古诗十九首考》，原刊《立达》季刊1925年第1期，收录徐中舒：《徐中舒历史论文选辑》上册，北京：中华书局，1998年版，第25页。

六言、八言及九言以上者，则正诗体解放后尚未凝为定型时所宜有之现象。”[①]“《九歌》之诗体与句度，正与《瓠子歌》《郊祀歌》《息夫躬绝命词》相似”[②]，由此推定《九歌》“绝非战国时代所作，而实为汉武时代前后之歌诗”[③]。综上可知，徐氏以诗体为证，由此获得判定古诗年代的“最主要证据”，从而进一步增强了立论的可靠性。

2．从文字使用上寻绎间接证据

徐氏力主考订古诗年代、作者与发生地域，亦颇为重视通过对古诗用字时代特点的分析，积极在古诗中寻找出具有较强说服力的文字证据。

在《古诗十九首考》一文，徐氏屡屡从西汉人用字“尚未工切”，东汉人用字“属对极工”，“两汉人用字工拙之分”以证《行行重行行》“决不可谓西汉人作”。[④]又如在《九歌九辩考》一文，徐氏注意到：“《诗经》《九歌》及西汉歌诗，句中多用兮字。盖兮为咏叹之余声，歌者于句末或句逗中就其声引而长之，闻者因就其歌以写其声。……作诗者固不必为歌者定其余声，而不歌之诗固不必著此诸字。故《九歌》及汉人诗赋如有两本可资互校者，则此兮字即或有或无。”[⑤]在此基础上，徐氏寻绎出五言、七言诗体演进踪迹，为《九歌》年代判定提供重要的支撑。

其中尤其值得注意的是，徐氏屡屡将金文资料与《诗经》中部分文字进行比勘参证，从而推知《诗》篇的年代。兹可举证数例。徐氏指出：“《诗》中称引最多之‘万寿无疆’，在金文中无论西周或东周均不见；其万寿二字连用者，亦仅见春秋时之三器”[⑥]，足证金文眉寿连文，“春秋以前，尚未甚流行。而《诗》之作者年代，又决不能晚于春秋之世，是知《诗》之万寿，当非省称，必为后人误读所致”[⑦]。又举证“金文言‘眉

① 徐中舒：《九歌九辩考》，原刊《华西协和大学中国文化研究所集刊》1949年第1卷，收录徐中舒：《徐中舒历史论文选辑》下册，北京：中华书局，1998年版，第780页。

② 徐中舒：《九歌九辩考》，原刊《华西协和大学中国文化研究所集刊》1949年第1卷，收录徐中舒：《徐中舒历史论文选辑》下册，北京：中华书局，1998年版，第780页。

③ 徐中舒：《九歌九辩考》，原刊《华西协和大学中国文化研究所集刊》1949年第1卷，收录徐中舒：《徐中舒历史论文选辑》下册，北京：中华书局，1998年版，第781页。

④ 徐中舒：《古诗十九首考》，原刊《立达》季刊1925年第1期，收录徐中舒：《徐中舒历史论文选辑》上册，北京：中华书局，1998年版，第6页。

⑤ 徐中舒：《九歌九辩考》，原刊《华西协和大学中国文化研究所集刊》1949年第1卷，收录徐中舒：《徐中舒历史论文选辑》下册，北京：中华书局，1998年版，第778页。

⑥ 徐中舒：《金文嘏辞释例》，原刊《国立中央研究院历史语言研究所集刊》第六本第一分，1936年，收录徐中舒：《徐中舒历史论文选辑》上册，北京：中华书局，1998年版，第525页。

⑦ 徐中舒：《金文嘏辞释例》，原刊《国立中央研究院历史语言研究所集刊》第六本第一分，1936年，收录徐中舒：《徐中舒历史论文选辑》上册，北京：中华书局，1998年版，第525—526页。

寿无期’者九器，言‘万年无期’者三器”[①]，包括楚三器、徐二器、许二器、齐一器、邾一器、苏一器，不详者二器，似徐、许之物，“其地皆在成周以东”，“皆春秋时物”。[②]其他言无期者，如齐、邾、纪诸器，“又皆春秋时齐东之物”[③]。根据以上材料，徐氏推测：“《小雅·南山有台》之‘万寿无期’，《白驹》之‘逸豫无期’，其诗与《国风》颇近似，或即东周之作。”[④]在此基础上，徐氏结合金文及传世文献获知，“春秋以前无公子、公孙之称”[⑤]，“公子、公孙为春秋以来最通行之名称”[⑥]，“《七月》诗以介眉寿及万寿无疆之辞非周初所有”[⑦]，而以上推论为“《豳风》必非西周初年之诗”[⑧]及“《豳风》宜为春秋时之鲁诗”[⑨]找到极为有说服力的文字证据。

3．从特别名称中搜求旁证

徐氏考订古诗年代、作者和发生地域，重视“特别名称”的例子也颇多。徐氏对《九歌》《九辩》的考订，和以往的学者类似，首先高度重视篇名释义。徐氏批判王逸《楚词章句》释《九歌》《九辩》《九章》之

---

① 徐中舒：《金文嘏辞释例》，原刊《国立中央研究院历史语言研究所集刊》第六本第一分，1936年，收录徐中舒：《徐中舒历史论文选辑》上册，北京：中华书局，1998年版，第526页。

② 徐中舒：《金文嘏辞释例》，原刊《国立中央研究院历史语言研究所集刊》第六本第一分，1936年，收录徐中舒：《徐中舒历史论文选辑》上册，北京：中华书局，1998年版，第526页。

③ 徐中舒：《金文嘏辞释例》，原刊《国立中央研究院历史语言研究所集刊》第六本第一分，1936年，收录徐中舒：《徐中舒历史论文选辑》上册，北京：中华书局，1998年版，第526页。

④ 徐中舒：《金文嘏辞释例》，原刊《国立中央研究院历史语言研究所集刊》第六本第一分，1936年，收录徐中舒：《徐中舒历史论文选辑》上册，北京：中华书局，1998年版，第526页。

⑤ 徐中舒：《豳风说——兼论诗经为鲁国师工歌诗之底本》，原刊《国立中央研究院历史语言研究所集刊》第六本第四分，1936年，收录徐中舒：《徐中舒历史论文选辑》上册，北京：中华书局，1998年版，第612—615页。

⑥ 徐中舒：《豳风说——兼论诗经为鲁国师工歌诗之底本》，原刊《国立中央研究院历史语言研究所集刊》第六本第四分，1936年，收录徐中舒：《徐中舒历史论文选辑》上册，北京：中华书局，1998年版，第632页。

⑦ 徐中舒：《豳风说——兼论诗经为鲁国师工歌诗之底本》，原刊《国立中央研究院历史语言研究所集刊》第六本第四分，1936年，收录徐中舒：《徐中舒历史论文选辑》上册，北京：中华书局，1998年版，第615—616页。

⑧ 徐中舒：《豳风说——兼论诗经为鲁国师工歌诗之底本》，原刊《国立中央研究院历史语言研究所集刊》第六本第四分，1936年，收录徐中舒：《徐中舒历史论文选辑》上册，北京：中华书局，1998年版，第632页。

⑨ 徐中舒：《豳风说——兼论诗经为鲁国师工歌诗之底本》，原刊《国立中央研究院历史语言研究所集刊》第六本第四分，1936年，收录徐中舒：《徐中舒历史论文选辑》上册，北京：中华书局，1998年版，第633页。

“九”为“阳之数”，乃“摭拾阴阳家之唾余……全无可取”[①]，指出，《九歌》《九辩》之名，“实出《离骚》《天问》”[②]。徐氏以为，“古代歌舞相属，言歌即兼舞言”，其并引《尚书·皋陶谟·正义》及《吕氏春秋·古乐篇》高注、《周礼·大司乐》郑注、《三礼义宗》诸说，推断“古乐每曲一终必变更奏，而以九变为极限。故曰九歌，曰九韶，曰九成，曰九奏，曰九变，曰九代（代亦更也），其实一也”[③]。在以上综合论证的基础上，徐氏指出，《离骚》《天问》之“九辩”，即《周礼》之“九变”，“《离骚》《天问》之九辩九歌，即《山海经》之九代九韶，亦即《周礼》之九变；皆就乐舞曲终更奏而言”[④]。通过以上《九歌》《九辩》篇名释义，对科学考订《九歌》《九辩》的年代，具有重要的启发和帮助。

此外，在《古诗十九首考》一文，徐氏从“促织为后起之名，不见于西汉以前之字书”，推断《明月皎夜光》“最早不过作于东汉之末”。[⑤]从晋代王嘉《拾遗记》始有蟾兔省称，推知《孟冬寒气至》“三五明月满，四五蟾兔缺”“最早不过作于魏、晋之间”。[⑥]在《木兰歌再考》一文，徐氏根据“策勋十二转”一语推测，“其制始于唐武德七年”“其非萧梁时歌”，从而推断“《木兰歌》（前篇）应作于唐武德以后宝应以前，即初唐盛唐之间”。[⑦]还通过对诗歌中字句之考订及诗中“耶孃”“胡骑”“明堂”“帖花黄”等“由诗中语句含有时间性、空间性者”的内容进行综合分析，继续完善此前《木兰歌》作于“初唐盛唐之间”的结论。[⑧]

综上所述，通过对古诗中“特别名称”的考察，徐氏不断为古诗年代、作者和发生地域等问题搜求著录、文体、文字之外大量有价值的旁证材料，通过参互引证，证据更为充分，结论自然更为可靠。

---

① 徐中舒：《九歌九辩考》，原刊《华西协和大学中国文化研究所集刊》1949 年第 1 卷，收录徐中舒：《徐中舒历史论文选辑》下册，北京：中华书局，1998 年版，第 771 页。

② 徐中舒：《九歌九辩考》，原刊《华西协和大学中国文化研究所集刊》1949 年第 1 卷，收录徐中舒：《徐中舒历史论文选辑》下册，北京：中华书局，1998 年版，第 771 页。

③ 徐中舒：《九歌九辩考》，原刊《华西协和大学中国文化研究所集刊》1949 年第 1 卷，收录徐中舒：《徐中舒历史论文选辑》下册，北京：中华书局，1998 年版，第 772 页。

④ 徐中舒：《九歌九辩考》，原刊《华西协和大学中国文化研究所集刊》1949 年第 1 卷，收录徐中舒：《徐中舒历史论文选辑》下册，北京：中华书局，1998 年版，第 772 页。

⑤ 徐中舒：《古诗十九首考》，原刊《立达》季刊 1925 年第 1 期，收录徐中舒：《徐中舒历史论文选辑》上册，北京：中华书局，1998 年版，第 11、13 页。

⑥ 徐中舒：《古诗十九首考》，原刊《立达》季刊 1925 年第 1 期，收录徐中舒：《徐中舒历史论文选辑》上册，北京：中华书局，1998 年版，第 20、22 页。

⑦ 徐中舒：《木兰歌再考》，《东方杂志》1925 年第 22 卷第 14 号，第 79 页。

⑧ 徐中舒：《木兰歌再考》，《东方杂志》1925 年第 22 卷第 14 号，第 85—89 页。

三、历史、地理、习俗、思想、天象、历法等之互证

中国不少古诗，往往都有发生的特定年代、地域背景，有的古诗本身就是内容丰富的纪事诗，徐氏自觉借鉴文史互证的研究方法，“由诗中语句含有时间性、空间性者，参互以推之，尚可略得其梗概”①，通过发现诗句中时间、地域、人物、思想、天象、历法所包含的多方面信息，参互印证，推定古诗年代、作者和发生地域等。

在《古诗十九首考》一文，徐氏从前人皆谓《青青陵上柏》出于东京为证，推测该诗“盖作于董卓未入洛阳以前，约在桓、灵之际”②；从“阿阁，与西北高楼，必在东都”以证《西北有高楼》“非西京之作”③；据张庚《古诗十九首解》引《天官书》推断“玉衡指孟冬”即为孟秋七月，匡正前人“疑此诗为西汉以前之诗”④之谬；从“西汉汉武、王莽虽好方士，求神仙，尚无服食之事”，并依《典论》与《博物志》所载，推知“‘服食求神仙’之风，盛于东汉之末”，推断《驱车上东门》之“服食求神仙，多为药所误”当作于此时。⑤

在《木兰歌再考》一文，徐氏以《梁师都年表》“自梁师都起兵至灭亡，十二年间兴废之迹”为证论及师都时军事斗争形势及疆域变迁大势，推知师都割据之时，“与英谋伟略之唐太宗相值”，“师都与唐有不能两立之势”，“师都舍唐以外，则无所用兵”。⑥“契丹从未兴师寇师都边境，师都亦无点兵防御契丹之事”，“师都及其部下皆未至黑山”。⑦又考证“‘策勋十二转’乃唐时勋官之制……十二转之制，创始于武德七年，前此无有也”。⑧之后，在《〈木兰歌再考〉补篇》一文，徐氏继续论及：“黑山不在梁师都境内”，唐未筑受降城之前，“其地即为突厥出没之区”，“燕

---

① 徐中舒：《古诗十九首考》，原刊《立达》季刊1925年第1期，收录徐中舒：《徐中舒历史论文选辑》上册，北京：中华书局，1998年版，第5页。

② 徐中舒：《古诗十九首考》，原刊《立达》季刊1925年第1期，收录徐中舒：《徐中舒历史论文选辑》上册，北京：中华书局，1998年版，第8页。

③ 徐中舒：《古诗十九首考》，原刊《立达》季刊1925年第1期，收录徐中舒：《徐中舒历史论文选辑》上册，北京：中华书局，1998年版，第9—10页。

④ 徐中舒：《古诗十九首考》，原刊《立达》季刊1925年第1期，收录徐中舒：《徐中舒历史论文选辑》上册，北京：中华书局，1998年版，第13页。

⑤ 徐中舒：《古诗十九首考》，原刊《立达》季刊1925年第1期，收录徐中舒：《徐中舒历史论文选辑》上册，北京：中华书局，1998年版，第18页。

⑥ 徐中舒：《木兰歌再考》，《东方杂志》1925年第22卷第14号，第76、77页。

⑦ 徐中舒：《木兰歌再考》，《东方杂志》1925年第22卷第14号，第77、78页。

⑧ 徐中舒：《木兰歌再考》，《东方杂志》1925年第22卷第14号，第78页。

山胡骑，自为唐人指斥突厥之词”。[1]综合以上证据，批驳姚大荣“木兰箸籍梁师都部下”说“完全不能成立”。[2]徐氏综合前人解释，并依《旧唐书·突厥传》等文献，备举古诗属词之法指出，诗中“天子与可汗，各有所指，不可相混”[3]。在此基础上，徐氏屡屡批评姚氏“徒摭拾一二类似之事，附会成说，实不足取信于人”[4]。在《木兰歌再考》和《〈木兰歌再考〉补篇》中，徐氏又举证《唐韵》及《通志·氏族略》等记载及诗中文句推论“木兰疑是复姓，为中原异族”[5]，“或即鲜卑之后”[6]，“木兰为鲜卑姓氏，其入中原在魏晋之间”[7]。

在《豳风说——兼论诗经为鲁国师工歌诗之底本》一文，徐氏以“七月所咏农桑非豳地所宜”“七月流火非周初天象”等为证，以证“《豳风》必非西周初年之诗”。[8]徐氏对《豳风》地理背景作了全面考察，屡屡指出：“《七月》诗周正与夏正并用，据《春秋》《左传》所载，鲁地正有此等现象。”[9]“《豳诗》屡言蚕桑之事，较之同书其他诸诗犹为详备，此必其地民间最普遍盛行之事业。案古代蚕桑当以兖地为最盛。……《豳诗》之作，其背景自以鲁地为宜。”[10]“《七月》诗述其地重要农作物有黍、稷、菽、麦、稻等，此等作物亦并见于《鲁颂·閟宫》之诗。”[11]《豳风·伐柯》“匪媒不得”之严格的婚姻制度，“必是最称礼仪之邦的鲁国产物”[12]。在以上确凿证据的支持下，徐氏推断“《豳风》宜为春秋时之鲁

---

① 徐中舒：《〈木兰歌再考〉补篇》，《东方杂志》1926年第23卷第11号，第91、92页。
② 徐中舒：《木兰歌再考》，《东方杂志》1925年第22卷第14号，第78页。
③ 徐中舒：《〈木兰歌再考〉补篇》，《东方杂志》1926年第23卷第11号，第99页。
④ 徐中舒：《木兰歌再考》，《东方杂志》1925年第22卷第14号，第83页。
⑤ 徐中舒：《木兰歌再考》，《东方杂志》1925年第22卷第14号，第81—83页。
⑥ 徐中舒：《木兰歌再考》，《东方杂志》1925年第22卷第14号，第82页。
⑦ 徐中舒：《〈木兰歌再考〉补篇》，《东方杂志》1926年第23卷第11号，第94—95页。
⑧ 徐中舒：《豳风说——兼论诗经为鲁国师工歌诗之底本》，原刊《国立中央研究院历史语言研究所集刊》第六本第四分，1936年，收录徐中舒：《徐中舒历史论文选辑》上册，北京：中华书局，1998年版，第609—612、616—617、632页。
⑨ 徐中舒：《豳风说——兼论诗经为鲁国师工歌诗之底本》，原刊《国立中央研究院历史语言研究所集刊》第六本第四分，1936年，收录徐中舒：《徐中舒历史论文选辑》上册，北京：中华书局，1998年版，第624页。
⑩ 徐中舒：《豳风说——兼论诗经为鲁国师工歌诗之底本》，原刊《国立中央研究院历史语言研究所集刊》第六本第四分，1936年，收录徐中舒：《徐中舒历史论文选辑》上册，北京：中华书局，1998年版，第625—626页。
⑪ 徐中舒：《豳风说——兼论诗经为鲁国师工歌诗之底本》，原刊《国立中央研究院历史语言研究所集刊》第六本第四分，1936年，收录徐中舒：《徐中舒历史论文选辑》上册，北京：中华书局，1998年版，第626页。
⑫ 徐中舒：《豳风说——兼论诗经为鲁国师工歌诗之底本》，原刊《国立中央研究院历史语言研究所集刊》第六本第四分，1936年，收录徐中舒：《徐中舒历史论文选辑》上册，北京：中华书局，1998年版，第626页。

诗”①。与此同时，徐氏还分析了《豳风》的历史背景：“豳为周人旧居。周之称豳，犹晋之称唐，魏（拓跋氏）之称代，辽之称契丹，元之称蒙古。鲁为周公元子伯禽所封，其就国也，必携有周人旧乐（即豳乐，周乐称《豳风》，犹今梆子称秦腔）与之俱东。此犹之清人入关以后，凡八旗驻防之地，所用礼乐，亦循用建州旧俗。”②

综上可知，徐氏考订古诗年代、作者和发生地域，自觉借鉴文史互证及多学科知识相结合的多重证法，远远超出了传统的考据学，其方法呈现出一种崭新的研究范式，对20世纪以来新汉学方法的更新产生深刻而广泛的影响，日渐成为当今学术界普遍企慕的治学经典。

在更为科学的方法论指导下，徐氏对古诗年代、作者、发生地域等的考订，不断取得重大突破。不少学者充分肯定20世纪上半期，包括徐中舒在内的学者，严于考证，慎于判断，打破“比兴说”“君臣说”的模式，实现了从旧学到新学不同研究方法的过渡，为《古诗十九首》的研究奠定了深厚坚实的基础。直至20世纪70年代末，《古诗十九首》研究尚未出现具有突破意义的研究成果。如有的学者指出，在此阶段，“先后有李炳海《古诗十九首写作年代考》、张茹倩［等］《古诗十九首创作时代新探》等几篇论文对此展开讨论。但总体上与20世纪前半期徐中舒等人的考证相比，明显感到功底不够，推论多于考证，故无多大进展”③。更有学者充分肯定，“他这篇否认《毛传》的史料价值的《豳风说》十分有名，史学界有不少朋友几乎认为它已成定论”④。由此可见，徐氏古诗考订方法迄今仍具有重要的方法论价值，值得中国古典文献学界和史学界借鉴。

第二节 《左传》的作者及成书年代的推定

徐中舒在系统考察西汉时期《左传》流传情况的基础上，进一步申论了作为古文一系的《左传》之可信，有力批驳了晚清以来今文经学家刘歆伪造《左传》的谬说。在经学史学化的影响下，徐氏发挥章学诚六经皆史

① 徐中舒：《豳风说——兼论诗经为鲁国师工歌诗之底本》，原刊《国立中央研究院历史语言研究所集刊》第六本第四分，1936年，收录徐中舒：《徐中舒历史论文选辑》上册，北京：中华书局，1998年版，第633页。

② 徐中舒：《豳风说——兼论诗经为鲁国师工歌诗之底本》，原刊《国立中央研究院历史语言研究所集刊》第六本第四分，1936年，收录徐中舒：《徐中舒历史论文选辑》上册，北京：中华书局，1998年版，第627页。

③ 刘则鸣：《古诗十九首研究百年综述》，《集宁师专学报》1999年第2期，第21—22页。

④ 李亚农：《李亚农史论集》，上海：上海人民出版社，1962年版，第858页。

的观点，以《春秋》《左传》为史，其意义不仅在于试图从根本上解决经学传统下的《左传》经史之争，同时也为新的学术背景下回归原典《左传》学初步奠定了理论基础。徐氏由此重新考察《左传》与《春秋》《国语》之间的关系，提出一系列独到的见解。徐氏根据《左传》所用有别于《春秋》周正的夏正和《左传》中预言资料推测，《左传》就是魏国霸业鼎盛时代的作品，其成书年代在公元前 375 年—前 351 年之间，《左传》的作者可能就是子夏的一再传弟子，不失为一种较为合理的假说。徐氏的某些推论得到了长沙马王堆汉墓出土帛书《春秋事语》和湖南慈利楚简《国语·吴语》的印证，结论的科学性日益受到学术界的重视，与此同时，徐氏《左传》学的学术价值亦在长期的学术争鸣中得到彰显。

《左传》是我国最早而且又最详备完整的一部编年史著作，也是一部长于修辞的文学作品。汉唐以来，由于政治因素的影响或干扰，《左传》成为学术界争议极大的一部书。20 世纪 30 年代，洪业先生将汉代以来《左传》争议的中心问题按照历史时段分别作如下区分：两汉之时，《左传》与孔子之《春秋》有何关系？晋、隋之间，《左传》与《国语》有何关系？自唐以来，《左传》究成于何时？①从中国经学史的视野进行综合考察，则不难看出，由于受到不同历史阶段政治因素的影响或干扰，以上各阶段学术界关于《左传》的争议呈现出鲜明的时代特色，然值得注意的是，在长期激烈的学术争鸣过程中，《左传》的学术价值不断被重新发现并日渐受到重视，《左传》研究水平在学术批判继承中不断得以提高。②新史学兴起以来，徐中舒先生在对晚清今文经学刘歆伪造《左传》说进行深入彻底批判的同时，高度重视《左传》的史料价值，不断廓清重重迷雾，对《左传》的名称、《左传》与《春秋》的关系、《诗》和《春秋》在孔门传授的次第、《春秋》的流传与《左传》的编写、左丘明与《左传》《国语》的关系、《左传》所依据的文献、《左传》的流传等问题进行了深入细致的考察，并在以上基础上对《左传》的作者与成书年代提出独到精辟的见解。值得注意的是，长沙马王堆汉墓帛书《春秋事语》的出土，为《左传》学研究提供了新的研究资料，在特定学术背景下，徐氏《左传》学中的若干论点也屡屡遭受部分学者的质疑，有待于学术界进一步补充完善。在新的学术背景下，全面审视徐中舒《左传》学的卓越成就与若干局限，有助于拓展完善《左传》学研究，为中国古代历史、文学研究奠定更为坚实的文献学基础。

---

① 洪业：《春秋经传引得序》，《史学年报》1937 年第 2 卷第 4 期，第 19—96 页。

② 周书灿：《经学传统下的〈左传〉学研究》，《学习与探索》2007 年第 5 期，第 222—228 页。

一、《左传》之可信的申论及对今文家斥《左传》刘歆伪造说的批判

学术界对《左传》的怀疑早在唐代即已开始。唐代学者啖助曾对《左传》成书过程质疑："左氏传自周、晋、齐、宋、楚、郑等国之事最详。……左氏得此数国之史以授门人，义则口传，未形竹帛；后代学者乃演而通之，总而合之，编次年月以为传记。又广采当时文集，故兼与子产、晏子及诸国卿佐家传，并卜书、梦书及杂占书，纵横家小说讽谏等，杂在其中，故叙事虽多，释意殊少，是非交错，混然难证。"①之后，啖氏弟子赵匡亦对《左传》为《论语》所提及的左丘明所著的论点质疑："左氏解经，浅于公、谷，诬谬实繁，若丘明才实过人，岂宜若此？推类而言，皆孔门后之门人，但公、谷守经，左氏通史，故其体异耳。"②到宋、元、明时期，学者对《左传》由怀疑逐渐转向彻底否定。程端学曾撰《春秋三传辨疑》，该书以攻驳三《传》为主，"以《左传》为伪撰，变本加厉，罔顾其安"③，明代学者熊过《春秋明志录》"攻《左传》者尤甚"④。晚清以来，今文经学兴起，刘逢禄⑤、皮锡瑞⑥、廖平⑦、康有为⑧、崔适⑨等极力主张的刘歆伪造《左传》说，经过钱玄同⑩等人的倡导广为流传，20 世纪 20 年代以后，傅斯年⑪、郭沫若⑫、陈

---

① （唐）陆淳：《春秋集传纂例》卷一《三传得失义》，清武英殿聚珍版丛书本，第 4 页。
② （唐）陆淳：《春秋集传纂例》卷一《赵氏损益义》，清武英殿聚珍版丛书本，第 11 页。
③ （清）永瑢、纪昀主编，周仁等整理：《四库全书总目提要》，海口：海南出版社，1999 年版，第 153 页。
④ （清）永瑢、纪昀主编，周仁等整理：《四库全书总目提要》，海口：海南出版社，1999 年版，第 156 页。
⑤ （清）刘逢禄著，顾颉刚校点：《左氏春秋考证》，北京：朴社，1933 年版，第 46—47 页。
⑥ （清）皮锡瑞：《经学通论》四《春秋》，北京：中华书局，1954 年版，第 41 页。
⑦ （清）廖平著，张西堂点校：《古学考》，北京：景山书社，1935 年版，第 43 页。
⑧ （清）康有为著，章锡琛点校：《新学伪经考》，北京：古籍出版社，1956 年版，第 84 页。
⑨ （清）崔适著，张烈点校：《史记探源》卷四，北京：中华书局，1986 年版，第 70—71 页。
⑩ 钱玄同：《左氏春秋考证书后》，顾颉刚编著：《古史辨》第五册上编，上海：上海古籍出版社，1982 年版，第 3 页。
⑪ 傅斯年：《周颂说——附论鲁南两地与诗书之来源》，《国立中央研究院历史语言研究所集刊》第一本第一分，1928 年，第 95—112 页。
⑫ 郭沫若在《述吴起》一文说："《春秋左氏传》是刘歆割裂古史搀杂己见而伪托的。"参见《郭沫若全集·历史编》第一卷《青铜时代》，北京：人民出版社，1982 年版，第 529 页。郭氏另屡屡举证："凡是《左传》上的解经的语句，如'礼也''非礼也'一类的文章，都是刘歆所窜加。观书的几句话直承在窜加语的'礼也'之下，而把上下文的聘与享一联的事迹插断，作伪的痕迹甚为显著。""《左传》和《国语》，其实是一套，同是经过刘歆玩过把戏的东西，而刘歆是古文家的宗主。……便是《左传》昭七年文是刘歆的造作固不用说，便是《史记·孔子世家》中的关于正考父的那一段，明明也是经过刘歆窜改的。"参见《郭沫若全集·历史编》第一卷《青铜时代》，北京：人民出版社，1982 年版，第 384—385、447 页。

椝[1]、徐仁甫[2]等少数学者继续在刘歆伪造《左传》说的基础上立论，余绪一直延续到中华人民共和国成立后。

徐中舒对《左传》的态度颇为明确：

《左传》记述春秋时代史事，不是依据传说而是依据当时所能掌握的文献资料，如太史公作《史记》紬金匮石室之书，才能完成，其性质是相同的。[3]

《左传》记事固然有些浮夸失实的地方，但是，它还是充分地利用了当时所能获得的成文的以及传诵的一切文献资料，取精用宏……按年编写这个时期的历史。此外，《左传》也保存了春秋以前相传的古史旧说。因此，它又是研究春秋以前的古史必须参考的重要史籍。[4]

早在20世纪40年代，徐氏即对晚清今文经学家的刘歆伪造《左传》说提出批判：

《周礼》《左传》二书为今古文学家聚讼之焦点，晚近今文学家至斥为刘歆之所伪造，其说实不足据。《左传》保存极多信史资料，其成书当在战国初期，绝非汉人所得伪作。[5]

此后，徐氏更从学术史的角度论及：

汉代今文学者挟其门户私见，对于此书（按，《左传》）就没有处理得当。清代学者受了传统的今文学派的影响，仅就汉人呵斥刘歆“颠倒五经”之言，寻章摘句，展转比附，甚至说《左传》本书也出于刘歆的窜改或伪造，沿袭至今我们还没有严肃地对待这个问题。[6]

① 陈椝：《左氏春秋义例辨》，《国立中央研究院历史语言研究所专刊17》，上海：商务印书馆，1947年版。

② 徐仁甫：《马王堆汉墓帛书〈春秋事语〉和〈左传〉的事、语对比研究——谈〈左传〉的成书时代和作者》，《社会科学战线》1978第4期，第209—212页。

③ 徐中舒：《四川彭县濛阳镇出土的殷代二觯》，《文物》1962年第6期，第23页。

④ 徐中舒：《〈左传〉的作者及其成书年代》，《历史教学》1962年第11期，第35页。

⑤ 徐中舒：《井田制度探原》，原刊《中国文化研究汇刊》1944年第4卷上册，收录徐中舒：《徐中舒历史论文选辑》下册，北京：中华书局，1998年版，第714页。

⑥ 徐中舒：《〈左传〉的作者及其成书年代》，《历史教学》1962年第11期，第40页。

迄今为止，学术界对今、古文之间的区分，已经基本清晰。徐氏具体指出："古文《春秋经》，就是从壁中书流传下来的"①，"《论衡·案书篇》说，《春秋左氏传》出孔子壁中，此说则属王充的误记"②。其列举"壁中书是竹简书，而《汉书·艺文志》说《左传》是卷子本，篇、卷不同""壁中书总数不过数十篇，而《左传》多到三十卷，若转写为竹简书，断不能容纳于此数十篇内"两证及"中秘所藏《春秋左氏传》乃汉初北平侯张苍所献"一条"有力的旁证"，以证"《左传》是古文旧书而不是壁中书"。③徐氏以上对西汉古文可信的申论，为《左传》非刘歆窜改或伪造说奠定了坚实的立论基础。

与此同时，徐氏亦强调："汉代的古文书与东晋伪古文，显然是有区别的。"④他批判清代经学家"在前期学者论定伪古文《尚书》的基础上，误以为古文大都皆伪，而以《周官》《左传》二书作为最典型的例证"⑤。在徐氏看来，西汉时代的古文旧书不仅和孔壁旧书不同，就其史料价值而论，更非伪《古文尚书》可相提并论。在此基础上，徐氏对《左传》伪造说提出批判：

> 河间献王在河间国内又立了《左氏春秋》博士，《左传》在河间必已广为流传，这哪是后人所得伪造的呢？⑥

徐氏批判清代今文经学家，指斥《左传》出于刘歆的伪造"完全是没有根据的谰言"⑦：

> 《左传》在汉初即已流传于世，中秘所藏，乃古文旧书，与民间所传写本并无不同之处。刘歆曾取民间传本与此相校……他还用这些传本作了一次校勘……刘逢禄所摘录的五十凡例早已存在于所有《左

① 徐中舒：《经今古文问题综论》，《纪念顾颉刚学术论文集》上册，成都：巴蜀书社，1990年版，第67页。

② 徐中舒：《经今古文问题综论》，《纪念顾颉刚学术论文集》上册，成都：巴蜀书社，1990年版，第67页。

③ 徐中舒：《经今古文问题综论》，《纪念顾颉刚学术论文集》上册，成都：巴蜀书社，1990年版，第67页。

④ 徐中舒：《〈左传〉的作者及其成书年代》，《历史教学》1962年第11期，第29页。

⑤ 徐中舒：《〈左传〉的作者及其成书年代》，《历史教学》1962年第11期，第28—29页。

⑥ 徐中舒：《〈左传〉的作者及其成书年代》，《历史教学》1962年第11期，第29页。

⑦ 徐中舒：《经今古文问题综论》，《纪念顾颉刚学术论文集》上册，成都：巴蜀书社，1990年版，第69页。

传》写本中，这哪是刘歆所得窜入的！[①]

为了进一步批驳晚清今文经学家的《左传》为刘歆伪造的谬说，徐氏系统地考察了西汉时期《左传》流传和传授的基本情况："《左传》成书于战国中期，西汉初年在赵地已广为流传。"[②]《汉书·艺文志》所记《左传》的"传授次第，都是真实可信的"[③]。"成哀之际（公元前三十二年至一年），刘歆与尹咸共校中秘书时才看到《左传》这样一部重要的古文书。他在中秘得与尹咸共同商讨，又从翟方进质疑问难，通其章句训诂，乃引传文以解经，转相发明，由此探寻全书的义理，改变了过去只能传习章句训诂的局面。因此，他对《左传》的爱好就说明他对《左传》义理理解的深透。"[④]值得注意的是，1973 年 12 月，长沙马王堆三号汉墓出土的帛书中有《春秋事语》，张政烺先生指出："这个卷子的书法由篆变隶，不避汉高帝刘邦的讳，当是秦末汉初（公元前 200±10 年）的写本。"[⑤]《春秋事语》所记史事多与《左传》相合，记事年代亦与《左传》相当，故此书一经出土，一些学者就注意到其与《左传》的关系。尽管有的学者怀疑其"不是《左传》系统而为另一本古书"[⑥]，亦有学者认为，"《春秋事语》与《左传》记载相关史实虽然基本相同，但其旨趣明显存在差异"[⑦]，但亦有学者认为，帛书《春秋事语》的内容是从《左传》简化而来，"实为早期《左传》学的正宗作品"[⑧]。无可置疑的是，帛书《春秋事语》的出土为《左传》流传和编写的研究提供了宝贵的实物资料，此亦从一个侧面为徐氏对晚清以来广为流传的刘歆伪造《左传》说的批判提供了有力的支持。

徐氏批判刘逢禄《左氏春秋考证》，"摘取《左传》中五十凡例，作为

① 徐中舒：《经今古文问题综论》，《纪念顾颉刚学术论文集》上册，成都：巴蜀书社，1990 年版，第 70 页。

② 徐中舒：《经今古文问题综论》，《纪念顾颉刚学术论文集》上册，成都：巴蜀书社，1990 年版，第 68 页。

③ 徐中舒：《经今古文问题综论》，《纪念顾颉刚学术论文集》上册，成都：巴蜀书社，1990 年版，第 69 页。

④ 徐中舒：《经今古文问题综论》，《纪念顾颉刚学术论文集》上册，成都：巴蜀书社，1990 年版，第 69 页。

⑤ 张政烺：《〈春秋事语〉解题》，《文物》1977 年第 1 期，第 36 页。

⑥ 唐兰先生观点，参见《座谈长沙马王堆汉墓帛书》，《文物》1974 年第 9 期，第 51 页。

⑦ 罗新慧：《马王堆汉墓帛书〈春秋事语〉与〈左传〉——兼论战国时期的史学观念》，《史学史研究》2009 年第 4 期，第 13 页。

⑧ 李学勤：《〈春秋事语〉与〈左传〉的传流》，李学勤著，傅杰编：《失落的文明》，上海：上海文艺出版社，1997 年版，第 373 页。

刘歆窜改《左传》的赃证”[①]，“完全是他主观臆测之词，没有任何证据”[②]。徐氏批驳刘逢禄的谬误不仅在于“主观妄测，虚构伪证”[③]，而且还说“《左传》是壁中书，这也是极其错误的”[④]，指斥“刘逢禄、龚自珍之徒因为晋梅赜《伪古文尚书》既属伪书，因而断言凡属古文都应归入伪书类中。……就是要把这些是非标准，混淆起来，借以自欺欺人”[⑤]，“缺乏一种严肃的学者态度”[⑥]。和晚清今文经学家的刘歆伪造《左传》说的观点相反，徐氏指出：“哀帝即位之初，刘歆上书请立左氏博士于学官……这是他为提高《左传》学术地位认真负责的正义行为。”[⑦]“及平帝立，王莽秉政，立左氏博士，这也是王莽的阴谋而与刘歆无关。”[⑧]“刘歆与王莽都要求在今文之外再立一个古文博士，目的虽属一致，而用心则显有不同。”[⑨]综上可知，徐氏通过对《左传》流传情况的分析，以坚实的证据批驳了晚清以来今文经学家的刘歆伪造《左传》说的谬说，充分肯定了作为古文一系的《左传》的史料价值，为《左传》学的深入推进奠定了坚实的文献学基础。

徐氏对《左传》之可信的申论及对晚清今文经学家的刘歆伪造《左传》说的批判，得到了学术界的广泛支持。如赵光贤先生于1980年在发表《〈左传〉编撰考》（上）[⑩]一文时，专列“《左传》非刘歆伪作”一节，赵氏分别以《史记》《荀子》《韩非子》《吕氏春秋》《战国策》为证论及司马迁确实见过包括解经部分在内的全本《左传》，“《左传》的编成，

---

① 徐中舒：《经今古文问题综论》，《纪念顾颉刚学术论文集》上册，成都：巴蜀书社，1990年版，第70页。

② 徐中舒：《经今古文问题综论》，《纪念顾颉刚学术论文集》上册，成都：巴蜀书社，1990年版，第70页。

③ 徐中舒：《经今古文问题综论》，《纪念顾颉刚学术论文集》上册，成都：巴蜀书社，1990年版，第70页。

④ 徐中舒：《经今古文问题综论》，《纪念顾颉刚学术论文集》上册，成都：巴蜀书社，1990年版，第70页。

⑤ 徐中舒：《经今古文问题综论》，《纪念顾颉刚学术论文集》上册，成都：巴蜀书社，1990年版，第70页。

⑥ 徐中舒：《经今古文问题综论》，《纪念顾颉刚学术论文集》上册，成都：巴蜀书社，1990年版，第70页。

⑦ 徐中舒：《经今古文问题综论》，《纪念顾颉刚学术论文集》上册，成都：巴蜀书社，1990年版，第69页。

⑧ 徐中舒：《经今古文问题综论》，《纪念顾颉刚学术论文集》上册，成都：巴蜀书社，1990年版，第69页。

⑨ 徐中舒：《经今古文问题综论》，《纪念顾颉刚学术论文集》上册，成都：巴蜀书社，1990年版，第69页。

⑩ 赵光贤：《〈左传〉编撰考》（上），原刊《中国历史文献研究集刊》1980年第1集，收录《古史考辨》，北京：北京师范大学出版社，1987年版，第136—164页。

包括解经部分在内，至晚当在战国末叶以前，否则便不能为荀卿、韩非及吕不韦的门客们所引用”。同时，赵氏将《汉书·五行志》引刘歆说及刘歆所用纪年法与《左传》进行比较后发现，“战国时期《左传》改编者的思想和刘歆的思想是根本不同的”，“《左传》作者有他的春秋长历，刘歆有他的《三统历》，二者不能强合，这是刘歆并未伪造《左传》的铁证”。文中赵氏批判陈槃“为了附会刘歆伪造《左传》之说，竟颠倒其事，硬说《左传》这些话采自《说苑·修文》篇，而《说苑》又采自《荀子》”，批判陈氏“自相矛盾”，“只凭臆断，不要证据”。无独有偶，唐嘉弘先生亦曾批判晚清以来刘歆伪造《左传》说“混淆了一些基本史实，不加详辨，仅据片言只语，以讹传讹”[①]。唐氏在对《左传》传授系统进行全面考察的基础上，对刘歆伪造《左传》说屡屡提出批判：“战国时期，《左传》传授系统，昭昭可辨；而韩非、荀卿、虞卿、公孙固等人所著书中，其引用《左传》之处，内容基本上一致或完全一致。他们全录或删节的迹象，斑斑可考。史实俱在，刘歆何能如此全面的多方伪造历史？”[②]“从战国到西汉，《左传》的传授系统，世次昭然，铁证如山；而古文《左传》又非孤本，如说《左传》乃由刘歆伪造或窜乱，刘歆又怎能以一手掩尽天下人耳目？刘歆又怎能伪造约四百年的一系列假证？”[③]和徐氏以上所论相比较，不难发现，徐、赵、唐三氏对晚清今文经学家杜撰刘歆伪造《左传》说的批判，已形成不少学术上的共识。迄今为止，除极个别学者继续坚持晚清以来今文经学家旧说外，刘歆伪造《左传》说已基本上不为学术界所认可。在长期的学术争鸣过程中，徐氏《左传》之可信的申论及对晚清今文学家的刘歆伪造《左传》说之批判的学术价值亦日渐得到彰显。

二、《左传》经史之争的论点及其与《春秋》《国语》关系的推论

在经学传统下，大多数学者赞同，孔子作《春秋》，左丘明为之传，所引发的《左传》经史之争影响颇为久远。在传统学术的现代转型过程中，徐氏较早建立起新的史学观念，并自觉走上经学史学化的道路。后来，徐氏回忆五四运动后自觉走上新史学之路之初，学术观念发生重大转变：

① 唐嘉弘：《略谈〈左传〉和〈国语〉》，《先秦史新探》，开封：河南大学出版社，1988 年版，第 424 页。

② 唐嘉弘：《略谈〈左传〉和〈国语〉》，《先秦史新探》，开封：河南大学出版社，1988 年版，第 429 页。

③ 唐嘉弘：《略谈〈左传〉和〈国语〉》，《先秦史新探》，开封：河南大学出版社，1988 年版，第 430 页。

> 一九一九年五四运动之后，彻底改革旧中国的思想弥漫全国。……一方面我开始研读清代汉学家的著述，段玉裁、王念孙、孙诒让所著的有关文字训诂的书；一方面我开始学习甲骨钟鼎，读罗振玉、王国维所著的甲骨书籍。[①]

在之后长期的学术实践中，徐氏自觉将六经视为研究中国古代社会的重要史料：

> 六经中不但《尚书》《春秋》是史，就是《易》《礼》《诗》《乐》也是人类社会的记录。……六经就是古代的史料。[②]

在六经皆史观念的影响下，徐氏明确强调："《春秋》和《左传》是史学"[③]，"是中国编年史的鼻祖"[④]。从某种意义讲，徐氏以六经为"古代的史料"的论点，其意义不仅在于试图从根本上解决经学传统下的《左传》经史之争，同时也为新的学术背景下，回归原典《左传》学初步奠定了理论基础。

为进一步考察《左传》与《春秋》两部著作之间的关系，徐氏首先对《春秋》一书的性质进行了深入细致的探讨，并对孔子笔削《春秋》的传统观点提出批判。徐氏以为，"《春秋》原是朝报邸抄一类的原始记录"，"其间并无孔子笔削的痕迹"，司马迁祖述孟子"孔子成《春秋》而乱臣贼子惧"之说，"实不足信"。[⑤]"《春秋》应是鲁史旧文"，"是鲁太史世代相续，按年、时、月、日秉笔登记的档册"，"孔子没后孔门弟子为记念孔子之故，在《春秋》中或记其生年，或记生卒年，以志其尊崇仰慕之诚；《春秋》的流传出自孔门，《春秋》记孔子生卒即应出自孔门弟子之手"。[⑥]《春秋》终于"获麟"或孔子卒（公元前481或479年），"其间尚有六十年的历史还要鲁太史继续编写。孔子哪能取未曾公布的国史遽加笔削？"[⑦]同时，徐氏指出："《论语》载孔子生平言行甚详，其中论《诗经》的最多，对于《春秋》则不见只字。孔子时代《春秋》还是鲁国秘藏

① 徐中舒：《我的思想检查》，《人民川大》1952年7月14日，第四版。
② 徐中舒：《〈左传〉的作者及其成书年代》，《历史教学》1962年第11期，第30页。
③ 徐中舒：《〈左传〉的作者及其成书年代》，《历史教学》1962年第11期，第28页。
④ 徐中舒：《〈左传〉的作者及其成书年代》，《历史教学》1962年第11期，第29页。
⑤ 徐中舒：《〈左传〉的作者及其成书年代》，《历史教学》1962年第11期，第30页。
⑥ 徐中舒：《〈左传〉的作者及其成书年代》，《历史教学》1962年第11期，第30、31页。
⑦ 徐中舒：《〈左传〉的作者及其成书年代》，《历史教学》1962年第11期，第31页。

的国史……孔子就不可能也不必要利用这本秘藏的国史进行笔削。”[①]“《春秋》古文经终于孔子卒……说明《春秋》的流传必在孔子既没古乐沦亡之后。”[②]

在此基础上，徐氏对《春秋》与《左传》的关系作如下推论：

> 《春秋》……前后二百四十余年，都是战国时代的人所见所闻的近现代史。当时所存的重要史料，除了《春秋经》以外，还有大量珍贵的口头文献流传于乐官中，由瞽蒙以传诵的方式保存下来。孔子弟子当鲁国礼坏乐崩、典籍散亡之时，与太史、乐官同时去国，他们从太史接受《春秋》，也从乐官接受这些珍贵的口头文献，这就为《左传》编写准备了必要的条件。[③]

综上可知，徐氏以为，《春秋》是《左传》的重要文献依据之一，并且强调《左传》的编写，“有意识地以《春秋》为纲领，按年编写这个时期的历史”[④]。继徐氏之后，赵光贤先生则从《春秋》《左传》二书“经有传无，或经无传有……到处可见”“《左传》中有很多重要记事，全不见于经”“经与传互相抵牾”“同记一事而文字有不同”等方面推论，“《左传》原系杂采各国史书而成，最初不过是一种史事汇编的性质，并非编年之史，原是一部独立的书，与《春秋》无关”[⑤]的不同论点。显然，徐氏以上有关《左传》与《春秋》之间关系的推论，仍有待学术界继续探讨后方能作出最后论定。与此同时，20 世纪 80 年代以来，《左传》是否为《春秋》之传的论争仍在继续。张素卿[⑥]、赵生群[⑦]等学者继续论证《左传》为《春秋》之传的论点，张、赵二氏的论点亦屡屡受到学者的质疑与批判。[⑧]然值得注意的是，徐氏以上推论，在某种意义上，对于结束经学传统下长达两千余年的《左传》是否为《春秋》之传的论争，具有重要的

① 徐中舒：《〈左传〉的作者及其成书年代》，《历史教学》1962 年第 11 期，第 31 页。
② 徐中舒：《〈左传〉的作者及其成书年代》，《历史教学》1962 年第 11 期，第 32 页。
③ 徐中舒：《〈左传〉的作者及其成书年代》，《历史教学》1962 年第 11 期，第 33 页。
④ 徐中舒：《〈左传〉的作者及其成书年代》，《历史教学》1962 年第 11 期，第 35 页。
⑤ 赵光贤：《〈左传〉编撰考》（上），原刊《中国历史文献研究集刊》1980 年第 1 集，收录《古史考辨》，北京：北京师范大学出版社，1987 年版，第 140 页。
⑥ 张素卿：《解经与叙事——〈左传〉经解研究》，台北：书林出版有限公司，1988 年版。
⑦ 赵生群：《〈春秋〉经传研究》，上海：上海古籍出版社，2000 年版。
⑧ 孙绿怡：《〈左传〉非经之传》，《中华文学通览・先秦卷・文学肇始》，北京：中华书局，1997 年版；雷戈：《史为一家——先秦史家研究之一》，《社会科学研究》1999 年第 6 期，第 107—113 页。

参考价值。

《左传》与《国语》之间的关系问题，也是《左传》学争论的焦点之一和亟待解决的重要问题。司马迁在史记《十二诸侯年表》和《太史公自序》中曾分别言及："鲁君子左丘明惧弟子人人异端，各安其意，失其真，故因孔子史记具论其语，成《左氏春秋》"，"左丘失明，厥有《国语》"，此后学者对《左传》和《国语》的关系问题的争论逐渐展开。赵匡以为，"盖左氏广集诸国之史以释《春秋》，传成之后，盖其家子弟及门人见嘉谋事迹多不入传，或有虽入传，而复不同（为诸国各有史故，虽一事而说各异也）故各随国编之而成此书"[①]；司马光则以为，"丘明将传《春秋》，乃先采集列国之史，国别分之，取其菁英者为《春秋》传"[②]；叶适则以为，"《左氏》合诸国记载成一家之言……而汉魏相传，乃以《左氏》《国语》一人所为，《左氏》雅志未尽，故别著外传"[③]。迄至晚清，康有为更提出刘歆分割《国语》，取其大半，加工伪造成《左传》的"新"观点[④]。康氏"新"论，在学术界一度产生很大影响，崔适[⑤]、钱玄同[⑥]、胡适[⑦]、顾颉刚[⑧]等对康说均表示赞同或支持，与此同时，高本汉[⑨]、卫聚贤[⑩]、冯沅君[⑪]、孙海波[⑫]、童书业[⑬]、杨向奎[⑭]、赵光贤[⑮]、顾立三[⑯]等学者则一致认为，《左传》《国

① （唐）陆淳：《春秋集传纂例》卷一《赵氏损益义》，清武英殿聚珍版丛书本，第 13 页。

② （宋）司马光：《温国文正公文集》卷六十八《述国语》，四部丛刊景宋绍兴本，第 509 页。

③ （宋）叶适：《习学记言序目》卷十二《国语》，北京：中华书局，1977 年版，第 173 页。

④ （清）康有为著，章锡琛点校：《新学伪经考》，北京：古籍出版社，1956 年版，第 87—88 页。

⑤ （清）崔适著，张烈点校：《史记探源》卷四，北京：中华书局，1986 年版，第 70—71 页。

⑥ 钱玄同：《重论经今古文学问题》，《国学季刊》1932 年第 3 卷第 2 期，第 237—314 页。

⑦ 胡适：《左传真伪考的提要与批评》，Bernhard Karlgren（高本汉）：《左传真伪考及其他》，陆侃如译，上海：商务印书馆，1936 年版，第 97—120 页。

⑧ 顾颉刚讲授，刘起釪笔记：《春秋三传及国语之综合研究》，成都：巴蜀书社，1988 年版，第 64—68 、94—107 页。

⑨ Bernhard Karlgren（高本汉）：《左传真伪考及其他》，陆侃如译，上海：商务印书馆，1936 年版。

⑩ 卫聚贤：《〈左传〉之研究》，《国学论丛》1927 年第 1 期，第 189—235 页；卫聚贤：《〈左传〉之研究（续）》，《国学论丛》1927 年第 2 期，第 261—282 页。

⑪ 冯沅君：《论〈左传〉与〈国语〉的异点》，《新月》1928 年第 1 卷第 7 期。

⑫ 孙海波：《〈国语〉真伪考》，《燕京学报》1934 年第 16 期，第 171—195 页。

⑬ 童书业：《〈国语〉与〈左传〉问题后案》，《浙江省立图书馆馆刊》1935 年第 4 卷第 1 期，第 81—95 页。

⑭ 杨向奎：《论〈左传〉之性质及其与〈国语〉之关系》，《史学集刊》1936 年第 2 期，第 41—81 页。

⑮ 赵光贤：《〈左传〉编撰考》（下），原刊《中国历史文献研究集刊》1981 年第 2 集，收录《古史考辨》，北京：北京师范大学出版社，1987 年版，第 165—187 页。

⑯ 顾立三：《〈左传〉与〈国语〉之比较研究》，台北：文史哲出版社，1983 年版。

语》本非一书，决非一书所割裂，康说逐渐被否定。尽管以上学者对《左传》《国语》关系的探讨，较之唐宋以来大大向前推进了一步，然值得注意的是，迄今为止，《左传》与《国语》的关系问题，仍聚讼纷纭，结论相去甚远。诸如有的学者批判徐仁甫“《新国语》五十四篇为刘歆撰《左氏传》所取材”①之观点，“仍乏确证”②；指出有的学者所论《国语》当《春秋》，实即《左氏春秋》，也就是《左传》③；《国语》意即《春秋国语》，兼含《国语》《左传》二书等④，“都需进一步考索澄清”⑤。

徐氏结合文献记载并参证卡瓦族传述本村历史的方法，论及作为一种新的书体的“语”的基本情况：《左传》所依据的文献除了《春秋经》以外，还有由瞽蒙以传诵的方式保存下来的大量珍贵的口头文献。瞽蒙传诵的历史再经后人记录下来就称为语。《春秋》和《语》就是当时各国普遍存在的历史文献。⑥徐氏根据《论语》中的资料推测，“左丘明大约与孔子同时”，“后人以左丘明为孔子弟子，这是没有任何依据的”。⑦徐氏批判韦昭《国语解·叙》以《左传》为《春秋》的内传、而以《国语》为春秋的外传“不很恰当”⑧，但同时强调指出，“《国语》和《左传》是记载春秋时代历史的姊妹篇”，“此两书其中大部分史料都应出于左丘明的传诵”。⑨徐氏赞同瑞典学者高本汉断定两书虽不出于一人之手、而文法最为接近及两书具有密切关系的论断，指出司马迁将两书的作者都归之于左丘明，“在传授的系统上，应该是有根据的”⑩。徐氏对《左传》所依据的文献进行了综合考察，指出：“《国语》中《周语》《鲁语》《晋语》《楚语》，《左传》都有所征引，而引用《晋语》尤多。《左传》引用《国语》，往往经过删节润色，言简而意赅，都有改动迹象可寻，即有所增补，删节也比增补为多。”⑪徐氏以上论断发表之后，随着《春秋事语》的出土，《左传》为刘歆伪造说已基本上为学术界所摈弃，同样，以《左传》仅据

① 徐仁甫：《左传疏证》，成都：四川人民出版社，1981年版，第17页。
② 郭锡非：《〈左传〉争议诸说述评》，《浙江学刊》1992年第1期，第112页。
③ 杨伯峻：《〈左传〉成书年代论述》，原载《文史》第6辑，北京：中华书局，1979年版，收录杨伯峻：《杨伯峻学术论文集》，长沙：岳麓书社，1984年版，第214页。
④ 胡念贻：《〈左传〉的真伪和写作时代问题考辨》，《文史》第11辑，北京：中华书局，1982年版。
⑤ 郭锡非：《〈左传〉争议诸说述评》，《浙江学刊》1992年第1期，第112页。
⑥ 徐中舒：《〈左传〉的作者及其成书年代》，《历史教学》1962年第11期，第34页。
⑦ 徐中舒：《〈左传〉的作者及其成书年代》，《历史教学》1962年第11期，第34页。
⑧ 徐中舒：《〈左传〉的作者及其成书年代》，《历史教学》1962年第11期，第35页。
⑨ 徐中舒：《〈左传〉的作者及其成书年代》，《历史教学》1962年第11期，第35页。
⑩ 徐中舒：《〈左传〉的作者及其成书年代》，《历史教学》1962年第11期，第35页。
⑪ 徐中舒：《〈左传〉的作者及其成书年代》，《历史教学》1962年第11期，第35页。

《国语》成书，将《左传》与《国语》等同的论点，亦“与历史实际抵牾，缺乏说服力”①。尽管有的学者质疑徐中舒曾认为《左传》的史料中有一部分来源于瞽史默诵，一部分来源于“语”体史料：“瞽史来源说来自于礼制记载，并无实证资料”②，但总的来看，较之于唐宋以来，尤其是20世纪30年代以来学术界的种种推断，徐氏对《左传》《国语》关系的论述，则似乎更为贴近历史实际。

还应值得注意的是，1987年夏，湖南慈利石板村发掘的三十六号墓中，一次出土竹简1000件左右（已残断成4371件），初步可以判断这是多本先秦时期的书籍，其中包括可与传世文献对勘的《国语·吴语》《逸周书·大武》《管子·霸形》等。③该墓是一座战国中期前段士一级贵族墓，它对于《国语》《逸周书》的成书年代提供了旁证。有的学者根据慈利楚简资料推断，楚简所出类似“语”的材料，是与《左传》《国语》成书有着密切关系的；《国语》《左传》之流传过程，楚地是一个重要的环节；《国语》《左传》中反映时代差异的文字可能是其流传中传授者将自己的体会和史料补充了进去。④显而易见，以上推论为徐氏《左传》与《国语》关系的论述，增添了强有力的文物资料方面的佐证。

三、《左传》作者与成书年代的探讨

《左传》的作者与成书年代问题是《左传》学研究的关键和基础，也是学术界历来争议最大的问题之一。随着《春秋事语》的出土，晚清以来刘歆伪造《左传》说已基本被否定，但自唐宋以来，有关《左传》作者和成书年代问题的争辩，迄今仍未平息。

自唐代啖助⑤、赵匡⑥师徒对左丘明作《左传》的传统观点质疑，宋代学者王安石、叶梦得、郑樵、陈振孙等从不同角度对该问题继续进行了较为深入的探讨。王应麟《困学纪闻》记载，王安石曾著《左氏解》一

① 唐嘉弘：《略谈〈左传〉和〈国语〉》，《先秦史新探》，开封：河南大学出版社，1988年版，第436页。

② 罗军凤：《走出疑古时代的〈左传〉学研究——近三十年来〈左传〉研究述评》，《文学前沿》第12辑，北京：学苑出版社，2007年版，第260页。

③ 湖南省文物考古研究所、慈利县文物保护管理研究所：《湖南慈利石板村36号战国墓发掘简报》，《文物》1990年第10期，第37—47页；湖南省文物考古研究所、慈利县文物保护管理研究所：《湖南慈利县石板村战国墓》，《考古学报》1995年第2期，第173—207页。

④ 张铮：《湖南慈利出土楚简内容辨析》，《求索》2007年第6期，第212—213、188页。

⑤ （唐）陆淳：《春秋集传纂例》卷一《三传得失义》，清武英殿聚珍版丛书本，第4页。

⑥ （唐）陆淳：《春秋集传纂例》卷一《赵氏损益义》，清武英殿聚珍版丛书本，第11页。

卷，“王介甫疑左氏为六国时人者十一事”[①]。叶梦得称：“以左氏为丘明，自司马迁失之也”[②]，以为该书“杂见于秦孝公以后事甚多，殆战国周秦间人无疑也”[③]。此后，郑樵亦列举了八条证据阐述了左氏为六国时楚人的观点。[④]陈振孙则疑《左传》作者“非孔子所称左丘明，别自是一人为史官者”[⑤]。迄至清代，姚鼐也更提出颇具影响的看法：“《左氏》之书，非出一人所成。自左丘明作传以授曾申，申传吴起，起传其子期，期传楚人铎椒，椒传赵人虞卿，虞卿传荀卿。盖后人屡有附益，其为丘明说经之旧。及为后所益者，今不知孰为多寡矣。余考其书，于魏氏事造饰尤甚，窃以为吴起为之者盖尤多。”[⑥]崔述则以为，《左传》“作书之时，上距定、哀未远，亦不得以为战国后人也”[⑦]。尤其是《左传》作者为战国初吴起的说法一经姚鼐提出，很快就引起了学术界的高度重视。之后，章太炎[⑧]、钱穆[⑨]、郭沫若[⑩]、童书业[⑪]等都均赞同姚鼐的说法，并不断加以发挥。有的学者指出，有些学者“错误理解了姚鼐的意思。姚氏《左氏补注序》说《左传》一书屡有后人附益……并未说吴起为《左传》作者”[⑫]。总之，在我们今天看来，吴起著《左传》说虽有一些合理之处，但终因缺乏更直接的证据而难成定论。此外，卫聚贤[⑬]以为《左传》的作者为子夏，赵光

---

① （宋）王应麟著，（清）翁元圻辑注，孙海通点校：《困学纪闻注》卷6《左氏》，北京：中华书局，2016年版，第857页。

② （宋）叶梦得：《春秋考》卷三《统论》，文渊阁《四库全书》第149册，上海：上海古籍出版社，1987年版，第292页。

③ （宋）叶梦得：《春秋考》卷三《统论》，文渊阁《四库全书》第149册，上海：上海古籍出版社，1987年版，第292页。

④ （宋）郑樵：《六经奥论》卷四《春秋经》，文渊阁《四库全书》第184册，上海：上海古籍出版社，1987年版，第92—93页。

⑤ （宋）陈振孙：《直斋书录解题》卷三《春秋类》，文渊阁《四库全书》，第674册，上海：上海古籍出版社，1987年版，第559页。

⑥ （清）姚惜抱：《姚姬传全集》上卷三《左传补注序》，上海：中央书店，1935年版，第12页。

⑦ （清）崔述：《洙泗考信余录》卷三《左子》，《丛书集成初编》144册，上海：商务印书馆，1937年版，第51页。

⑧ （清）章太炎：《春秋左传读》，《章太炎全集》（二），上海：上海人民出版社，1982年版，第59页。

⑨ 钱穆：《先秦诸子系年》，《先秦诸子系年考辨》卷二《吴起传左氏春秋考》，北京：商务印书馆，2005年版，第177—180页。

⑩ 《郭沫若全集·历史编》第一卷《青铜时代》，北京：人民出版社，1982年版，第531页。

⑪ 童书业：《春秋左传研究》，上海：上海人民出版社，1980年版，第351—352页。

⑫ 罗军凤：《走出疑古时代的〈左传〉学研究——近三十年来〈左传〉研究述评》，《文学前沿》第12辑，北京：学苑出版社，2007年版，第257页。

⑬ 卫聚贤：《〈左传〉之研究》，《国学论丛》1927年第1期，第189—235页；卫聚贤：《〈左传〉之研究（续）》，《国学论丛》1927年第2期，第261—282页。

贤则以为《左传》的作者为孔门后学[1]，胡念贻则以为《左传》作者为春秋末人[2]。王和以为《左传》原为纪事本末体，经后代经师改编为编年体，解经语、解传语及解解传语等均于战国时被经师加入《左传》原本，并推定《左传》的成书年代在公元前375年—前360年之间。[3]总之，学术界对《左传》作者和成书年代的争论，迄今仍众说纷纭，未相统一。

徐中舒注意到《春秋》用周正，《左传》用夏正，并据此推测，“可以提供这样繁富资料的国家，当时只有三晋的魏国最有可能”[4]。徐氏据出自魏襄王墓的汲冢书《师春》卷“全录《左传》卜、筮事，无一字之异”，推测魏襄王时《左传》不仅已经成书，而且已在魏国流行了。[5]徐氏综合《韩非子》《史记》等记载，推断《春秋》传自子夏，应是战国以来孔门相沿的旧说，《左传》可能就是子夏门下编写成书的。[6]徐氏根据《左传》“郑先卫亡”的预言推断，郑亡于公元前375年，郑亡是验词，因此，《左传》成书就不能早于次年；又从《左传》断言“秦不复东征”未验推测，《左传》成书不能晚于公元前351年赵、魏漳水之盟。[7]根据以上推断，徐氏推论，《左传》就是魏国霸业鼎盛时代的作品，《左传》的作者可能就是子夏一再传弟子。[8]从中国学术史的视角看，徐氏关于《左传》作者与成书年代的推论，实不失为一种较为合理的假说。目前，学术界认为，《左传》成书年代的推定，必须找到《左传》中具有普遍意义的材料。[9]就目前学术界已有研究成果看，现有的文献资料经历代学者勾沉索隐，已发掘殆尽，要考辨《左传》作者与成书年代问题，还当另辟蹊径[10]，但徐氏对《左传》作者与成书年代探讨的学术价值，也在长期的学术争鸣中进一步得到彰显。

---

① 赵光贤：《〈左传〉编撰考》下，《中国历史文献研究集刊》1981年第2集，收录《古史考辨》，北京：北京师范大学出版社，1987年版，第165—187页。

② 胡念贻：《〈左传〉的真伪和写作时代问题考辨》，《文史》第11辑，北京：中华书局，1982年版。

③ 王和：《〈左传〉的成书年代与编纂过程》，《中国史研究》2003年第4期，第44页。

④ 徐中舒：《〈左传〉的作者及其成书年代》，《历史教学》1962年第11期，第36页。

⑤ 徐中舒：《〈左传〉的作者及其成书年代》，《历史教学》1962年第11期，第36页。

⑥ 徐中舒：《〈左传〉的作者及其成书年代》，《历史教学》1962年第11期，第36页。

⑦ 徐中舒：《〈左传〉的作者及其成书年代》，《历史教学》1962年第11期，第37页。

⑧ 徐中舒：《〈左传〉的作者及其成书年代》，《历史教学》1962年第11期，第38页。

⑨ 罗军凤：《走出疑古时代的〈左传〉学研究——近三十年来〈左传〉研究述评》，《文学前沿》第12辑，北京：学苑出版社，2007年版，第259页。

⑩ 邬锡非：《〈左传〉争议诸说述评》，《浙江学刊》1992年第1期，第111页。

第三节　《战国策》考辨与苏秦史事考订

《战国策》是一部学术界公认的优秀文学作品和难得的史学著作。徐中舒先生在前人已有研究成果的基础上，对《战国策》成书过程、资料来源和版本流传进行了更加系统的考察，并在此基础上对《战国策》《史记·苏秦列传》所记苏秦年代和史事进行了缜密的考订，从纷繁复杂的错乱记载中，“澄滤”而出部分真实可信的史料，从而为战国史研究提供更为坚实可靠的研究材料。在新的学术背景下，学术界对徐氏苏秦年代和史事考订的质疑与辩难，在某种意义上，有助于学术界更加冷静理性地审视《战国策》、《史记·苏秦列传》及帛书《战国纵横家书》的史料价值，然部分学者在缺乏证据的前提下，无中生有，厚诬前贤的倾向则同样应引起学术界的关注和重视。在新的学术背景下，徐氏对《战国策》的考辨和对苏秦史事的考订，由于具有更多科学理性的因素，因而仍有卓越的学术价值。

中国史学家早已注意到，《战国策》“书中诸文，有史事实录，亦有夸饰之辞，甚至有托谕之言，虚构之事”，“世人往往诵其华辞，误伪为真，认虚为实，积非成是，莫之或悟”。①由于《战国策》存在诸如以上所论一系列颇为复杂的问题，徐中舒极重视对该书进行深入系统的考辨，并在此基础上对古代文献所记苏秦史事进行了深入细致的考订，廓清了重重迷雾，正本清源，提出一系列独到的见解，为战国史研究奠定了坚实的文献和史料基础。

一、《战国策》编写、流传过程的考察及史料价值的分析

《战国策》成书时间至迟不晚于《史记》成书之前，因为《战国策》是司马迁编撰《史记》的重要参考文献之一。《史记》三家注“序”说得很清楚，兹举证如下：

> 《史记集解序》：“司马迁据《左氏》《国语》，采《世本》《战国策》，述《楚汉春秋》，接其后事，讫于天汉。”②

---

① 缪钺：《战国策考辨序》，缪文远：《战国策考辨》，北京：中华书局，1984年版，第1页。

② （南朝宋）裴骃：《史记集解序》，（汉）司马迁：《史记》第10册，北京：中华书局，1959年版，第1页。

《史记索隐序》："(司马迁)始变《左氏》之体，而年载悠邈，简册阙遗，勒成一家，其勤至矣。又其属稿先据《左氏》《国语》《系本》《战国策》《楚汉春秋》及诸子百家之书，而后贯穿经传，驰骋古今，错综檃括，各使成一国一家之事。"[①]

《史记正义序》："(司马迁)绍太史，继《春秋》，括文鲁史而包《左氏》《国语》，采《世本》《战国策》而摭《楚汉春秋》，贯紬经传，旁搜史子，上起轩辕，下既天汉。"[②]

以上三段文字，内容大体一致。值得注意的是，三家注"序"的作者均强调《战国策》是司马迁《史记》的重要史料来源之一。与此同时，还应注意的是，《史记索隐序》的作者司马贞对裴骃《史记集解序》中的《战国策》一书，又继续进一步作补充解释："《战国策》，高诱云六国时纵横之说也，一曰《短长书》，亦曰《国事》，刘向撰为三十三篇，名曰《战国策》。案：此是班固取其后名而书之，非迁时已名《战国策》也。"[③]诚如司马贞所言，《史记·苏秦列传》《史记·张仪列传》等篇转述《战国策》文字，比比皆是，这充分说明，迄司马迁所处时代，《战国策》虽然为《史记》的重要资料来源，但《史记》一书中却并未见到《战国策》书名，一直到刘向整理图书时，方发现此前"国策"的不同版本。刘氏《书录》中言及："所校中《战国策》书，中书余卷，错乱相糅莒。又有国别者八篇，少不足，臣向因国别者，略以时次之，分别不以序者以相补，除复重，得三十三篇。"[④]综上可知，《战国策》的流传与写定，经历了颇为漫长的过程。

综上所述，《战国策》编写和流传呈现出长期性和复杂性等鲜明的特点。长期以来，学术界对该书的成书过程，从总体上看缺乏科学的认识，这就大大制约了对该书史料价值的判断。诸如民国以前的《战国策》研究仅仅局限于校雠、辑注、文字注释、地名考释、编年整理等方面。清代学者牟庭始倡"《战国策》即蒯通所作八十一首"[⑤]之说，并以为《战国

① (唐)司马贞：《史记索隐序》，(汉)司马迁：《史记》第10册，北京：中华书局，1959年版，第7页。

② (唐)张守节：《史记正义序》，(汉)司马迁：《史记》第10册，北京：中华书局，1959年版，第11页。

③ (南朝宋)裴骃：《史记集解序》，(汉)司马迁：《史记》第10册，北京：中华书局，1959年版，第2页。

④ (西汉)刘向集录：《战国策》下册，《刘向书录》，上海：上海古籍出版社，1998年版，第1195页。

⑤ (清)牟庭：《战国策考》，《雪泥书屋杂志》卷二，清咸丰安吉官署刻本，第15页。

策》三十三篇乃“刘向校中书余卷，错乱相糅，因除去四十八首”[①]而成。民国时期罗根泽先生发挥牟氏论点，与此同时，罗氏“所谓‘八十一首’者……必为论述战国权变之书，与《战国策》性质全同”[②]及《战国策》“作始于蒯通，重订于刘向”[③]等观点由于证据不足，不久即受到学术界的批判。齐思和举证《战国策》一书中之抵牾、重复、错乱、淆杂现象，以证该书“非一人之书”，其中所载游客之说，“多出于纵横家之揣拟”。[④]齐氏指出：“是书大抵汇集自战国末年至汉初时期关于六国时之杂事与夫说士之谈论而成者”，“至刘向始合为一编耳”。[⑤]张心澄亦力陈“《蒯子》非《战国策》”[⑥]、“长短说及论权变非只蒯通一人”[⑦]、“《战国策》所包者不只长短说”[⑧]等论，并以为《战国策》之来源应包括“辩学”“历史”“百家杂说”等资料[⑨]，该书“乃向就原有之资料而总其成也”[⑩]。齐、张诸氏的以上论点，引起学术界的普遍关注。从学术史的角度而论，齐、张诸氏关于《战国策》成书、编撰过程和资料来源的分析，为《战国策》研究奠定了较为坚实的文献学基础，并对徐氏《战国策》编写、流传过程的分析和史料价值的判断产生了重要的影响。

在齐、张诸氏研究基础上，徐中舒先生详细考察了《战国策》的编写过程。徐氏首先从文字学角度对“策”的语义进行了深入的分析：“策古通作册，册为原始的象形字，策为后起的形声字。”[⑪]徐氏由甲骨文、金文和小篆“册”字“均象竹简一长一短中有二编相系联之形”推论：“古代书册，一长一短为册，册、策字同，长短即指策言。”[⑫]徐氏强调，“《战国策》是先秦遗书，在汉代还保存了古代官府文书一长一短的形式，所以又称为《长短书》”[⑬]，其综合大量历史信息较早论及《战国策》一书的性质：“此书出于战国、秦、汉间，是当时游说之士世代传习、随时

① （清）牟庭：《战国策考》，《雪泥书屋杂志》卷二，清咸丰安吉官署刻本，第 15 页。
② 罗根泽：《战国策作于蒯通考》，《学文》1931 年第 1 卷第 4 期，第 10 页。
③ 罗根泽：《战国策作于蒯通考》，《学文》1931 年第 1 卷第 4 期，第 13 页。
④ 齐思和：《战国策著作时代考》，《燕京学报》1948 年第 34 期，第 267、269 页。
⑤ 齐思和：《战国策著作时代考》，《燕京学报》1948 年第 34 期，第 274 页。
⑥ 张心澂：《伪书通考》，上海：上海书店出版社，1998 年版，第 537 页。
⑦ 张心澂：《伪书通考》，上海：上海书店出版社，1998 年版，第 538 页。
⑧ 张心澂：《伪书通考》，上海：上海书店出版社，1998 年版，第 540 页。
⑨ 张心澂：《伪书通考》，上海：上海书店出版社，1998 年版，第 543 页。
⑩ 张心澂：《伪书通考》，上海：上海书店出版社，1998 年版，第 542 页。
⑪ 徐中舒：《论〈战国策〉的编写及有关苏秦诸问题》，《历史研究》1964 年第 1 期，第 134 页。
⑫ 徐中舒：《论〈战国策〉的编写及有关苏秦诸问题》，《历史研究》1964 年第 1 期，第 134、133 页。
⑬ 徐中舒：《论〈战国策〉的编写及有关苏秦诸问题》，《历史研究》1964 年第 1 期，第 134 页。

增益和编录的总集”①，“是战国时代游士必须简练揣摩的典籍”②。徐氏注意到《韩非子·说林》和《储说》中有许多说词，“互见于《国策》，还有些大同小异的故事”③，《储说》“还在说词之外作了提纲式的简目，称之为经”④，由此得出结论：“韩非对于这些资料的积储和编写，也就是《国策》成书和流传的具体说明。”⑤相比之下，不难发现，徐氏的以上卓越见解，与齐思和“《国策》又有小章短记，多与《韩非子》相同，其中多盖据同一材料。然亦有义不涉乎从横，旨皆关乎法术，显为抄自《韩非子》，而非《韩非子》抄自《国策》者”⑥的论断，旨趣颇为一致，而视角更为精细，表述更为准确。徐氏指出，现存来源复杂的《战国策》“是经过西汉时代刘向校录的”⑦，与此同时，中秘以外的民间流传写本，“仍当不少”⑧。徐氏推测，宋代士大夫或馆阁诸公的家藏本，“可能有出于刘向编录以外的民间传本”⑨。徐氏指出，南宋姚本《战国策》“是传世最好的版本”⑩，并强调此书虽经过曾巩、姚宏、吴师道以及清代许多学者的校订，“存在的问题还是不少”⑪。徐氏在对《战国策》资料来源、成书和版本流传进行缜密考察的基础上，清晰地发现：“《国策》的成书和流传的版本，存在这样一大堆问题，我们要利用这些资料，就必须慎重的考虑了。”⑫

在对《战国策》成书过程、资料来源和版本流传进行缜密考察的基础上，徐氏对《战国策》史料价值进行了科学分析。徐氏首先充分肯定：“战国时代最基本的史料是《战国策》”⑬，“在古代史料匮乏的时代，有时片言只字，也是非常可贵的记录”⑭，与此同时，徐氏亦强调指出：“(《战国策》)中所保存的史料，也有不尽可信的。”⑮诸如其注意到《战

① 徐中舒：《论〈战国策〉的编写及有关苏秦诸问题》，《历史研究》1964年第1期，第133页。
② 徐中舒：《论〈战国策〉的编写及有关苏秦诸问题》，《历史研究》1964年第1期，第133页。
③ 徐中舒：《论〈战国策〉的编写及有关苏秦诸问题》，《历史研究》1964年第1期，第133页。
④ 徐中舒：《论〈战国策〉的编写及有关苏秦诸问题》，《历史研究》1964年第1期，第133页。
⑤ 徐中舒：《论〈战国策〉的编写及有关苏秦诸问题》，《历史研究》1964年第1期，第133页。
⑥ 齐思和：《战国策著作时代考》，《燕京学报》1948年第34期，第266页。
⑦ 徐中舒：《论〈战国策〉的编写及有关苏秦诸问题》，《历史研究》1964年第1期，第134页。
⑧ 徐中舒：《论〈战国策〉的编写及有关苏秦诸问题》，《历史研究》1964年第1期，第135页。
⑨ 徐中舒：《论〈战国策〉的编写及有关苏秦诸问题》，《历史研究》1964年第1期，第135页。
⑩ 徐中舒：《论〈战国策〉的编写及有关苏秦诸问题》，《历史研究》1964年第1期，第135页。
⑪ 徐中舒：《论〈战国策〉的编写及有关苏秦诸问题》，《历史研究》1964年第1期，第135页。
⑫ 徐中舒：《论〈战国策〉的编写及有关苏秦诸问题》，《历史研究》1964年第1期，第135页。
⑬ 徐中舒：《论〈战国策〉的编写及有关苏秦诸问题》，《历史研究》1964年第1期，第133页。
⑭ 徐中舒：《论〈战国策〉的编写及有关苏秦诸问题》，《历史研究》1964年第1期，第133页。
⑮ 徐中舒：《论〈战国策〉的编写及有关苏秦诸问题》，《历史研究》1964年第1期，第133页。

国策》和《韩非子》编写的不同："《说林》和《储说》出自韩非一人之手，选材较严，比较可信；《国策》是游说之士在递相传受中随时编录的总集，来源不一，其中又杂有从横说士悬梁刺股、简练揣摩的拟说、拟作。"①他认为，《战国策》中的试说"不是事实"②，"都是虚构的拟议之词……并非实有其事"③。徐氏特别强调："苏秦、张仪以合从连横说六国，更是系统的夸张的拟作，按其情事大率与当时历史条件无一相合。"④因此，徐氏主张对游说之士递相传习保存下来的战国时期的历史予以彻底的澄清：

> 战国时的历史，既赖当时游说之士递相传习而保存至今，但这些游说之士为达到其游说目的，对于当时的历史不惜加以杜撰和窜改，也造成这个时期历史不少的错乱。这些错乱的历史，流传二千余年还没有得到彻底的澄清。⑤

从以上论述中不难看出，在对《战国策》成书过程、资料来源和版本流传考察的基础上，徐氏对《战国策》一书的史料价值并非采取不加分析一味全信的态度，而是更加注意对《战国策》所记错乱的历史予以"彻底的澄清"。值得注意的是，徐氏所说的"彻底的澄清"，也并非意味着全盘否定该书的史料价值，而是在"行将湮灭"的真伪混杂的大量史料中，"鉴裁"出哪些是"本事"，哪些是"出于后人附会"，还历史事实以本来的面目。由此可见，徐氏对《战国策》的考辨，并非如有的学者所言，"尚未充分意识到秦、汉之际学术层累的现象"⑥，唯和传统的"层累"说所不同的是，徐氏更加注意对《战国策》编写过程、资料来源和版本流传的宏观考察，对《战国策》这一"战国时代的基本史料"采取当信则信、当疑则疑、"分别看待"的更为理性的科学态度，通过缜密的考订，逐步恢复《战国策》所记错乱历史的本来面貌。从中国学术史的视角不难看出，徐氏对《战国策》的考订，大大改变了明清以迄新史学兴起以来，

① 徐中舒：《论〈战国策〉的编写及有关苏秦诸问题》，《历史研究》1964年第1期，第133—134页。
② 徐中舒：《论〈战国策〉的编写及有关苏秦诸问题》，《历史研究》1964年第1期，第134页。
③ 徐中舒：《论〈战国策〉的编写及有关苏秦诸问题》，《历史研究》1964年第1期，第134页。
④ 徐中舒：《论〈战国策〉的编写及有关苏秦诸问题》，《历史研究》1964年第1期，第134页。
⑤ 徐中舒：《论〈战国策〉的编写及有关苏秦诸问题》，《历史研究》1964年第1期，第150页。
⑥ 赵鹏团：《从秦汉学术的层累现象看苏秦事迹真伪的考订》，《宁夏社会科学》2013年第4期，第113页。

《战国策》研究视野窄、起点低的总体状况，加速了《战国策》整体研究格局的新变和研究水平的提高。

二、苏秦年代和史事考订的学术价值

早在20世纪50年代，徐氏就注意到："《史记》苏秦、张仪传及《战国策》所载苏秦、张仪以合纵连衡游说列国之君则全非事实。"[①]之后，在对《战国策》编写过程、资料来源和版本流传等文献信息考辨的基础上，徐氏重点考订了《战国策》所记苏秦史事的一系列讹误。徐氏反复强调，苏秦是"箭垛式"的人物：

> 苏秦、张仪是战国时代合从连横说的箭垛式人物，战国时代凡有关合从连横的说词，往往都附会为他们的事迹而流传下来。司马迁为苏秦、张仪作传，虽然连篇累牍地罗列许多游说之词，他知道其中年代错牾，有许多都不是信史。[②]
>
> 苏秦是战国晚期合从说的箭垛式人物，关于他的传说，是跟着战国时代合纵连横的形势而有所发展的。[③]
>
> 苏秦是合从说的箭垛式人物，凡有关苏秦的故事和传说，在战国、秦、汉间的漫长时期中，还在不断的塑造中，迄至司马迁作《史记·苏秦传》时，苏秦传说始凝成定型。……同时，凡有关合从的传说与拟作，附会为苏秦的事迹，有的被涂改了，有的还保存着原状，纷然淆乱，也就不容易辨别清楚了。[④]

徐亮工教授指出，徐氏反复讲"箭垛式的人物"，"都用的是层累的造成古史说"。[⑤]然而，徐氏对《战国策》《史记·苏秦列传》所记有关苏秦传说从发生到"凝成定型"过程的分析，在一定意义上却又和"层累"说的学术旨趣，仍有不小的差异。徐氏指出："有关苏秦传说，既非全属信史，也非全属虚构。"[⑥]在此学术思想主导下，徐氏充分利用相关文献资

① 徐中舒、何孝达：《战国初期魏齐的争霸及列国间合纵连衡的开始》，《四川大学学报（社会科学版）》1956年第2期，第58页。
② 徐中舒：《论〈战国策〉的编写及有关苏秦诸问题》，《历史研究》1964年第1期，第135页。
③ 徐中舒：《论〈战国策〉的编写及有关苏秦诸问题》，《历史研究》1964年第1期，第138页。
④ 徐中舒：《论〈战国策〉的编写及有关苏秦诸问题》，《历史研究》1964年第1期，第141页。
⑤ 徐亮工：《学术如积薪，后来者居上——答天健文史社同学问》，《纪念徐中舒先生诞辰110周年国际学术研讨会论文集》，成都：巴蜀书社，2010年版，第510页。
⑥ 徐中舒：《论〈战国策〉的编写及有关苏秦诸问题》，《历史研究》1964年第1期，第137页。

料对《战国策》《史记·苏秦列传》有关苏秦记载的年代和史事进行更加缜密地“鉴别”。

徐氏强调指出：“苏秦年代错乱是一个比较复杂的问题。”[①]徐氏结合春秋、战国时期君臣关系推论，“苏秦以反间致死，是当时人公认为最羞恶的事。因此，苏秦的事迹，就逐渐的被人遗忘了。正因为他的事迹逐渐的被人遗忘，他才能够成为箭垛式的人物。他还有一些未曾被人遗忘干净的事迹，当秦灭六国的前夕，又符合于当时合从说者的需要，于是这些合从说者就根据这些事迹来塑造一个他们所想像的人物。苏秦的死距离秦灭六国前夕应有相当的时距，时间久了，他的事迹可能就被遗忘干净，时间近了，他的事迹彰彰在人耳目，就不能随意塑造”。[②]徐氏举证，《吕氏春秋·知度篇》说“宋用唐鞅、齐用苏秦，而天下知其亡”，是《吕氏春秋》作者“见闻所及的历史”[③]，苏秦始终为燕反齐，“这都是《史记·苏秦传》未曾传世以前西汉人所传的历史，应当也是可信的”[④]；又据《竹书纪年》等文献推论，“苏秦以合从说六国，本无信史价值，但是这些拟作，也不必全属虚构”[⑤]，“苏秦以合从说燕文侯，苏秦及见燕文侯也不必是全无依据之谈”[⑥]。与此同时，徐氏指出，苏秦在齐时间较久，在赵与奉阳君李兑关系最密，他往来周、秦、魏之间，遍事三晋大吏，与楚关系较疏，“《楚策》所载苏秦之事大致都不可信”[⑦]。齐闵王时代，齐、楚关系不好，“苏秦在楚封武贞君，在燕封武安君都没有信史价值”[⑧]。由此可见，徐氏对《战国策》《史记》等文献所载有关苏秦的传说，采取了颇为谨慎、区别对待的态度，从纷繁复杂的错乱记载中，“澄滤”出部分真实可信的史料，从而为战国史研究提供更为坚实可信的研究材料。

徐氏由《孟子》和《竹书纪年》不载苏秦事迹推测：“苏秦在《孟子》或《纪年》成书时代，还是一个默默无闻的人；不然，像传说中苏秦、张仪两人的事迹，相反相成，在同时人的著作，岂有只见张仪而不见

---

① 徐中舒：《论〈战国策〉的编写及有关苏秦诸问题》，《历史研究》1964年第1期，第136页。

② 徐中舒：《论〈战国策〉的编写及有关苏秦诸问题》，《历史研究》1964年第1期，第136—137页。

③ 徐中舒：《论〈战国策〉的编写及有关苏秦诸问题》，《历史研究》1964年第1期，第137页。

④ 徐中舒：《论〈战国策〉的编写及有关苏秦诸问题》，《历史研究》1964年第1期，第137页。

⑤ 徐中舒：《论〈战国策〉的编写及有关苏秦诸问题》，《历史研究》1964年第1期，第143页。

⑥ 徐中舒：《论〈战国策〉的编写及有关苏秦诸问题》，《历史研究》1964年第1期，第144页。

⑦ 徐中舒：《论〈战国策〉的编写及有关苏秦诸问题》，《历史研究》1964年第1期，第137页。

⑧ 徐中舒：《论〈战国策〉的编写及有关苏秦诸问题》，《历史研究》1964年第1期，第137页。

苏秦的道理呢！”[①]在《战国纵横家书》出土之前，徐氏这一推测尽管采用的仅仅是一种默证，但迄今看来，这一质疑仍然是颇有道理的。由此，徐氏推测，“苏秦的年辈比张仪晚”[②]。而《史记》言苏秦死于张仪之前，则是由于上了“反对合从说者虚构的拟作”[③]之当。徐氏结合《韩非子》《吕氏春秋》等先秦时期的文献，推定“苏秦、苏代在历史上出现，始于燕王哙时代”[④]，“苏秦之死……应在齐闵王时代”[⑤]。徐氏将战国时期250年间的历史划分为五个时期，指出：“战国时代合从连横之说，只存在于后三期中。在这三个时期中，合从连横都各有其不同的内容”[⑥]，主张“应当根据各个不同时期的历史内容及各书记载的差异，加以校订”[⑦]。徐氏举证《战国策》中15条材料，发现“苏秦事迹屡被删改”[⑧]之迹：“其初为合从说者讳学其术，所以凡属苏秦的说词，在《国策》中往往将苏秦之名删去。及苏秦传说由为燕合从反齐转化为合从对秦时，在年代方面就不能不作一系列的修改。……《史记·六国年表》及《秦本纪》、《六国世家》所载燕、齐、魏年代世次的错乱，也应与苏秦事迹一再删改修订有关。《国策》成书较早，有关苏秦传说尚未凝成定型，所以有关苏秦的记录，还未涂改干净。《史记》成书较后，苏秦卒年提早到燕王哙既死之时，因此苏秦在燕王哙死后之事，在《史记》中就不能不被涂改为苏代或苏厉了。同时，凡有关合从的传说与拟作，附会为苏秦的事迹，有的被涂改了，有的还保存着原状，纷然淆乱，也就不容易辨别清楚了。”[⑨]

应该强调的是，徐氏考订《战国策》编写过程、资料来源、版本流传及订正《战国策》所记苏秦史事错乱之时，虽然有了《古本竹书纪年》及对于本书有了正确认识的有利条件，但长沙马王堆三号汉墓尚未进行科学发掘、《战国纵横家书》尚未问世，学术界对《战国策》的研究，从总体上仍呈现出相对沉寂的局面，因而，徐氏对《战国策》的整体研究及对苏秦史事的缜密考订，在当时的学术背景下，显然具有重要的开拓性与前瞻

① 徐中舒：《论〈战国策〉的编写及有关苏秦诸问题》，《历史研究》1964年第1期，第136页。
② 徐中舒：《论〈战国策〉的编写及有关苏秦诸问题》，《历史研究》1964年第1期，第135页。
③ 徐中舒：《论〈战国策〉的编写及有关苏秦诸问题》，《历史研究》1964年第1期，第136页。
④ 徐中舒：《论〈战国策〉的编写及有关苏秦诸问题》，《历史研究》1964年第1期，第137页。
⑤ 徐中舒：《论〈战国策〉的编写及有关苏秦诸问题》，《历史研究》1964年第1期，第137页。
⑥ 徐中舒：《论〈战国策〉的编写及有关苏秦诸问题》，《历史研究》1964年第1期，第139页。
⑦ 徐中舒：《论〈战国策〉的编写及有关苏秦诸问题》，《历史研究》1964年第1期，第139页。
⑧ 徐中舒：《论〈战国策〉的编写及有关苏秦诸问题》，《历史研究》1964年第1期，第141页。
⑨ 徐中舒：《论〈战国策〉的编写及有关苏秦诸问题》，《历史研究》1964年第1期，第141页。

性。1973 年长沙马王堆三号汉墓出土帛书《战国纵横家书》，其中十一章的内容与《战国策》和《史记》的文字大体相同。唐兰先生指出，帛书十四章“属于苏秦的真实史料”，“几乎可以说是当时的第一手资料”。①学者们指出，由于《战国纵横家书》的发现，杨宽、徐中舒等学者所推断的苏秦的年代在张仪之后的问题“已经得到证实”②。另有学者指出，这部帛书资料的发现，为杨宽、徐中舒关于“苏秦的主要活动是在齐湣王统治齐国的时期，他和孟尝君田文、奉阳君李兑、穰侯魏冉、韩珉、周最等人同时参加合纵连横的活动”的看法找到了“有力证据”。③综上可见，徐氏对《战国策》《史记》等文献所记苏秦年代的错乱与史事讹误的订正，对于战国史的研究是有重要价值的。

三、对苏秦史事的新考订及来自学术界的质疑与辩难

继上揭《论〈战国策〉的编写及有关苏秦诸问题》一文之后，徐氏并未停止对《战国策》及苏秦史事的考订工作。据徐亮工先生编写《徐中舒先生生平编年（未定稿）》所记，1971 年 7 月 20 日，徐氏向四川大学历史系革委会所提交的一份报告中提到，其过去所作的工作，大约可分为四个方面，其中古文献方面，列举有“《战国策》校注”和“有关《战国策》诸问题”两条，其中后一条言及“赵策赵武灵王胡服骑射完全是战国策士模拟《商君书》之作”。④显然，这一认识，应该是徐氏继《论〈战国策〉的编写及有关苏秦诸问题》一文之后的新发现。《徐中舒先生生平编年（未定稿）》还提到 1976 年“本年初，先生撰‘孔子作春秋辨’。上半年，先生撰文寄给北京《考古学报》编辑部。8 月 6 日，夏鼐先生致先生函，谈该文的发表事宜”⑤。徐亮工先生注曰：“以上两文终未发表，具体原因不清。据先生本年 7 月 8 日家信，交《考古学报》文应为‘苏秦

① 唐兰：《司马迁所没有见过的珍贵史料》，马王堆汉墓帛书整理小组编：《马王堆汉墓帛书·战国纵横家书》，北京：文物出版社，1976 年版，第 128 页。

② 唐兰：《司马迁所没有见过的珍贵史料》，马王堆汉墓帛书整理小组编：《马王堆汉墓帛书·战国纵横家书》，北京：文物出版社，1976 年版，第 130 页。

③ 杨宽：《马王堆帛书〈战国纵横家书〉的史料价值》，马王堆汉墓帛书整理小组编：《马王堆汉墓帛书·战国纵横家书》，北京：文物出版社，1976 年版，第 165 页。

④ 徐亮工：《徐中舒先生生平编年（未定稿）》，四川联合大学历史系主编：《徐中舒先生百年诞辰纪念文集》，成都：巴蜀书社，1998 年版，第 361 页。

⑤ 徐亮工：《徐中舒先生生平编年（未定稿）》，四川联合大学历史系主编：《徐中舒先生百年诞辰纪念文集》，成都：巴蜀书社，1998 年版，第 363 页。

史迹新证'。"[1]根据以上信息可以推知，"苏秦史迹新证"一文系在长沙马王堆三号汉墓帛书《战国纵横家书》刚刚发布不久所作，即称"新证"，或徐氏已经关注乃至注意到自觉运用新材料，重新审视苏秦史事问题。惜该文迄今未向学术界公布，徐氏有关苏秦史事问题的若干新发现，不得而知。非常遗憾的是，因先生年迈多病，天津古籍出版社 2008 年出版的《徐中舒先秦史讲义》一书第二部分，即"先秦史讲义"（1982 年）亦仅仅写到春秋时期，徐氏有关苏秦史事的新发现只能留待将来材料发布后方可作进一步的探讨。

自 20 世纪 80 年代以来，随着《战国纵横家书》研究的日趋深入，学术界不断对此前提出的帛书十四章"属于苏秦的真实史料""几乎可以说是当时的第一手资料"[2]等观点提出新的质疑。诸如有的学者明确指出："《史记》中记载苏秦事迹的文字和《战国策》有关苏秦的多数材料是可信的，而《战国纵横家书》中一些涉及苏秦的资料，则多出于后人伪托"[3]；另有学者则认为："后人关于苏秦的研究，无论本《史记》《国策》说，还是本《战国纵横家书》（帛书）说，都具有一定的片面性，都忽视了秦汉学术层累现象对秦汉史事传述带来的负面影响。苏秦事迹真伪的考订，有赖于将先秦和秦汉文献进行剥离，有赖于对更多地下出土的秦汉文献的综合考订。"[4]以上论述，尽管未必成为学术界的最后共识，但随着简帛文献的陆续出土，学术界日渐理性地审视出土文献的史料价值及存在的问题，比当下有的学者以为出土文献是灵丹妙药可以解决所有的问题，而忽视出土文献自身存在局限的学术倾向和态度益趋冷静理性。

在新的学术背景下，徐氏苏秦史事考订的结论，也屡屡受到一些学者的质疑与辩难。兹举证两例，并略作申论。早在 20 世纪 80 年代，张烈先生曾质疑徐氏将战国历史分为五个时期"未反映战国历史发展线索"[5]，

---

① 徐亮工：《徐中舒先生生平编年（未定稿）》，四川联合大学历史系主编：《徐中舒先生百年诞辰纪念文集》，成都：巴蜀书社，1998 年版，第 363 页。

② 唐兰：《司马迁所没有见过的珍贵史料》，马王堆汉墓帛书整理小组编：《马王堆汉墓帛书·战国纵横家书》，北京：文物出版社，1976 年版，第 128 页。

③ 赵生群：《〈战国纵横家书〉所载"苏秦事迹"不可信》，《浙江师范大学学报（社会科学版）》2007 年第 1 期，第 66 页。

④ 赵鹏团：《从秦汉学术的层累现象看苏秦事迹真伪的考订》，《宁夏社会科学》2013 年第 4 期，第 111 页。

⑤ 张烈：《战国纵横家辨——兼与徐中舒诸先生商榷苏秦等问题》，《社会科学战线》1986 年第 3 期，第 168 页。按：张先生将"徐中舒"误作"徐仲舒"，今作订正。

"徐先生关于合纵连横的解说是值得商榷的"①，"陈注无必要改字"的说法"显得相当勉强"②，"苏秦以合纵说燕文侯、苏秦见燕文侯也不必是全无依据之谈"的说法，"只是一种主观的假设推断，因而此说难于成立"③。张氏认为，"我们不能凭《战国纵横家书》佚文就推断《史记·苏秦列传》的史料出于伪造"④，并明确表示"苏秦合纵早于张仪连横则是没有疑问的"⑤。近年来，另有学者更提出了"司马迁在《苏秦列传》中所说的苏秦'被反间以死'，当言被燕昭王的反间计害死，非言苏秦间齐而死"⑥。在我们今天看来，以上来自学术界的种种怀疑与辩难，在某种意义上，有助于在新的学术背景下更加冷静理性地审视《战国策》《史记·苏秦列传》及帛书《战国纵横家书》的史料价值，因而以上质疑和辩难对于苏秦史事的进一步澄清是有价值的。然而，应该强调的是，张氏以"我们不能凭《战国纵横家书》佚文就推断《史记·苏秦列传》的史料出于伪造"的论点指摘徐氏，显然有失公允。因为徐氏《论〈战国策〉的编写及有关苏秦诸问题》一文发表时，帛书《战国纵横家书》尚未出土，即使《战国纵横家书》出土后，徐氏对苏秦史事的新考证并未向学术界公布，徐氏对《战国纵横家书》史料价值的态度，是否和唐兰先生"属于苏秦的真实史料""几乎可以说是当时的第一手资料"的观点完全一致，亦不得而知。⑦如果我们进一步领会徐氏多年来重视考古资料的复杂性，坚持对考古资料同样要进行科学审查⑧的学术旨趣，则不难发现某些学者对徐氏"尚未充分意识到秦、汉之际学术层累的现象"的责难，显系无中生有，厚诬前贤。还应补充说明的是，至于张氏以"苏秦是个失败者，

① 张烈：《战国纵横家辨——兼与徐中舒诸先生商榷苏秦等问题》，《社会科学战线》1986年第3期，第170页。

② 张烈：《战国纵横家辨——兼与徐中舒诸先生商榷苏秦等问题》，《社会科学战线》1986年第3期，第170页。

③ 张烈：《战国纵横家辨——兼与徐中舒诸先生商榷苏秦等问题》，《社会科学战线》1986年第3期，第170页。

④ 张烈：《战国纵横家辨——兼与徐中舒诸先生商榷苏秦等问题》，《社会科学战线》1986年第3期，第172页。

⑤ 张烈：《战国纵横家辨——兼与徐中舒诸先生商榷苏秦等问题》，《社会科学战线》1986年第3期，第172页。

⑥ 郑杰文：《由帛书〈战国纵横家书〉说苏秦死因》，《文学前沿》第2辑，北京：首都师范大学出版社，2000年版，第73页。

⑦ 唐兰：《司马迁所没有见过的珍贵史料》，马王堆汉墓帛书整理小组编：《马王堆汉墓帛书·战国纵横家书》，北京：文物出版社，1976年版，第128页。

⑧ 周书灿：《论徐中舒的"澄滤"说与古史建设理论》，《四川大学学报（哲学社会科学版）》2011年第2期，第23—29页。

丑闻昭著，值不得一提”[①]作为反驳徐氏由《孟子》《竹书纪年》二书未提及苏秦而得出的苏秦晚于张仪的推论，显然比徐氏的推论更缺乏合理性。因此，综合以上分析，似不难发现，在新的学术背景下，徐氏对《战国策》的考辨和对苏秦史事的考订，由于具有更多科学理性的因素，因而仍具有卓越的学术价值。

① 张烈：《战国纵横家辨——兼与徐中舒诸先生商榷苏秦等问题》，《社会科学战线》1986年第3期，第173页。

第五章　上古民族文化东西二分论之再构

受王国维《殷周制度论》影响，徐中舒最早提出“殷、周非同种民族”说，并在对仰韶、小屯文化作深入系统考察的基础上，建立虞夏、殷商西、东说。徐氏的以上理论对傅斯年的《夷夏东西说》产生了直接的影响。此后，在傅氏《夷夏东西说》的影响下，徐中舒自觉运用中国上古民族文化东西二系说理论完成了其对中国上古低地农业、高地农业区的界定及高辛、高阳氏传说的补充完善，并在对上古民族构成、迁徙分合及文化交流传播进行系统考察的基础上，对中国上古民族文化东西二系说进行补正，从而建立起有别于傅氏《夷夏东西说》的独到的中国上古民族文化东西二分论。随着考古学、民族学等学科的蓬勃发展，在新的学术背景下，徐氏所建构的中国上古民族文化东西二分论为20世纪中国新史学建立起了崇高的学术水准，毫无疑问，未来的古史研究应该在更高的学术水准上，不断向前推进。

上古时期东亚大陆文化区分为东、西二系，是20世纪40年代前绝大多数学者的共识。其中，最具代表性的经典论著莫过于王国维的《殷周制度论》[①]和傅斯年的《夷夏东西说》[②]。但值得注意的是，徐中舒对《殷周制度论》和《夷夏东西说》中的主要论点，并非不加分析地简单吸收，而是在积极关注中国新史学家研究成果的同时，自觉借鉴考古学、人类学等学科的研究方法和理论，并不断对王、傅等学者的中国上古民族文化理论进行补充完善，从而逐渐建构起独到的上古民族文化理论体系。随着现代学术研究的不断深入与考古学、人类学的蓬勃发展，在新的学术背景下，重新审视徐氏关于上古民族文化理论的学术价值与局限，有助于新时期上古民族文化史研究的进一步繁荣与深化，因而该问题颇有继续深入研究的必要。

---

① 王国维：《殷周制度论》，《观堂集林》第二册卷十《史林二》，北京：中华书局，1959年版，第451—480页。

② 傅斯年：《夷夏东西说》，原刊《国立中央研究院历史语言研究所集刊》外编第一种《庆祝蔡元培先生六十五岁论文集》，1933年，收录刘梦溪主编：《中国现代学术经典·傅斯年卷》，石家庄：河北教育出版社，1996年版，第187—240页。

第一节 早期三代民族文化“东西二分”论之建构及学术疑难

在中国新史学兴起之前，战国、秦汉时期人们编排的夏、商、周乃至传说中五帝同出一系的古史体系①和中国早期地域向来一统的观念②长期笼罩着古史学界。直到古史辨运动兴起以后，以上观念才开始遭到空前的怀疑。1923 年 7 月，顾颉刚先生发表《答刘胡两先生书》，明确提出了“推翻非信史”的“诸项标准”，其中就包括“打破民族出于一元的观念”“打破地域向来一统的观念”两条内容③：

> 在现在公认的古史上，一统的世系已经笼罩了百代帝王，四方种族、民族一元论可谓建设得十分巩固了。但我们一读古书……他们原是各有各的始祖……自从春秋以来，大国攻灭小国多了，疆界日益大，民族日益并合，种族观念渐淡而一统观念渐强，于是许多民族的始祖的传说亦渐渐归到一条线上，有了先后君臣的关系，《尧典》《五帝德》《世本》诸书就因此出来。中国民族的出于一元，俟将来的地质学及人类学上有确实的发见后，我们自可承认它；但现在所有的牵合混缠的传说我们决不能胡乱承认。④

① 诸如司马迁在《史记·五帝本纪》中据其掌握的先秦文献记载及流传于各地的古史传说，将原本记载和流传不一的远古传说一并纳入如后世帝王家谱式的古史系统：“自黄帝至舜、禹，皆同姓而异其国号，以章明德。故黄帝为有熊，帝颛顼为高阳，帝喾为高辛，帝尧为陶唐，帝舜为有虞。帝禹为夏后而别氏，姓姒氏。契为商，姓子氏。弃为周，姓姬氏。”在《夏本纪》中，历叙“禹之父曰鲧，鲧之父曰帝颛顼，颛顼之父曰昌意，昌意之父曰黄帝”，于是夏族祖先硬是与黄帝拉上了关系：“禹者，黄帝之玄孙而颛顼之孙也。”在《殷本纪》和《周本纪》中虽然没有像《夏本纪》，将殷、周始祖与传说中的五帝编排成“家谱”，但还是分别言及商族始祖母的简狄和周的始祖母姜原分别为“帝喾次妃”和“帝喾元妃”，则在司马迁看来，商、周同样是出于黄帝之后。参见（汉）司马迁：《史记》第一册，北京：中华书局，1959 年版，第 45、49、91、111 页。

② 司马迁《史记·五帝本纪》不仅有黄帝“抚万民，度四方”，“东至于海”“西至于空桐”“南至于江”“北逐荤粥”及颛顼“北至于幽陵”“南至于交阯”“西至于流沙”“东至于蟠木”等传说，《夏本纪》更有禹“开九州，通九道”等较为“明确”的记载。至班固作《汉书·地理志》更直言“昔在黄帝，作舟车以济不通，旁行天下，方制万里，画野分州，得百里之国万区”，将长期流传的“禹画九州”传说又向前推至遥远的黄帝时代。参见（汉）司马迁：《史记》第一册，北京：中华书局，1959 年版，第 3、6、11、51 页；（汉）班固：《汉书》第六册，北京：中华书局，1962 年版，第 1523 页。

③ 顾颉刚编著：《古史辨》第一册，上海：上海古籍出版社，1982 年版，第 99 页。

④ 顾颉刚编著：《古史辨》第一册，上海：上海古籍出版社，1982 年版，第 99 页。

> 中国的统一始于秦，中国人民的希望统一始于战国；若战国以前则只有种族观念，并无一统观念。……自从楚国疆域日大，始立县制；晋国继起立县，又有郡；到战国时郡县制度普及，到秦并六国而始一统。若说黄帝以来就是如此，这步骤就乱了。所以我们对于古史，应当以各时代的地域为地域，不能以战国的七国和秦的四十郡算做古代早就定局的地域。[①]

从中国现代学术史的角度而论，顾氏以上“标准”彻底颠覆了支配数千年的夏、商、周三代乃至传说中的五帝同出一系的古史体系和中国早期地域向来一统的观念。然不容置疑的是，三代民族文化东西二分论似乎在顾氏“标准”提出之前，早已显露端倪。

《左庵集》卷五收录刘师培早年撰著的《姒姓释》、《偃姓即嬴姓说》、《释厘姓》（上、下）等文。刘氏试图依据古代姓氏“研究出古代民族史的一个面目”[②]。学术界普遍认为，刘氏证明熊、盈、偃、嬴、依为一姓的分化，“是很宝贵的见解”[③]。然在我们今天看来，尽管刘氏对上古族群姓氏及其关系予以揭示，并试图在此基础上厘清族群之间的相互关系，但他并未对古代文献所记传说时代古族姓氏资料作科学的分析和鉴别，仅仅从文字学分析的基础上推论古族的渊源关系，很难从总体上把握上古民族构成与分布的概貌，自然也很难从根本上推翻传统的夏、商、周三代乃至传说中的五帝同出一系的古史体系和中国早期地域向来一统的观念。

1917 年 9 月，继刘氏之后，王国维发表了论述殷周制度变革的著名的学术经典《殷周制度论》。王氏文中开篇即从民族与地理角度论及：

> 都邑者，政治与文化之标征也。自上古以来，帝王之都皆在东方。太皞之虚在陈，大庭氏之库在鲁，黄帝邑于涿鹿之阿，少皞与颛顼之虚皆在鲁、卫，帝喾居亳，惟史言：尧都平阳，舜都蒲坂，禹都安邑，俱僻在西北，与古帝宅京之处不同。然尧号陶唐氏，而冢在定陶之成阳，舜号有虞氏，而子孙封于梁国之虞县，孟子称舜生卒之地皆在东夷。盖洪水之灾，兖州当其下游，一时或有迁都之事，非定居于西土也。禹时都邑虽无可考，然夏自太康以后以迄后桀，其都邑及他地名之见于经典者，率在东土，与商人错处河济间，盖数百岁。商

① 顾颉刚编著：《古史辨》第一册，上海：上海古籍出版社，1982 年版，第 100 页。
② 顾颉刚撰，王晴佳导读：《当代中国史学》，上海：上海古籍出版社，2002 年版，第 128 页。
③ 顾颉刚撰，王晴佳导读：《当代中国史学》，上海：上海古籍出版社，2002 年版，第 128 页。

有天下，不常厥邑，而前后五迁，不出邦畿千里之内。故自五帝以来，政治文物所自出之都邑，皆在东方，惟周独崛起西土。武王克纣之后，土（立）武庚，置三监而去，未能抚有东土也。逮武庚之乱，始以兵力平定东方，克商践奄，灭国五十，乃建康叔于卫，伯禽于鲁，太公望于齐，召公之子于燕。其余蔡、郕、郜、雍、曹、滕、凡、蒋、邢、茅诸国，棋置于殷之畿内及其侯甸，而齐、鲁、卫三国以王室懿亲，并有勋伐，居蒲姑、商奄故地，为诸侯长。又作洛邑为东都，以临东诸侯，而天子仍居丰镐者，凡十一世。自五帝以来，都邑之自东方而移于西方，盖自周始。故以族类言之，则虞、夏皆颛顼后，殷、周皆帝喾后，宜殷、周为亲。以地理言之，则虞、夏、商皆居东土，周独起于西方，故夏、商二代文化略同。①

王氏《殷周制度论》在“自五帝以来，政治文物所自出之都邑，皆在东方，惟周独崛起西土”“虞、夏、商皆居东土，周独起于西方，故夏、商二代文化略同”的基础上，一一举证“周人制度之大异于商者”之“立子立嫡之制”及与此相关的“宗法及丧服之制”“封建子弟之制”“君天子臣诸侯之制”“庙数之制”“同姓不婚之制”②等殷、周文化与制度方面的种种差异，系统地论证了“中国政治与文化之变革，莫剧于殷、周之际”③的中心论点。

继王氏之后，1933年傅斯年先生发表了“以东西地理角度来讨论三代时期的民族构成关系，揭示了夏商周三族的冲突与交替”④的著名的《夷夏东西说》一文。文中傅氏阐发了自己独到的观点：

在三代时及三代以前，政治的演进，由部落到帝国，是以河、济、淮流域为地盘的。在这片大地中，地理的形势只有东西之分，并无南北之限。历史凭借地理而生，这两千年的对峙，是东西而不是南北。现在以考察古地理为研究古史的一个道路，似足以证明三代及近于三代之前期，大体上有东西不同的两个系统。这两个系统，因对峙

① 王国维：《殷周制度论》，《观堂集林》第二册卷十《史林二》，北京：中华书局，1959年版，第451—452页。

② 王国维：《殷周制度论》，《观堂集林》第二册卷十《史林二》，北京：中华书局，1959年版，第453—480页。

③ 王国维：《殷周制度论》，《观堂集林》第二册卷十《史林二》，北京：中华书局，1959年版，第451页。

④ 李学勤：《夏商周与山东》，《烟台大学学报（哲学社会科学版）》2002年第3期，第332页。

而生争斗，因争斗而起混合，因混合而文化进展。夷与商属于东系，夏与周属于西系。①

从表面上看，王氏的《殷周制度论》和傅氏的《夷夏东西说》似乎存在着学术上的“一些微妙的连（联）系”②，但现代学者则强调：“事实上在《夷夏东西说》中，直接称引王国维的地方只有寥寥几处，而且，《夷夏东西说》的许多观点还与王氏明显不同”，“我们绝对不能轻率地认为《夷夏东西说》是《殷周制度论》单纯的延续”。③傅氏进一步铺陈古代民族东西二系之说，他不仅认为周兴起于西土，夏也兴起于西方；只有殷兴起于东方，傅氏据祖先神话传说证明殷与东北民族同出一源。至于虞、夏、商、周的朝代系统只是周人的观念，东方人却另有其朝代观念。“傅文一出，给予古史学界的影响更大，从此古代民族有东西二系的说法几乎成为定论。”④诸如，傅氏之后，姜亮夫《夏殷民族考》⑤、胡厚宣《楚民族源于东方考》⑥等文均从不同角度为古代民族东西二系说增加不少证据。之后，杨宽在刘师培研究的基础上，进一步指出，殷即是盈，也即是依，更认为姬姓和姒姓也是一姓的分化，戎和蜀又是一声之转。殷、淮夷、徐戎、楚、郯、秦、赵为东系民族，周、羌、戎、蜀为西系民族；所谓华夏民族即此二系民族的混合体，一切古史传说亦皆由此二系民族之祖先传说交混错综而成。⑦再往后，童书业著《鸟夷》⑧、《姬姜与氐羌》⑨二文，补证傅、杨二氏殷为东夷之论，主张姬、姜二姓由

① 原刊《国立中央研究院历史语言研究所集刊》外编第一种《庆祝蔡元培先生六十五岁论文集》，1933年，收录刘梦溪主编：《中国现代学术经典·傅斯年卷》，石家庄：河北教育出版社，1996年版，第188页。

② 王汎森：《一个新学术观点的形成——从王国维的〈殷周制度论〉到傅斯年的〈夷夏东西说〉》，《中国近代思想与学术的系谱》，石家庄：河北教育出版社，2001年版，第275—276页。

③ 王汎森：《一个新学术观点的形成——从王国维的〈殷周制度论〉到傅斯年的〈夷夏东西说〉》，《中国近代思想与学术的系谱》，石家庄：河北教育出版社，2001年版，第275页。

④ 顾颉刚撰，王晴佳导读：《当代中国史学》，上海：上海古籍出版社，2002年版，第128页。

⑤ 姜亮夫：《夏殷民族考》，《民族》1933年第1卷第11—12期、1934年第2卷第1—2期，第1937—1954、2103—2115、133—158、309—323页。

⑥ 胡厚宣：《楚民族源于东方考》，《史学论丛》1934年第1期。

⑦ 杨宽：《中国上古史导论》，吕思勉、童书业编著：《古史辨》第七册上编，上海：上海古籍出版社，1982年版，第94—97页。

⑧ 童书业：《伯益考》附录《鸟夷》，《齐鲁学报》1941年第1期，第148—151页。

⑨ 童书业《姬姜与氐羌》一文，民国时期未见刊布，顾颉刚先生《当代中国史学》出版于1947年，书中提及童氏该未刊稿及论点。今日可从上海人民出版社1980年出版的童氏《春秋左传研究》一书《姬姜与氐羌》一段文字中，还原童氏早年的论点。

氐羌而来。此后，东西二系民族之论，至 20 世纪 40 年代末，“差不多已渐臻家喻户晓的地步”①。

以傅氏《夷夏东西说》为中心建构起的古代民族东西二系说，在中国现代学术史上的价值已得到学术界的充分肯定。如劳榦评说：“根据这个理论来推断殷周两部族的来龙去脉，以及中国文化史的渊源与其分合，那就更显然如在指掌。”②张光直评说：“《夷夏东西说》不是很长的一篇文章，但是有了这篇文章以后，历史学家看中国历史便有了一个与前不同的角度”，他的东西系统成为解释古史的一把总钥匙。③王汎森更从中国学术史角度言及：“傅斯年的《夷夏东西说》，不只批判性地运用文献，而且深受当时考古新发现的影响……论证相当细密。”④综上可知，相对于早期传统的古代民族文化一元论学说，以傅氏《夷夏东西说》为中心的古代民族东西二系说的现代学术价值，越来越引起学界的普遍重视。

然值得注意的是，继傅氏古代民族东西二系说“几乎成为定论”前后，学术界对以上论述继续作不同的阐发，并屡屡提出新的意见。诸如迄今为止，学术界普遍公认，杨宽关于历史上并无夏国的存在且夏代的古史传说无非是周人依托宣传而成⑤的观点，不断遭到学术界的怀疑和批判。与傅、杨二氏不同，杨向奎不仅主张夏代存在，而且连续发文阐述与众不同的“夏民族之起，当在今山东西南部与江苏、河南之交”⑥说。杨向奎新说的提出，对傅氏“几乎成为定论”的古代民族东西二系说提出了激烈的挑战。钱穆先生则考证说：“黄帝传说故事，其地望乃与夏禹传说不期而合”，并认为“黄帝夏禹者，其殆为古代比较相近之两民族所传述也”。⑦与傅氏古代民族东西二系说旨趣不同，早在 20 世纪 30 年代前后，蒙文通即较早将中国古代民族区分为“江汉民族”“河洛民族”“海岱

---

① 顾颉刚撰，王晴佳导读：《当代中国史学》，上海：上海古籍出版社，2002 年版，第 129 页。

② 傅乐成：《傅孟真先生年谱》，傅斯年著，陈槃等校订：《傅斯年全集》第七册，台北：联经出版事业公司，1980 年版，第 2937 页。

③ 韩复智编：《傅斯年董作宾先生百岁纪念专刊》序，台北：中国上古秦汉学会，1995 年。

④ 王汎森：《一个新学术观点的形成——从王国维的〈殷周制度论〉到傅斯年的〈夷夏东西说〉》，《中国近代思想与学术的系谱》，石家庄：河北教育出版社，2001 年版，第 264 页。

⑤ 杨宽：《中国上古史导论》，吕思勉、童书业编著：《古史辨》第七册上编，上海：上海古籍出版社，1982 年版。

⑥ 杨向奎：《〈夏本纪〉〈越王勾践世家〉地理考实》，《禹贡》半月刊 1935 年第 3 卷第 1 期，第 3—7 页；杨向奎：《夏代地理小记》，《禹贡》半月刊 1935 年第 3 卷第 12 期，第 14—18 页；杨向奎：《夏民族起于东方考》，《禹贡》半月刊 1937 年第 7 卷第 6—7 期，第 61—79 页。

⑦ 钱穆：《黄帝故事地望考》，《禹贡》半月刊 1935 年第 3 卷第 1 期，第 3 页。

民族”，建立起“太古民族三系说”。[①]又如丁山并不认为姜亮夫“周为夏后”之说“尽信”，但丁氏指出：“周与夏后遗民之关系，纵非同一血统，谓夏后遗民为周人征服，周人承袭夏后文化以为自身之文化，蛛丝马迹，不无可寻。”[②]丁氏考证说：“夏与殷周，实亦非同族类”“其制度文物，生活习惯，颇多不同”，在此基础上，丁氏分别将夏、商、周区分为“中原固有之民族”“东北民族燕亳山戎之类”“西北民族戎狄之类”三系。[③]此后，徐旭生则将中国上古民族区分为“华夏集团”“东夷集团”“苗蛮集团”，建立起有别于上古民族文化东西二系说的“三集团说”。[④]综上可知，随着学术研究的逐步深入，上古民族文化东西二系说不仅没有成为严格意义上的学术“定论”，而且遭遇到的学术疑难越来越明显。

迄今为止，学术界对傅氏《夷夏东西说》为代表的古代民族东西二系说的批判一直没有停止过。20 世纪 80 年代，杨向奎对傅氏二系说再次提出质疑：“本来东方、西方是一个相对概念，不建立一个座（坐）标点的话，是没法分东分西的，傅的方法先建立商代起于中国东北部以至河南东部的座（坐）标，而夏在其西，于是有夷夏东西说。”[⑤]杨氏在文中还列举大量证据，对傅氏的论点进行了全面的批判：“古代中国（三代）和中古近代不同，表现在政治中心所在并不是永远固定在一个点上，它是经常迁徙的，如果我们始终把夏、商、周的政治中心固定在某一点上，明显地违背历史事实……我们也不能说夏初的夷夏交争，是界划分明的斗争，他们是内部混战，夷夏杂处，已由对峙而趋于融合。”[⑥]近年来，李学勤在杨氏已有研究的基础上，进一步提出了“夏朝不是一个夷夏东西的问题，而是夷本身就在夏朝的范围之内”[⑦]的新说。李氏认为：“夏朝应包括夷人区域……有穷氏、寒氏等，在当时应该是夏朝的重要支柱，夏朝的统治

① 蒙文通：《古史甄微》，上海：商务印书馆，1933 年版。蒙氏“三系”说，在今日看来，同样存在不少学术疑难。参见周书灿：《论蒙文通上古民族文化理论建构》，《人文杂志》2012 年第 2 期，第 115—125 页。

② 丁山：《由三代都邑论其民族文化》，《国立中央研究院历史语言研究所集刊》第 5 本第 1 分，1935 年，第 93 页。

③ 丁山：《由三代都邑论其民族文化》，《国立中央研究院历史语言研究所集刊》第 5 本第 1 分，1935 年，第 114 页。

④ 徐旭生：《中国古史的传说时代》，桂林：广西师范大学出版社，2003 年版，第 42—147 页。

⑤ 杨向奎：《评傅孟真的〈夷夏东西说〉》，《夏史论丛》，济南：齐鲁书社，1985 年版，第 152 页。

⑥ 杨向奎：《评傅孟真的〈夷夏东西说〉》，《夏史论丛》，济南：齐鲁书社，1985 年版，第 152—154 页。

⑦ 李学勤：《夏商周与山东》，《烟台大学学报（哲学社会科学版）》2002 年第 3 期，第 334 页。

在相当程度是建立在对夷人的统治基础之上，鲁西至潍坊一带是夏朝的重要地区。”[①]近年来，有的学者指出，“夷夏东西说”是在特定的背景下从古史的角度提出的，对驳斥流行一时的文化西来说及促进考古发掘活动起了积极的作用，但同时它也导致了学者们对考古资料年代判断上的错误认识，以致在利用考古资料复原史前史以及三代文明史的过程中走了一些弯路。[②]前不久，笔者从语言学和民族学角度在对顾颉刚“戎夏一源说”深入分析的基础上进一步推论，认为“夷夏东西说”基本上可以被视为是春秋时期的地理和民族观念，而与整个先秦时期的历史实际并不相符。[③]总之，随着考古学、人类学的蓬勃发展和先秦史研究的持续深入，以傅氏《夷夏东西说》为中心建构起的古代民族文化东西二系说面临着越来越激烈的挑战与质疑。

第二节 从“殷、周非同种民族”说到“虞夏、殷商西、东”说

徐中舒在长达半个多世纪的学术实践中，对王国维《殷周制度论》和傅斯年《夷夏东西说》的论点，高度重视，潜心探索，不断进行补正和完善，逐渐建立起自己独到的理论体系。

1926年，在王国维的指导下，徐中舒完成了他在清华国学研究院的毕业论文《殷周民族考》，“第一次在古史领域打破了中国上古三代一脉相传的传统认识，提出了殷、周不同族的观点”[④]。次年6月，该文发表于清华大学《国学论丛》第一卷第一号上，更名为《从古书中推测之殷周民族》。日后，徐氏回忆说：“《从古书上所见的殷周民族》一文，这是我在清华国学研究院的毕业论文，也是我对中国古代社会研究的开端。”[⑤]徐氏《从古书中推测之殷周民族》一文发表时，傅斯年的《夷夏东西说》尚未问世，该文直接受到王国维《殷周制度论》的影响，似颇为明显。

事实上，如果进一步关注徐氏的其他论著，不难发现，徐氏对《殷周制度论》的诸多论点并非不加分析地简单吸收，而是给予了更深入的思

① 李学勤：《夏商周与山东》，《烟台大学学报（哲学社会科学版）》2002年第3期，第333—334页。

② 王建华：《新夷夏东西说商榷》，《东方论坛》2004年第1期，第107—112页。

③ 周书灿：《戎夏一源说续论》，《中州学刊》2011年第5期，第176—179页。

④ 徐亮工：《从“书”里到“书”外：徐中舒先生的学术与生平》，《古今论衡》2004年第11期，第139页。

⑤ 徐中舒：《我的学习之路》，《文史知识》1987年第6期，第5页。

考。诸如徐氏考察殷代社会的氏族组织，即曾指出，王氏《殷周制度论》及胡厚宣《殷代婚姻家族宗法生育制度考》，“对于旧史料已阐发无余蕴，然究不免以宗法社会之尺度比量氏族社会之史迹，亦未见其密合”①。“从前我们历史上写的‘殷、周革命’……这个革命在本质上似乎没有什么不同的。三十年前王静安先生作了一篇《殷周制度论》，才从殷、周两代的上层建筑中，找出它的差别来；而关于它的基层组织，则仍付阙如。”②综上可知，徐氏对于《殷周制度论》中的诸多论点，认识颇为悬殊。《从古书中推测之殷周民族》一文开篇，徐氏“殷、周之际，我国民族之分布，实经一度急剧之变迁”的表述，与王氏《殷周制度论》“中国政治与文化之变革，莫剧于殷、周之际”③的中心论点，完全是两个内容不同的命题。如果我们进一步将两文进行比较，则更容易看出，二者之间的若干论点，甚至完全相反。诸如前揭王氏“以族类言之，则虞、夏皆颛顼后，殷、周皆帝喾后，宜殷、周为亲”④，而徐氏则对王氏所论暗含极为明显的批驳之意：“汉人所传之《世本·帝系姓》，谓殷、周同出帝喾之后。世远代湮，其说难征，梁任公先生于《中国文化史》之第一章已深致疑辞。”⑤显然，徐氏对王氏《殷周制度论》的大部分论点是持怀疑乃至批判态度的。

徐氏试图结合古文字资料与古代文献典籍证明“殷、周非同种民族”之论点，自然无法绕开王国维《殷周制度论》开篇对上古民族地理分布的论述：“史言上古之事，虽属传说，然其立国建都之地，犹可考见。以此证史，固嫌文献之不足，而以此说古代民族分布之迹，则绝好之资料也。王静安先生谓殷以前帝王宅京，皆在东方，惟周独崛起西土，其界划至为明白。此东西两土之民族，是否为同一民族？此问题在人类学、地质学未有新发见以前，吾人实不能加以证明。惟就其分布之迹论之，则似宜分为

① 徐中舒：《殷代兄终弟及为贵族选举制说》，《文史杂志》1945年第5、6期合刊，第29—30页。

② 徐中舒：《论殷代社会的氏族组织》，（成都）《工商导报·学林·副刊》，1951年1月7日，收录徐中舒：《徐中舒历史论文选辑》，北京：中华书局，1998年版，第812页。

③ 王国维：《殷周制度论》，《观堂集林》第二册卷十《史林二》，北京：中华书局，1959年版，第451页。

④ 王国维：《殷周制度论》，《观堂集林》第二册卷十《史林二》，北京：中华书局，1959年版，第452页。

⑤ 徐中舒：《从古书中推测之殷周民族》，原刊《国学论丛》1927年第1卷第1号，收录徐中舒：《徐中舒历史论文选辑》上册，北京：中华书局，1998年版，第26页。

两种民族。”[①]徐氏在以上论述中，和王氏类似，同样注意到了古史传说中上古立国建都之地所包含的民族史信息，徐氏对王氏《殷周制度论》中“自五帝以来，政治文物所自出之都邑，皆在东方，惟周独崛起西土”[②]的论点，大体表示赞同，但徐氏由此引出《殷周制度论》中并未提到的一个新问题：“此东西两土之民族，是否为同一民族？”徐氏从其师《殷周制度论》“读出王国维意想不到的结论”[③]。

徐氏结合文献资料详细考察了周族兴起与发展的环境，推测：“豳在戎狄之间，密迩于鬼方而去殷甚远，则其习俗必同于鬼方而远于中国”“周人之语言文字，其初是否与中国同，尚属疑问”。[④]徐氏认为：“牧野之役，本为两民族存亡之争。其后周人讳言侵掠，而儒家又造为吊民伐罪之说，于是此东西两民族盛衰变迁之迹，遂湮没而无闻焉。”[⑤]徐氏列举“周人称殷为夷”“周人称殷为戎”“殷、周畿内之地称夷”“箕子逊于朝鲜”四条证据，由载籍及古文字以证“周人之视殷人为东方异族”“殷、周非同种民族”。[⑥]徐氏“殷、周非同种民族”说提出不久，即在学术界引起很大反响。丁山先生评说，徐中舒先生《从古书中推测之殷周民族》以为殷周似属两种民族，“自是碻切不移之论”[⑦]。顾颉刚也言及，徐氏这个结论“对于古代民族史的研究确是个重大的启发”[⑧]。总之，徐氏“殷、周非同种民族”说提出后，在学术界产生了广泛深刻的影响，并不断引起学术界的充分关注和高度重视。

尤其值得注意的是，从中国现代学术史的视野可以清楚看出，徐氏“殷、周非同种民族”的论点受启发于王国维“自五帝以来，政治文物所自出之都邑，皆在东方，惟周独崛起西土”及“中国政治与文化之变革，

① 徐中舒：《从古书中推测之殷周民族》，原刊《国学论丛》1927年第1卷第1号，收录徐中舒：《徐中舒历史论文选辑》上册，北京：中华书局，1998年版，第26页。

② 王国维：《殷周制度论》，《观堂集林》第二册卷十《史林二》，北京：中华书局，1959年版，第452页。

③ 王汎森：《一个新学术观点的形成——从王国维的〈殷周制度论〉到傅斯年的〈夷夏东西说〉》，《中国近代思想与学术的系谱》。石家庄：河北教育出版社，2001年版，第273页。

④ 徐中舒：《从古书中推测之殷周民族》，《国学论丛》1927年第1卷第1号，收录徐中舒：《徐中舒历史论文选辑》上册，北京：中华书局，1998年版，第27页。

⑤ 徐中舒：《从古书中推测之殷周民族》，《国学论丛》1927年第1卷第1号，收录徐中舒：《徐中舒历史论文选辑》上册，北京：中华书局，1998年版，第27页。

⑥ 徐中舒：《从古书中推测之殷周民族》，《国学论丛》1927年第1卷第1号，收录徐中舒：《徐中舒历史论文选辑》上册，北京：中华书局，1998年版，第27—29页。

⑦ 丁山：《由三代都邑论其民族文化》，《国立中央研究院历史语言研究所集刊》第五本第一分，1935年，第114页。

⑧ 顾颉刚撰，王晴佳导读：《当代中国史学》，上海：上海古籍出版社，2002年版，第128页。

莫剧于殷、周之际”的论述，并直接对傅氏《夷夏东西说》为中心的上古民族文化东西二系说产生了重要的影响。1930 年傅氏在《〈新获卜辞写本后记〉跋》一文中，对徐氏《从古书中推测之殷周民族》一文“至觉倾佩”，并专门转录徐氏推论“殷、周非同种民族”前两条证据的全文。[①]在徐氏研究的基础上，傅氏根据《左传》《国语》区分出西土、东土不同的两个古史系统[②]，具体如图 1 所示。

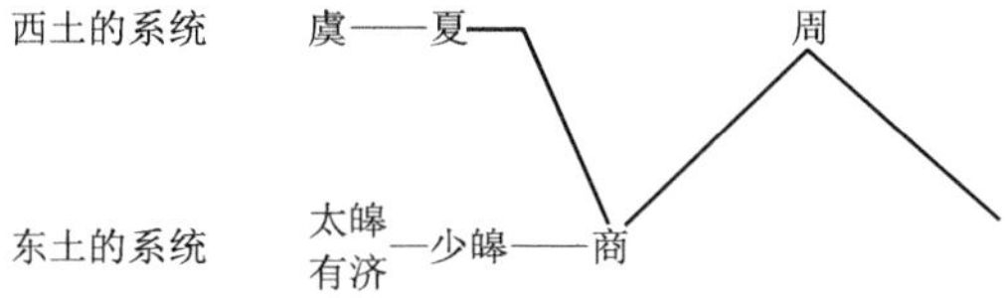

图 1　《左传》《国语》区分的西土、东土两个古史系统图

徐亮工认为，傅氏以上关于西土、东土两个系统的区分，“或亦可看作是受此文（按，指《从古书中推测之殷周民族》）的影响”[③]。今天在我们看来，傅氏东、西两个民族文化系统的区分及此后“夷夏东西说”民族文化理论的建立，基本上可以看作是徐氏民族文化理论的进一步展开与深化。在日后的学术研究中，徐氏不断对“殷、周非同种民族”说作进一步的补充完善，如徐氏所作《殷周文化之蠡测》[④]、《殷周之际史迹之检讨》[⑤]等文不断重申上述论点，尤其是《殷周文化之蠡测》一文，“在文献材料之外，复取甲骨金文资料，并从殷、周姓氏人名的不同、亲族制度之差异，以及月相之区别，论证殷、周当属不同民族”，“大致可以看作是《从古书中推测之殷周民族》的补充之作”。[⑥]

随着殷墟科学发掘工作的逐步展开，徐氏更加关注田野考古资料所揭示的上古民族文化信息，不久，他发表《再论小屯与仰韶》[⑦]一文，试图依据田野考古资料，阐述小屯与仰韶之间的关系。在徐氏之前，安特生曾

① 傅斯年：《〈新获卜辞写本后记〉跋》，《安阳发掘报告》1930 年第 2 期，第 349—386 页。

② 傅斯年：《〈新获卜辞写本后记〉跋》，《安阳发掘报告》1930 年第 2 期，第 349—386 页。

③ 徐亮工：《从“书”里到“书”外：徐中舒先生的学术与生平》，《古今论衡》2004 年第 11 期，第 139 页。

④ 徐中舒：《殷周文化之蠡测》，《国立中央研究院历史语言研究所集刊》第二本第三分，1931 年，第 275—280 页。

⑤ 徐中舒：《殷周之际史迹之检讨》，《国立中央研究院历史语言研究所集刊》第七本第二分，1936 年，第 652—691 页。

⑥ 徐亮工：《从“书”里到“书”外：徐中舒先生的学术与生平》，《古今论衡》2004 年第 11 期，第 139 页。

⑦ 徐中舒：《再论小屯与仰韶》，《安阳发掘报告》1931 年第 3 期，收录徐中舒：《徐中舒历史论文选辑》上册，北京：中华书局，1998 年版，第 145—181 页。

连续发表《中华远古之文化》①和《甘肃考古记》②等文，从种种方面推断仰韶文化的遗址远在安阳（小屯）之前，并以为小屯与仰韶为一脉相承的文化。徐氏一方面表示，安氏所论“实在是一个很可研究的问题”，同时又指出“对于安氏的原文也有重新估价的需要”。③从《再论小屯与仰韶》一文，则可明显发现，徐氏并不赞同安氏依据陶器、粟鉴、豕骨等所作“仰韶人完全是过着东方式的生活”的推论：“这诚然是带有丰厚的东方文化的色彩……这样的文化遗迹，关于中国文化的特殊点，如束发的笄，跪起的习惯，以及商周以来沿用的器物花纹，一点也寻不出。”④在高度关注田野考古资料所揭示的民族文化信息的同时，徐氏亦逐步自觉借鉴现代民族学理论，指出：“文化的区分，在中国史上不必系于种族的差异。其差异的所在只系于风俗、习惯、语言、文字的不同。匈奴、鲜卑、氐、羌的体质，其自相差异及与汉族的分别，现在仍是不曾解决的问题。”⑤文中，徐氏对春秋以前的中国文化做了大致的区分：

> 春秋以前中国文化分布的区域只不过以齐鲁为中心，而延及宋、卫、晋、郑、二周而已。那时还有许多异文化的民族……这些民族在南方的，他们的文化无可称述，而东西北三垂，大致都支配在一种大相仿佛的异文化之下。⑥

在以上理论主导下，徐氏尝试性地提出“仰韶遗址应是这种胡化的前驱，其分布区域满洲貔子窝、沙锅屯、山西全境、河南西部西迄甘新一带。这也是中国史上春秋以前胡人分布之地”，并由此推断“小屯与仰韶两遗址的文化，必各有其源流”。⑦综合田野考古资料和文献记载，徐氏推断“仰韶似为虞夏民族遗址”，该推测再次对“中国旧籍中向来就认

---

① 安特生：《中华远古之文化（附图）》，袁服礼译，《地质汇报》1923 年 5A，第 1—45 页。

② 安特生：《甘肃考古记·甘肃文化之相对年代》，乐森译，《地质专报》1925 年甲种第 5 号，第 16—21 页。

③ 徐中舒：《再论小屯与仰韶》，《安阳发掘报告》1931 年第 3 期，收录徐中舒：《徐中舒历史论文选辑》上册，北京：中华书局，1998 年版，第 146 页。

④ 徐中舒：《再论小屯与仰韶》，《安阳发掘报告》1931 年第 3 期，收录徐中舒：《徐中舒历史论文选辑》上册，北京：中华书局，1998 年版，第 146 页。

⑤ 徐中舒：《再论小屯与仰韶》，原刊《安阳发掘报告》1931 年第 3 期，收录徐中舒：《徐中舒历史论文选辑》上册，北京：中华书局，1998 年版，第 146—147 页。

⑥ 徐中舒：《再论小屯与仰韶》，原刊《安阳发掘报告》1931 年第 3 期，收录徐中舒：《徐中舒历史论文选辑》上册，北京：中华书局，1998 年版，第 146 页。

⑦ 徐中舒：《再论小屯与仰韶》，原刊《安阳发掘报告》1931 年第 3 期，收录徐中舒：《徐中舒历史论文选辑》上册，北京：中华书局，1998 年版，第 147、148 页。

虞、夏、商、周为一脉相承的正统文化”论提出了强有力的挑战。①徐氏以仰韶与小屯两地遗物上的纹饰和文字为证，以证“仰韶与小屯为两种不同的各自发展的文化”②。至于仰韶遗物具有东方式的三足的鬲与鼎，徐氏认为“则有由东向西传播的趋势，这不过在其固有文化中，输入一点东方的物事而已”③。在以上论述的基础上，徐氏结合文献记载和考古资料推论“仰韶为夏民族曾经居住之地”④，“夏为胡化的民族”⑤，“大月氏、大夏为虞夏民族西徙后的名称”⑥。徐氏撰著《再论小屯与仰韶》之时，殷墟科学的发掘工作刚刚开始，由于资料的极端匮乏，关于小屯文化的来源，徐氏也只能从小屯遗物及传说方面加以推测，“殷民族颇有由今山东向河南发展的趋势”“秦、汉以前，齐、鲁为中国文化最高区域……小屯文化的来源，当从这方面去探求，环渤海湾一带，或者就是孕育中国文化的摇床”⑦，和仰韶文化不同，“小屯文化无疑的是由别处移植来的”⑧。徐氏在中国田野考古工作刚刚起步、田野考古资料极其缺乏与新石器时代及夏、商、周三代考古文化序列尚未建立的背景下，通过对仰韶文化与夏民族的关系及小屯文化来源的分析，断定“小屯文化与仰韶文化分属两个系统。这是第一次从考古学的角度证明东西二分的一个提议、一个推测。从殷、周东西说到虞夏、殷商西、东说，则新石器时代晚期东西二分即已出现”⑨。

从中国现代学术史的发展脉络看，徐氏关于“仰韶为夏民族曾经居住之地”的提议长期没有改变。此后，徐氏在《论殷代社会的氏族组织》一

① 徐中舒：《再论小屯与仰韶》，原刊《安阳发掘报告》1931年第3期，收录徐中舒：《徐中舒历史论文选辑》上册，北京：中华书局，1998年版，第148页。

② 徐中舒：《再论小屯与仰韶》，原刊《安阳发掘报告》1931年第3期，收录徐中舒：《徐中舒历史论文选辑》上册，北京：中华书局，1998年版，第148页。

③ 徐中舒：《再论小屯与仰韶》，原刊《安阳发掘报告》1931年第3期，收录徐中舒：《徐中舒历史论文选辑》上册，北京：中华书局，1998年版，第154页。

④ 徐中舒：《再论小屯与仰韶》，原刊《安阳发掘报告》1931年第3期，收录徐中舒：《徐中舒历史论文选辑》上册，北京：中华书局，1998年版，第155页。

⑤ 徐中舒：《再论小屯与仰韶》，原刊《安阳发掘报告》1931年第3期，收录徐中舒：《徐中舒历史论文选辑》上册，北京：中华书局，1998年版，第168页。

⑥ 徐中舒：《再论小屯与仰韶》，原刊《安阳发掘报告》1931年第3期，收录徐中舒：《徐中舒历史论文选辑》上册，北京：中华书局，1998年版，第168页。

⑦ 徐中舒：《再论小屯与仰韶》，原刊《安阳发掘报告》1931年第3期，收录徐中舒：《徐中舒历史论文选辑》上册，北京：中华书局，1998年版，第181页。

⑧ 徐中舒：《再论小屯与仰韶》，原刊《安阳发掘报告》1931年第3期，收录徐中舒：《徐中舒历史论文选辑》上册，北京：中华书局，1998年版，第181页。

⑨ 徐亮工：《从“书”里到“书”外：徐中舒先生的学术与生平》，《古今论衡》2004年第11期，第139页。

文中特别说明："从前我说仰韶文化是虞、夏民族的遗迹，二十年来这个假说，未被证实，亦未被推翻；胡厚宣同志说我放弃了这个假说，这是不确的。"[①]徐氏虞夏、殷商西、东二分说的论证，对日后学术界普遍主张的上古民族文化多元论产生了深刻的影响，更直接为傅氏《夷夏东西说》奠定了较为坚实的理论基础，同时也为徐氏日后"为高辛氏和高阳氏的重新解释铺平了道路"[②]。

第三节　低地农业、高地农业的界说及古史传说的重新解释——上古民族文化东西二分论在古史研究中的运用

20世纪50年代以后，随着黄河流域新石器时代田野考古工作的全面展开，徐中舒在对黄河流域两种不同文化仰韶文化、龙山文化进一步研究的基础上，反复使用低地农业、高地农业来区分黄河流域东、西不同的农业经济，并进而完成了对高辛氏、高阳氏传说解释的充实完善。徐氏以上研究，显然是建立在之前学术界几成"定论"的上古民族文化东西二分论基础之上，可以说是徐氏在新的学术背景下将上古民族文化东西二分论运用于古史研究的典型例证。

早在徐氏之前，傅斯年在《夷夏东西说》一文已较早地将黄河流域的地形区分为"东平原区"与"西高地系"，并从地理学角度论及："因地形的差别，形成不同的经济生活，不同的政治组织。古代中国之有东西二元，是很自然的现象。"[③]在《试论周代田制及其社会性质——并批判胡适井田辨观点和方法的错误》一文，徐氏专列"古中国高地农业与低地农业"一节，论及上古时期黄河流域两个农业中心区的总体形势：

> 近三十年来黄河流域新石器时代遗物的出土，在研究中国古史方面提供了极有价值的资料。根据这些资料使我们相信古中国的农业，是从两个中心区发展起来的。一个是仰韶文化区，这是泾、渭、汾、沁、河、洛，黄土层河谷高原地带，这里的土壤和河流灌溉，不可否

① 徐中舒：《论殷代社会的氏族组织》，（成都）《工商导报·学林副刊》第1期，1951年1月7日，收录徐中舒：《徐中舒历史论文选辑》，北京：中华书局，1998年版，第807页。

② 徐亮工：《从"书"里到"书"外：徐中舒先生的学术与生平》，《古今论衡》2004年第11期，第140页。

③ 傅斯年：《夷夏东西说》，原刊《国立中央研究院历史语言研究所集刊》外编第一种《庆祝蔡元培先生六十五岁论文集》，1933年，收录刘梦溪主编：《中国现代学术经典·傅斯年卷》，石家庄：河北教育出版社，1996年版，第236页。

认的对于农业发展具有远大的前途。一个是龙山文化区，这是围绕着泰山的许多小河河谷丘陵高地，这里的土壤和河流灌溉，对于农业发展也提供了优惠的条件。

在这两个文化区之间，现在是辽阔的冲积平原地带。但远在有史以前，这里还是一个内海，或是一个广大的低下的沮洳薮泽地带，把东西两个高地区完全隔离起来，而且维持了很长的时期都没有交通的可能；因此，古中国才能有两个系统不同的文化。①

徐氏举证司马迁《史记·货殖列传》所举陶和洛邑两个“天下之中”，“就是古中国两个高地区经济的中心，延续到西汉时代还要继续发挥它的作用”。②综上所论，很容易看出低地农业区、高地农业区的界说和两个“天下之中”的表述，基本上是可以看作是徐氏在新的学术背景下对以往上古民族文化东西二分论的具体运用。事实上，在对周代田制进行新的考察之前，徐氏早年考察农业生产工具时，就已注意到耒、耜两种农具的适用范围：“耒为殷人习用的农具，殷亡以后，即为东方诸国所承用。耜为西土习用的农具，东迁以后，仍行于汧、渭之间。”③之后，徐氏在《井田制度探原》一文，亦曾论及：“三晋及郑界于东西土间，春秋、战国之世，乃逐渐采用东方之精耕田制。”④迄低地、高地农业区和两个“天下之中”论点渐趋完善后，徐氏又颇为恰当地运用上古民族文化东西二分论对周代田制作出新的解释：“只有冲积平原才有井田制”，“井田制是中国晚新石器时代，从河谷高地发展到冲积平原上最后完成的田制。它的通行地带，最初只局限于这一地区。后来可能要向邻近的，以及地理条件相

① 徐中舒：《试论周代田制及其社会性质——并批判胡适井田辨观点和方法的错误》，《四川大学学报（社会科学版）》1955年第2期，第52页。

② 徐中舒：《试论周代田制及其社会性质——并批判胡适井田辨观点和方法的错误》，《四川大学学报（社会科学版）》1955年第2期，第58页。徐亮工认为，两个“天下之中”的看法也是傅斯年先生最早提出的。傅氏在《夷夏东西说》一文说，两个地理重心，“属于东平原区，是空桑，别以韦为辅。属于西高地系者，是雒邑，别以安邑为次。”参见徐亮工：《从“书”里到“书”外：徐中舒先生的学术与生平》，《古今论衡》2004年第11期，第140页下注93。在我们今天看来，徐中舒所论两个“天下之中”与傅氏两个“地理重心”，显然有明显的差异，很难以此说傅氏对徐氏“两个中心”说有什么影响。

③ 徐中舒：《耒耜考》，原刊《国立中央研究院历史语言研究所集刊》第二本第一分，1930年，收录徐中舒：《徐中舒历史论文选辑》上册，北京：中华书局，1998年版，第102页。

④ 徐中舒：《井田制度探原》，原刊《中国文化研究汇刊》1944年第4卷上册，收录徐中舒：《徐中舒历史论文选辑》下册，北京：中华书局，1998年版，第742页。

同的地方扩展。但是，它在古中国并不是普遍通行的田制”。①徐氏以战国时期魏国为例，加以说明：

> 战国时代魏国田制每夫百亩，只有邺是每夫二百亩。邺是殷商旧都，是属于高地农业区……所以它的田制，一夫百亩之外，必须有百亩休耕的田。战国时代魏都大梁，它所领导的泗上十二诸侯，都是低地农业区……所以它的田制是属于井田区，一夫只有份田百亩。这两种田制在魏国都有它的悠远的历史。②

20 世纪 20 年代，学术界关于井田有无的论争，旷日持久，相持不下。徐氏从上古民族文化东西二分论的角度，重新审视井田制通行的区域，较之彻底否定井田制的存在的疑古过甚倾向，显然增加了更多科学理性的因素。

之后，徐氏继续运用上古民族文化理论考察传说时代的历史。徐氏指出：“夏代以前的黄河流域不仅没有统一的国家，而且没有统一的经济文化类型和历史民族区。因为东方的龙山文化和西方的仰韶文化，是完全不同的两个文化区。”③《帝王世纪》所编排的三皇五帝系统“是把东方民族传说的太昊、少昊与西方民族传说的尧、舜、禹揉合为一”④。与此同时，徐氏继续论说“夏人本为西方的民族”，启母石的传说“与西方的羌民崇拜白石是有关系的”，“这和东方民族卵生的传说以及后来周人都是不同的”，“夏人的传说完全与商周不同，既不是卵生，也不是‘不坼不副’，而是属于西方系统的”。⑤此外，徐氏还举证说除了禹都安邑属于西方之外，“夏人的其他都邑，也在西方，而不是在东方。这些都邑都是属于彩陶文化的范围”⑥。在以往研究的基础上，徐氏继续重申“夏人是使

---

① 徐中舒：《试论周代田制及其社会性质——并批判胡适井田辨观点和方法的错误》，《四川大学学报（社会科学版）》1955 年第 2 期，第 62 页。

② 徐中舒：《试论周代田制及其社会性质——并批判胡适井田辨观点和方法的错误》，《四川大学学报（社会科学版）》1955 年第 2 期，第 62 页。

③ 徐中舒：《论尧舜禹禅让与父系家族私有制的发生和发展》，《四川大学学报（社会科学版）》1958 年第 1 期，第 1 页。

④ 徐中舒：《论尧舜禹禅让与父系家族私有制的发生和发展》，《四川大学学报（社会科学版）》1958 年第 1 期，第 2 页。

⑤ 徐中舒：《论尧舜禹禅让与父系家族私有制的发生和发展》，《四川大学学报（社会科学版）》1958 年第 1 期，第 5 页。

⑥ 徐中舒：《论尧舜禹禅让与父系家族私有制的发生和发展》，《四川大学学报（社会科学版）》1958 年第 1 期，第 5 页。

用彩陶的居民，彩陶文化是夏人生活所遗留下来的遗迹。经过长期的发展，夏人分为两支，一支是姜姓民族，这是周朝母系的祖先，一是羌族，后来变成了留居于四川、青海、甘肃一带的少数民族。”①在以后的论著中，徐氏反复强调“夏民族就是后来的羌族”②的论点，并在晚年较为明确地提出了“周族出于白狄”③说。在此期间，徐氏关于夏人、周人族属问题的探讨，进一步丰富和深化了傅斯年早年“与其信周之先世曾窜于戎狄之间，毋宁谓周之先世本出于戎狄之间。姬姜容或是一支之两系，特一在西，一在东耳”④的推论，为上古民族文化东西二分论增加了更具说服力的民族学方面的证据。

值得注意的是，自 20 世纪 50 至 80 年代，在上古民族文化东西二分论的影响下，徐氏逐渐将东西两个古史系统和传说中的高辛氏与高阳氏联系起来，这在徐氏去世后由其学生整理、巴蜀书社 1992 年出版的《先秦史论稿》中有较为系统的论述。徐氏认为：“龙山文化可能就是传说的高辛氏所建立的文化。‘辛’即‘薪’，是树木，是以森林地带为其特征的。这是比较低下、阴森的生存地域，其地理位置也以黄河下游低地一带为主”⑤，“而高阳氏则反映高原地带林木早经砍伐，阳光普照的农业区”⑥。徐亮工认为：“徐先生东西二分乃至高辛、高阳说的充实完善，应与傅斯年先生的影响有密切的联系。”⑦然而值得注意的是，徐氏所建立的东西两个古史系统和前引傅氏编排的东西两个古史系统，明显差别颇大。由此可见，徐氏并非简单机械、不加分析地照搬照抄以傅氏为代表的上古民族文化东西二系说，而是不断关注中国田野考古新发现，不断在新的学术背景下对传统的上古民族文化东西二系说进行补充和完善，并逐步建立起自己独到的古史理论体系。徐亮工指出：“徐先生从《古史辨》那里拾起被其撕成碎片的上古史，在王国维先生《殷周制度论》的启发下，以自己对古史的独特认识……对高辛氏和高阳氏这一古老传说作出了全新

① 徐中舒：《论尧舜禹禅让与父系家族私有制的发生和发展》，《四川大学学报（社会科学版）》1958 年第 1 期，第 5—6 页。

② 徐中舒：《先秦史论稿》，成都：巴蜀书社，1992 年版，第 26 页。

③ 徐中舒：《西周史论述（上）》，《四川大学学报（哲学社会科学版）》1979 年第 3 期，第 91 页。

④ 傅斯年：《与顾颉刚论古史书》，原刊《国立中山大学语言历史学研究所周刊》1928 年第 2 集第 13—14 期，引自刘梦溪主编：《中国现代学术经典·傅斯年卷》，石家庄：河北教育出版社，1996 年版，第 417 页。

⑤ 徐中舒：《先秦史论稿》，成都：巴蜀书社，1992 年版，第 17 页。

⑥ 徐中舒：《先秦史论稿》，成都：巴蜀书社，1992 年版，第 19 页。

⑦ 徐亮工：《从“书”里到“书”外：徐中舒先生的学术与生平》，《古今论衡》2004 年第 11 期，第 140 页下注 91。

的解释，并成为他研究中国上古历史的一条主线。”[①]综观中国现代学术史可知，徐亮工的这一评说，显然是公允的。

第四节 上古民族迁徙分合与文化交流的考察与分析——对传统上古民族文化东西二分论的补正

综上所论，中国上古民族文化二分论有一个孕育、几成“定论”及在学术质疑中不断修订完善的过程。“对于东亚大陆上古时代东西二分——高辛与高阳的解释，夏商之际、殷周之际的民族迁徙以及这一时期东亚大陆文化与周边文化的影响和传播，构成了徐先生先秦史研究中的骨干和精髓。”[②]“殷、周民族与文化的分合，成为徐先生中国上古史研究中又一主要线索。”[③]从中国现代学术史的视角看，传统的中国上古民族文化东西二分论最容易遭到的疑问，即是上古族群流徙分合、杂居混融与不同文化之间交流传播和渗透始终没有停止过，简单地将上古民族文化区分为东西二系，不仅不能真实地反映包括长江流域、珠江流域、辽河流域等更大范围内的中国上古民族文化史的总体概况，同时也容易造成用静止的观点看待黄河流域上古民族文化面貌的错觉。应该强调的是，徐氏所处的时代，长江、珠江、辽河等流域的新石器时代考古工作尚未全面展开，因此，和传统的中国上古民族文化东西二分论者集中以黄河流域夏、商、周三代作为考察重点类似，他所建立的独到的上古民族文化东西二分论体系，是有特定的民族文化时空背景的。然而，与传统的上古民族文化东西二分论者不同，徐氏高度关注上古时期民族迁徙分合与文化交流传播的客观事实，这在某种意义上，对传统中国上古民族文化东西二分论起到了继续补正的作用。

早在20世纪20年代对中国古代社会研究之始，徐氏就已经充分注意到上古民族构成、分合与文化交流传播的客观事实，并终其一生对传统中国上古民族文化东西二分论作有益的补正。从徐氏向清华国学研究院提交的两篇论文中可以看出，这一学术思想已初露端倪。

徐氏在《从古书中推测之殷周民族》中“夷与尸同字，人之形体曰

① 徐亮工：《从“书”里到“书”外：徐中舒先生的学术与生平》，《古今论衡》2004年第11期，第138页。

② 徐亮工：《从“书”里到“书”外：徐中舒先生的学术与生平》，《古今论衡》2004年第11期，第138页。

③ 徐亮工：《从“书”里到“书”外：徐中舒先生的学术与生平》，《古今论衡》2004年第11期，第147页。

尸，故夷之本义当训人；戎从戈从甲，其本义亦当训兵，原无贱恶之意”及“以戎、夷，与闽、蛮、貉、狄并称，盖以为异族，此后起之说”①的观念与日后傅斯年“蛮、夷、戎、狄、闽、貉皆是国名，在初非有贱意”、“闽盖民之后起字。夷即人之分化字”②与“黎之一词，初亦为族类之名，后来乃以为‘老百姓’之称”、“‘民’之一词亦疑其亦本为族类之名。民、蛮、闽、苗，诸字皆双声，似是一名之分化”③等表述，异曲同工，对于科学地揭示上古时期民族构成与分合具有重要的启发意义。之后，在《巴蜀文化续论》一文，徐氏对“戎”的原始语义又作了修订，利用留存下来十分稀少的语言学材料结合历史文献、考古资料和民族学材料，从文化地理学角度，对上古族群称谓进行了一次系统的开拓性研究。④徐氏修改了前人以戎“训兵”的观点，以为“戎是居于山岳地带城居的部族”，并还提出了“百越出于龙山文化，百濮出于仰韶龙山的混合文化”“古称匈奴为胡，他们原是东方部族”“氐族即为居于水滨或低下的平原的族类”及羌“原是农业与牧羊相结合的部族”“楚濮同出殷遗”，以及巴、濮人民“本来就是一家，后来由统治部族的不同，才把他们分裂为巴、濮两族”“狄是居在森林中的部族”等一系列精湛的观点，之后在《论商于中、楚黔中和唐宋以后的洞——对中国古代村社共同体的初步研究》一文又再次重申了“蛮、闽、芈都是对人的通称，原无任何贱视之意”⑤的论点。通过对上古族群语义的系统研究，徐氏指出：

> 氓和民是中国历史上最广大的土著部族。他们和历史上称为蛮或闽的人，都属同音同义的名称。在更古的年代里，他们就应属于同一族类的人群。他们就是中国历史上最广大的劳动人民，他们就是中国历史的创造者。在印欧语系里以 man 为人的单数之称，以 men 为人的复数之称。在单音缀的汉语，虽无单复之分，但宋元以后称复数的人仍缀以每或们，如我每、你每、他每、我们、你们、他们之类，每或们，也就是民或闽的转音。这一个名称，可能为人类同源说在语言

① 徐中舒：《从古书中推测之殷周民族》，《国学论丛》1927 年第 1 卷第 1 号，收录徐中舒：《徐中舒历史论文选辑》上册，北京：中华书局，1998 年版，第 29 页。

② 傅斯年：《〈新获卜辞写本后记〉跋》，原刊《安阳发掘报告》1930 年第 2 期，刘梦溪主编：《中国现代学术经典 · 傅斯年卷》，石家庄：河北教育出版社，1996 年版，第 388—389 页。

③ 傅斯年：《性命古训辩证》，刘梦溪主编：《中国现代学术经典 · 傅斯年卷》，石家庄：河北教育出版社，1996 年版，第 106 页。

④ 徐中舒：《巴蜀文化续论》，《四川大学学报（社会科学版）》1960 年第 1 期，第 1—43 页。

⑤ 徐中舒：《论商于中、楚黔中和唐宋以后的洞——对中国古代村社共同体的初步研究》，《四川大学学报（哲学社会科学版）》1978 年第 1 期，第 59 页。

上的一个佐证。①

貉也应是氓民的转音。因此貉族也就是从氓民分化出来的一支。②

之后，徐氏又对上古民族构成与分合情况作了总体的概述：

中国基本的广大的人民群众，原来就只有蛮僚两族，甚至于僚还是蛮的一支。从远道来的，也只有使用细石器的狄族。他们在长期杂居之后，也成为蛮僚的姻族。中国广大的人民群众，原来就是一家。自从阶级社会出现以后，他们为统治部族所把持、所分割形成无数的部族。自从这些逃亡的部族进入江南以后，在长期闭塞的农业公社之间，就起了一个根本的变化，而他们的族类，也就从此日趋复杂了。③

综上所述，徐氏通过对上古民族构成与分合的系统分析，不断补正完善着他自己建立起的独到的上古民族文化东西二分论。至于此后民族学界普遍主张的中华民族多元一体格局④的形成，实际上与上古以来的民族迁徙分合，有着极为密切的关系。

在《从古书中推测之殷周民族》一文开篇，徐氏即强调："殷、周之际，我国民族之分布，实经一度极剧之变迁。"⑤他从黎、民语义对上古民族分化、迁徙推论："黎民疑即西伯戡黎之黎。黎在殷、周之际……与殷人同为东方民族。周既灭殷，黎之遗族，或留居故土，周人谓之白狄，战国以后为东胡。或南迁于淮，春秋时为徐，为群舒。或与殷人错居于中国，周人呼之曰民，累言则曰黎民。厥后与周民族渐次混合，遂成为今日中国之汉族。此两民族既经混合之后，种族之分已泯，于是黎民遂为黎庶之称。"⑥徐氏向清华国学研究院提交的《徐奄淮夷群舒考》一文，虽然得到梁启超"从音训及金文款识以贯串传注，精思独辟，有左右逢源之

① 徐中舒：《巴蜀文化续论》，《四川大学学报（社会科学版）》1960年第1期，第31—32页。

② 徐中舒：《巴蜀文化续论》，《四川大学学报（社会科学版）》1960年第1期，第32页。

③ 徐中舒：《巴蜀文化续论》，《四川大学学报（社会科学版）》1960年第1期，第43页。

④ 费孝通：《中华民族的多元一体格局》，《北京大学学报（哲学社会科学版）》1989年第4期，第1—19页。

⑤ 徐中舒：《从古书中推测之殷周民族》，《国学论丛》1927年第1卷第1号，收录徐中舒：《徐中舒历史论文选辑》上册，北京：中华书局，1998年版，第26页。

⑥ 徐中舒：《从古书中推测之殷周民族》，《国学论丛》1927年第1卷第1号，收录徐中舒：《徐中舒历史论文选辑》上册，北京：中华书局，1998年版，第30—31页。

乐”[①]的高度赞誉，但该文在徐氏去世前始终没有发表，直到徐氏去世后方由其后人以《蒲姑、徐奄、淮夷、群舒考》为题发表于《四川大学学报（哲学社会科学版）》1998年第3期，今日我们仍可看到该文原貌。徐氏认为，蒲姑、徐奄、淮夷、群舒四者之间有极为密切的关系，尤其指出“春秋淮南之地有群舒之国：曰舒、曰舒黎、或曰黎，曰舒庸、曰舒鸠、曰英、曰六、曰宗、曰巢，皆徐之别封也。以文字言之，舒为徐之讹字……以地理言之，徐与舒壤地相接，又同为从齐、鲁南迁之民族。……故由文字、地理及其南迁之迹观之，群舒为徐之支子余胤之别封者”[②]之论点，与近几十年来的考古发现“有颇多吻合之处”[③]。徐氏以上两篇论文，互为表里，初步揭示了中国上古民族文化之间长期迁徙分合的客观事实。

之后，徐氏全面考察夏商之际、殷周之际的两次民族大迁徙对中华民族格局的影响。在《再论小屯与仰韶》一文，徐氏首次揭橥“大月氏、大夏为虞夏民族西徙后的名称”[④]，之后又在《月氏为虞后及“氏”和“氐”的问题》一文，对以上论点加以继续阐发[⑤]。在《巴蜀文化续论》一文，徐氏指出：“夏商之际和殷周之际两次革命，也是中国历史上两次规模最大的部族迁徙”[⑥]，并详细举证了夏商之际夏族后裔迁南巢，夏部族中的韦、顾、昆吾三族远徙北方，周公东征后殷族南北移徙及商部族中的蒲姑南北移徙对之后中华民族格局的影响。此后，徐氏在《夏史初曙》[⑦]、《西周史论述（下）》[⑧]及《先秦史论稿》[⑨]中均反复加以论述。在《夏史初曙》一文，徐氏在继续对夏商之际夏族及韦、顾、昆吾三族迁徙状况作系统考察的基础上，特别强调：“中国历史上的辽、金、元、清四代，都应是室韦的后裔……就是室韦重返中原与我们共同缔造区夏，并不

① 徐中舒：《蒲姑、徐奄、淮夷、群舒考》，《四川大学学报（哲学社会科学版）》1998年第3期，第65页。

② 徐中舒：《蒲姑、徐奄、淮夷、群舒考》，《四川大学学报（哲学社会科学版）》1998年第3期，第73—75页。

③ 孔令远：《徐国的考古发现与研究》绪论，北京：中国文史出版社，2005年版，第3页。

④ 徐中舒：《再论小屯与仰韶》，《安阳发掘报告》1931年第3期，收录徐中舒：《徐中舒历史论文选辑》上册，北京：中华书局，1998年版，第168页。

⑤ 郑德坤、徐中舒、冯家升：《月氏为虞后及“氏”和“氐”的问题》，《燕京学报》1933年第13期，第209—215页。

⑥ 徐中舒：《巴蜀文化续论》，《四川大学学报（社会科学版）》1960年第1期，第33页。

⑦ 徐中舒：《夏史初曙》，《中国史研究》1979年第3期，收录徐中舒：《徐中舒历史论文选辑》上册，北京：中华书局，1998年版，第1349—1354页。

⑧ 徐中舒：《西周史论述（下）》，《四川大学学报（哲学社会科学版）》1979年第4期，第92—100页。

⑨ 徐中舒：《先秦史论稿》，成都：巴蜀书社，1992年版。

是什么外族入侵。”[1]综上可见，徐氏对上古民族构成与迁徙分合的论述，从民族史角度为中国上古民族文化东西二分论提供了具有重要说服力的支撑，进一步从民族史角度深化与完善了他建立起的中国上古民族文化东西二分论的理论体系。

徐氏主张中国上古民族文化东西二分，但从未否认上古时期各族之间的文化交流传播与渗透。早在20世纪30年代，徐氏指出：“周之代殷，不但承袭其统治权，并其文化都完全承袭了。”[2]之后，徐氏在《论殷代社会的氏族组织》一文，另论及“殷代的末期已经是走入了家族的宗法社会了”，并推测周人的昭穆制度“是周康王以后周人从东方抄袭来的典礼”。[3]在《周原甲骨初论》一文，徐氏推测：“周原文化……有东西两个来源：东面的姬族来源于晋陕之间的光社文化，西面的姜族来源于甘肃地区的辛店文化和寺洼文化。周原文化就是这两方面文化的融合。”[4]总之，徐氏始终强调殷、周文化之间的继承关系。结合之前徐氏所阐发的“殷、周非同种民族”说，不难发现，在徐氏看来，上古时期文化交流、传播乃至相互渗透，与中国上古民族文化东西二分论并不矛盾。

此前，徐氏曾从宏观的视野阐述文化发展与文化交流之间的关系：

> 人类文化演进，不外两途：其一由于文化自身之继续发展，其又一则由于接受外来文化之影响。此二者实相互为用。历史上固无全然孤立之文化，亦无全然受外来文化支配之民族。[5]

徐氏曾推测“殷墟之青铜器与两轮大车，由北狄自西方输入”，并由此论及“中国文化在远古并非孤立”[6]。他还以齐、鲁文化为例，举证上

---

① 徐中舒：《夏史初曙》，《中国史研究》1979年第3期，收录徐中舒：《徐中舒历史论文选辑》上册，北京：中华书局，1998年版，第1354页。

② 徐中舒：《殷周文化之蠡测》，《国立中央研究院历史语言研究所集刊》第二本第三分，1931年，第279页。

③ 徐中舒：《论殷代社会的氏族组织》，（成都）《工商导报·学林副刊》第1期，1951年1月7日，收录徐中舒：《徐中舒历史论文选辑》下册，北京：中华书局，1998年版，第805、811页。

④ 徐中舒：《周原甲骨初论》，《古文字研究论文集》第10辑，成都：四川人民出版社，1982年版，第1页。

⑤ 徐中舒：《古代狩猎图象考》，原刊《国立中央研究院历史语言研究所集刊》外编《蔡元培先生六十五岁纪念论文集》下册，1933年，收录徐中舒：《徐中舒历史论文选辑》上册，北京：中华书局，1998年版，第291页。

⑥ 徐中舒：《北狄在前殷文化上之贡献——论殷墟青铜器与两轮大车之由来》，《中华文化论坛》2000年第1期，第50、32页。

古时期文化之间长期进行交流与传播的客观事实：

> 此黑陶文化以出土遗址年代而言，大致即以齐、鲁为中心，而渐次向西传播。及晚周之际，此黑陶文化在东方仍可见出其遗留之痕迹……据此齐、鲁文化乃以早于殷虚之黑陶文化为基础。及春秋、战国之际，因国力之膨胀，及交通之频仍，复与殷、周以来之王室文化，及江、淮流域之文化相结合，而同时复受海上外来文化之影响。①

在徐氏看来，文化之间的交流、传播乃至渗透，必然会引起固有文化面貌的改变，但总的来看，“先秦文化虽受有些许外来影响，而大部分仍为中国文化自身继续发展之结果”②，此似乎从一个侧面揭示出，上古时期文化之间的交流与传播的客观存在，并未能在相当长的时期彻底改变中国上古民族文化东西二分的总体格局。

第五节　徐氏上古民族文化东西二分论的学术价值

综上所论，在长期的学术实践中，徐氏直接继承中国新史学家的研究成果，综贯会通，不断进行完善补正，从而逐步完成了中国上古民族文化东西二分论的重构，建立起独到的理论体系。徐氏上古民族文化“东西二分”论为新史学家在古史辨派打破“民族出于一元”“地域向来一统”等观念基础上夏、商、周三代民族文化理论的建构产生了深刻的影响，并不断加速着中国上古民族文化理论体系重塑，从总体上向着更加科学完善的方向推进，因而徐氏这一理论重构是具有承前启后、继往开来的价值和意义的。

首先，从中国现代学术史的视角，不难看出，从“打破”到“再构”标志着中国古史研究已经超越纯粹的疑古辨伪，向着古史重建的道路上迈进。从王国维、傅斯年到徐中舒，中国上古民族文化东西二分的论点体系在批判继承中不断得以完善，加速了传统史学观念的更新与转型，并对蒙文通将中国古代民族区分为“江汉民族”“河洛民族”“海岱民族”的“太

① 徐中舒：《古代狩猎图象考》，《国立中央研究院历史语言研究所集刊》外编《蔡元培先生六十五岁纪念论文集》下册，1933年，收录徐中舒：《徐中舒历史论文选辑》上册，北京：中华书局，1998年版，第293页。

② 徐中舒：《古代狩猎图象考》，《国立中央研究院历史语言研究所集刊》外编《蔡元培先生六十五岁纪念论文集》下册，1933年，收录徐中舒：《徐中舒历史论文选辑》上册，北京：中华书局，1998年版，第292页。

古民族三系说”；丁山将夏、商、周区分为“中原固有之民族”“东北民族燕亳山戎之类”“西北民族戎狄之类”之“三系说”及徐旭生将中国上古民族区分为“华夏集团”“东夷集团”“苗蛮集团”的“三集团说”，产生了直接深刻的影响。随着田野考古工作的全面展开与文化人类学、历史地理学等的蓬勃发展，自 20 世纪 80 年代以后，学术界逐渐打破黄河流域是中华民族文明唯一中心的传统观念，从更为广阔的地理和文化背景重新审视中国上古民族文化发生、发展的区系类型和文化特征，并陆续提出了“五分说”[①]、“六大区域说”[②]和“九大人文地理区系说”[③]等崭新观点。在此基础上，学术界越来越多的学者积极主张的中国文明起源多元说或多元一体说，毫无疑问，更能科学准确地揭示出中国文明起源的历史实际和复杂性特点。由此可见，中国上古民族文化东西二分论是 20 世纪中国上古民族文化一元论向多元论或多元一体论转变过程中不可或缺的重要环节。

其次，研究范式的创新与多学科交叉方法的运用，拓宽了中国上古民族文化史研究的视野，从根本上改变了中国上古民族文化史研究的面貌。徐氏对上古民族文化东西二分论之再构，以整体研究与综合研究为鲜明特色，逐渐建立起有别于实证史学的跨文化研究和文化阐释的崭新范式，并由此促成中国现代学术格局的质变。[④]徐氏自觉运用文献资料、古文字资料、田野考古资料，高度重视语言学材料的辅助作用和作为活化石的民族学材料的比较参证价值，在此基础上积极倡导并科学实践的古史多重证法，使上古民族文化史研究因视野逐步开阔和科学性进一步增强而不断得以深化。早在 20 世纪 40 年代，顾颉刚先生评价说，新史学兴起以来的古史研究，“以民族史方面的探讨为最有成绩”，“这方面的研究确实给我们在长夜漫漫中找到了一线曙光，使我们在紊如乱丝的古史传说中摸到了真实的边际”。[⑤]在今天看来，顾氏的这一评价显然是公允的，但他将古代民族史研究所取得的巨大成绩仅仅“归功于刘师培和王国维两先生”[⑥]，显然并不客观。综合以上研究可知，如果说刘氏在古代姓氏传说中，仅仅

① 邹衡：《关于夏商时期北方地区诸邻境文化的初步探讨》，《夏商周考古学论文集》，北京：文物出版社，1980 年版，第 293 页。

② 苏秉琦、殷玮璋：《关于考古学文化的区系类型问题》，《文物》1981 年第 5 期，第 10—17 页。

③ 邵望平：《〈禹贡〉“九州”的考古学研究》，《考古学文化论集》第 2 集，北京：文物出版社，1989 年版，第 11—30 页。

④ 叶舒宪：《国学方法论的现代变革》，《文史哲》1994 年第 3 期，第 44—51 页。

⑤ 顾颉刚撰，王晴佳导读：《当代中国史学》，上海：上海古籍出版社，2002 年版，第 127 页。

⑥ 顾颉刚撰，王晴佳导读：《当代中国史学》，上海：上海古籍出版社，2002 年版，第 127 页。

“研究出古代民族史的一个面目”，提出“很宝贵的见解”，王氏由上古都邑变迁转而重点探讨殷周之际的制度变革，徐氏对上古民族文化东西二分论之再构，则在积极拓展中国上古民族文化史研究视野的基础上，从根本上改变了中国上古民族文化史研究的面貌。

最后，徐氏在对低地农业、高地农业进行科学解说的基础上，对中国上古民族文化东西二分论的补充完善，对于解决学术史上井田制有无、殷周文化制度之间差异性大于继承性，抑或是继承性大于差异性，以及由此引发的西周社会性质等重大理论性问题，提供了有价值的参考意见。此外，徐氏对“民”“氓”“戎”等上古族群称谓的语义分析①，对于重新审视上古时期的民族格局与上古民族史重构，具有重要的借鉴意义。

总之，在王国维《殷周制度论》与傅斯年《夷夏东西说》的基础上，徐氏经过长达半个世纪的批判继承、借鉴吸收、补充完善，最终建立起独到完善的中国上古民族文化东西二分论体系。徐氏这一科学的理论建构，为新时期中国上古民族文化史研究建立起了崇高的学术水准和新的研究起点，对于中国上古民族文化史研究的进一步拓展与深化具有重要的理论指导意义。值得注意的是，徐氏建构的中国上古民族文化东西二分论，总体上是以上古时期黄河流域民族文化为考察对象的。随着南方田野考古工作的逐渐展开，徐氏晚年亦日渐对南方新石器时代考古文化予以高度关注。诸如徐氏曾论及：“河姆渡文化（三、四层）—马家浜（下）—崧泽（中）—良渚诸文化的序列……这些江南地区的新石器文化，从苏南经浙北太湖区域，南及杭嘉湖地域，其文化遗存的面貌，虽有不少差异，但似可认为大体属于一系。……我们完全有理由认为新石器时代的主要三大文化系统——仰韶、大汶口和河姆渡，应以河姆渡系统是较为早期的先进文化，虽然它们各有所长和各有特点。”②这亦从一个侧面表明，迄 20 世纪 80 年代，徐氏的中国上古民族文化理论仍处于继续完善之中。

附　记

2008 年 12 月，《徐中舒先秦史讲义》（以下简称《讲义》）由天津古

① 周书灿：《“民”、“氓”语义转换及周代“氓”之身份考察》，《苏州大学学报（哲学社会科学版）》2011 年第 1 期，第 162—166、192 页；周书灿：《戎夏一源说续论》，《中州学刊》2011 年第 5 期，第 176—179 页。

② 徐中舒、唐嘉弘：《河姆渡文化的历史地位》，《中国古代史论丛》第 8 辑，福州：福建人民出版社，1983 年版，第 45 页。

籍出版社出版。《讲义》包括徐中舒先生 1957 年《先秦史专题课讲义》和 1982 年《先秦史讲义》两部分。徐亮工在该书《后记》中提到："1982 年，徐先生为先秦史方向研究生讲课时，因为前一年先生承担了高教部委托编写高等院校《先秦史》教材的任务，因此这次授课，自始至终都作了录音，并由四川大学历史系教师江玉祥、徐亮工根据录音整理成文。"① 然值得注意的是，这部"根据录音整理成文"的《讲义》，不少论点与徐先生 1979 年之前建构起来的中国上古民族文化东西二分论的论点颇相矛盾。兹略举数例：

（1）唐尧是直接承继帝喾，商人、周人都是帝喾之后，说明三个朝代都是出于东方高辛氏，属于龙山文化系统。虞夏则出于西方的高阳氏，属于仰韶文化系统。②

按：根据以上论述，则徐氏所建立的两个东西文化系统如下：

西方高阳氏（仰韶文化）——虞夏

东方高辛氏（龙山文化）——唐、商、周

以上"唐尧是直接继承帝喾，商人、周人都是帝喾之后"的主要依据为《史记·五帝本纪》《殷本纪》《周本纪》及司马迁所依据的先秦文献。早在 1927 年，徐氏在《从古书中推测之殷周民族》一文已明确对"此东西两土之民族，是否为同一民族"表示过疑问，并对王国维"以族类言之，则虞、夏皆颛顼后，殷、周皆帝喾后，宜殷、周为亲"③的论点进行批判："汉人所传之《世本·帝系姓》，谓殷、周同出帝喾之后。世远代湮，其说难征"④，两相对照，则显得自相矛盾。此外，随着夏、商、周考古工作的全面展开与先秦史的深入研究，《讲义》中关于唐、商、周都出于龙山文化系统的推论，同样疑点颇多。综上所述，《讲义》所列的两个东西文化系统与事实不符，未见于徐中舒先生 1979 年之前的论著。

（2）龙山文化是从南方长江流域的河姆渡文化发展来的，从南方沿海

① 徐中舒著，徐亮工整理：《徐中舒先秦史讲义》，天津：天津古籍出版社，2008 年版，第 394 页。

② 徐中舒著，徐亮工整理：《徐中舒先秦史讲义》，天津：天津古籍出版社，2008 年版，第 207—208 页。

③ 王国维：《殷周制度论》，《观堂集林》第二册卷十《史林二》，北京：中华书局，1959 年版，第 452 页。

④ 徐中舒：《从古书中推测之殷周民族》，《国学论丛》1927 年第 1 卷第 1 号，收录徐中舒：《徐中舒历史论文选辑》上册，北京：中华书局，1998 年版，第 26 页。

北上，到达黄河流域大约是在四五千年前，到北方就要更晚一些。[①]

按：以上观点亦未见于徐中舒先生1979年之前的论著。1992年8月由其学生整理、巴蜀书社出版的《先秦史论稿》中，则屡屡有以下论述：

东亚大陆东部沿海地区文化的发达，也可以从河姆渡文化的考察而得知。这个文化的发展，又是同黄河流域两种不同文化的发展互相影响交融的。

开发低地的责任，是由东方民族担负的。代表东方民族的黑陶文化，由山东向西南发展到淮河流域，在这里出现了晚新石器时代的黑陶。南方低地的开发是使用黑陶人民的功绩。

龙山文化由山东西南部向河南东南及安徽、江苏北部发展，在那里到处出现孤堆或高出地面五、六公尺的台地。

从农田开发来看，仰韶文化是较早的，但在龙山文化的南方河姆渡、良渚等文化，比仰韶文化还要高。[②]

综合以上记载，令人不解的是，徐先生于1979年之前，未曾发表过“龙山文化是从南方长江流域的河姆渡文化发展来的”的“观点”；相反，福建人民出版社于1983年12月出版的《中国古代史论丛》第8辑中收录的徐中舒先生和唐嘉弘先生联名发表的《河姆渡文化的历史地位》一文，则应代表徐先生的真实意见，而该文中的以下论述恰可为“龙山文化是从南方长江流域的河姆渡文化发展来的”的“观点”提出有力的反证：

据考古发掘材料，马家浜期似可溯源于河姆渡文化，它似经过崧泽期发展为良渚文化。这一情况，犹如大汶口文化——青莲岗文化经过刘林期和花厅期，衍变为龙山文化。它们二系，可能各有其前后承袭发展的过程。

从全国范围的新石器时代遗存来看，大汶口文化和河姆渡文化各氏族部落之间，肯定在相当早的时期已有了相互交往，他们相互渗透和融合，不断形成新的文化类型；并非向西、向北和向西南等地移徙。

河姆渡文化（三、四层）—马家浜（下）—崧泽（中）—良渚文

① 徐中舒著，徐亮工整理：《徐中舒先秦史讲义》，天津：天津古籍出版社，2008年版，第201页。

② 徐中舒：《先秦史论稿》，成都：巴蜀书社，1992年版，第4、7、8、19页。

化的序列……这些江南地区的新石器文化，从苏南经浙北太湖区域，南及杭嘉湖地域，其文化遗存的面貌，虽有不少差异，但似可认为大体属于一系。……我们完全有理由认为新石器时代的主要三大文化系统——仰韶、大汶口和河姆渡，应以河姆渡系统是较为早期的先进文化，虽然它们各有所长和各有特点。①

综上可知，尽管徐先生很明确地表示，新石器时代各氏族部落间“有了相互交往”，“他们相互渗透和融合，不断形成新的文化类型”，但其力证河姆渡文化和龙山文化分属南北“二系”。应该说明的是，徐氏以仰韶、大汶口和河姆渡为“新石器时代的主要三大文化系统”，与此前徐氏建构的中国上古民族文化东西二分论，并不矛盾，这是由于其考察中国上古民族文化区域范围的不同所致。这亦从一个侧面表明，徐氏有关中国上古民族文化理论的建构始终处于不断完善的过程之中。

（3）仰韶文化（即夏代的文化）发展到东方向西形成了二里头文化。②

按：综前所论，徐氏关于“仰韶为夏民族曾经居住之地”的提议始终没有改变。此后，徐氏在《论殷代社会的氏族组织》一文中特别说明：“从前我说仰韶文化是虞、夏民族的遗迹，二十年来这个假说，未被证实，亦未被推翻；胡厚宣同志说我放弃了这个假说，这是不确的。”③但事实上，在1979年徐氏发表于《中国史研究》第3期的《夏史初曙》一文中则明确表示：“夏文化的中心地带现已查明，就是分布在河南的龙山文化和二里头文化。”尽管徐氏仍强调“传说中虞、夏文化分布之区，原与仰韶文化为近，古代虞、夏两族从黄土高原逐渐发展到河西、河东以及伊、洛、汾、沁之间，乃受龙山文化影响而形成二里头文化”，但通读以上文字则不难发现，随着田野考古工作的逐步展开，徐氏只是说“虞、夏文化分布之区，原与仰韶文化为近”，并没有将仰韶文化与夏文化对等。

（4）唐、虞、夏的部族联盟，可以从夏家店下层文化来说明。唐、虞、夏这三个部族正是在夏家店下层文化这里汇合，共同抵御北方民族

---

① 徐中舒、唐嘉弘：《河姆渡文化的历史地位》，《中国古代史论丛》第8辑，福州：福建人民出版社，1983年版，第43、42、45页。

② 徐中舒著，徐亮工整理：《徐中舒先秦史讲义》，天津：天津古籍出版社，2008年版，第224页。

③ 徐中舒：《论殷代社会的氏族组织》，原刊（成都）《工商导报·学林副刊》第1期，1951年1月7日，收录徐中舒：《徐中舒历史论文选辑》下册，北京：中华书局，1998年版，第807页。

的侵扰。[①]

按：在《先秦史论稿》一书专列有“唐虞夏的部族联盟”一节，徐氏举证民族史上的夫余、契丹等族的例子，但整节没有涉及夏家店下层文化问题。所谓1982年的《先秦史讲义》中，用了大量篇幅讲到远古时期生态变化问题：“从夏家店下层文化可知这里在古代农业还是很发达的。”“大约是在四千年前，龙山文化传播到这里与早已到达这里的仰韶文化相汇合并取代了后者，成为夏家店下层文化的主体。”“东西方两种文化接触的结果便产生了唐虞夏的部族联盟，他们联合起来共同抵御北方民族的侵袭。”[②]同样，以上考古资料，不知为何人补充，但可以肯定的是，1979年前徐先生的论著中从没有论及以上问题。

关于徐先生1982年的《先秦史讲义》，或系他人根据徐先生早年的《先秦史专题课讲义》或某些论著整理而成，整理者或非一人，其中自然掺杂有整理者个人的“观点”，并不能完全代表徐先生个人的学术论点。1982年由他人整理的相关“讲义”内容，不宜作为徐中舒学术思想研究的基础资料。1982年以后，徐先生年迈多病，基本很难从事学术研究，这一点也可以从1998年巴蜀书社出版的《徐中舒先生百年诞辰纪念文集》收录的徐亮工1985年编的《徐中舒先生生平编年（未定稿）》记载中得到印证。

《徐中舒先生生平编年（未定稿）》记载：

> 1月24日，会议（按，指1月23—24日四川省词典领导小组于成都召开，研究部署《汉语大字典》（八卷本）的最后复审、终审及发排工作的扩大会议）结束，晚上回家后即感不适，第三日病情加重，请华西医大附一院内科主任医师朱定英（老友胡鉴民先生之儿媳）来家诊治，朱医生建议下周一送华西医大附一院作进一步检查（因当天已是周六）。28日上午送华西医大附一院诊治，经CT扫描，确诊为脑溢血，收入该院内科6病室住院治疗。经抢救挽回了生命，但留下了下身瘫痪的后遗症。[③]

---

① 徐中舒著，徐亮工整理：《徐中舒先秦史讲义》，天津：天津古籍出版社，2008年版，第222页。

② 徐中舒著，徐亮工整理：《徐中舒先秦史讲义》，天津：天津古籍出版社，2008年版，第223—225页。

③ 徐亮工编：《徐中舒先生生平编年（未定稿）》，《徐中舒先生百年诞辰纪念文集》，成都：巴蜀书社，1998年版，第372页。

《徐中舒先生生平编年（未定稿)》还提到，1985年：

> 1月，招收先秦史专业博士研究生一名：陈力，由唐嘉弘先生协助培养；古文字学专业博士研究生两名：彭裕商、方述鑫，由伍仕谦、常正光先生协助培养。
>
> 9月，招收先秦史专业博士研究生二名：赵世超、李玉洁，分别由罗世烈、唐嘉弘先生协助培养；古文字学专业博士研究生一名：李曦，由伍仕谦、常正光先生协助培养；宋史专业博士研究生二名：蔡崇榜、刘复生，由吴天墀先生协助培养。①

可以确定无疑的是，1985年1月，徐先生已完全不能从事教学科研活动。1982年，即使徐先生还能勉强上课，但年迈多病，记忆力衰退，《徐中舒先生生平编年（未定稿)》提到，该年：

> 3月3日，先生在家中所设的“古文字研究室”开始为82级先秦史研究生讲授先秦史专题课，每周半天。这也是为编写国家教育部委托的高等院校教材《先秦史》做准备。在该课程开讲时，先生即将此目的讲明：“我们打算搞一个先秦史讨论集。79年先秦史进修班时就打算这样做。这个讨论集作为‘先秦史’的大纲，希望大家提出不同的意见，一方面补充，一方面完善。以后每周讲授一次两次，或进行讨论。”②

尽管《徐中舒先生生平编年（未定稿)》中列举了徐先生讲授的13个专题名称，但并未明确有什么“讲义”内容。再根据以上所述可知，这个所谓的“讲义”充其量只不过是一种“打算”，或是未完成的“大纲”。徐亮工在《徐中舒先生生平编年（未定稿)》编者注中写有：“先生于上年底接受国家教育部的委托，编写教材《先秦史》。本年初，成立编写组，由先生任主编，唐嘉弘先生任副主编，罗世烈、缪文远、江玉祥、徐亮工等先生参加工作。”③徐先生去世后，由其学生整理、巴蜀书社于1992年8

① 徐亮工编：《徐中舒先生生平编年》(未定稿)，《徐中舒先生百年诞辰纪念文集》，成都：巴蜀书社，1998年版，第372页。

② 徐亮工编：《徐中舒先生生平编年》(未定稿)，《徐中舒先生百年诞辰纪念文集》，成都：巴蜀书社，1998年版，第369页。

③ 徐亮工编：《徐中舒先生生平编年》(未定稿)，《徐中舒先生百年诞辰纪念文集》，成都：巴蜀书社，1998年版，第369页。

月出版的《先秦史论稿》一书的“出版说明”中更明确讲道：“徐先生生前曾接受国家教委的委托，打算写一部大型的《先秦史》，将一生治学所得作一个大概的总结。可惜的是徐先生晚年承担的重点科研任务与培养新人的任务太重，长期超负荷运转，再加上其他一些原因，以至直到辞世，这部学术界翘首以待的《先秦史》未能完成，为后学留下了一个长长的遗憾。”[①]尽管“出版说明”用了“加上其他一些原因”较为模糊的语句，但基本上可以肯定的是，直到徐先生辞世前，并未见到其“将一生治学所得作一个大概的总结”的《先秦史讲义》。至此，2008 年 12 月由天津古籍出版社出版的《徐中舒先秦史讲义》中的 1982 年《先秦史讲义》究竟有多少真实成分，大可值得怀疑。至于上举该书中出现的与徐先生 1979 年之前的论著中颇相矛盾的“论点”，自然就不足为怪了。

① 徐中舒：《先秦史论稿》，成都：巴蜀书社，1992 年版，第 1—2 页。

第六章　古史分期与中国古代社会形态理论研究

在长期的学术实践过程中，徐中舒通过对上古社会民族组织与婚姻、继嗣、亲属称谓，村社共同体的存在形态与特征，亚细亚生产方式及夏商奴隶制形态等一系列重要理论问题的探索，建立起独到完善的中国前封建社会理论体系。无可否认，徐氏的论点体系仍有待学术界继续完善，有些观点也有待学术界在新的学术背景下重新审视和进一步深入探讨，但总体来看，徐氏坚持以马克思主义唯物史观为理论指导，充分发掘古代文献、考古资料，并高度重视作为人类社会“活化石”的民族学材料的参照作用，在坚实的史料和科学理论基础上，逐步揭示出中国前封建社会的绝大部分历史真相，促进了唯物史观指导下的中国前封建社会形态研究的深入与理论体系的完善，对于建设有中国特色的前封建社会形态理论体系具有重要的理论价值和启发意义。

郭沫若、徐中舒两位史学大家均充分肯定中国奴隶社会的存在，在“求同”与“辨异”两种不同理论思维方式主导下，分别对中国奴隶社会形态理论进行了建构。新时期关于中国古代社会形态特殊性的研究明显呈现出“求同”与“辨异”两种不同理论思维方式，在批判继承前人已有研究成果的基础上，中国古代社会形态特殊性研究如何打破相持不下的局面，重新回归到科学理性的轨道上来，则是当前史学界更应继续深入思考的重大理论性问题之一。

徐中舒先生自觉借鉴马克思主义经典作家理论，结合历史文献和考古资料，在对西周社会的生产力和生产关系作综合分析的基础上，建立起自成一系的西周封建论论点体系，从田制和税制两方面考察了从西周末年到唐朝末年封建领主制向封建地主制转化的过程，从政治、经济等因素较为深入系统地考察了封建专制主义逐步加强和封建统治逐步削弱的原因。徐氏关于中国封建社会形态的研究，推进了唯物史观指导下的古史体系的建构，在长期的学术论争过程中，其学术史价值亦日益得到彰显。

严格意义上的中国社会史的研究，大体始于 20 世纪初。早在 1906 年，刘师培陆续发表《古政原始论》《古政原论》等著作。其中《古政原始论》讨论的十三个问题，涉及先秦时期的氏族、君长、阶级、礼俗等，刘氏除引用文献外，还利用了金文、钱币等古文字资料。学术界评价刘氏以上两篇文章，“虽仍不脱传统史志的体例，但已开启具备近代意义的中国古代社会史的端倪”[①]。20 世纪 20 年代开始的社会史论战发生后，中国古代社会问题开始逐步引起中国古史学界的重视。社会史论战加速了中国社会史的成长，但实事求是地说，社会史论战期间，“郭陶两派以外的中国社会经济史研究者，人数更多，但有贡献的却甚少，他们不但少有贡献，有的人甚至于反使中国社会经济史的研究走入了歧途”[②]。此后，在马克思主义唯物史观的引领下，中国古代社会研究呈现出百家争鸣的繁荣局面。然而由于该重大理论性问题涉及专题繁多、性质复杂，在之后相当长的时期内，学术界对该理论性难题的探索和争鸣一直未曾停止过。自 20 世纪 30 年代起，徐中舒先生即高度关注这一理论性难题的学术进展，并围绕该理论性难题进行了长达半个多世纪的辛勤探索，逐步建立起独到完善的中国古代社会形态理论体系。

第一节　关于氏族组织

中国早期社会中氏族的材料屡见于《左传》《尚书》《国语》《史记》等古代文献及甲骨文资料，然在相当长的历史时期，唯班固《白虎通·姓名》、王符《潜夫论·志氏姓》、郑樵《通志·氏族略》及顾炎武《日知录·氏族》等著作或多或少地揭示出先秦社会的部分历史实际外，总体而论，在西方人类学、民族学传入中国之前，由于缺乏科学的历史观念，学术界关于氏族组织与氏族社会的研究，大多尚不具有学术价值。诸如《左传》哀公七年记载：“禹合诸侯于涂山，执玉帛者万国。”近代以来的史学家已较为清晰地意识到，这里的“国”与“诸侯”皆非事实，“夫古国能如是之多者，太（大）抵一族即称一国，一国之君，殆一族之长耳”[③]。又如司马迁在《史记·夏本纪》《史记·殷本纪》中均提到禹、契之后，“其后分封，用国为姓”，并分别列举了不少的氏。金景芳先生指出：“这些血族团体如氏族、胞族、部落等等都是‘自然长成的结构’，并不是如后世的诸侯国，是经过分封才出现的。”[④]唐嘉弘先生亦指出，司马迁忽

① 杜正胜：《中国古代社会史重建的省思》，《大陆杂志》1991 年第 82 卷第 1 期。

② 顾颉刚撰，王晴佳导读：《当代中国史学》，上海：上海古籍出版社，2002 年版，第 99 页。

③ 夏曾佑：《中国古代史》，石家庄：河北教育出版社，2000 年版，第 40 页。

④ 金景芳：《〈周礼·大司徒〉、〈礼记·王制〉封国之制平议》，《人文杂志》增刊《先秦史论文集》，1982 年，第 97 页。

略了古代氏族、部落增殖裂变的事实，误以周、汉政体去理解夏、商政体，不合历史实际。这纯粹是自然形成的社会现象，夏、商诸氏的出现正是如此，并非出于分封。这在原始社会末期，带有普遍性。①凡此表明，在相当长的历史时期，由于封建时代的史学家对人类社会早期的社会结构和氏族组织缺乏科学的观念，因而他们对氏族社会的组织、结构与特征的不少研究很难准确揭示中国早期社会的历史实际。

事实上，不仅仅是中国古代学者对人类社会早期氏族的组织结构与特征知之甚少，甚至可以说，19 世纪以前，西方学者对于阶级社会以前的状态和那时的社会组织也基本上一无所知。直到 1877 年摩尔根（Lewis Henry Morgan）发表《古代社会》一书，较早以大量的实地调查资料，发现了氏族的组织结构与本质特征，“在主要特点上发现和恢复了我们成文史的这种史前的基础”②，“并且在北美印第安人的血族团体中找到了一把解开希腊、罗马和德意志上古史上那些极为重要而至今尚未解决的哑谜的钥匙”③，“从而为原始史奠定了牢固的基础”④。20 世纪 20 年代以后，西方现代人类学、民族学、考古学理论与方法传播至中国，新时代、新史观、新史料、新方法、新的文化氛围，助推传统史学的现代转型，中国古代社会研究呈现出方兴未艾的繁荣局面。1930 年由联合书局出版的郭沫若《中国古代社会研究》一书，是较早根据摩尔根《古代社会》与恩格斯《家庭、私有制和国家的起源》，概述了中国古代社会的发展阶段，并结合古代文献和新出甲骨文资料，对商代及其以前的社会生产、氏族组织和婚姻形态等重要理论性问题进行深入系统地尝试性探索。事实上，自《中国古代社会研究》一书出版之后，“中国古代社会的真相，自有此书后，我们才摸着一些边际”⑤。自 20 世纪 30 年代起，徐氏逐步自觉借鉴人类学的研究成果和民族学材料，对上古社会氏族组织与婚姻、继嗣、亲属称谓等问题进行了较为接近历史实际的考察。

也就在郭氏《中国古代社会研究》出版的同一年，徐氏发表了《耒耜考》一文，文中较早谈到氏族组织问题：

> 社会学家说原始的人们，不能有个人财产的观念。他们生活在氏

---

① 唐嘉弘：《略论夏商周帝王的称号及国家政体》，《历史研究》1985 年第 4 期，第 14 页。

② 《马克思恩格斯选集》第四卷，北京：人民出版社，2012 年版，第 13 页。

③ 《马克思恩格斯选集》第四卷，北京：人民出版社，2012 年版，第 13—14 页。

④ 《马克思恩格斯选集》第四卷，北京：人民出版社，2012 年版，第 564 页。

⑤ 顾颉刚撰，王晴佳导读：《当代中国史学》，上海：上海古籍出版社，2002 年版，第 96—97 页。

族共产之中，氏族内部，一切属于全体，共同消费，非洲波希曼人若是捕获一条野牛，则分割为许多块数以送于其余的人。旱荒的时候，佛爱奇的少年便沿河而跑，若是运气好，遇着一条死在浅滩上的鲸鱼，他们无论饿得要死也不动手，只是迅速的跑回去告知他们的氏族，于是氏族人员立即跑来，由极年长的人将死鲸平均分割于全体。即是农业发明以后，种族或氏族的共有土地，仍是共同耕作，共同消费的。①

徐氏还举证“纪元前四世纪亚历山大王时代，尼雅格大将在印度某几处地方，还目击各种族对于共有土地的共有劳动，及收获物之按照户口分配”②，“一个爱斯基摩人自己只能具两个独木舟，若制造了第三个，便归氏族处置，因为凡自己不使用的物件，便是共同财产”③。综上可知，徐氏通过民族学材料较早地了解了氏族组织的概貌和氏族社会的若干特征。

随着文化人类学研究的深入，徐氏开始逐渐关注中国古代社会氏族组织问题。中华人民共和国成立初期，徐氏发表《论殷代社会的氏族组织》一文，文中开篇论及：“氏族社会是奴隶社会的基层组织，而在中国史上关于氏族的资料，还是极端的缺乏或是过于零碎；就是中国四裔的兄弟民族的历史，也都是氏族组织解体以后而以家族谱系为骨干来写成的，所以它的面貌一直是看不清楚的。”④他认为甲骨文资料中王族、子族与多子族“王和王子或许多王子不在一族之内”的现象，“必须在原始社会里找出它的类型”，“还要从殷、周史料中找出它的嬗蜕之迹”⑤。徐氏指出：“社会发展是要经过一定程序的，而新的阶段里，往往留有旧社会的残余。”徐氏举证“父系而父子不同族”的澳大利亚土人中阿兰大（Aranda）部族的情况：“它的组织有两个分族”，“每个分族又分为两个婚族”：

① 徐中舒：《耒耜考》，《国立中央研究院历史语言研究所集刊》第二本第一分，1930年，收录徐中舒：《徐中舒历史论文选辑》上册，北京：中华书局，1998年版，第92—93页。

② 徐中舒：《耒耜考》，《国立中央研究院历史语言研究所集刊》第二本第一分，1930年，收录徐中舒：《徐中舒历史论文选辑》上册，北京：中华书局，1998年版，第93页。

③ 徐中舒：《耒耜考》，《国立中央研究院历史语言研究所集刊》第二本第一分，1930年，收录徐中舒：《徐中舒历史论文选辑》上册，北京：中华书局，1998年版，第93页。

④ 徐中舒：《论殷代社会的氏族组织》，（成都）《工商导报·学林副刊》第1期，1951年1月7日，收录徐中舒：《徐中舒历史论文选辑》下册，北京：中华书局，1998年版，第801页。

⑤ 徐中舒：《论殷代社会的氏族组织》，（成都）《工商导报·学林副刊》第1期，1951年1月7日，收录徐中舒：《徐中舒历史论文选辑》下册，北京：中华书局，1998年版，第802页。

> 这两个分族里：彭奴加的男子只能娶蒲儒那的女子，生子为布挞拉；蒲儒那的男子只能娶彭奴加的女子，生子为库马那；同例，布挞拉的男子只能娶库马那的女子，生子为彭奴加；库马那的男子只能娶布挞拉的女子，生子为蒲儒那。①

徐氏指出，“在这个分族婚级制下，必是父子不同级、而祖孙同级，这个亲族称谓，很像周代的昭穆制”②。徐氏同时举证清末保定出土三戈铭文所反映“正是氏族社会兄弟同属一族的现象”③。徐氏推测，每个婚姻级里，是分成大、中、小三个集团的。殷代帝王有两代都以中、外并称，“和大、中、小的划分不同，我颇疑为是母系和父系过渡的现象，中为父系，外为母系”④。徐氏以上推论，显然比早期史观派学者“氏族社会是以母系为中心的”“商代尚未十分脱离母系中心社会，‘彭那鲁亚家族’还有孑遗”的推论⑤，增加了不少科学理性的分析。尽管近年来有的学者对包括徐氏在内的学者“从甲骨文的个别资料论证商代内婚制的做法”⑥质疑和批评，但迄今为止，商代究竟是内婚制还是外婚制，仍是学术界争讼不止的话题，以上质疑与批评尚难以从根本上彻底推翻徐氏关于氏族分族婚级制的推论。

与此同时，徐氏在上文中还论及“氏族与姓”问题。徐氏指出顾炎武《日知录·原姓》关于姓与氏的论述，“实在看不出族和姓究竟有什么分别来”。徐氏以为，《左传》定公四年记载鲁、卫分有殷民六个氏族和七个氏族，“这是殷代灭亡之后东方社会还保存了旧的氏族组织的现象”⑦，至于晋国分地，这里原住的人民有怀姓九宗。“称‘姓’与‘宗’，正是家族

① 徐中舒：《论殷代社会的氏族组织》，（成都）《工商导报·学林副刊》第1期，1951年1月7日，收录徐中舒：《徐中舒历史论文选辑》下册，北京：中华书局，1998年版，第803页。
② 徐中舒：《论殷代社会的氏族组织》，（成都）《工商导报·学林副刊》第1期，1951年1月7日，收录徐中舒：《徐中舒历史论文选辑》下册，北京：中华书局，1998年版，第803页。
③ 徐中舒：《论殷代社会的氏族组织》，（成都）《工商导报·学林副刊》第1期，1951年1月7日，收录徐中舒：《徐中舒历史论文选辑》下册，北京：中华书局，1998年版，第804页。
④ 徐中舒：《论殷代社会的氏族组织》，（成都）《工商导报·学林副刊》第1期，1951年1月7日，收录徐中舒：《徐中舒历史论文选辑》下册，北京：中华书局，1998年版，第804页。
⑤ 《郭沫若全集·历史编》第一卷《中国古代社会研究》，北京：人民出版社，1982年版，第15、20页。
⑥ 赵东玉：《商代内婚说驳议》，《辽宁师范大学学报（社会科学版）》2011年第5期，第133页。
⑦ 徐中舒：《论殷代社会的氏族组织》，（成都）《工商导报·学林副刊》第1期，1951年1月7日，收录徐中舒：《徐中舒历史论文选辑》下册，北京：中华书局，1998年版，第807页。

或宗法组织的称谓。”[①]徐氏还从夏传子、家天下的记载推测：“夏代西土的氏族组织或者就已经解体而成为家族社会了。”[②]徐氏结合古代文献与边裔地区民族学材料推断：“姓是因家族外婚女子从夫居才产生的，在氏族的分族婚级制下，是不需要的，因此秦、汉以前的男子，就从没有称过姓的。”[③]通过以上综合研究，徐氏肯定地说：“家族制是氏族社会解体后才建立的，氏族是先于家族的。”[④]徐氏通过对殷代氏族组织解体过程的分析，廓清了中国氏族社会的重重迷雾，揭示出不少历史真相。

之后，徐氏在《论尧舜禹禅让与父系家族私有制的发生和发展》一文中继续论及：

> 姓就是出生的血缘关系。这种出生的血缘关系最初是以母系计算，称为姓；后来发展到以男系为计算标准时就出现了“宗”。宗就是祭祀祖先的庙主，是以男系计算血缘关系的。因此，姓和宗的区别：姓原是母系血缘关系，发展到以父系计算血缘关系以后，姓也就转变为父系血缘关系，而宗则完全是父系的血缘关系。[⑤]

在《巴蜀文化初论》一文，徐氏根据以上研究，结合民族学材料，科学地考察巴、蜀上层建筑的差异：

> 《世本》说“蜀无姓”，而巴郡、南郡蛮有五姓……这就是巴、蜀上层建筑的差异所在。巴族的姓是大姓的姓，是一种部落组织。每一个大姓，就是一个部落。巴氏统治其余四姓，也不过是一种部落联盟的形式。巴还没有完成国家机构，这也是它的经济基础的反映。蜀所以无姓者，它已经超过了部落组织而进入国家形式了。中国历史上汉族以外的少数民族，他们都没有像汉族这样的姓。他们就是没有像周代以后的，百世不通婚姻的，父系外婚制的姓。蜀的无姓，也不

---

① 徐中舒：《论殷代社会的氏族组织》，（成都）《工商导报·学林副刊》第1期，1951年1月7日，收录徐中舒：《徐中舒历史论文选辑》下册，北京：中华书局，1998年版，第807页。

② 徐中舒：《论殷代社会的氏族组织》，（成都）《工商导报·学林副刊》第1期，1951年1月7日，收录徐中舒：《徐中舒历史论文选辑》下册，北京：中华书局，1998年版，第807页。

③ 徐中舒：《论殷代社会的氏族组织》，（成都）《工商导报·学林副刊》第1期，1951年1月7日，收录徐中舒：《徐中舒历史论文选辑》下册，北京：中华书局，1998年版，第807页。

④ 徐中舒：《论殷代社会的氏族组织》，（成都）《工商导报·学林副刊》第1期，1951年1月7日，收录徐中舒：《徐中舒历史论文选辑》下册，北京：中华书局，1998年版，第813页。

⑤ 徐中舒：《论尧舜禹禅让与父系家族私有制的发生和发展》，《四川大学学报（社会科学版）》1958年第1期，第13页。

例外。[①]

为进一步了解中国早期氏族组织的概貌，徐氏充分关注到广大南方地区少数民族保存的较为原始的氏族社会资料。在《巴蜀文化续论》一文，徐氏据《新唐书・南蛮传・两爨蛮下》“夷人尚鬼，谓主祭者为鬼主，每岁户出一牛或一羊，就其家祭之，送鬼迎鬼必有兵，因以复仇云”和《乌蛮下》“大部落有大鬼主，百家则置小鬼主”之记载论及“‘鬼主’是乌蛮的氏族组织，在白蛮中是没有的”[②]，“乌蛮部落大鬼主之外，还有百家的小鬼主，正说明乌蛮社会还保存了一套完整的氏族制”[③]，指出：“血亲复仇是氏族社会对每个成员所承担的神圣任务，氏族的兴衰，完全要看这个任务执行得好坏而定。”[④]徐氏举证解放前西南彝族的情况加以说明：

> 解放前彝族社会是以家支为主的，这已经是由氏族进入家族社会了。他们的氏族虽然已经解体，他们依然在打冤家，他们还要把血亲复仇的义务交由家族承担。[⑤]

徐氏还注意到《华阳国志・南中志》“与夷为姓”和檀萃《滇海虞衡志・志蛮》“其同姓者，不必亲种类；或久居相爱，即结为同姓，叙伯仲”的记载，揭示早期“氏族社会虽以血缘纽带为主，但是，如果经过神示结义或氏族成员的同意，也可用继承的关系而为氏族的一员”[⑥]的若干历史真相。值得注意的是，徐氏并非不加分析、生搬硬套西南地区古代氏族材料，他在作出以上推论的同时，强调其所进行比较的边裔民族的氏族社会已“处在氏族社会向阶级社会过渡的家长制氏族公社的阶段”。显然，徐氏从西南地区少数民族保存下来的氏族、家族材料推论中国早期氏族社会的概貌，比早期史观派学者简单套用摩尔根《古代社会》和恩格斯《家庭、私有制和国家的起源》中的氏族社会的材料推论中国古代社会，因材料更为贴切，所作结论也自然更为接近中国氏族社会的历史实际。

应该强调的是，迄今为止，中国人类学、民族学、考古学已经进入蓬勃发展的崭新阶段，徐氏所关注的氏族社会的不少重要理论性问题的研

① 徐中舒：《巴蜀文化初论》，《四川大学学报（社会科学版）》1959 年第 2 期，第 27—28 页。
② 徐中舒：《巴蜀文化初论》，《四川大学学报（社会科学版）》1959 年第 2 期，第 3 页。
③ 徐中舒：《巴蜀文化续论》，《四川大学学报（社会科学版）》1960 年第 1 期，第 4 页。
④ 徐中舒：《巴蜀文化续论》，《四川大学学报（社会科学版）》1960 年第 1 期，第 4 页。
⑤ 徐中舒：《巴蜀文化续论》，《四川大学学报（社会科学版）》1960 年第 1 期，第 4 页。
⑥ 徐中舒：《巴蜀文化续论》，《四川大学学报（社会科学版）》1960 年第 1 期，第 4 页。

究，也在不断向前推进。诸如杨希枚先生即对古代文献中出现过的“姓族”和“氏族”进行过严格的区分[①]，并提出了“传统所谓氏族（clan）一词不适于先秦时期”的理论。尽管杨氏以上论点仍有继续探讨的余地，但无疑有助于学术界在新的学术背景下，对徐氏氏族社会理论作更为深入的思考。值得注意的是，徐氏反复强调“中国古代社会有自己的特点，原始社会、奴隶社会、封建社会都还需要深入细致地研究，不能简单地按照欧美社会情况硬套”[②]，则与史观派学者“中国的古代发展和马克思的学说不尽相符”[③]的主张是一致的。迄今为止，徐氏的“图腾并不是人类最原始的产物，而是后起的涂附上去的东西”[④]、图腾“在中国历史上始终是不显著的”[⑤]等论点，不断引起学术界的普遍关注。继徐氏之后，有的学者指出：“中国古籍中并没有象（像）人类学调查所见保存完好的图腾制度”，图腾说的泛滥“必然危害古史研究”。[⑥]然徐氏“姓在古代就不是最广大的被统治的人民群众所有，也不是中国历史上边裔部族所有”[⑦]，“历史上许多兄弟民族都没有姓”[⑧]的论点，目前中国早期姓氏制度和家族形态的研究者尚未引起足够的重视和关注。综上可见，徐氏对氏族社会组织、结构、特征的研究，在新的学术背景下，对于中国早期社会的研究，仍具有重要的理论价值和借鉴意义。

第二节　关于农村公社

农村公社是在原始社会解体过程中形成的，且是以地域性和生产资料所有制的二重性为特征的社会组织形式。农村公社理论是马克思主义的重要内容之一。马克思主义经典作家指出农业公社有公有因素又有私有因素，“既然是原生的社会形态的最后阶段，所以它同时也是向次生的形态

① 杨希枚：《论先秦姓族和氏族》，《杨希枚集》，北京：中国社会科学出版社，2006年版，第62—76页。

② 徐中舒：《对古史分期问题的几点意见》，《四川大学学报（哲学社会科学版）》1979年第1期，第65页。

③ 《郭沫若全集·历史编》第三卷《奴隶制时代》，北京：人民出版社，1984年版，第109页。

④ 徐中舒：《巴蜀文化续论》，《四川大学学报（社会科学版）》1960年第1期，第41页。

⑤ 徐中舒：《对古史分期问题的几点意见》，《四川大学学报（哲学社会科学版）》1979年第1期，第65页。

⑥ 常金仓：《古史研究中的泛图腾论》，《陕西师范大学学报（哲学社会科学版）》1999年第3期，第42、44页。

⑦ 徐中舒：《巴蜀文化续论》，《四川大学学报（社会科学版）》1960年第1期，第41—42页。

⑧ 徐中舒：《对古史分期问题的几点意见》，《四川大学学报（哲学社会科学版）》1979年第1期，第65页。

过渡的阶段，即以公有制为基础的社会向以私有制为基础的社会的过渡”①。显然，马克思主义经典作家所说的农村公社，与氏族公社、家长制家庭公社有着实质性的不同，马克思认为，它们之间最明显的区别，就在于“‘农业公社’是最早的没有血统关系的自由人的社会联合。”②通读马克思主义经典作家关于农村公社的表述，不难确知，虽然他们并不认为农村公社仅局限于东方社会，但他们屡屡指出，农村公社“在数千年中曾经是从印度到俄国的最野蛮的国家形式即东方专制制度的基础”③，是“很难想象亚洲的专制制度和停滞状态有比之更坚实的基础”④。马克思主义经典作家对农村公社的诸多精辟见解，对于我们研究中国上古社会无疑具有重要的指导意义。

中华人民共和国成立后，在中国古史分期的讨论中，多数学者均肯定农村公社的存在是东方社会的一个重要特点，至于它的性质和作用，学术界则长期存在不同的认识。如有的学者认为，商末周初的基层组织是以血缘关系为基础的氏族组织，到了春秋时期，则逐渐发展成以地区关系为基础的农村公社。⑤另有学者指出，中国古代整个经济之所以长期地带有原始性和自然性，“是和村公社的长期地和顽固地保持，有连带关系的”⑥。一些西周封建论者认为，农村公社的长期保存，并非只是古代东方奴隶社会的特点，同样也是东方诸国封建社会的特点。如有的学者认为，西方的农村公社随着商品经济与土地私有制的发展而瓦解，而东方奴隶社会的农业生产和私有财产制度不断发展，公社不但不解体，反而始终牢固地保持着，成为东方灌溉国家的最好基础。⑦“在古代东方型的奴隶社会中，是‘古代公社’‘继续存在’，而不只是被保存一些残余。”⑧与以上意见相反的是，部分学者则认为古代东方的农村公社只是一种残余形态，不赞成过分强调它的作用。如有的学者认为，“任何形态的农村公社，在历史发展过程中，只能起过渡的作用，而不是独立主导的作用。过分强调村社经济的基础作用，把它构成一个独特的社会阶段，这是在基本精神上违反马克

① 《马克思恩格斯全集》第19卷，北京：人民出版社，1993年版，第450页。

② 《马克思恩格斯全集》第19卷，北京：人民出版社，1993年版，第449页。

③ 《马克思恩格斯全集》第20卷，北京：人民出版社，1993年版，第197页。

④ 《马克思恩格斯全集》第28卷，北京：人民出版社，1993年版，第272页。

⑤ 尚钺：《先秦生产形态之探讨》，《历史研究》1956年第7期，第7页。

⑥ 王仲荦：《春秋战国之际的村公社与休耕制度》，《文史哲》1954年第4期，第36页。

⑦ 吴泽：《关于奴隶制社会形成的年代、始点、途径及标志问题》，《历史教学问题》1958年第9期，第7—12页。

⑧ 束世澂：《有关古史分期的一些理论问题——与杨宽同志商榷》，《学术月刊》1960年第9期，第33页。

思主义的”[①]。所谓“农村公社长期存在”“不解体”，以至于“日趋强化”的说法，都是不符合历史事实的，以此来表达古代东方的特点也是不够确切的。[②]总之，长期以来，学术界对农村公社的性质和作用的理解，分歧较大。目前学术界普遍认为，马克思主义经典作家所说的村社制度是东方专制制度和亚洲社会停滞状态的基础，究竟应该怎样理解，还需要不断地进行更为深入的探讨。在古史分期讨论过程中，徐氏充分利用历史文献和大量有价值的民族学材料，就农村公社问题提出了不少独到的见解，并逐渐建立起颇为完善的理论体系。

在中华人民共和国成立后的古史分期讨论中，徐氏较早地指出：“古代中国长期保存着家族公社和农村公社的组织，而运河和大规模的人工灌溉排水制度，也是存在的，这都和古代东方相同。”[③]徐氏从文字学角度推论：“农业公社的基本组织是邑和丘”，“邑和丘为农业公社的基本结构”，以证农业公社是在“低地”建立起来的。[④]在《论尧舜禹禅让与父系家族私有制的发生和发展》一文，徐氏指出，和家族公社不同，农村公社是“一个相当孤立的组织”，它“不是以家族为生产单位，而是以男耕女织相结合的一夫一妻的小家庭为生产单位”。[⑤]徐氏举证宋、明时期南方地区僚“无酋长版籍”及白罗罗“有众数千，无统属”的例证，推论“在农村公社里既无贫富的分化，也不须要军事酋长，仅仅需要一个具有为公众办事能力的村长”。[⑥]根据以上研究，徐氏充分肯定了中国古代农村公社的存在，并初步揭示了农村公社的组织结构与特征。

之后，在《巴蜀文化续论》一文，徐氏从文字学角度推论：

> 古代所称的“百濮”和“百越”，就是中国大陆上存在的许许多

① 刘毓璜：《试论农村公社的过渡性质与中国农村公社的发展》，《南京大学学报（人文科学版）》1956年第4期，第48页。

② 转引自李永采：《关于古代东方奴隶社会的一些特点及其发展缓慢的原因》，《山东大学学报（历史版）》1962年第3期，第37—40页。

③ 徐中舒：《论西周是封建制社会——兼论殷代社会性质》，《历史研究》1957年第5期，第55页。

④ 徐中舒：《试论周代田制及其社会性质——并批判胡适井田辨观点和方法的错误》，《四川大学学报（社会科学版）》1955年第2期，第55、56、62页。

⑤ 徐中舒：《论尧舜禹禅让与父系家族私有制的发生和发展》，《四川大学学报（社会科学版）》1958年第1期，第9、11页。

⑥ 徐中舒：《论尧舜禹禅让与父系家族私有制的发生和发展》，《四川大学学报（社会科学版）》1958年第1期，第12页。

多的农业公社的总称。①

文中徐氏对春秋以后南方地区农业公社的存在形态作了以下论述：

> 当黄河流域夏、商两代，已经完成了两个奴隶制王朝以后，江淮以南依然处在这样闭塞的农业公社之中。春秋以后，楚、吴、越在南方相继代兴，接着就是秦、汉王朝完成了封建的统一的帝国，在阶级和部族的双重矛盾中，这些原始公社不断受到中原政治、经济和文化的影响，才逐渐的向阶级社会——奴隶制或封建制过渡，但是，仍然有不少地区的原始形态，还要延续一个很长的时期。魏、晋以来历史家所称道的"宗"和"里"，就是这样孤立的农业公社具体存在的记录。②

以上"魏、晋以来历史家所称道的'宗'和'里'"，徐氏又作了进一步的说明。他注意到《三国志》和《后汉书》中分布于自长江流域到越南地区这样广大地域的诸族均有与"宗"相关的称谓，并对其性质和演变情况作了如下论述：

> 他们的社会组织还是停留在氏族社会阶段，和周代的宗法为近，而与秦汉以来的家族，还有很大的区别的。宗法有大宗，有小宗；大宗是氏族制的残余，小宗是家族制的前驱。……这些"宗部"已有"宗帅"和"宗兵"、"宗伍"的分化，这已经是进入阶级社会了。魏、晋以后这些宗帅成为"方土大姓"，那就更接近于家族制了。③

徐氏指出，和以上的"宗"不同，"里是古代农村公社的基本组织"④。他举证《孟子》中有关井田制的记载，从孟子教滕文公对被统治的农村公社的野人行"九一"的助法推测："助法是在农村公社中实行的劳役地租。"⑤又综合《孟子》《司马法》《管子·乘马篇》的记载推断："古代的农村公社，就是计口授田，因田制里，田里都属公有，所以《王

① 徐中舒：《巴蜀文化续论》，《四川大学学报（社会科学版）》1960年第1期，第10页。
② 徐中舒：《巴蜀文化续论》，《四川大学学报（社会科学版）》1960年第1期，第2页。
③ 徐中舒：《巴蜀文化续论》，《四川大学学报（社会科学版）》1960年第1期，第3页。
④ 徐中舒：《巴蜀文化续论》，《四川大学学报（社会科学版）》1960年第1期，第5页。
⑤ 徐中舒：《巴蜀文化续论》，《四川大学学报（社会科学版）》1960年第1期，第5页。

制》有‘田里不鬻’之说。”①

之后，在《论商于中、楚黔中和唐宋以后的洞——对中国古代村社共同体的初步研究》一文，徐氏结合南方地区民族学材料，以更宏观的视野对中国古代农村公社共同体作了深入系统的研究。徐氏指出：

> 远在太古时代，中国大陆上普遍存在一种原始形态的村社共同体。这种共同体因时代和地区的不同，在商代汉中地区则称为于中，在战国时代夜郎的东境则称为黔中，在唐宋以后的西南地区则通称为洞（溪洞或山洞）。名称虽有不同，所指都是属于这一类型的村社。它就是以一夫一妻制父系家庭，在土地公有的基础上合耦共耕共同分配生产物的社会团体。
>
> 古代原始村社共同体，利用丛生的灌木，如荆榛棘楚之类，构筑外围，既以防御邻敌之侵扰，也避免了野兽的伤害禾稼；春秋以前的楚国，就是从这样环境里发展起来的。②

徐氏以资料比较详备的“进步的一夫一妻制的小家庭，与合耦共耕的合亩制相结合的社会”黎洞合亩制为例，重点考察了唐、宋以后“古代村社共同体发展的最后阶段”洞的若干情况：

> 合亩中的家庭，均属父系小家庭，一般包括夫妇和未成年、未结婚及已结婚而未另立户的子女，人数不等，大都为三、四口人。……解放前，一个村包括几个合亩，个别仅有一个合亩。③

徐氏将黎洞合亩制与古代耦耕进行比较：

> 古代耦耕是在土地公有条件下进行的，只按合耦的劳动力，包括妻和未成年的子女在内，平均分配生产物。黎洞合亩是在土地私有制下进行的，生产物的分配每户并不相同，出亩多的要多分几成，显示

---

① 徐中舒：《巴蜀文化续论》，《四川大学学报（社会科学版）》1960年第1期，第5页。

② 徐中舒：《论商于中、楚黔中和唐宋以后的洞——对中国古代村社共同体的初步研究》，《四川大学学报（哲学社会科学版）》1978年第1期，第59、60页。

③ 徐中舒：《论商于中、楚黔中和唐宋以后的洞——对中国古代村社共同体的初步研究》，《四川大学学报（哲学社会科学版）》1978年第1期，第61—62页。

了这里已有贫富的分化和轻微的剥削。[①]

五指山的合亩则和古代耦耕没有多大区别：

居住在五指山的黎族人民，有一些地区还存在着比较原始的合亩制，这是生产资料（指土地言）共同使用，生产品按户平均分配的原始耕作形式。它是由亲属关系组成的，或以亲属关系为基础，吸收外人参加组成的。[②]

徐氏根据马克思《资本论》中所提供的具有普遍代表性的古代印度村社共同体的资料，与中国古代村社进行比照：

印度共同体，有一个进步的一夫一妻制父系家庭，有男耕女织固定的家庭分工。这也是我国农村普遍存在的形态……我国古代农业也是以一个进步的一夫一妻制的父系家庭，在土地共有的条件下进行耦耕，只是耦耕的组合与生产物的分配，过去未见记载，现在也从黎族的合亩制得到说明。

印度村社共同体，是一个自足的生产整体，其中也有十数个脱离农业生产的公职人员。……这四种公职人员，与秦汉时代县级以下的乡官：三老、秩、啬夫、游徼互相对应，十分相似。[③]

徐氏又以后汉时代乡的组织机构和古代南方地区的洞首、洞官进行比较：

后汉时代，乡已直辖于郡县的权力之下，秩已为秩禄百石的正式官吏，其地位转处于三老之上，而小乡仅以啬夫一人处理一乡事务，这就和唐宋以后的洞首、洞官没有什么区别了。[④]

---

① 徐中舒：《论商于中、楚黔中和唐宋以后的洞——对中国古代村社共同体的初步研究》，《四川大学学报（哲学社会科学版）》1978年第1期，第62页。

② 徐中舒：《论商于中、楚黔中和唐宋以后的洞——对中国古代村社共同体的初步研究》，《四川大学学报（哲学社会科学版）》1978年第1期，第62页。

③ 徐中舒：《论商于中、楚黔中和唐宋以后的洞——对中国古代村社共同体的初步研究》，《四川大学学报（哲学社会科学版）》1978年第1期，第63页。

④ 徐中舒：《论商于中、楚黔中和唐宋以后的洞——对中国古代村社共同体的初步研究》，《四川大学学报（哲学社会科学版）》1978年第1期，第63页。

通过对黔中洞的考察，徐氏继续对古代北方的共同体进行了更为深入系统的探讨，并得出以下基本结论：

> 中国古代村社共同体的普遍存在，是不可否认的历史事实。……在黄河流域、江淮流域发现许多新石器时代遗址，星罗棋布，它们就是古代共同体在大陆上的布局。……周王朝以农立国，它就是从这样共同体的基础上发展起来的。
>
> 中国古代的共同体，虽经殷周两代的改造和破坏，在黄河流域也不能蜕变干净。春秋时代齐国还有三老存在，汉晋时代，从夫余北迁的东沃沮，“邑落渠帅皆自称三老”，他们在共同体中，还要发挥其应有的作用。
>
> 战国时代墨翟、宋轻、老聃、庄周、惠施以及齐国稷下学派的产生，就是以这样共同体作为他们的社会基础。
>
> 村社共同体是人类在土旷人稀的时代里，自己走出来的一条大路，合耦共耕，共同分配生产物。……它的最大的弱点是孤立、闭塞、视野不广，苟安旦夕而不能联合起来，组成有足够的保卫自己的武力。①

在以上研究的基础上，徐氏强调指出：“中国古代地旷人稀，可以和平发展，形成耕织结合的农村公社，各种不同的文化都是以公社共同体为基础发展起来的。”②由此他对吴越地区的公社组织与吴越兴亡的关系进行了深入细致的探讨，指出：“吴越在春秋以前虽已建立国家，但农村还广泛存在着村社组织。……这样的社会容易结合成一个大国，遇到变故也容易崩溃。”“吴越的基层组织是公社，征发物资，动员人民都要通过公社。公社对人民有一定保护作用，对剥削有相当程度的对抗性。”③综上所述，徐氏充分利用文献记载、民族学材料，并自觉结合马克思主义经典作家理论，充分肯定了中国古代社会农村公社的长期存在，并对中国古代农村公社的组织结构与特征作了深入系统的研究，提出了一系列有价值的学术见解，为其长期关注并不断深入探讨的亚细亚生产方式和中国奴隶制形态理论奠定了坚实的理论基础。

---

① 徐中舒：《论商于中、楚黔中和唐宋以后的洞——对中国古代村社共同体的初步研究》，《四川大学学报（哲学社会科学版）》1978 年第 1 期，第 69、70、71 页。

② 徐中舒：《吴越兴亡》，《四川大学学报（哲学社会科学版）》2006 年第 4 期，第 17 页。

③ 徐中舒：《吴越兴亡》，《四川大学学报（哲学社会科学版）》2006 年第 4 期，第 17 页。

第三节 关于亚细亚生产方式

19世纪50年代末，马克思在《政治经济学批判》的“序言”中第一次提出了“亚细亚生产方式”的概念，说：“大体说来，亚细亚的、古代的、封建的和现代资产阶级的生产方式可以看作是社会经济形态演进的几个时代。”①但是，马克思终其一生，也没有给“亚细亚生产方式”下过定义，更未明确指出这种生产方式在人类社会发展序列中的位置，马克思逝世后，“亚细亚生产方式”便成了20世纪世界性的学术难题。

在20世纪30年代的社会史论战中，郭沫若在《中国古代社会研究》一书中较早地对亚细亚生产方式作简要解释时说：“‘亚细亚的’，是指古代的原始公社社会”②，“大抵在西周以前就是所谓‘亚细亚的’原始公社社会”③。此后至社会史论战中断前夕，郭氏逐渐放弃了以上旧说。他在《社会发展阶段之再认识》一文中指出：“马克思所说的‘亚细亚的生产方式’或‘东洋的社会’实等于‘家长制’或‘氏族财产’形态”④，“作为社会发展之一阶段的所谓‘亚细亚的生产方式’，是奴隶制以前的一个阶段的命名”⑤。然而值得注意的是，郭氏“一方面承认亚细亚生产方式是一种在家族中潜在着奴隶制的氏族财产形态，另［一］方面又坚持亚细亚生产方式是奴隶社会以前的原始共产社会阶段，这在理论上不免使自己陷入矛盾”⑥。

自20世纪30年代以来，亚细亚生产方式的争论始终没有停止过，袁林先生举证20世纪中外学术界关于亚细亚生产方式主要有原始社会说、奴隶社会说、封建社会说、混合阶段说、东方特有阶级社会形态说、经济形式说等论点。⑦在百家争鸣的学术环境下，徐氏对亚细亚生产方式的研究颇为关注，并不断结合中国古代社会的历史实际提出一系列有价值的论点。

---

① 《马克思恩格斯全集》第13卷，北京：人民出版社，1993年版，第9页。

② 《郭沫若全集·历史编》第一卷《中国古代社会研究》，北京：人民出版社，1982年版，第154页。

③ 《郭沫若全集·历史编》第一卷《中国古代社会研究》，北京：人民出版社，1982年版，第154页。

④ 《郭沫若全集·历史编》第三卷《史学论集》，北京：人民出版社，1984年版，第311页。

⑤ 《郭沫若全集·历史编》第三卷《史学论集》，北京：人民出版社，1984年版，第312页。

⑥ 林甘泉、田人隆、李祖德：《中国古代史分期讨论五十年（一九二九—一九七九年）》，上海：上海人民出版社，1982年版，第29页。

⑦ 袁林：《亚细亚生产方式问题讨论的回顾与展望》，《社科纵横》1991年第1期，第22—24页。

在《论殷代社会的氏族组织》一文，徐氏较早指出：“亚细亚生产方式在马克思的著作里，只有简略的概念，关于这方面我们期待他日再作进一步的研究。”[①]之后，在《试论周代田制及其社会性质——并批判胡适井田辨观点和方法的错误》一文，继续论及：“古中国的社会，依据马克思的论证，是属于亚细亚生产方式的东方类型，自埃及、美索不达米亚到印度，都是在以公有财产为基础的社会，向以私有财产为基础的社会过渡的阶段。”[②]徐氏认为，马克思主义经典作家所说的亚细亚生产方式“是解答中国古代社会的钥匙”[③]。随后，徐氏继续指出：“我们对于中国古代史所以有这样纷歧的意见，就是因为‘像在印度一样’‘像在亚细亚一样’的前封建主义生产形态，我们并没有很好的了解。”[④]随着对中国古代社会研究的进一步深入，徐氏对亚细亚生产方式的特点和认识日渐清晰，即“中国社会自阶级社会形成以后一直到解放后土改以前，都是以公有财产为基础的社会向以私有财产为基础的社会过渡，因为宗法的普遍存在，象征家族私有制的发展，但是公有制并未完全绝迹，宗祠和土地庙，就是公有制存在的象征。这就是马克思论证的东方的亚细亚生产方式的特点”[⑤]。在此之后，徐氏更加关注中国古代村社共同体和中国奴隶制问题，并进行更深入的思考。其《论商于中、楚黔中和唐宋以后的洞——对中国古代村社共同体的初步研究》一文在对存在于中国不同时期、不同地域的村社共同体进行了系统研究的基础上，逐渐明确指出，这一类型的村社，“是以一夫一妻制父系家庭，在土地公有的基础上合耦共耕共同分配生产物的社会团体。这样的村社……自商代以来，绵延至十六、七世纪的明清时代，前后将及三千余年……这和十九世纪存在于印度的村社共同体，十分相似，它们都是属于同一类型的社会。这种村社共同体就是构成古代亚细亚生产方式的社会基础”[⑥]，并强调指出：“中国社会是从村社

① 徐中舒：《论殷代社会的氏族组织》，(成都)《工商导报·学林副刊》第1期，1951年1月7日，收录徐中舒：《徐中舒历史论文选辑》下册，北京：中华书局，1998年版，第801页。

② 徐中舒：《试论周代田制及其社会性质——并批判胡适井田辨观点和方法的错误》，《四川大学学报（社会科学版）》1955年第2期，第51页。

③ 徐中舒：《试论周代田制及其社会性质——并批判胡适井田辨观点和方法的错误》，《四川大学学报（社会科学版）》1955年第2期，第51页。

④ 徐中舒：《论西周是封建制社会——兼论殷代社会性质》，《历史研究》1957年第5期，第56页。

⑤ 徐中舒：《论尧舜禹禅让与父系家族私有制的发生和发展》，《四川大学学报（社会科学版）》1958年第1期，第14页。

⑥ 徐中舒：《论商于中、楚黔中和唐宋以后的洞——对中国古代村社共同体的初步研究》，《四川大学学报（哲学社会科学版）》1978年第1期，第59页。

共同体发展起来的，它与印度有共同的广阔基础，应属于古代亚细亚生产方式。中国的奴隶制是从徭役制度上产生的，它与古典的希腊、罗马的类型完全不同。现在我们要研究中国社会发展史，就应当遵循革命导师马克思在《资本论》中所提出的古代东方亚细亚生产方式作为重新研究中国历史的起点。”①在《对古史分期问题的几点意见》一文，徐氏对亚细亚生产方式作了最后论定：“夏、商二代的奴隶制都属于马克思所说的古代东方亚细亚生产方式类型，在专制君主政体之下统治着广大的农村公社，奴隶主不改变当地人民原有的社会职能和生活方式，只要求贡纳一定数量的生产品并负担各种徭役。”②至此，徐氏在对村社共同体和夏商奴隶制进行深入研究的基础上，逐步建立起独到的亚细亚生产方式理论见解。应该强调的是，徐氏对亚细亚生产方式的论点，在激烈的学术争鸣过程中只是一家之言，但最近有的学者继续强调指出，马克思分析前资本主义时代社会形态的方法论是从分析农村公社开始的。深入研究马克思在各个时期研究农村公社的动机和方法论，不仅有助于我们认识马克思研究前资本主义时代社会形态这一方法论的科学性，而且有助于我们走出社会形态划分的争论和“亚细亚生产方式”问题的困境。③从这种意义上讲，徐氏结合中国古代村社共同体的形态探论亚细亚生产方式的总体思路是正确的。

第四节　关于夏、商奴隶制形态

自20世纪30年代社会史论战开始，中国有没有奴隶社会，中国奴隶社会与古代希腊、罗马是否完全相同一直是中国学术界、理论界集中探讨的三个重要问题之一。④经过长期的争论，到“抗日战争开始以后，关于中国奴隶社会的争论，已经不是有没有的问题，而是它的上下限究竟在什么时代，以及其特点如何等问题了”⑤。之后，郭沫若先生曾对20世纪70年代学术界关于中国奴隶社会的总体认识作如是评论：“中国社会的发

① 徐中舒：《论商于中、楚黔中和唐宋以后的洞——对中国古代村社共同体的初步研究》，《四川大学学报（哲学社会科学版）》1978年第1期，第71页。

② 徐中舒：《对古史分期问题的几点意见》，《四川大学学报（哲学社会科学版）》1979年第1期，第66页。

③ 甄修钰、张新丽：《马克思研究农村公社的动机和方法论——兼论走出“亚细亚生产方式”问题的困境》，《历史研究》2012年第3期，第143—155、192页。

④ 何干之：《中国社会史问题论战》，《何干之文集》第一卷，北京：北京出版社，1993年版，第265页。

⑤ 林甘泉、田人隆、李祖德：《中国古代史分期讨论五十年（一九二九——一九七九年）》，上海：上海人民出版社，1982年版，第57页。

展，曾经经历了原始公社、奴隶制和封建制，和马克思主义所划分的社会发展阶段完全符合。这已经成为一般的常识。四十年前，有人叫嚷的中国社会空白了奴隶制，在原始公社的废墟之上建立起封建社会的议论，早已被吹送到九霄云外去了。”[①]在长期的学术争论过程中，徐氏始终将夏、商奴隶制形态作为一个重要的研究领域，并在百家争鸣的学术环境下，逐步进行深入系统的探讨。

徐氏对中国奴隶制问题的关注可以追溯至中华人民共和国成立之初。徐氏较早在《论西周是封建制社会——兼论殷代社会性质》一文，充分肯定中国古代奴隶制的存在：“奴隶制是人类社会发展必经的阶段，在东亚大陆社会发展的过程中，中国总是先进的，在中国的周围，没有比它更先进的来影响它，使它超越这一阶段。所以中国的封建制之前，应当有一个奴隶制阶段。不但中国有，就是在中国边区也先后有许多奴隶制的社会和国家出现。”[②]徐氏举证“下列诸部族所建立的奴隶制社会和国家：（1）匈奴，（2）鲜卑（北魏解散部族以前的社会），（3）吐蕃和西夏，（4）南诏，（5）契丹（辽）……”；“对中国古代史分期问题，可以提供很多有益的资料”。[③]徐氏指出，殷、周革命和后来辽、金的兴亡，在发展的过程中，“更为相似”，“是这两个相先后的朝代在社会发展的过程中，恰好是走在同一阶段上”。[④]值得注意的是，改革开放以后，社会史论战期间曾有人提出的中国历史空缺了奴隶制阶段的论点被重新提出，如晁福林先生在其《先秦社会形态研究》一书的“自序”中即称：“在于奴隶社会是不是人类社会发展的必经阶段这个关键问题。一批专家经过长期的研究和讨论以后，已经有了比较一致的认识，即由于各个历史发展的多样性，在进入文明时代的时候，并不一定进入奴隶社会。”[⑤]但从另一个方面来看，以上探索都或多或少地存在若干学理上的疑难或不足，均有待于学术界在新的学术背景下进行更为严谨和科学的补充和深化。[⑥]

《论殷代社会的氏族组织》一文，徐氏较早地将中国奴隶社会和古代

---

① 《郭沫若全集·历史编》第三卷《奴隶制时代》，北京：人民出版社，1984年版，第3页。

② 徐中舒：《论西周是封建制社会——兼论殷代社会性质》，《历史研究》1957年第5期，第55页。

③ 徐中舒：《论西周是封建制社会——兼论殷代社会性质》，《历史研究》1957年第5期，第55页。

④ 徐中舒：《论西周是封建制社会——兼论殷代社会性质》，《历史研究》1957年第5期，第55、55—56页。

⑤ 晁福林：《先秦社会形态研究》，北京：北京师范大学出版社，2003年版，自序，第1页。

⑥ 周书灿：《“氏族封建”说与先秦社会形态再思考》，《史学理论研究》2012年第3期，第99—160页。

希腊、罗马奴隶制发生时代作简单比较："希腊、罗马的奴隶社会到铁器时代才出现，而中国的封建社会反而在铜器时代就已经存在了，这个距离是不容易比较说明的。"①徐氏研究殷代社会的氏族组织，正是出于"中国史上的奴隶社会问题，渐次获得解决的途径"②之考虑。此后，随着古史分期问题研究的全面展开，学术界对夏、商、周社会形态的认识，相去甚远。徐氏在《试论周代田制及其社会性质——并批判胡适井田辨观点和方法的错误》一文指出，诸如"周代社会性质，是奴隶社会？还是封建社会？在中国现代历史学的阶段上，还是一个有待解决的论题"，他强调，"我们必须对人类历史有了整体观念，我们才能充分利用这一大批材料（按，田制材料），以阐明古代社会的真相"③。他较早将三代剥削制度的贡、助、彻加以区分："贡、助，是适应于奴隶社会的制度，彻，是适应于封建社会制度。"④在徐氏看来，殷、周社会性质是有着实质性差异的。他进一步解释说："贡，是奴隶主对于奴隶的勒索。奴隶除了维持最低限度的生活以外，他所有的一切都要贡献与奴隶主"⑤；"助，是奴隶对于奴隶主的服役。奴隶除了维持他自己所需最低限度的生活资料的生产以外，所有的剩余劳动，都要为奴隶主所占有"⑥。同其他新史学家和唯物史观派学者相比，徐氏对殷代侯、甸、男、卫的指定服役制度进行了长期的思考，并将其和辽代指定服役的奴隶制进行全方位多角度的比较，初步建立起独到的夏、商奴隶制形态理论。之后，徐氏在《论西周是封建制社会——兼论殷代社会性质》《论殷周的外服制——关于中国奴隶制和封建制分期的问题》等文继续阐发殷代指定服役的奴隶制理论，并逐渐建立起完善的论点体系。不少学者认为，徐氏借鉴少数民族指定服役的制度对殷商时期的外服制提出了独到的见解，"为我们指示了一条以实事求是的

---

① 徐中舒：《论殷代社会的氏族组织》，（成都）《工商导报·学林副刊》第1期，1951年1月7日，收录徐中舒：《徐中舒历史论文选辑》下册，北京：中华书局，1998年版，第801页。

② 徐中舒：《论殷代社会的氏族组织》，（成都）《工商导报·学林副刊》第1期，1951年1月7日，收录徐中舒：《徐中舒历史论文选辑》下册，北京：中华书局，1998年版，第801页。

③ 徐中舒：《试论周代田制及其社会性质——并批判胡适井田辨观点和方法的错误》，《四川大学学报（社会科学版）》1955年第2期，第51页。

④ 徐中舒：《试论周代田制及其社会性质——并批判胡适井田辨观点和方法的错误》，《四川大学学报（社会科学版）》1955年第2期，第86页。

⑤ 徐中舒：《试论周代田制及其社会性质——并批判胡适井田辨观点和方法的错误》，《四川大学学报（社会科学版）》1955年第2期，第86页。

⑥ 徐中舒：《试论周代田制及其社会性质——并批判胡适井田辨观点和方法的错误》，《四川大学学报（社会科学版）》1955年第2期，第86页。

态度从事研究的正确途径”[①]。

在对殷商指定服役制的外服制研究的基础上，徐氏在《论西周是封建制社会——兼论殷代社会性质》一文对殷代奴隶制和奴隶制的特点作了系统论述：“殷代奴隶制社会，是已经具备了国家的形式。”[②]“殷代虽然已经进入阶级社会，但是它的统治阶级，还长期保存着家长制氏族制度，它就靠了这个家长制氏族制度来奴役其他的部族。”[③]“它的氏族制度业经瓦解之后，它决不能抵抗在它邻近落后的而仍然保存着家长制氏族制度的部族，所以在统治阶级方面，家长制氏族制度的存在，也是构成奴隶制的条件。”[④]“殷代内服官制，是简单得很，它还不能与封建王朝相比拟。”[⑤]“殷代侯、甸、男、卫四服，只有甸、卫二服在邦畿之内。卫服是镇压奴隶的军事贵族，甸服是被俘掳来的生产奴隶。只有这两服才是奴隶制。侯、男两服前者是没有脱离自己的部族，后者还是生活在自己的地上，这两服可能已有封建制的因素了。”[⑥]20 世纪 60 年代，徐氏还曾结合马克思主义经典作家理论指出，“奴隶制是从氏族社会的废墟上发生发展起来的，它是从氏族社会全体成员共同生产出发的，它只能以极为残酷的超经济强制，在简单协作的基础上进行榨取和掠夺”[⑦]，古典奴隶制经济“是在这样不断的掠夺式经济下发展起来的”[⑧]，“奴隶制经济虽然不属于自然经济范畴”[⑨]，但“并不排斥奴隶制经济也开始孕育自然经济要素”[⑩]，不断丰富和完善中国奴隶制形态理论。

迄改革开放以后，徐氏在《对古史分期问题的几点意见》一文，从整体上考察了夏、商奴隶制的形态，进一步明确了“夏代是我国阶级社会的

---

① 赵世超：《指定服役制度略述》，《陕西师范大学学报（哲学社会科学版）》1999 年第 3 期，第 5—6 页。

② 徐中舒：《论西周是封建制社会——兼论殷代社会性质》，《历史研究》1957 年第 5 期，第 56 页。

③ 徐中舒：《论西周是封建制社会——兼论殷代社会性质》，《历史研究》1957 年第 5 期，第 56—57 页。

④ 徐中舒：《论西周是封建制社会——兼论殷代社会性质》，《历史研究》1957 年第 5 期，第 57 页。

⑤ 徐中舒：《论西周是封建制社会——兼论殷代社会性质》，《历史研究》1957 年第 5 期，第 57 页。

⑥ 徐中舒：《论西周是封建制社会——兼论殷代社会性质》，《历史研究》1957 年第 5 期，第 61 页。

⑦ 徐中舒：《论中国古代社会自然经济与城乡对立等有关问题》，《中国文化》2001 年第 17、18 期，第 3 页。

⑧ 徐中舒：《论自然经济、阶级和等级》，《中华文化论坛》1998 年第 1 期，第 50—51 页。

⑨ 徐中舒：《论自然经济、阶级和等级》，《中华文化论坛》1998 年第 1 期，第 51 页。

⑩ 徐中舒：《论自然经济、阶级和等级》，《中华文化论坛》1998 年第 1 期，第 51 页。

开端，是最早出现的奴隶制社会。夏人已是一夫一妻制的父系家庭（贵族可以多妻）。夏代广大的农村公社，是奴隶制君主专制帝国所赖以建立的社会基础。大奴隶主只有一个，其余都是他的奴隶，所有臣民都要作为他的奴隶为他服役”①，“商人虽已进入奴隶社会，但他们的氏族组织还是完整的”②，“其后周公东征，摧毁了这一组织，将它分割统治”③等论点，并建立起了“中国的奴隶制是从徭役制度上产生的，它与古典的希腊、罗马的类型完全不同”④，“希腊、罗马类型的奴隶制，中国古代是没有的。最早的奴隶在原始社会末期就已经出现了，那是家内奴隶，算作家庭内的一个成员。进入阶级社会，有些奴隶被指定一块土地分给他们耕种，向奴隶主交纳一些贡物和负担某些徭役”⑤，“夏、商二代的奴隶制都属于马克思所说的古代东方亚细亚生产方式类型，在专制君主政体之下统治着广大的农村公社，奴隶主不改变当地人民原有的社会职能和生活方式，只要求贡纳一定数量的生产品并担负各种徭役”⑥等完善的奴隶制形态论点体系。

综上所述，在长期的学术实践过程中，徐氏通过对氏族公社、村社共同体、亚细亚生产方式及夏、商奴隶制形态等一系列重要理论问题的探索，建立起独到完善的中国前封建社会理论体系。无可否认，徐氏的论点体系仍需要学术界不断完善，其中有些观点，学术界迄今仍存在诸多重大分歧，仍有待于在新的学术背景下作新的审视和进一步深入探讨。但总的来看，徐氏坚持以马克思主义唯物史观为理论指导，充分发掘古代文献、考古资料，并高度重视作为人类社会“活化石”的民族学材料的参照作用，在坚实的史料和科学理论基础上，逐步揭示出中国前封建社会的绝大部分历史真相，促进了唯物史观指导下的中国前封建社会形态研究的深入与理论体系的完善，对于建设有中国特色的前封建社会形态理论体系具有

① 徐中舒：《对古史分期问题的几点意见》，《四川大学学报（哲学社会科学版）》1979年第1期，第65页。

② 徐中舒：《对古史分期问题的几点意见》，《四川大学学报（哲学社会科学版）》1979年第1期，第65页。

③ 徐中舒：《对古史分期问题的几点意见》，《四川大学学报（哲学社会科学版）》1979年第1期，第66页。

④ 徐中舒：《论商于中、楚黔中和唐宋以后的洞——对中国古代村社共同体的初步研究》，《四川大学学报（哲学社会科学版）》1978年第1期，第69页。

⑤ 徐中舒：《〈西双版纳份地制与西周井田制比较研究〉序言》，《云南社会科学》1989年第5期，第45页。

⑥ 徐中舒：《〈西双版纳份地制与西周井田制比较研究〉序言》，《云南社会科学》1989年第5期，第45页。

重要的理论价值和启发意义。

第五节　求同与辨异：以郭沫若、徐中舒关于中国奴隶社会形态研究为中心的考察

自20世纪30年代以社会史论战为开端的中国古代社会形态研究，经过激烈的辩难，迄40年代逐渐自觉走上了马克思主义唯物史观与中国历史实际相结合的道路，并对中华人民共和国成立后中国古代社会形态的研究产生了直接而深远的影响。中华人民共和国成立后至改革开放前夕，中国古代社会形态与古史分期的讨论，涉及问题之多、方面之广、争鸣之激烈，都远远超出了20世纪30至40年代。该阶段在马克思主义唯物史观的指导下，此前学术界关于中国有没有奴隶社会的争论已基本宣告终结。与此同时，中国奴隶社会与古代希腊、罗马社会是否完全相同作为另一个重要话题，则随着研究的深入，产生了一些分歧。兹以郭沫若与徐中舒两位史学大家关于中国奴隶社会形态研究为中心，试图从一个侧面就“求同”与“辨异”两种不同的理论思维主导下的中国古代社会形态研究作简单的比较分析，以期对新时期中国古代社会形态特殊性研究及古史体系重构贡献若干不成熟的意见。

一、中国奴隶社会形态理论存在的一致肯定

中华人民共和国成立后至改革开放前夕，中国古代社会形态与古史分期的讨论，大体上可以区分为前后两个不同的时段。从中华人民共和国成立后至1957年，除了极少数学者公开对奴隶社会普遍必经理论质疑和批判外，绝大多数学者在马克思主义唯物史观的指导下，在五种社会形态单线演进理论框架下开展学术争鸣。

开始，有部分学者的观点与当时的“主流”观点不一致，至1978年，学术界对奴隶制社会形态理论的研究集中在奴隶制类型的探讨上，而不再是中国古代是否经历了奴隶社会阶段。

应该强调的是，郭沫若、徐中舒两位史学大家肯定中国奴隶社会存在的观点，均是在学术层面展开并在学术争鸣的氛围中建立起来的，因而具有更多科学理性的因素和较高的学术价值。

早在20世纪30年代初，郭氏《中国古代社会研究》一书已较早将“中国社会之历史的发达阶段”区分为原始公社制、奴隶制、封建制、资

本制几个不同的阶段，将西周时代划定在奴隶制阶段。[①]

尽管之后郭氏有关中国古史分期的论点不断发生变化，但他一直强调："西周是奴隶社会的见解，我始终是毫无改变"，"殷末周初是奴隶生产鼎盛的时期"。[②]中华人民共和国成立后，在此前研究的基础上，郭氏不断重申其对于中国古代社会形态的看法：

> 中国社会的发展，曾经经历了原始公社、奴隶制和封建制，和马克思主义所划分的社会发展阶段完全符合。
>
> 中国历代的生产方式，经过了原始公社制、奴隶制、封建制等，一直发展到现阶段，在今天是无可争辩的事实了。
>
> 中国社会的发展是经过了原始公社制、奴隶制、封建制而来的，证明马克思学说确实是放诸四海而皆准。虽然在今天，我们在划分阶段上还不能取得一致，那是由于我们所占有的古代材料还不十分充分，也由于还须得有一段时间来等待大家的意识的澄清。[③]

综上可知，在长期的学术探索中，郭氏始终坚持奴隶社会是人类社会发展的必经阶段，并肯定中国古代经历过类似古代希腊、罗马的奴隶社会的论点。

徐氏对中国奴制问题的关注可以追溯至中华人民共和国成立之初。在《论殷代社会的氏族组织》一文，徐氏关注到："近二十多年来，国内外学者开始用唯物史观研治中国历史，已经有了显著的成就。但是关于中国奴隶社会的内容及其分期，在研究的过程中还有很多的歧见，一直没有得到一个客观而比较一致的结论。"[④]之后，在《试论周代田制及其社会性质——并批判胡适井田辨观点和方法的错误》一文又继续指出："周代社会性质，是奴隶社会？还是封建社会？在中国现代历史学的阶段上，还是一个有待解决的论题。"[⑤]再往后，在《论西周是封建制社会——兼论

① 《郭沫若全集·历史编》第一卷《中国古代社会研究》，北京：人民出版社，1982年版，第30页。

② 《郭沫若全集·历史编》第一卷《青铜时代》，北京：人民出版社，1982年版，第433、608页。

③ 《郭沫若全集·历史编》第三卷《奴隶制时代》，北京：人民出版社，1984年版，第3、14、112—113页。

④ 徐中舒：《论殷代社会的氏族组织》，（成都）《工商导报·学林副刊》第1期，1951年1月7日，收录徐中舒：《徐中舒历史论文选辑》下册，北京：中华书局，1998年版，第801页。

⑤ 徐中舒：《试论周代田制及其社会性质——并批判胡适井田辨观点和方法的错误》，《四川大学学报（社会科学版）》1955年第2期，第51页。

殷代社会性质》一文，徐氏充分肯定中国古代奴隶制的存在。[①]徐氏还举证了古代诸部族所建立的奴隶制社会和国家。[②]迄改革开放前夕，徐氏对中国奴隶社会的阶段划分提出了较为明确的意见："夏代是我国阶级社会的开端，是最早出现的奴隶制社会"，"商人虽已进入奴隶社会，但他们的氏族组织还是完整的"，"周人灭殷之后，把殷人的四服改变为分封制，将侯、甸、男、卫逐步变成授土授民的分封的诸侯，形成封建君臣等级制的从属关系，这就形成了封建领主制社会"。[③]综上可知，尽管徐氏对于中国奴隶社会的分期和郭氏的意见分歧甚大，但他们均认为，奴隶社会是人类社会发展的必经阶段，并进而肯定中国古代奴隶社会的存在，则大体一致。

二、中国奴隶社会形态理论存在的分歧

值得注意的是，在日后的学术研究过程中，郭沫若、徐中舒两位史学大家对中国奴隶社会形态的观点悬殊颇大，他们对中国奴隶社会形态的研究直接影响到新时期关于中国古代社会形态研究的走向。

（一）关于中国有无古代希腊、罗马的典型奴隶制问题

郭沫若对中国古代社会的认识和研究，经历了一个漫长的探索过程。早在《中国古代社会研究》发表之时，郭氏即曾强调："世界文化史的关于中国方面的纪载，正还是一片白纸。恩格斯的《家庭、私有制和国家的起源》上没有一句说到中国社会的范围"[④]，并强调，其"研究的方法便是以他（按，恩格斯）为向导，而于他所知道了的美洲的印第安人、欧洲的古代希腊、罗马之外，提供出来了他未曾提及一字的中国的古代"[⑤]。从之后郭氏有关中国古代社会研究的论著中，不难发现郭氏高度重视马克思主义经典作家理论的"向导"作用，极力寻求历史发展的一般法则。

早在20世纪30年代，郭氏即曾指出："只要是一个人体，他的发

① 徐中舒：《论西周是封建制社会——兼论殷代社会性质》，《历史研究》1957年第5期，第55页。

② 徐中舒：《论西周是封建制社会——兼论殷代社会性质》，《历史研究》1957年第5期，第55页。

③ 徐中舒：《对古史分期问题的几点意见》，《四川大学学报（哲学社会科学版）》1979年第1期，第65、66页。

④ 《郭沫若全集·历史编》第一卷《中国古代社会研究》，北京：人民出版社，1982年版，自序，第9页。

⑤ 《郭沫若全集·历史编》第一卷《中国古代社会研究》，北京：人民出版社，1982年版，自序，第9页。

展，无论是红、黄、黑、白，大抵相同”，“由人所组织成的社会也正是一样”，“中国人不是神，也不是猴子，中国人所组成的社会不应该有甚么不同”。①之后，郭氏进一步强调：

> 古代中国和罗马并不是有什么直接的相互影响，人类智力发展到同等阶段时，有所措施每每会完全合辙的。
>
> 人类历史发展具有一般的规律性，而各个民族的各个阶段也具有各自的特殊性，这是事实。不仅社会发展是这样，就是一般自然现象的发展也无一不是这样。特别是在受着剧烈的外来影响的时候，这种特殊性会来得特别强烈。但尽管那样，一般的规律总是不能含混的。
>
> 我们今天既承认了马克思学说是真理，社会发展可以划分为五个时期，在我们中国就不能要求例外。特别在我们中国的古代是没有受到什么强烈的外来影响的，因此要作古代社会的研究，中国古代应该是最好的标本。②

在以上论述基础上，郭氏认为：“中国古代有和希腊、罗马一样的奴隶制。”③诸如郭氏举证“古代中国毫无疑问地施行过井田制……这种办法不仅限于中国，古代罗马的百分田法，同中国的井田制是十分类似的制度”④，“在农业民族的奴隶制时代已有土地的分割，希腊时代的斯巴达便是这样，我国现存的彝族社会也是这样”⑤。尽管之后，郭氏自觉地意识到中国的古代发展和马克思的学说不尽相符⑥，并声称“不否认中国社会发展的某种程度的特殊性”⑦，如他结合中外奴隶制材料进行比较得出“在中国的井田制中，有畎、沟、洫、浍等更周密的灌溉系统，和罗马的情形不同”⑧，“铁的使用在中国比较迟，和希腊、罗马的情况不同。希腊、罗马在奴隶社会中已有铁器，而且是重要的工具，而在中国则殷代无

① 《郭沫若全集·历史编》第一卷《中国古代社会研究》，北京：人民出版社，1982年版，自序，第6页。

② 《郭沫若全集·历史编》第三卷《奴隶制时代》，北京：人民出版社，1984年版，第28、109页。

③ 《郭沫若全集·历史编》第三卷《奴隶制时代》，北京：人民出版社，1984年版，第235页。

④ 《郭沫若全集·历史编》第三卷《奴隶制时代》，北京：人民出版社，1984年版，第6—7页。

⑤ 《郭沫若全集·历史编》第一卷《青铜时代》，北京：人民出版社，1982年版，第429页。

⑥ 《郭沫若全集·历史编》第三卷《奴隶制时代》，北京：人民出版社，1984年版，第3页。

⑦ 《郭沫若全集·历史编》第三卷《奴隶制时代》，北京：人民出版社，1984年版，第112页。

⑧ 《郭沫若全集·历史编》第三卷《奴隶制时代》，北京：人民出版社，1984年版，第28页。

铁器，西周也还没有找出用铁的证据”[①]。但总的来看，郭氏始终认为，中国的奴隶社会遵循人类社会发展的一般法则，中国奴隶社会的形态和总体特征和古代希腊、罗马“毫无二致”。[②]

然与郭氏不同，尽管徐氏同样赞同奴隶制是中国古代社会发展的必经阶段，但其始终关注中国奴隶社会形态的特殊性。《论殷代社会的氏族组织》一文，徐氏较早将中国奴隶社会和古代希腊、罗马奴隶制发生时代作简单比较：“希腊、罗马的奴隶社会到铁器时代才出现，而中国的封建社会反而在铜器时代就已经存在了，这个距离是不容易比较说明的。”[③]徐氏研究殷代社会的氏族组织，正是出于“使中国史上的奴隶社会问题，渐次获得解决的途径”[④]之考虑。此后，徐氏反复强调“中国的奴隶制是从徭役制度上产生的，它与古典的希腊、罗马的类型完全不同”[⑤]、“希腊、罗马类型的奴隶制，中国古代也是没有的”[⑥]、“夏、商二代的奴隶制都属于马克思所说的古代东方亚细亚生产方式类型”[⑦]。之后，巴蜀书社 1992 年出版的《先秦史论稿》一书附有“《中国史稿》第一册批语”。徐氏在《中国史稿》第一册第 83 页“那些贵宗大家都拥有相当数量的男女奴隶——臣妾”一语下批注说：“这是欧洲才有的现象，中国古代不是这样。这种说法也与上一段（指“各生产部门的奴隶仍然保留着族居现象……”）相矛盾。中国的奴隶制是不发达的，不能与希腊、罗马相比。”[⑧]其又在《中国史稿》第一册第 102 页“这种农业生产奴隶一般都有家室”一语下批注说：“生产者主要不是奴隶，他们是半自由的，这与欧洲的奴隶不同。”[⑨]总之，徐氏认为，“中国古代社会有自己的特点，原始社会、奴隶社会、封建社会都还需要深入细致地研究，不能简单地按照

① 《郭沫若全集·历史编》第三卷《奴隶制时代》，北京：人民出版社，1984 年版，第 31 页。

② 《郭沫若全集·历史编》第三卷《奴隶制时代》，北京：人民出版社，1984 年版，第 235 页。

③ 徐中舒：《论殷代社会的氏族组织》，（成都）《工商导报·学林副刊》第 1 期，1951 年 1 月 7 日，收录徐中舒：《徐中舒历史论文选辑》下册，北京：中华书局，1998 年版，第 801 页。

④ 徐中舒：《论殷代社会的氏族组织》，（成都）《工商导报·学林副刊》第 1 期，1951 年 1 月 7 日，收录徐中舒：《徐中舒历史论文选辑》下册，北京：中华书局，1998 年版，第 801 页。

⑤ 徐中舒：《论商于中、楚黔中和唐宋以后的洞——对中国古代村社共同体的初步研究》，《四川大学学报（哲学社会科学版）》1978 年第 1 期，第 71 页。

⑥ 徐中舒：《〈西双版纳份地制与西周井田制比较研究〉序言》，《云南社会科学》1989 年第 5 期，第 45 页。

⑦ 徐中舒：《〈西双版纳份地制与西周井田制比较研究〉序言》，《云南社会科学》1989 年第 5 期，第 45 页。

⑧ 徐中舒：《先秦史论稿》，成都：巴蜀书社，1992 年版，第 352 页。

⑨ 徐中舒：《先秦史论稿》，成都：巴蜀书社，1992 年版，第 356 页。

欧美社会情况硬套。”[①]由此可见，由于理论思维的差异，郭、徐二氏在对中国古代有无古代希腊、罗马典型的奴隶制问题上，观点迥异。

（二）关于中国古代奴隶社会是否大量使用生产奴隶问题

郭沫若、徐中舒关于中国古代奴隶社会形态的另一重要分歧，即中国古代奴隶的主体究竟是生产奴隶还是家内奴隶。早在20世纪30年代，郭氏较早对“民”的身份作如下申论：“‘小人’又叫作‘民’‘庶民’‘黎民’‘群黎’，实际就是当时的奴隶。”[②]与此同时，郭氏指出：“所谓农夫，所谓庶民，都是当时的奴隶。这些奴隶在平时便做农；在有土木工事的时候便供徭役，在征战的时候，便不免要当兵或者是夫役了。”[③]之后，郭氏进一步申论“人民本是生产奴隶”[④]的观点：“殷代确已使用大规模的奴隶耕种”[⑤]，“殷、周两代从事农耕者谓之民，谓之众，谓之庶人，其地位比臣、仆、童、妾等家内奴隶还要低”[⑥]，“殷、周两代的农夫，即所谓‘众人’或‘庶人’，事实上只是一些耕种奴隶”[⑦]。总之，在郭氏看来，“殷、周的众和众人，周代的庶人和农夫乃至黎民和民或人鬲和鬲……确实都是奴隶”[⑧]。

尽管郭氏并不反对家内奴隶的存在，如他将中国古代的奴隶加以区分：“‘庶人工商’是生产奴隶，‘人臣隶圉’是家内奴隶”[⑨]，并且申辩说，“我们只说过农夫农人在西周是生产奴隶，并不曾说凡是‘艺黍稷’的都是奴隶”[⑩]。但他始终认为，“中国奴隶社会不象所谓‘古代东方型’的奴隶社会那样；只有家内奴隶，而生产者则是‘公社成员’”[⑪]；并申辩说：“严格按照马克思的意见来说，只有家内奴隶的社会，是不成其为奴隶社会的。家内奴隶在解放前的汉族和某些少数民族中都还存在。

---

① 徐中舒：《对古史分期问题的几点意见》，《四川大学学报（哲学社会科学版）》1979年第1期，第65页。

② 《郭沫若全集·历史编》第一卷《中国古代社会研究》，北京：人民出版社，1982年版，第25页。

③ 《郭沫若全集·历史编》第一卷《中国古代社会研究》，北京：人民出版社，1982年版，第122页。

④ 《郭沫若全集·历史编》第二卷《十批判书》，北京：人民出版社，1982年版，第40页。

⑤ 《郭沫若全集·历史编》第二卷《十批判书》，北京：人民出版社，1982年版，第19页。

⑥ 《郭沫若全集·历史编》第二卷《十批判书》，北京：人民出版社，1982年版，第38页。

⑦ 《郭沫若全集·历史编》第三卷《奴隶制时代》，北京：人民出版社，1984年版，第29页。

⑧ 《郭沫若全集·历史编》第三卷《奴隶制时代》，北京：人民出版社，1984年版，第110页。

⑨ 《郭沫若全集·历史编》第三卷《奴隶制时代》，北京：人民出版社，1984年版，第112页。

⑩ 《郭沫若全集·历史编》第三卷《奴隶制时代》，北京：人民出版社，1984年版，第110页。

⑪ 《郭沫若全集·历史编》第三卷《奴隶制时代》，北京：人民出版社，1984年版，第221页。

如果太强调了‘公社’，认为中国奴隶社会的生产者都是‘公社成员’，那中国就会没有奴隶社会。”①

和郭氏不同，徐中舒以为：“夏、商二代的奴隶制都属于马克思所说的古代东方亚细亚生产方式类型，在专制君主政体之下统治着广大的农村公社，奴隶主不改变当地人民原有的社会职能和生活方式，只要求贡纳一定数量的生产品并负担各种徭役。”②同其他新史学家和唯物史观派学者相比，徐氏对殷代侯、甸、男、卫的指定服役制度进行了长期的思考，并将其和辽代指定服役的奴隶制进行全方位多角度的比较，初步建立起独到的夏、商奴隶制形态理论：“殷代侯、甸、男、卫四服，只有甸、卫二服在邦畿之内。卫服是镇压奴隶的军事贵族，甸服是被俘掳来的生产奴隶。只有这两服才是奴隶制。侯、男两服前者是没有脱离自己的部族，后者还是生活在自己的土地上，这两服可能已有封建制的因素了。”③徐氏认为：“最早的奴隶在原始社会末期就已经出现了，那是家内奴隶，算作家庭内的一个成员。进入阶级社会，有些奴隶被指定一块土地分给他们耕种，向奴隶主交纳一些贡物和负担某些徭役。”④

之后，徐氏在《中国史稿》第一册第93页“这样多的奴隶，除少数在贵族家内服贱役外，绝大多数都被投入各个社会生产领域。奴隶劳动越来越广泛地成为整个社会的基础”一语下批注说：“中国古代的奴隶制是不发达的奴隶制，是从农业开始（发达奴隶制是以手工业为主）。奴隶不是生产主力，不可能用绳子系着去做农活。”⑤其又在《中国史稿》第一册第94页“武丁时的几条卜辞很清楚地记载着奴隶生产的情况”一语下批注说：“众人农作，就不是奴隶。……因为对家内奴隶就无须‘贞’、无须‘令’，是天天都要干活的。”⑥在《中国史稿》第一册第102页“农业生产奴隶在甲骨文里被称为‘众’或‘众人’，在《尚书·盘庚篇》里被称‘畜民’”一语下，徐氏继续言及：“此说不确。贵族在一起亦可称众。众就是多数人之意，不能当作一个阶级。《盘庚篇》中的众包括了多种成

① 《郭沫若全集·历史编》第三卷《奴隶制时代》，北京：人民出版社，1984年版，第221页。

② 徐中舒：《对古史分期问题的几点意见》，《四川大学学报（哲学社会科学版）》1979年第1期，第66页。

③ 徐中舒：《论西周是封建制社会——兼论殷代社会性质》，《历史研究》1957年第5期，第61页。

④ 徐中舒：《〈西双版纳份地制与西周井田制比较研究〉序言》，《云南社会科学》1989年第5期，第45页。

⑤ 徐中舒：《先秦史论稿》，成都：巴蜀书社，1992年版，第354页。

⑥ 徐中舒：《先秦史论稿》，成都：巴蜀书社，1992年版，第355页。

份。卜辞中之众也指劳动者，一般是指庶人而言的。至于‘畜民’，并非贱称。古时‘畜’是宝贝，是财货，故‘畜’字是好意，《孟子》中还有‘畜君’，并解释说畜者好也。所以‘畜民’是好百姓之意。”[①]在《中国史稿》第102页“这种农业生产奴隶一般都有家室”一语下，徐氏批注说：“生产者主要不是奴隶，他们是半自由的，这与欧洲的奴隶不同。”[②]在《中国史稿》第一册第104页“商代的奴隶，除家内奴隶外，一般都有自己的家室……在殷墟，发现了三个奴隶陶俑，他们的手上都有手梏”一语下，徐氏批注说：“在商代，筑城之类的劳役是由奴隶进行的。而家内服役者已成为其家庭组织的一员，和奴隶是有区别的。农业生产主要是由小人，即隶农完成的。完全的奴隶是要被捆着去服役的，女的捆在前，男的捆在后，甲骨文中的‘女’字和‘奴’字就是其象形。……对待俘虏和奴隶是不同的。着手梏者，当是俘虏。”[③]综上可知，郭、徐二氏对中国古代是否大量使用生产奴隶，尤其是在农业生产奴隶的看法上，差异颇为明显。

（三）关于“种族奴隶”的概念问题

郭沫若在讨论中国奴隶制问题时，屡屡使用“种族奴隶”一词。如郭氏根据《左传》定公四年的一段文字指出：“周人把殷覆灭了，把殷族的遗民大批地化为奴隶”，并屡屡指出“所谓‘殷民六族’、‘殷民七族’及‘怀姓九宗’，都是殷之遗民或原属于殷人的种族奴隶，现在一转手又成为周人的种族奴隶了”[④]，“商代已有种族奴隶是不成问题的……周是以少数人征服了商，又把殷民降为种族奴隶”[⑤]，大批的“顽民”留在洛邑，替周人从事生产。周人对待这些种族奴隶是比较自由的，颇与古代斯巴达的“‘黑劳士’（Helots）和西亚、北非其他古国的国家奴隶相类，让他们耕种着原有的土地而征取地租，征取力役，很有点类似农奴”[⑥]。

徐中舒对郭氏“种族奴隶”的说法，屡屡提出批评。在《中国史稿》第一册第84页“有时，征服者还保留被征服族的氏族部落组织，而整个地把他们变成自己的种族奴隶”一语下，徐氏批注说：“人类没有纯种，因此‘种族’一称不确，应称为部族，一个部族统治别族，决不能完全保

① 徐中舒：《先秦史论稿》，成都：巴蜀书社，1992年版，第356页。
② 徐中舒：《先秦史论稿》，成都：巴蜀书社，1992年版，第356页。
③ 徐中舒：《先秦史论稿》，成都：巴蜀书社，1992年版，第358页。
④ 《郭沫若全集·历史编》第三卷《奴隶制时代》，北京：人民出版社，1984年版，第26—27页。
⑤ 《郭沫若全集·历史编》第三卷《奴隶制时代》，北京：人民出版社，1984年版，第224页。
⑥ 《郭沫若全集·历史编》第三卷《奴隶制时代》，北京：人民出版社，1984年版，第27页。

存原来的部族结构，必然要分而制之。因此，‘种族奴隶’制度是不存在的，经典无考，史实无例。”[①]在《中国史稿》第一册第93页“在战争中被商朝战败的氏族部落或方国，有的对商称臣纳贡，有的则被灭宗，整个成为商的种族奴隶”一语下，徐氏批注说：“商朝用原来的统治阶级来统治异族，这不是种族奴隶制，而是部落联盟。”[②]从以上可以看出，郭、徐二氏对于“种族奴隶”概念的使用，意见分歧甚远。

（四）关于杀殉是否奴隶社会的特征之一问题

郭、徐二氏关于奴隶社会形态的分歧，还体现在杀殉是否奴隶社会的特征之一问题上。郭氏始终坚持“殉葬不消说正是奴隶制的特征”[③]的论点。之后，郭氏更具体指出：“殷代的陵墓和宫室遗址中有大量的人殉，或者是得全首领的生殉，或者是身首异地的杀殉。每一大墓的人殉有的多至三四百人。……这些惊人事迹的发现足以证明殷代是有大量的奴隶存在的。”[④]郭氏指出，侯家庄大规模的殉葬，“毫无疑问是提供了殷代是奴隶社会的一份很可宝贵的地下材料”[⑤]。

郭氏的以上观点，曾遭到不少学者的质疑和批判。徐氏在晚年的讲义中曾讲道：“从前我们跟郭老讲，杀殉就是奴隶社会。这是斯大林的讲法。奴隶人身没有保障，奴隶主对奴隶有权限，但是奴隶主杀奴隶是自己毁灭财产，这怎么能说是奴隶社会呢？恰好这是奴隶社会以前原始社会对付奴隶的方法。”[⑥]在此之前，徐氏在《中国史稿》第一册第105页至106页“屠杀奴隶和俘虏在商代是常见的……往往有生殉或杀殉的现象”一语下批注说：“杀和殉是两回事，杀是杀祭，即杀人而祭，被杀者供死者食用，这是原始社会吃人风俗的遗留。殉是用来服役，为主人服役。杀殉者都不是生产奴隶。财产怎能如此浪费呢？”[⑦]在《中国史稿》第一册第186页“作为中国奴隶社会特征之一的人殉和人牺制度基本上也被废弃了”一语下，徐氏批注说：“杀殉不是奴隶制的产物，而是更古的遗俗，又长期遗留于后世，直至明清犹存。”[⑧]综上可知，郭、徐二氏关于杀殉

---

① 徐中舒：《先秦史论稿》，成都：巴蜀书社，1992年版，第352页。

② 徐中舒：《先秦史论稿》，成都：巴蜀书社，1992年版，第354页。

③ 《郭沫若全集·历史编》第一卷《中国古代社会研究》，北京：人民出版社，1982年版，第152页。

④ 《郭沫若全集·历史编》第三卷《奴隶制时代》，北京：人民出版社，1984年版，第18页。

⑤ 《郭沫若全集·历史编》第三卷《奴隶制时代》，北京：人民出版社，1984年版，第80页。

⑥ 徐中舒著，徐亮工整理：《徐中舒先秦史讲义》，天津：天津古籍出版社，2008年版，第282页。

⑦ 徐中舒：《先秦史论稿》，成都：巴蜀书社，1992年版，第358页。

⑧ 徐中舒：《先秦史论稿》，成都：巴蜀书社，1992年版，第372页。

是否奴隶社会的特征问题上，几乎观点完全“对立”。

郭、徐二氏关于中国奴隶社会形态的认识，分歧之处还有许多。以上仅举证四个方面，足以说明郭、徐二氏关于中国奴隶社会形态理论存在着诸多明显的实质性差异，甚至观点完全“对立”。在以上不同论点的基础之上，郭、徐二氏分别建立起中国古史分期说中颇具影响力的“战国封建论”和“西周封建论”，并逐渐形成独到的中国古代社会形态论点体系。

三、从中国奴隶社会形态理论分歧看郭、徐二氏理论思维方式的差异

从中国现代学术史的路径来看，造成郭、徐二氏中国奴隶社会形态理论重大分歧乃至“对立”的原因是多方面的，其中有二者对文献资料和考古资料固有复杂性认识的差异，诸如有的学者指出，“郭沫若否认西周社会在奴隶主贵族和奴隶两大阶级之外还有自由民存在，这必然给自己带来许多论证上的困难”①，与此同时，学者也特别强调：“把殷代的直接生产者全说成是奴隶，这未免把商代社会的阶级结构看得过于简单。但是，如果全归之于公社成员，在理论上也有不容易说得通的地方。”②除此之外，则更多地反映出二者对马克思主义经典作家理论的理解及和中国奴隶社会历史实际结合过程中求同与辨异两种不同的理论思维方式有着密切的关系。

事实上，早在20世纪30至40年代，已有学者开始自觉关注中国古代社会形态的特殊性，并不断将马克思主义理论同中国历史实际相结合。1939年，翦伯赞论及历史发展中一般性与特殊性之辩证统一问题时指出：“在社会中乃至在自然界中，完全同一的两个现象是绝对不存在的。例如历史上各民族都经过奴隶制，这是历史发展的一般法则；但希腊、罗马而外的奴隶制与希腊、罗马的奴隶制就表现为不同的形态，这就是各民族历史发展的特殊法则。又例如封建社会是历史发展中的一般法则，但在世界各国，又都有其特殊的形势。”③翦氏批判郭沫若在理论上的错误，主要是由于他完全忽略“奴隶制”之东方的特殊性，即忽略了中国的奴隶制，是古代希腊、罗马的奴隶制而外的一种“奴隶制的变种”④。侯外庐亦曾强调：“氏族共同体之解体过程到文明世界的路径是

① 林甘泉、田人隆、李祖德：《中国古代史分期讨论五十年：一九二九—一九七九年》，上海：上海人民出版社，1982年版，第129页。

② 林甘泉、田人隆、李祖德：《中国古代史分期讨论五十年：一九二九—一九七九年》，上海：上海人民出版社，1982年版，第227页。

③ 翦伯赞：《历史哲学教程》，石家庄：河北教育出版社，2000年版，第62页。

④ 翦伯赞：《历史哲学教程》，石家庄：河北教育出版社，2000年版，第224页。

多样的，即在同一的经济形态上亦有各种现象上的差别。”①诸如侯氏举证：和希腊、罗马“氏族的血缘政治，后来都被土地私有制所冲破，财产贵族与国家机关代替了经济政治混合于血族的制度”相比，“中国的古代制度颇有些特殊性”，“见于周金者，西周的贵族专权很显明，没有希腊、罗马的古典制度”。②显然，早期的马克思主义史学家在学术实践中，早已清醒地认识到要加强理论和方法上的基本素养，避免将马克思主义公式化、教条化。

中华人民共和国成立后至改革开放前，中国古代社会形态与古史分期的研究进入了空前繁荣的阶段，其中学术界对亚细亚生产方式的争鸣及对奴隶制不同形态与东方社会特点的讨论，基本上是在马克思主义唯物史观理论指导下开展的。不少学者自觉运用马克思主义唯物史观，结合中国历史实际，力图克服早期马克思主义史学“死死地把唯物史观的公式，往古代的资料上套”的“公式主义的毛病”③，对中国古代社会形态特殊性从积极关注到日趋理性、深入的探讨，基本上沿着一条正确的路向逐步向前推进。郭、徐二氏对中国奴隶社会形态理论的建构，分别在不同程度上受到中华人民共和国成立后中国古代社会形态研究中“求同”与“辨异”两种不同的理论思维方式的制约，因而分歧甚大乃至近乎“对立”。

综前所论，相对于20世纪30年代社会史论战中片面强调中国社会特殊性论者，以郭沫若为代表的早期马克思主义史学家强调：“中国人所组成的社会不应该有甚么不同”，“一般的规律总是不能含混的”，旗帜鲜明地提出人类社会的发展有共同的本质、普遍的规律，“这在中国史学史上是划时代的创见”，“是认识上的一次飞跃，是史学方法论上从具体到抽象的飞跃”。④然众所周知，早期的马克思主义史学家在强调历史统一性的同时，往往也忽视了各个国家、各个民族间存在的历史差别，诸如郭氏屡屡强调，“中国古代有和希腊、罗马一样的奴隶制”，中国奴隶社会的形态和总体特征与古代希腊、罗马“毫无二致”等。从某种意义上讲，徐氏在对中国奴隶社会形态特殊性作更为具体分析的基础上，强调：“中国的奴隶制是从徭役制度上产生的，它与古典的希腊、罗马的类型完全不同”，“希腊、罗马类型的奴隶制，中国古代也是没有的”，“中国古代社会有自

① 侯外庐：《中国古代社会史》，桂林：新知书店，1948年版，第10页。

② 侯外庐：《中国古代社会史》，桂林：新知书店，1948年版，第193、195页。

③ 《郭沫若全集·文学编》第十三卷《革命春秋（沫若自传·第三卷）·海涛集·我是中国人》，北京：人民文学出版社，1992年版，第357页。

④ 丁伟志：《历史是多样性的统一——谨以此纪念马克思逝世一百周年》，《历史研究》1983年第2期，第24页。

己的特点，原始社会、奴隶社会、封建社会都还需要深入细致地研究，不能简单地按照欧美社会情况硬套”的论述，正反映出中华人民共和国成立后中国史学家逐步突破教条主义的束缚，从实际出发具体研究中国古代社会，在新的起点上向着“历史发展之多样性统一”的新的研究目标实现飞跃的学术动向。因此，从某种意义上讲，徐氏在中国古代社会形态研究中的“辨异”及在重要观点上和郭沫若中国奴隶社会形态理论上存在的重大分歧乃至根本“对立”，并非意味着徐氏和以郭沫若为代表的早期马克思主义史学家“求同”的彻底决裂，而是在新的学术背景下对早期马克思主义史学的直接继承和发展。诸如上举徐氏“中国古代奴隶制是不发达的奴隶制”，“夏、商二代的奴隶制都属于马克思所说的古代东方亚细亚生产方式类型，在专制君主政体之下统治着广大的农村公社，奴隶主不改变当地人民原有的社会职能和生活方式，只要求贡纳一定数量的生产品并负担各种徭役”等理论，尽管并非学术研究的最后定论，但由于其所使用的民族学材料更为接近中国古代的历史实际，因而立论基础更为牢靠。徐氏对郭氏“种族奴隶”概念及“殉葬不消说正是奴隶制的特征”的质疑与批判，也普遍受到学术界的高度关注和重视，并直接影响到新时期中国古代社会形态特殊性研究，徐氏以上的“辨异”研究，显然有助于新的学术背景下中国奴隶社会形态理论的进一步深化与完善。

第六节　西周封建论的论点体系

中国封建社会史问题，自20世纪30年代社会史论战开始，就已引起学术界、理论界的高度关注，并成为论战中集中争讼的重大理论性问题之一。然而，在长期的论战过程中，包括中国的封建社会史在内的一系列重大论题，虽然经过长期的论战，“依然找不出一个较正当的结论”[①]。20世纪40年代以后，随着马克思主义唯物史观影响的逐步扩大，古史分期问题的讨论逐步深入，中国封建社会史的研究逐步进入一个蓬勃发展的新阶段。自20世纪40年代以后，徐中舒先生颇为关注中国封建社会史研究的进展，并积极参与中国古史分期大讨论和中国封建社会形态的研究，提出了一系列有重要价值的学术论点，并逐步建立起独到完善的中国封建社会形态理论体系。在中国现代学术史的宏观视野下，重新考察、审视徐氏古史分期与中国封建社会形态的一系列重要论点，有助于全面深化拓展中国

① 何干之：《中国社会史问题论战》，《何干之文集》第一卷，北京：北京出版社，1993年版，第336页。

封建社会史研究，并为未来中国封建社会史研究的路向提供诸多有价值的借鉴。

早在20世纪30年代，徐氏即高度关注中国古代社会生产问题，并试图揭示出生产力的发展变化对中国古代社会发展、演变的影响。在《耒耜考》一文言及其考察中国古代农具演进的社会史意义："人类社会的演进，由狩猎，游牧，以至耕稼，应有一定的步骤。社会学家罗列许多事实，告诉我们。他们曾举出许多野蛮民族，和许多文明民族，都由一定的步骤演进。"[①]他试图"从一两件农具上面试探农业演进的消息"[②]，并强调指出："虽是一两件农具的演进，有时影响所及，也足以改变全社会的经济状况，解决历史上的困难问题。"[③]徐氏颇为重视古文字资料对古代史料的扩充："我们古代史料如此缺乏。但最近因为甲骨文及有款识的铜器的发见与印行，使古代史料更有地下材料为之证明。关于古代社会的情况，因此也可推测若干。"[④]徐氏综合相关资料推论："耒为殷人习用的农具，殷亡以后，即为东方诸国所承用。耜为西土习用的农具，东迁以后，仍行于汧、渭之间。"[⑤]徐氏从农具的使用推论殷、周时期农业发展的状况："因为殷人有了较好的农具，所以他们才能离开渔猎生活，而跨入农业与畜牧的社会中。……因为西方民族有了较好的农具，所以他们才有自创的、独立发展的农业。"[⑥]徐氏通过对耒、耜农具通行区域的考察，较早意识到："殷商末期，周兴西方，其物力与文化当均在殷人之后；但其农具用金属制，则似较早于东方。"[⑦]徐氏再次强调，耒和耜"虽是一两个名称含义的演变，而实是古代社会生产上一大改革"[⑧]。徐氏较早敏锐

① 徐中舒：《耒耜考》，原刊《国立中央研究院历史语言研究所集刊》第二本第一分，1930年，收录徐中舒：《徐中舒历史论文选辑》上册，北京：中华书局，1998年版，第72页。

② 徐中舒：《耒耜考》，原刊《国立中央研究院历史语言研究所集刊》第二本第一分，1930年，收录徐中舒：《徐中舒历史论文选辑》上册，北京：中华书局，1998年版，第72页。

③ 徐中舒：《耒耜考》，原刊《国立中央研究院历史语言研究所集刊》第二本第一分，1930年，收录徐中舒：《徐中舒历史论文选辑》上册，北京：中华书局，1998年版，第72页。

④ 徐中舒：《耒耜考》，原刊《国立中央研究院历史语言研究所集刊》第二本第一分，1930年，收录徐中舒：《徐中舒历史论文选辑》上册，北京：中华书局，1998年版，第73页。

⑤ 徐中舒：《耒耜考》，原刊《国立中央研究院历史语言研究所集刊》第二本第一分，1930年，收录徐中舒：《徐中舒历史论文选辑》上册，北京：中华书局，1998年版，第102页。

⑥ 徐中舒：《耒耜考》，原刊《国立中央研究院历史语言研究所集刊》第二本第一分，1930年，收录徐中舒：《徐中舒历史论文选辑》上册，北京：中华书局，1998年版，第108页。

⑦ 徐中舒：《耒耜考》，原刊《国立中央研究院历史语言研究所集刊》第二本第一分，1930年，收录徐中舒：《徐中舒历史论文选辑》上册，北京：中华书局，1998年版，第115页。

⑧ 徐中舒：《耒耜考》，原刊《国立中央研究院历史语言研究所集刊》第二本第一分，1930年，收录徐中舒：《徐中舒历史论文选辑》上册，北京：中华书局，1998年版，第115页。

地探寻出殷周农具的差异，并据此论及殷周之际的生产上之“一大改革”，从一个侧面为日后西周封建论论点体系的建立初步提供了颇具说服力的支持。

在《耒耜考》一文，徐氏由生产工具论及耦耕及以后的牛耕技术：“二人为耦，在古代极为普遍。”[①]“牛耕或用他种家畜耕，在世界农业史上，都属后起之事。”[②]此后，徐氏在《论东亚大陆牛耕的起原》一文进一步揭示：“从西周到战国时代，可以说都是耦耕时期。……耦耕都是指两人并力耕作的。……春秋、战国之际，也可以说是牛耕的孕育时期，纵有牛耕，也不是普遍的事。”[③]“牛耕的工具是犁，犁的前端犁镩就是由耜逐渐演化而成，犁就是耒耜的合音。”[④]“古代的耦耕完全是适应实际需要。”[⑤]综上可知，徐氏通过分析生产工具与耕作技术的演化，试图揭示出殷、周之际生产力发展变化的若干有价值的信息。

随着研究的进一步深入，20 世纪 40 年代以后，徐氏逐渐开始关注殷、周之际田制与兵制的变化，其在《井田制度探原》一文言及：“殷、周制度有绝不同者，厥为田制与兵制。”[⑥]“殷代田男两服行井田制，八家为井，故其编组皆以四进”，“在周则行彻法，什一而税，故其编组皆以五进或十进”。[⑦]在《试论周代田制及其社会性质——并批判胡适井田辨观点和方法的错误》一文，徐氏重点以周代田制为考察对象，并进而论及西周的社会性质。徐氏首先阐发了考察周代田制的学术意义：“中国古书中保存有关周代田制的资料……我们必须对人类历史有了整体观念，我们

---

① 徐中舒：《耒耜考》，原刊《国立中央研究院历史语言研究所集刊》第二本第一分，1930 年，收录徐中舒：《徐中舒历史论文选辑》上册，北京：中华书局，1998 年版，第 119 页。

② 徐中舒：《耒耜考》，原刊《国立中央研究院历史语言研究所集刊》第二本第一分，1930 年，收录徐中舒：《徐中舒历史论文选辑》上册，北京：中华书局，1998 年版，第 120 页。

③ 徐中舒：《论东亚大陆牛耕的起原》，（成都）《工商导报·学林副刊》第 24 期，1951 年 12 月 23 日，收录徐中舒：《徐中舒历史论文选辑》下册，北京：中华书局，1998 年版，第 814 页。

④ 徐中舒：《论东亚大陆牛耕的起原》，（成都）《工商导报·学林副刊》第 24 期，1951 年 12 月 23 日，收录徐中舒：《徐中舒历史论文选辑》下册，北京：中华书局，1998 年版，第 814 页。

⑤ 徐中舒：《论东亚大陆牛耕的起原》，（成都）《工商导报·学林副刊》第 24 期，1951 年 12 月 23 日，收录徐中舒：《徐中舒历史论文选辑》下册，北京：中华书局，1998 年版，第 816 页。

⑥ 徐中舒：《井田制度探原》，原刊《中国文化研究汇刊》1944 年第 4 卷上册，收录徐中舒：《徐中舒历史论文选辑》下册，北京：中华书局，1998 年版，第 726 页。

⑦ 徐中舒：《井田制度探原》，原刊《中国文化研究汇刊》1944 年第 4 卷上册，收录徐中舒：《徐中舒历史论文选辑》下册，北京：中华书局，1998 年版，第 726—727、727 页。

才能充分利用这一大批材料，以阐明古代社会的真相。”[①]徐氏指出：“田制是生产力和生产关系的具体表现。周代社会性质，如果从田制方面加以考察，所得的结论，应当是可靠的。”[②]值得注意的是，徐氏以西周田制为对象考察西周时期的生产关系和社会性质，并未抛开对西周时代的生产力水平的估计，而是对“它的生产工具、技术、肥料和田制问题”[③]作综合分析。徐氏重点考察了西周时代“农业最高的造诣”的“耕百亩休五十亩的三田制”[④]，并由此得出结论：“西周生产力，就是以爰田制的三田制，和年年耕种的井田制，作为最高的指标。”[⑤]众所周知，在中华人民共和国成立初期全面展开的古史分期大讨论中，春秋战国封建论者和魏晋封建论者对西周生产力发展水平的估计是比较低的。徐氏对三田制的论述，一度遭到部分学者的质疑与批判。比如，杨宽先生指出，三田制在欧洲中世纪中期才逐渐流行，不是西周时代的耕作技术和施肥技术所能产生的；何况《周礼》是战国时代的著作，不能根据它来论定西周已有三田制。[⑥]曾庸指出，真正决定生产力高低的是生产工具而不是休耕制，西周的生产工具和欧洲十一世纪的生产工具有明显的差异，认为两者有同样高的生产力水平，实在是无法使人置信。[⑦]但仍有学者指出，后世学者对《尔雅·释地》“田一岁曰灾，二岁曰新田，三岁曰畬”这段文字的解说很不相同，“惟有徐中舒先生的解释最为正确”[⑧]。徐氏从生产工具、技术、肥料和田制等方面对西周生产力水平的估计，相对于“有些学者只孤立的强调铁制生产工具的有无，而没有把生产工具所作用到的中国具体土壤和农耕技术的发展阶段等方面作通盘的考虑”从而“把问题简单化”[⑨]之倾向，无疑更具独到的学术旨趣。此后，徐氏继续强调指出：“西周有灾、

① 徐中舒：《试论周代田制及其社会性质——并批判胡适井田辨观点和方法的错误》，《四川大学学报（社会科学版）》1955年第2期，第51页。

② 徐中舒：《试论周代田制及其社会性质——并批判胡适井田辨观点和方法的错误》，《四川大学学报（社会科学版）》1955年第2期，第52页。

③ 徐中舒：《试论周代田制及其社会性质——并批判胡适井田辨观点和方法的错误》，《四川大学学报（社会科学版）》1955年第2期，第59页。

④ 徐中舒：《试论周代田制及其社会性质——并批判胡适井田辨观点和方法的错误》，《四川大学学报（社会科学版）》1955年第2期，第61页。

⑤ 徐中舒：《试论周代田制及其社会性质——并批判胡适井田辨观点和方法的错误》，《四川大学学报（社会科学版）》1955年第2期，第62页。

⑥ 杨宽：《论西周时代的农业生产》，《学术月刊》1957年第2期，第1—10页。

⑦ 曾庸：《读“有关西周社会性质的几个问题”后的意见》，《历史研究》1957年第8期，第75—81页。

⑧ 王玉哲：《有关西周社会性质的几个问题》，《历史研究》1957年第5期，第86页。

⑨ 王玉哲：《有关西周社会性质的几个问题》，《历史研究》1957年第5期，第87页。

新、畬的三田制，有年年耕种的井田制，它的生产力是已经达到，甚至超过欧洲十一世纪的农业生产”①，批评“一些学者对于西周生产力中的生产工具特别重视，而对于上述其他技术方面，则一概加以抹杀”“认为铁工具的产生，就是封建制生产的标帜”②的倾向，对春秋战国封建论者和魏晋封建论者提出了激烈挑战。

在古史分期讨论中，学术界颇为重视《孟子·滕文公上》“夏后氏五十而贡，殷人七十而助，周人百亩而彻”的一段材料。贡、助、彻的内容是什么？这是“讨论西周剥削形态必然要涉及到的重要问题”③。然而在长期的学术研究过程中，诸多学者的论点，分歧甚大。徐氏在《试论周代田制及其社会性质——并批判胡适井田辨观点和方法的错误》一文中注意到《诗经》中提到的“彻”法。徐氏根据《诗经》记载推测：“公刘时代周部族征服这些原始的农业公社，彻取公社土地十一分之一作为公田谓之彻……这是彻法的开始。后来周宣王征服了谢人，还是承袭了这个办法。”④“西周初的彻法，确是适合于当时生产力的一种生产关系。”⑤“彻田须借民力耕种，因又称之曰藉田。彻是开创之事，藉是继事之词。”⑥在此基础上，徐氏较为明确地指出：“孟子说‘虽周亦助也’，这就是原始的彻法。”⑦学术界强调指出，徐氏认为彻田亦需借民力耕种，“这个意见是值得重视的”⑧。徐氏以为，从周厉王专利，废藉田而向人民征收生产税开始，在“以公有财产为基础的社会，向以私有财产为基础的社会过渡的迹向”的过程中，“公社成员的隶属关系，也逐渐由公社向周王朝过渡”⑨。

---

① 徐中舒：《论西周是封建制社会——兼论殷代社会性质》，《历史研究》1957年第5期，第63页。

② 徐中舒：《论西周是封建制社会——兼论殷代社会性质》，《历史研究》1957年第5期，第68页。

③ 林甘泉、田人隆、李祖德：《中国古代史分期讨论五十年（一九二九—一九七九年）》，上海：上海人民出版社，1982年版，第277页。

④ 徐中舒：《试论周代田制及其社会性质——并批判胡适井田辨观点和方法的错误》，《四川大学学报（社会科学版）》1955年第2期，第62—63页。

⑤ 徐中舒：《试论周代田制及其社会性质——并批判胡适井田辨观点和方法的错误》，《四川大学学报（社会科学版）》1955年第2期，第64页。

⑥ 徐中舒：《试论周代田制及其社会性质——并批判胡适井田辨观点和方法的错误》，《四川大学学报（社会科学版）》1955年第2期，第63页。

⑦ 徐中舒：《试论周代田制及其社会性质——并批判胡适井田辨观点和方法的错误》，《四川大学学报（社会科学版）》1955年第2期，第63页。

⑧ 林甘泉、田人隆、李祖德：《中国古代史分期讨论五十年（一九二九—一九七九年）》，上海：上海人民出版社，1982年版，第280页。

⑨ 徐中舒：《试论周代田制及其社会性质——并批判胡适井田辨观点和方法的错误》，《四川大学学报（社会科学版）》1955年第2期，第66页。

西周时期，诸侯国内的生产关系也在变化：“跟着统治区的扩大与统治力量的加强，统治者对于他的私属日益增涨的财富，也要求有所贡纳。最初或者完全出于贡献，后来可能逐渐形成了有一定数额的分配，称之为征。……这是征收官长的财产税。”[①]徐氏在对西周社会生产力水平进行整体估计和对生关系进行综合考察的基础上，指出：“周代社会是以三田制的爰田，和年年耕种的井田，为它的经济基础。当西周统治的开始，它是已经进入封建社会的阶段了。公田、私田普遍存在，而且有一定的比例，十比一，或八比一，生产者是属于家族公社的自由民，或村公社的半自由民，所以这种有一定比例的服役制，应当是属于封建社会的劳役地租，后来废止公田而征收私田什一的生产税，也应当是属于封建社会的生产物地租。从周代的田制看，它是彻头彻尾的属于封建社会形态。”[②]值得注意的是，在古史分期讨论过程中，有关西周时期生产关系的争论，颇为激烈，不少学者以为，“我们不能仅仅根据有了徭役劳动就断定它是封建的生产关系。西周的剥削形态究竟属于什么性质，还需要结合当时的所有制形态以及直接生产者的身分地位来加以考察，才能得出比较符合实际的结论”[③]。

在《试论周代田制及其社会性质——并批判胡适井田辨观点和方法的错误》一文中，徐氏指出：“在周王朝统治之下，国人和野人成为两个对立的阶级，一直维持到春秋时代。”[④]早在周初，“国是周部族所居，遂是原住在东方的被征服的野人所居……近郊是国人的园圃宅田所在，远郊是被征服部族所居，他们有自己的份田，同时还要为统治者耕种官田、赏田，并为统治者照管牛田、牧田的牛马”[⑤]。徐氏依金文资料推断“农夫”和“人鬲”就是西周诸侯国两种不同身分的自由人和半自由人。[⑥]此后，在《论西周是封建制社会——兼论殷代社会性质》一文，徐氏进一步论及西周时期土地所有制问题：“西周的士是小土地所有者。士以上的亚

① 徐中舒：《试论周代田制及其社会性质——并批判胡适井田辨观点和方法的错误》，《四川大学学报（社会科学版）》1955年第2期，第71页。

② 徐中舒：《试论周代田制及其社会性质——并批判胡适井田辨观点和方法的错误》，《四川大学学报（社会科学版）》1955年第2期，第88页。

③ 林甘泉、田人隆、李祖德：《中国古代史分期讨论五十年（一九二九—一九七九年）》，上海：上海人民出版社，1982年版，第281页。

④ 徐中舒：《试论周代田制及其社会性质——并批判胡适井田辨观点和方法的错误》，《四川大学学报（社会科学版）》1955年第2期，第69页。

⑤ 徐中舒：《试论周代田制及其社会性质——并批判胡适井田辨观点和方法的错误》，《四川大学学报（社会科学版）》1955年第2期，第69页。

⑥ 徐中舒：《试论周代田制及其社会性质——并批判胡适井田辨观点和方法的错误》，《四川大学学报（社会科学版）》1955年第2期，第51—90页。

旅、师氏、千夫长、百夫长，他们都是大小采地的领主。”[①]“西周畿内的采邑不但有土有民，而且还是采邑主的世袭财产。……这样的采邑制，在文王时代可能就已存在了。”[②]“周公东征之后，这些有土有民的采邑主，就迅速地率领了周部族分布东土，成了有土有民的诸侯。西周分封的建侯制，就在这个基础上成长起来的。”[③]西周时期，随着分封制的推行，从西周开始就形成了王、诸侯、卿、大夫这样一层一层的“封建等级制的从属关系”[④]。西周主要生产者的身分问题，是西周社会性质争论的一个重要关键。“这个问题之所以长期聚讼纷纭，首先是由于史料本身对西周生产者的身分地位并没有明确记载，论者从不同的史料往往可以得出不同的理解”[⑤]，“其次，古代社会的阶级关系并不象近代那样截然分明，要区别农业奴隶、奴隶和被奴役的公社农民本来就不容易”[⑥]。然而应该强调的是，尽管这一关键问题，目前仍争论不止，但总的来看，徐氏在通过对西周时期生产技术和以田制为重点的生产关系综合考察的基础上，对西周时期土地所有制和主要生产者身分的分析，具有较为坚实的史料和理论基础。

20 世纪 80 年代后，徐氏有关中国奴隶制与封建制分期问题的探索仍未停止。在《论殷周的外服制——关于中国奴隶制和封建制分期的问题》一文，徐氏在以往研究的基础上，结合文献记载、古文字资料，并以民族学材料进行参照，继续考察了殷周外服制的变化。徐氏指出：“殷代侯、甸（田）、男、卫四服，对于被统治的劳动生产者来说，是没有个人意志和选择的指定服役制的奴隶制。统治者所征服的土地、人民均属他们的私有财产，大小奴隶主均有自己的奴隶。”[⑦]“就整个奴隶国家而

① 徐中舒：《论西周是封建制社会——兼论殷代社会性质》，《历史研究》1957 年第 5 期，第 70 页。

② 徐中舒：《论西周是封建制社会——兼论殷代社会性质》，《历史研究》1957 年第 5 期，第 70 页。

③ 徐中舒：《论西周是封建制社会——兼论殷代社会性质》，《历史研究》1957 年第 5 期，第 71 页。

④ 徐中舒：《论西周是封建制社会——兼论殷代社会性质》，《历史研究》1957 年第 5 期，第 73 页。

⑤ 林甘泉、田人隆、李祖德：《中国古代史分期讨论五十年（一九二九——九七九年）》，上海：上海人民出版社，1982 年版，第 295 页。

⑥ 林甘泉、田人隆、李祖德：《中国古代史分期讨论五十年（一九二九——九七九年）》，上海：上海人民出版社，1982 年版，第 295 页。

⑦ 徐中舒、唐嘉弘：《论殷周的外服制——关于中国奴隶制和封建制分期的问题》，原刊《人文杂志》增刊《先秦史论文集》，1982 年，收录徐中舒：《徐中舒历史论文选辑》上册，北京：中华书局，1998 年版，第 1411 页。

言，虽有大小奴隶主的差别，但确没有层层递相从属的等级制。”[①]“周王朝建立后，一方面继承了四服制……另一方面，从根本上改造了殷商的旧制，把殷人的四服，变成分封制。……周公东征以后，大批的封建亲戚和兄弟，‘以藩屏周’，将侯、田、男、卫四服逐步变成授土授民的诸侯，形成封建等级制的层层从属的关系。”[②]徐氏指出：“周王室对诸侯授土、授民，和殷商奴隶制有着本质的重大的差别。”[③]“周代诸侯领有的土地和人民，是由周王室所赐予的，而殷代则不由王室赐予。这正是周代王室和诸侯实行徭役劳动地租形式的前提条件；赐予土地的大小、人民的多少，是封建等级制层次构成的基础。”[④]徐氏对殷、周文献中的“采”进行了分辨，指出：“甲骨大采、小采即大餐、小餐（采与菜同），乃指一日中早、晚两个时刻”[⑤]，“周代的采地是授土而不授民的封建职田（民乃采邑主私属）”[⑥]。徐氏指出，周灭殷后形成了作为“封建制社会的一个重要标帜”的等级制和“作为封建制一个象征”的采邑制，并分别和欧洲中世纪封建社会及云南西双版纳傣族社会近代还保留比较完整的封建领主农奴制相比较，得出“完全一致”[⑦]、“实质却是一样的”[⑧]、

---

① 徐中舒、唐嘉弘：《论殷周的外服制——关于中国奴隶制和封建制分期的问题》，原刊《人文杂志》增刊《先秦史论文集》，1982年，收录徐中舒：《徐中舒历史论文选辑》上册，北京：中华书局，1998年版，第1412页。

② 徐中舒、唐嘉弘：《论殷周的外服制——关于中国奴隶制和封建制分期的问题》，原刊《人文杂志》增刊《先秦史论文集》，1982年，收录徐中舒：《徐中舒历史论文选辑》上册，北京：中华书局，1998年版，第1413页。

③ 徐中舒、唐嘉弘：《论殷周的外服制——关于中国奴隶制和封建制分期的问题》，原刊《人文杂志》增刊《先秦史论文集》，1982年，收录徐中舒：《徐中舒历史论文选辑》上册，北京：中华书局，1998年版，第1414页。

④ 徐中舒、唐嘉弘：《论殷周的外服制——关于中国奴隶制和封建制分期的问题》，原刊《人文杂志》增刊《先秦史论文集》，1982年，收录徐中舒：《徐中舒历史论文选辑》上册，北京：中华书局，1998年版，第1414页。

⑤ 徐中舒、唐嘉弘：《论殷周的外服制——关于中国奴隶制和封建制分期的问题》，原刊《人文杂志》增刊《先秦史论文集》，1982年，收录徐中舒：《徐中舒历史论文选辑》上册，北京：中华书局，1998年版，第1415页。

⑥ 徐中舒、唐嘉弘：《论殷周的外服制——关于中国奴隶制和封建制分期的问题》，原刊《人文杂志》增刊《先秦史论文集》，1982年，收录徐中舒：《徐中舒历史论文选辑》上册，北京：中华书局，1998年版，第1415页。

⑦ 徐中舒、唐嘉弘：《论殷周的外服制——关于中国奴隶制和封建制分期的问题》，原刊《人文杂志》增刊《先秦史论文集》，1982年，收录徐中舒：《徐中舒历史论文选辑》上册，北京：中华书局，1998年版，第1417页。

⑧ 徐中舒、唐嘉弘：《论殷周的外服制——关于中国奴隶制和封建制分期的问题》，原刊《人文杂志》增刊《先秦史论文集》，1982年，收录徐中舒：《徐中舒历史论文选辑》上册，北京：中华书局，1998年版，第1418页。

“十分相似”[①]的结论。在以上论证的基础上，徐氏指出：“西周王室和诸侯的田制以及生产关系，并非千篇一律，它们始终在变动中不平衡地发展前进，但均属于封建制社会。”[②]徐氏通过以上多角度的深入系统论证，进一步完善了其长期坚持的西周封建论论点体系：“周人灭殷之后，把殷人的四服改变为分封制，将侯、甸、男、卫逐步变成授土授民的分封的诸侯，形成封建君臣等级制的从属关系，这就形成了封建领主制社会。”[③]经过长期的学术探索，徐氏西周封建论的古史分期理论不断丰富完善，并日渐成为20世纪后半期最具影响力的古史分期学说之一。

综观中国学术史，不难确知，西周封建论一直是中国古史分期讨论中最有影响的古史分期理论之一。林甘泉先生引述1899年梁启超“中国周代国体，与欧洲希腊国体，其相同点之最多，即封建时代与贵族政治是也”[④]的论述，认为梁启超是近代中国最早将欧洲封建社会与西周“封建制”相类比的学者。与此同时，林氏指出，梁启超所说的“欧洲希腊国体”，涵盖了欧洲的古典和中世纪，反映他对欧洲封建时代的了解其实很有限。[⑤]此后，在20世纪30年代的社会史论战中，尽管不少学者对西周的社会性质作过一些尝试性的探索，诸如李季先生以“生产方法为标准”，将“中国经济时期”划分为五个时期，以为“自周至周末为封建的生产方法时代”[⑥]，然而与此同时，李氏又将“自秦至清鸦片战争”区分为“前资本主义生产方法的时代”，学者指出，李氏所标榜的前资本主义的生产方法，“在现实的历史中是没有的”[⑦]，其所谓的前资本主义生产方法的时代自然也“是不存在的”[⑧]。显然，李氏以“自周至周末为封建

① 徐中舒、唐嘉弘：《论殷周的外服制——关于中国奴隶制和封建制分期的问题》，原刊《人文杂志》增刊《先秦史论文集》，1982年，收录徐中舒：《徐中舒历史论文选辑》上册，北京：中华书局，1998年版，第1417页。

② 徐中舒、唐嘉弘：《论殷周的外服制——关于中国奴隶制和封建制分期的问题》，原刊《人文杂志》增刊《先秦史论文集》，1982年，收录徐中舒：《徐中舒历史论文选辑》上册，北京：中华书局，1998年版，第1418页。

③ 徐中舒：《对古史分期问题的几点意见》，《四川大学学报（哲学社会科学版）》1979年第1期，第66页。

④ 梁启超：《饮冰室合集》第一册《论中国与欧洲国体异同》，北京：中华书局，1989年版，第62页。

⑤ 林甘泉：《“封建”与“封建社会”的历史考察——评冯天瑜的〈“封建”考论〉》，《中国史研究》2008年第3期，第145—160页。

⑥ 李季：《对于中国社会史论战的贡献与批评》，《读书杂志》1932年第2卷第2—3期，第1—150页。

⑦ 何干之：《中国社会史论争中的封建社会问题》，《何干之文集》第一卷，北京：北京出版社，1993年版，第357页。

⑧ 何干之：《中国社会史论争中的封建社会问题》，《何干之文集》第一卷，北京：北京出版社，1993年版，第359页。

的生产方法时代”的观点，和日后建立在唯物史观基础上的西周封建论有着实质性的不同。最近，有的学者将社会史论战期间力主西周为封建社会的王礼锡、李季、胡秋原等称为“早期‘西周封建论’者”[①]，显然是值得商榷的。严格意义上的西周封建论的较早提出者，是著名历史学家吕振羽。吕氏以西周逐级分封土地，产生等级不同的封建领主和花园，形成封建土地所有制，当时直接生产的被剥削阶级已经“不是和工具一样的奴隶，而是具有一半人格的农奴”，剥削榨取的方式，主要是封建的地租劳役，“政治上之隶属关系，也完全在表现初期封建社会的一种形态”等为据，较早系统地阐发了他的西周封建论[②]，这与之前学术界大多从封建诸侯立论，并没有触及西周时期的生产方式相比，显然向前迈进了一大步。继吕氏之后，除了徐中舒外，范文澜[③]、翦伯赞[④]、杨向奎[⑤]、王玉哲[⑥]、束世澂[⑦]、李埏[⑧]、孙作云[⑨]、赵光贤[⑩]等学者均从不同角度继续对西周封建论进行补充完善，西周封建论基本建立了自己的体系。然与此同时，西周封建论也由于存在史料使用上不够严谨和对马克思主义经典作家理论的运用存在若干重大缺陷而长期受到学术界的质疑与批判。诸如学术界曾质疑早期西周封建论者对“能不能随意屠杀实际上并不能真正作为区分奴隶与农奴的标准”“西周的直接生产者是否有了自己的私有经济”[⑪]等问题还“未能作出令人信服的说明”[⑫]，批评吕振羽、翦伯赞、范文澜对于西周社会性质的论述，“缺乏史料根据”或“没有可靠根据”，存在

① 罗新慧：《说“西周封建论”》，《学习与探索》2011年第3期，第247—251页；方光华、兰梁斌：《侯外庐的中国封建社会史研究》，《长安大学学报（社会科学版）》2012年第2期，第31页—40页。

② 吕振羽：《殷周时代的中国社会》，上海：不二书店，1936年版。

③ 范文澜：《关于上古历史阶段的商榷》，《群众》1940年第4—5期，收录《范文澜全集》第十卷，石家庄：河北教育出版社，2002年版，第32—43页。

④ 翦伯赞：《中国史纲》第一卷《史前史·殷周史》，上海：生活书店，1946年版。

⑤ 杨向奎：《中国历史分期问题》，《文史哲》1953年第1期。

⑥ 王玉哲：《有关西周社会性质的几个问题》，《历史研究》1957年第5期。

⑦ 束世澂：《论西周时代领主制的形成》，《光明日报》1961年4月26日。

⑧ 李埏、朱惠荣、谭世遵，等：《试论殷商奴隶制向西周封建制的过渡问题》，《历史研究》1961年第3期，第22—33页。

⑨ 孙作云：《从诗经中所见的西周封建社会》，《诗经与周代社会研究》，北京：中华书局，1966年版。

⑩ 赵光贤：《周代社会辨析》，北京：人民出版社，1980年版。

⑪ 林甘泉、田人隆、李祖德：《中国古代史分期讨论五十年（一九二九——一九七九年）》，上海：上海人民出版社，1982年版，第120页。

⑫ 林甘泉、田人隆、李祖德：《中国古代史分期讨论五十年（一九二九——一九七九年）》，上海：上海人民出版社，1982年版，第120—121页。

“论据不充分的地方”[①]。尤其值得注意的是，近三十年来，少数“无奴派”学者不再以五种生产方式考察社会形态，传统的西周封建论理论体系面临着新的激烈挑战。然从中国学术史的角度看，徐氏西周封建论论点体系在古史分期讨论过程中，长期备受学术界的关注。不少学者认为，西周封建论因为有了徐中舒这样的古史专家的支持和参与，学术主张的坚定性才有了深厚的底蕴。[②]因此，徐氏西周封建论的古史分期理论的重要学术价值在之后的中国古代社会形态与古史分期探讨中日渐得以彰显。

第七节 关于封建领主制向封建地主制转变的论述

综前所论，在古史分期讨论中，自 20 世纪 40 年代以后，西周封建论者越来越多。然而，西周封建论者对西周社会性质的认识并不一致。早在社会史论战期间，学术界关于西周社会性质就有“典型封建社会”[③]、“封建领主制社会”[④]、“古典封建社会”[⑤]、“初期封建制社会”[⑥]等多种观点，此后，学术界还不断有“早熟的宗法封建社会”[⑦]、“原始农奴制社会”[⑧]等论点。总之，西周封建论者对西周社会性质的认识，同样分歧

① 林甘泉、田人隆、李祖德：《中国古代史分期讨论五十年（一九二九—一九七九年）》，上海：上海人民出版社，1982 年版，第 121 页。

② 王晓清：《专家之学寄遥深——徐中舒学述》，《博览群书》2001 年第 7 期，第 50 页。

③ 王亚南：《封建制度论》，《读书杂志》1932 年第 1 卷第 4—5 期，第 1—47 页。

④ 邓云特：《中国社会经济“长期停滞”的考察》，《中山文化教育馆季刊》1935 年第 2 卷第 4 期，第 1111—1125 页。此后，范文澜、束世澂、李埏等先生亦赞同西周为封建领主制社会。参见范文澜：《中国通史简编》第一编，北京：人民出版社，1949 年；束世澂：《论西周时代领主制的形成》，《光明日报》1961 年 4 月 26 日；李埏：《试论中国古代农村公社的延续和解体》，《思想战线》1979 年第 3 期，第 57—67 页。

⑤ 陈伯达：《中国社会停滞状态的基础——论“封建生产方法在中国所展开的特殊亚细亚形态”》，《文史》（北平）1934 年第 1 卷第 4 号，第 1—21 页。

⑥ 吕振羽：《殷周时代的中国社会》，上海：不二书店，1936 年版。此后，翦伯赞先生亦认为，西周为初期封建制国家。参见翦伯赞：《中国史纲》第一卷《史前史 · 殷周史》，上海：生活书店，1946 年版。

⑦ 童书业：《从“生产关系适合生产力的规律”说到西周春秋的宗法封建制度——兼答何高济先生对于中国古史分期问题的讨论》，《文史哲》1957 年第 1 期，总第 2916—2931 页。世纪之交，晁福林先生亦用“宗法封建制”说明西周社会形态，但其认为西周的宗法封建制是在夏商的氏族封建制基础上建立起来的，所以和传统的西周封建论旨趣不同。参见晁福林：《探讨有中国特色的社会形态理论》，《历史研究》2000 年第 2 期，第 19—20 页。晁氏的“氏族封建制”理论存在不少疑问，其所谓“有中国特色的社会形态理论”体系尚有待学术界深入推敲。参见周书灿：《“氏族封建”说与先秦社会形态再思考》，《史学理论研究》2012 年第 3 期，第 99—160 页。

⑧ 时希哲：《从泛论古代史中的几个理论问题阐明西周的社会性质》，《文史哲》1956 年第 8 期，总第 2610—2623 页。

甚大。迄今为止，徐中舒先生所坚持的西周封建领主制社会的观点，在学术界影响最大。在《论西周是封建制社会——兼论殷代社会性质》一文，徐氏对西周的采邑制进行了颇为深入细致的分析："士以上的亚旅、师氏、千夫长、百夫长，他们都是大小采地的领主。"[①]"卿、大夫，在王畿内是次于天子一级的封建主，在诸侯国内，是次于诸侯一级的封建主。他们也是有土有民的采邑主（领主）。"[②]徐氏从西周土地所有制关系推论西周封建社会的性质，突显了西周封建社会的最重要特征，显然较"典型封建社会""古典封建社会""初期封建社会""早熟的宗法封建社会"等表述更为准确精当。

学术界通常认为，领主制和地主制是封建社会生产关系的两种类型。尽管少数学者强调指出："领主制封建社会是不是每个国家、地区和民族都必须经过的社会发展阶段，尚有待于继续证明"[③]，但还是较为肯定地指出："中国历史上，领主制封建社会的存在，则可能是历史的必然。"[④]徐氏曾结合中国封建社会的发展历史将封建社会区分为两个阶段："封建社会一般的都要经历君主等级制和君主集权制（即专制政体）两个阶段。前者又称领主制或农奴制，后者又称为地主制或佃农制。"[⑤]有的学者将领主制或农奴制称为"从奴隶制到地主制封建社会的创造性变革"的"一个中介"[⑥]。显然，西周封建领主制社会转变为封建地主制社会，亦基本是绝大多数西周封建领主制社会论者的共识。

然而，西周从封建领主制社会向封建地主制社会转变的进程，学术界仍存在诸多分歧。目前绝大多数西周封建论者[⑦]赞同，春秋战国时期的社会变动不过是封建社会内部两个不同阶段的交替，即封建领主制向封建地主制的转变。然而，亦有少数学者另有独到的见解。如孙作云先生对西周封建领主制转变为封建地主制的过程作过如下论述："周宣王取消力役地

---

① 徐中舒：《论西周是封建制社会——兼论殷代社会性质》，《历史研究》1957年第5期，第70页。

② 徐中舒：《论西周是封建制社会——兼论殷代社会性质》，《历史研究》1957年第5期，第73页。

③ 李朝远：《西周土地关系论》，上海：上海人民出版社，1997年版，第316页。

④ 李朝远：《西周土地关系论》，上海：上海人民出版社，1997年版，第316页。

⑤ 徐中舒：《论自然经济、阶级和等级》，《中华文化论坛》1998年第1期，第49页。

⑥ 李朝远：《西周土地关系论》，上海：上海人民出版社，1997年版，第316页。

⑦ 范文澜：《中国通史简编》第一编，北京：人民出版社，1949年版；翦伯赞主编：《中国史纲要》第一册，北京：人民出版社，1965年版；王亚南：《中国地主经济封建制度论纲》，上海：上海人民出版社，1954年版；童书业：《从"生产关系适合生产力的规律"说到西周春秋的宗法封建制度——兼答何高济先生对于中国古史分期问题的讨论》，《文史哲》1957年第1期。

租，改征实物地租，是中国封建社会由领主制阶段转入地主制阶段的一个开始或萌芽。”[①]从公元前842年开始的我国历史上第一次农奴大起义，“不但动摇了封建社会领主制的经济基础，同时，也动摇了它的上层建筑”[②]。“春秋时代是中国封建社会由领主制阶段过渡到地主制阶段的一个蜕化期，而这个蜕化期的开始，应该从厉王奔彘开始。”[③]孙氏的以上论述，揭示出若干真实的历史信息，徐氏对以上信息颇为重视，在《对古史分期问题的几点意见》一文，徐氏对西周封建领主制社会向封建地主制社会的转变问题阐述自己的见解时，首先即强调“封建领主制向封建地主制的转化……大约从西周末年开始”，和孙氏不同，徐氏同时强调这一转变，“在中国经历了极为漫长的年代”，“一直延续到唐末五代，都是封建领主制向地主制过渡的时期，宋以后才是完全的封建地主制社会”。[④]徐氏的以上论点，和绝大多数西周封建论者以春秋战国时期为封建领主制向封建地主制转变的传统看法，旨趣不同。

在古史分期讨论中，绝大多数西周封建论者坚持春秋战国时期是封建领主制向封建地主制转变的时期。其依据，学术界大体归纳为以下四点：①地主土地所有制代替领主土地所有制；②实物地租代替了劳役地租；③直接生产者的身份由农奴而变为农民；④由诸侯割据称雄转变为中央集权国家。[⑤]徐氏更加关注田制和税制等方面的变化，在此基础上就中国封建领主制向封建地主制转变问题作出以下更具说服力的论述。

在《对古史分期问题的几点意见》一文，徐氏指出：“封建地主政权的建立，必然要经过漫长的岁月，如果只以少量土地买卖为地主政权的特征，那就太片面太简单化了。”[⑥]徐氏认为，从田制看，虽然“战国后期将相大臣皆食禄而无采邑……有机会时也及时向国王‘请园池为子孙业’（《史记·王翦传》），作为变相的采邑”。“随着生产的发展，豪强地主也壮大起来，其中应有许多没落贵族。他们兼并土地，荫庇多数农民，向其勒索大量的农产品……他们的土地园池大多数都是出于巧取豪夺而不必由于

---

① 《孙作云文集》第2卷《〈诗经〉研究》，开封：河南大学出版社，2003年版，第252页。

② 《孙作云文集》第2卷《〈诗经〉研究》，开封：河南大学出版社，2003年版，第252页。

③ 《孙作云文集》第2卷《〈诗经〉研究》，开封：河南大学出版社，2003年版，第252页。

④ 徐中舒：《对古史分期问题的几点意见》，《四川大学学报（哲学社会科学版）》1979年第1期，第66、67页。

⑤ 林甘泉、田人隆、李祖德：《中国古代史分期讨论五十年（一九二九—一九七九年）》，上海：上海人民出版社，1982年版，第297—298页。

⑥ 徐中舒：《对古史分期问题的几点意见》，《四川大学学报（哲学社会科学版）》1979年第1期，第67页。

买卖而来。”①“秦汉以后皇帝经常‘赐民爵’，就是要提高荫庇农民的地位，把他们从豪族‘私属’地位改变为皇帝的臣民。这是皇帝同豪强地主争夺人民的显著的表现，这种现象在中国也是直到唐末才结束的。因为唐代有大量庄园的存在与赐爵诏的颁行，这就说明这些地主不是寻常地主。”②与此同时，徐氏以为，唐代以前，《韩非子·外储说左上》所记“中牟之人，弃其田耘，卖其宅圃”及“西汉时代贡禹有田百三十亩，而卖去百亩，作为应诏赴京的车马费”，“都属于自耕农之间的买卖，他们所买的田圃都是由自己耕种或者雇佣他人作为自己的助手”。③徐氏考察了中国古代自耕农产生和土地买卖发生的关系：“古代人民生活在农村公社共同体中，地广人稀，合耦共耕、共同分配生产物，当然没有买卖土地的可能。”④“实物地租盛行以后，村社逐渐解体，于是就出现了大量的自耕农。唐以前大量自耕农的存在，这是不可抹杀的事实。因为有大量的自耕农，于是人民之间才有土地买卖的出现。”⑤徐氏考察领主制封建社会向地主制封建社会的转变，并未简单停留在土地买卖出现的简单表象，而是更加关注自耕农是否向封建豪强地主转化及转化完成后租佃制关系是否具有普遍性：“他们（按，指自耕农）如果不能向豪强地主转化，不能荫庇农民使其免于横征暴敛，他们又怎能招徕佃农呢？”⑥显然，徐氏考察中国领主制封建社会向地主制封建社会转变，更加关注对封建地主制中租佃制生产关系的发生发展的动态化考察，矫正了古史分期讨论中以偏概全的简单化、绝对化倾向，为学术界对中国封建社会形态理论所作全方位的宏观思考，提供了有价值的启示和借鉴。

除揭示中国古代田制变化的信息外，徐氏亦颇为关注中国封建社会中地租形态的变化过程。在《对古史分期问题的几点意见》一文，徐氏赞同“周厉王任用荣夷公专利，宣王即位不籍千亩，就是改变传统的徭役地租

① 徐中舒：《对古史分期问题的几点意见》，《四川大学学报（哲学社会科学版）》1979年第1期，第67页。

② 徐中舒：《对古史分期问题的几点意见》，《四川大学学报（哲学社会科学版）》1979年第1期，第67页。

③ 徐中舒：《对古史分期问题的几点意见》，《四川大学学报（哲学社会科学版）》1979年第1期，第67页。

④ 徐中舒：《对古史分期问题的几点意见》，《四川大学学报（哲学社会科学版）》1979年第1期，第67页。

⑤ 徐中舒：《对古史分期问题的几点意见》，《四川大学学报（哲学社会科学版）》1979年第1期，第67页。

⑥ 徐中舒：《对古史分期问题的几点意见》，《四川大学学报（哲学社会科学版）》1979年第1期，第67页。

形态，采用实物地租的开始”[①]。“春秋以后，各诸侯国也先后发生类似转变。……这是实物地租进一步的发展。”[②]徐氏强调中国的封建社会发展道路与欧洲不同：“在欧洲，当徭役劳动转变为实物地租后就逐步走到资本主义阶段了，而在中国实物地租这个阶段延续得很长，实物地租实行以后，才慢慢地变成了土地私有，土地可以买卖，这些变化都是在很长的时间里才完成的。”[③]“实物地租在中国延续时间很长，差不多有一千年。到了宋朝，从实物地租逐渐演变为土地私有，贵族逐渐没落，向地主阶级转化，由凭借势力的贵族变成了地主。”[④]徐氏反对“把中国社会机械地去套欧洲社会”[⑤]的不恰当方法，结合中国封建社会地租形态演变与土地私有化发生发展状况，考察中国封建领主制社会向封建地主制社会转变的进程，建立起自成一系的古史分期理论，为中国封建社会特性的深入研究初步奠定了较为坚实的理论基础。

第八节　关于中国封建社会长期延续问题的探讨

中国封建社会长期延续问题，自20世纪30年代中国社会史论战以来，一直是国内外史学界争议最大、讨论最热烈的课题之一。其中值得注意的是，由陶希圣最早提出的“中国社会长期停滞”[⑥]论所引发的学术辩论一直持续了半个世纪。迄今为止，无可否认，20世纪30年代，中国社会停滞问题之所以被正式提出，“完全是由于实践的需要”[⑦]。中华人民共和国成立后，学术界逐渐开始自觉遵循马克思主义关于生产方式决定社会面貌的基本原理，围绕中国封建制度本身，或从社会经济结构和生产方式的分析入手，或从上层建筑对经济基础的反作用分析入手，注重史论的有机结合，从不同角度，发表了不少很有见地的意见。

---

① 徐中舒：《对古史分期问题的几点意见》，《四川大学学报（哲学社会科学版）》1979年第1期，第67页。

② 徐中舒：《对古史分期问题的几点意见》，《四川大学学报（哲学社会科学版）》1979年第1期，第67页。

③ 徐中舒著，徐亮工整理：《徐中舒先秦史讲义》，天津：天津古籍出版社，2008年版，第318页。

④ 徐中舒著，徐亮工整理：《徐中舒先秦史讲义》，天津：天津古籍出版社，2008年版，第319页。

⑤ 徐中舒著，徐亮工整理：《徐中舒先秦史讲义》，天津：天津古籍出版社，2008年版，第320页。

⑥ 目前，学术界普遍认为，所谓“中国社会长期停滞论”是由陶希圣首先提出来。参见王宜昌：《评中国社会长期停滞论》，《思想月刊》1937年第1卷第1期，第57—83页。

⑦ 邓拓：《再论中国封建制的“停滞”问题》，《论中国历史的几个问题》，北京：生活·读书·新知三联书店，1979年版，第61页，转引自白钢编著：《中国封建社会长期延续问题论战的由来与发展》，北京：中国社会科学出版社，1984年版，第2页。

从半个多世纪学术界就中国封建社会长期延续问题的论争，不难看出，所谓中国封建社会的长期延续问题，实质上就是说中国封建社会的时间比西欧诸国长，并且没有像西欧诸国那样迅速过渡到资本主义的问题。[①]在《论西周是封建制社会——兼论殷代社会性质》一文，和绝大多数学者看法颇为一致，徐氏首先强调了中国封建社会的长期性："中国封建制从西周到鸦片战争以前，就绵延了三千年之久，就是压缩到春秋或者东汉末，也还有二千五百年到一千七百年之久，比起欧洲的封建制，它总要算是老牌的封建制了。"[②]"如果没有西洋资本主义发生，如果没有鸦片战争，中国的封建制还要绵延一段时间。"[③]徐氏以上所论，在相当长的时期已基本上成为学术界大部分学者的共识。

和早期部分中外学者分别以"长期停滞""长期迟滞""周期性破坏""历史循环论证"等术语概括中国封建社会的特性不同，徐氏主张中国封建统治是"逐步削弱的"[④]。在《论西周是封建制社会——兼论殷代社会性质》一文，徐氏举证"秦汉以降……白衣卿相的局面代替了贵族领主的统治，这就是封建统治削弱最显著的迹象"[⑤]，"在田制方面，从劳役地租转变到生产物地租，从均田制、两税法、一条鞭［法］到地丁合一，事实上人民的负担，是一步比一步减轻了。在地主压迫下的佃农，虽然地租的剥削，还是沉重的，但是比起在领主统治下的农奴，人身的依附关系，已经是松弛得多了"[⑥]。徐氏还关注到："秦汉以降，中国历史上不断地涌现着农民大起义，封建王朝被它们一个一个地吞没了，如果不是封建统治削弱，这些自发的、没有组织的农民，又怎么能轰轰烈烈地起义呢？在春秋战国时代贵族领主统治之下，我们为什么又看不到农民起义呢？"[⑦]就中国封建社会的发展史而论，徐氏以上论述，皆颇为符合中国古代社会的历史实际，从一个侧面揭示了中国封建统治的总体走向。与此同时，徐

① 白钢编著：《中国封建社会长期延续问题论战的由来与发展》，北京：中国社会科学出版社，1984年版，前言。

② 徐中舒：《论西周是封建制社会——兼论殷代社会性质》，《历史研究》1957年第5期，第76—77页。

③ 徐中舒：《论西周是封建制社会——兼论殷代社会性质》，《历史研究》1957年第5期，第77页。

④ 梁园东：《中国史的问题》，《文汇报》1956年12月5日。

⑤ 徐中舒：《论西周是封建制社会——兼论殷代社会性质》，《历史研究》1957年第5期，第77页。

⑥ 徐中舒：《论西周是封建制社会——兼论殷代社会性质》，《历史研究》1957年第5期，第77页。

⑦ 徐中舒：《论西周是封建制社会——兼论殷代社会性质》，《历史研究》1957年第5期，第77页。

氏指出："秦、汉以降，中国封建统治削弱，这是中国封建制的一个方面。"①徐氏同时关注到东方专制主义君主制的特点及其对中国封建社会进程的影响："秦、汉以后在封建统治阶级内部：一方面是封建统治逐步削弱，一方面是专制主义逐步加强。"②"专制主义是君权、父权的结合体……它的残暴有时还要远远超过于秦、汉以前的封建统治。"③然在徐氏看来，"专制主义逐步加强"与"封建统治逐步削弱"二者之间，似乎也并非绝对矛盾：专制主义的君主制统治，"毕竟是要假手于一般大小官僚，在政令执行中，还要经过谏议、封驳、平反许多互相牵制的作用，而在统一的王朝下，安内攘外，使社会秩序得到安定，对人民也是有利的"④。"在统治阶级内部的斗争中，专制君主为要争取广大的人民，对人民多少作一些有益的事……人民的利益逐渐增多，这就是封建统治逐渐削弱的结果。"⑤在此基础上，徐氏总结出中国封建制辩证发展的轨迹："专制主义在封建统治长期削弱之后，它把封建制的中间等级也给完全消灭，而完成了亿万人之上一人独尊的专制独裁政治。"⑥通过以上论述，徐氏较好地从"封建统治阶级内部矛盾"中解答了中国封建统治不断削弱，为何仍未产生资本主义的原因。

马克思主义经典作家反复指出，自然经济是封建社会的基础。中国封建社会之所以长期性绵延，除了以上"统治阶级内部矛盾"方面的原因外，就中国历史的实际看，自然还有耕织结合的自然经济牢固保持"使得中国封建社会保有不易瓦解的特异的强韧性"⑦的原因。徐氏赞同马克思《资本论》中"自然经济适合成为亚洲静止的社会状态的基础"的论断，在《论自然经济、阶级和等级》一文，徐氏又从经济基础方面论及："封建社会的经济从君主等级制到君主集权制，自始至终都是受着自然经济的支配，从战国时代到鸦片战争的前夕，重农抑商和闭关自守的自给自足的

① 徐中舒：《论西周是封建制社会——兼论殷代社会性质》，《历史研究》1957年第5期，第77页。

② 徐中舒：《论西周是封建制社会——兼论殷代社会性质》，《历史研究》1957年第5期，第77页。

③ 徐中舒：《论西周是封建制社会——兼论殷代社会性质》，《历史研究》1957年第5期，第78页。

④ 徐中舒：《论西周是封建制社会——兼论殷代社会性质》，《历史研究》1957年第5期，第78页。

⑤ 徐中舒：《论西周是封建制社会——兼论殷代社会性质》，《历史研究》1957年第5期，第78页。

⑥ 徐中舒：《论西周是封建制社会——兼论殷代社会性质》，《历史研究》1957年第5期，第78页。

⑦ 傅衣凌：《我对于中国封建社会的再认识》，《中国史研究》1983年第1期，第34页。

政策还要以封建社会庞大的上层建筑保证执行。”[①]徐氏结合中国古代社会的历史实际讲道：“在民族市场日益形成中，君主集权制代替了君主等级制，庄园和领主的经济完全崩溃了，但是地主阶级生活所需还是要佃农以地租的形式担负着。农民对于民族市场的依赖性也不断地在扩大，但是在广大的农村中，农业和家庭手工业还是紧密地结合着，小农经济在农村中依然是完整地存在。就是作为交换用的货币，同时也要作为货物看待，只有相当的比价而没有绝对的币值。”[②]徐氏以上论述，和马克思主义经典作家封建时代“交换是有限的，市场是狭小的，生产方式是稳定的”[③]的论述，是颇为一致的。

综上所述，徐氏从“封建统治阶级内部矛盾”和中国封建社会中国自然经济的支配作用分析中国封建社会长期延续的原因，与同时代的绝大多数学者一样，“是在马列主义的轨道上进行的”[④]。徐氏的以上论述，不少学者亦同样颇为重视。和徐氏类似，范文澜很早就提出“中国封建社会长期延续的原因，主要的还应向社会内部去探求”，“应研究中国封建社会本身生产方式的情况”[⑤]的论断；翦伯赞同样强调了“封建剥削制度和保护这种封建剥削制度的专制主义的中央集权国家，是中国封建社会发展迟缓的最主要的原因”[⑥]。此外，不少学者均举证手工业与农业的顽固“长时期阻碍着中国工业的发展”[⑦]，与此同时，徐氏对学术界的某些论点也不断进行深入的思考。

还应强调的是，随着学术研究的不断深入，学术界对封建社会理论和中国封建社会长期延续的问题不断提出种种新的见解。有的学者批判“中国社会长期停滞论”，是用孤立的、静止的和片面的观点来看待中国社会历史的过程，因而，它是一种形而上学的见解。[⑧]此后，更有学者指出：“中

① 徐中舒：《论自然经济、阶级和等级》，《中华文化论坛》1998年第1期，第50页。

② 徐中舒：《论自然经济、阶级和等级》，《中华文化论坛》1998年第1期，第50页。

③ 《马克思恩格斯选集》第三卷，北京：人民出版社，2012年版，第803页。

④ 白钢编著：《中国封建社会长期延续问题论战的由来与发展》，北京：中国社会科学出版社，1984年版，第181页。

⑤ 范文澜：《论中国封建社会长期延续的原因》，《中国青年》1950年第13—14期，第2页，收录《范文澜全集》第十卷，石家庄：河北教育出版社，2002年版，第176—189页。

⑥ 翦伯赞：《论中国古代的封建社会》，原刊《学习》1950年第3卷第4期，引自《翦伯赞全集》第四卷《历史问题论丛》增补本，石家庄：河北教育出版社，2008年版，第506页。

⑦ 杨向奎：《读〈马克思、恩格斯论中国〉，兼论中国封建社会的历史分期问题》，《文史哲》1953年第2期，第23页。

⑧ 白钢编著：《中国封建社会长期延续问题论战的由来与发展》，北京：中国社会科学出版社，1984年版，第38页。

国封建社会的长期停滞论”是历史研究中的一个“假问题”①。再往后，学术界对中国历史上有没有西欧那样的封建社会，更不断给中国现代史学史上占有重要地位的封建社会长期延续的问题提出新的疑难。如有的学者认为，“中国封建社会为什么这样长”的问题是一个论断，而不是一个合格的学术问题。这是一个非经验的、非实证的，因而是几乎无法解决的问题。②与此同时，更多的学者则认为，对于这样一个复杂的大问题，究竟是属于真问题还是假问题，“还需要进一步的分析和剥离”。有的学者批评“中国封建社会的长期停滞论”是历史研究中的一个“假问题”的论点“缺乏历史事实作为根据，并在一些重大问题上引起人们困惑”，“割裂问题”，“以偏概全”，并指出：“人们迄今对中国封建社会长期延续的原因的认识已越来越趋于一致，但还没有也不可能完全一致。这些不一致、分歧、争论正是推动研究深入、认识深化的动因和方式之一”③，“逃避社会形态理论的辩论终究不利于问题的真正解决”④。以上论述，颇为有助于理性地评判徐氏关于中国封建社会长期延续问题探讨的学术史意义。

① 何兆武：《历史研究中的一个假问题——从所谓中国封建社会的长期停滞论谈起》，《百科知识》1989 年第 5 期，第 6—8 页，收录《何兆武学术文化随笔》，北京：中国青年出版社，1998 年版，第 200—207 页。

② 龚小夏：《社会科学中关于问题的问题》，《中国文化》1993 年第 8 期，第 196—197 页。

③ 张箭：《就中外封建社会的长短问题与何兆武先生商榷》，《史学理论研究》1994 年第 3 期，第 148 页。

④ 王彦辉、薛洪波：《古史体系的建构与重塑——古史分期与社会形态理论研究》，开封：河南大学出版社，2010 年版，第 267 页。

第七章　巴蜀文化与西南地方史研究

自20世纪30年代，徐中舒先生对巴蜀文化与西南地方史进行了长达半个多世纪的思考和探索。徐氏对巴蜀文献的考订及其史料价值的审查，对古代四川经济的全方位多角度审视，对古代四川文化起源与发展道路的探索，对巴蜀文化内涵的阐发与空间架构的说明，不仅为新时期巴蜀文化与西南地方史研究奠定了较为坚实的基础，也为新时期巴蜀文化与西南地方史研究提出了大量有待进一步深化的学术命题，从而不断助推巴蜀文化与西南地方史研究向着纵深方向推进。在新的学术背景下，重新科学地审视徐氏有关巴蜀文化与西南地方史研究的学术价值与不足，有助于继续推进巴蜀文化与西南地方史及中国学术史等多学科的繁荣进步。

随着巴蜀地区考古工作的逐步展开与中国文明起源研究的不断深入，巴蜀文化与西南地方史研究的重要性已日渐得到学术界普遍首肯。李学勤先生指出："如果没有对巴蜀文化的深入研究，便不能构成中国文明起源和发展的完整图景。……中国文明研究中的不少问题，恐怕必须由巴蜀文化求得解决。"[①]正因如此，长期以来，巴蜀文化与西南地方史一直是历史学、考古学、民族学等多学科普遍关注的热门课题之一。1938年2月，抗日战争全面爆发后不久，徐中舒先生自长沙溯江入川定居，"对巴蜀历史也产生了浓厚兴趣"[②]。此后长达半个多世纪间，巴蜀文化与西南地方史成为徐中舒最主要的研究领域之一。20世纪40年代包括徐中舒先生在内的一大批学者的巴蜀史研究，"已基本上完成了向近代史学的转化"[③]，直接促成了巴蜀文化作为一个科学命题的最终确立，为中华人民共和国成立后巴蜀文化研究的拓展与深化奠定了坚实的基础。20世纪50至60年代，徐先生分别从经济、政治、民族地理及文字等方面，全面阐述了巴蜀文化的内涵，初步研究了巴文化与蜀文化之间的差异，首次从地

① 李学勤：《略论巴蜀考古新发现及其学术地位——〈三星堆考古研究〉序》，《中华文化论坛》2002年第3期，第36页。

② 徐中舒：《徐中舒历史论文选辑》，北京：中华书局，1998年版，前言，第1页。

③ 贾大泉、陈世松主编：《四川通史》卷七《民国》，成都：四川人民出版社，2010年版，第557页。

域上说明了巴文化与蜀文化的空间构架，深化了巴蜀文化的命题，并促使巴蜀文化研究走上科学轨道。20 世纪 70 年代以后，徐先生对巴蜀文化与西南地方史的研究，大大丰富了巴蜀文化的内涵，对西南地方史研究起到了积极的推动作用。随着先秦史学、考古学、民族学等学科的蓬勃发展与巴蜀文化研究的日益深化，从中国现代学术史视角，在学术界已有研究成果[①]基础上，对徐中舒巴蜀文化与西南地方史研究的方法理论与学术价值重新进行科学的审视，有助于继续推进巴蜀文化与西南地方史及中国学术史等多学科的繁荣进步。

第一节 巴蜀文献的考订及其史料价值的审查

研究巴蜀文化与西南地方史所依赖的最基本材料，毫无疑问首先是巴蜀历史文献。流传于今的巴蜀古史记载，绝大多数来源于中原地区的古代文献，或出于晚出的蜀人之手。徐氏屡屡指出："先秦书中所存巴蜀史料，皆记其与周、秦、汉三代有关之事，仅为巴蜀史之一偏。至其本土之历史，则西汉以前之记载，盖阙如也。"[②]"蜀亡后，蜀的历史由蜀人口头传说，经过汉晋时代的文学家加以撰述，其中当然有许多是信史，其中属于展转传述增益附会之词，也是不能免的。"[③]巴蜀文献的极度贫乏与固有的复杂性，长期制约着巴蜀文化与西南地方史研究向纵深推进。在对巴蜀文化与西南地方史进行深入研究之前，徐氏高度重视巴蜀文献著述时代的考订和史料真伪的审查，在考而后信的基础上，逐步建立起真实可信的巴蜀文化与西南地方史理论研究。

一、对《华阳国志》史料价值的科学审查

《华阳国志》是东晋学者常璩撰写的一部专门记述中国古代西南地区

① 目前有关徐中舒巴蜀文化与西南地方史研究的专论颇为罕见，迄今所见专论主要有以下几篇回忆和介绍性文章。林向：《徐中舒先生的考古学与巴蜀文化研究》，《中华文化论坛》1998 年第 3 期，第 50—52 页；谭继和：《巴蜀文化史上的探源新论——徐中舒先生对文化史的巨大贡献》，《中华文化论坛》1998 年第 3 期，引自谭继和：《巴蜀文化辨思集》，成都：四川人民出版社，第 250—260 页；刘复生：《徐中舒先生巴蜀古民族史研究及其启示》，《四川大学学报（哲学社会科学版）》2009 年第 4 期，第 13—86 页；詹子庆：《巴蜀文化研究的经典之作——学习徐中舒先生〈巴蜀文化初论〉、〈续论〉的粗浅体会》，《长江 · 三峡古文化学术研讨会暨中国先秦史学会第九届年会论文集》，重庆：重庆出版社，2011 年版，第 786—788 页。

② 徐中舒：《古代四川之文化》，《史学季刊》1940 年第 1 卷第 1 期，第 30 页。

③ 徐中舒：《巴蜀文化初论》，《四川大学学报（社会科学版）》1959 年第 2 期，第 29 页。

地方历史、地理、人物等的地方志著作，该书体制完备、内容丰富，是研究古代西南地方史、西南少数民族史及蜀汉、成汉史的重要史料，受到历代学者的高度评价和推崇。徐氏即曾指出："战国以前，除《尚书·牧誓》外，就没有有关蜀的记载。……其史迹载于《史记》《秦本纪》《楚世家》《六国年表》中，皆有年代可稽。《华阳国志·蜀志》所载，间有出入于《史记》之外者，都是研究蜀国历史最基本的资料。"①然而，该书史料来源复杂，取舍标准不一，抵牾之处甚多，自相矛盾屡见。徐氏对《华阳国志》的记载，并未采取一味相信或彻底否定的态度，而是善于结合相关资料，对其进行澄滤，当信则信，当疑则疑。

如徐氏并不赞同《华阳国志》之离碓凿于秦孝文王时代的记载：

> 蜀守李冰凿离碓，《华阳国志》以为秦孝文王时事。孝文即位仅三日薨，不能置守。蜀之入秦在元前三一六年，故此道之开凿必在此时以后。②

又如，徐氏指出，《华阳国志》等文献所记古蜀先代传说，并不可信：

> 至于《史记·五帝本纪》说黄帝的儿子昌意，降居若水，娶蜀山氏，后来《华阳国志》和《十三州志》，以为这就是蜀的先代。严格的说。这些传说并出西汉以后，除牵合若水蜀山地名、人名一二字外，并无其他史迹可据，其可信的条件并不具备。③

再如，徐氏结合《史记·秦本纪》《史记·六国年表》等记载，就《华阳国志》所涉战国早期秦、蜀关系诸记载屡屡提出质疑：

> 自公元前四七五年至三一六年，一百六十年之间，蜀有使臣来秦两次，蜀对秦作战两次，看不出两国之间有何隶属的关系。《华阳国志·蜀志》说周显王二十二年蜀侯使朝于秦，更非事实。《华阳国志·蜀志》说："周失纲纪蜀先称王"，又说："七国称王，杜宇称帝，号曰望帝。"这就与蜀朝秦之说，自相抵触。……常璩《华阳国

① 徐中舒：《巴蜀文化初论》，《四川大学学报（社会科学版）》1959 年第 2 期，第 24 页。

② 徐中舒：《古代灌溉工程原起考》，《国立中央研究院历史语言研究所集刊》第五本第二分，1935 年，第 263 页。

③ 徐中舒：《巴蜀文化初论》，《四川大学学报（社会科学版）》1959 年第 2 期，第 22 页。

> 志》以"来赂"或"来"朝为朝秦，既非史家本意，也不符合秦蜀当时实际。①

值得注意的是，徐氏并未因为《华阳国志》中有诸多"自相抵触""不符合当时实际"的记载而彻底否定该书的史料价值，而是在对其进行分析、澄滤基础上科学地加以运用。

诸如，徐氏高度重视《华阳国志》所记流传于古代蜀地的各种口耳相传保存下来的古老传说：

> 常书（按，《华阳国志》）所称蜀之先世世次甚详，必有所受。石棺石笋，并为先代史迹。其为旧都所在，《汉书·地理志》蜀郡蚕陵县，明为蚕从陵寝之地。凡此亦不能一例视为凿空之谈。即杜宇、五丁之传说，充满神话色彩，此自民间传说真相，亦不能虚构。②
>
> 蜀王败亡事迹为武阳人民累代相传的旧说，故常氏得据以载于所著《华阳国志》中。③

又如，徐氏屡屡征引《华阳国志》记载，以证"蜀地从有记载以来，就是一个农业发达的区域"④，"蜀的农业，就是它自身发展的结果，而巴则是受了蜀的影响，而后才有较高等的农业"⑤，至迟在战国时期，蜀地"已经有了统一的水利建设事业"⑥。此外，徐氏据《华阳国志·南中志》"夷人大种曰昆，小种曰叟"以证"蜀无大姓，所以蜀灭亡后，它的遗民……当然就不能成为一个庞大的部落的大种了"⑦。此类例子还有很多，在此不一一列举。徐氏通过对《华阳国志》的考订与史料的澄滤，为巴蜀文化与西南地方史研究奠定了坚实的史料基础，从而增强了研究的科学性。

---

① 徐中舒：《巴蜀文化初论》，《四川大学学报（社会科学版）》1959年第2期，第26页。

② 徐中舒：《古代四川之文化》，《史学季刊》1940年第1卷第1期，第32页。

③ 徐中舒：《〈交州外域记〉蜀王子安阳王史迹笺证》，《四川大学学报（社会科学版）》丛刊第5辑《四川地方史研究专集》，1980年，收录徐中舒：《徐中舒历史论文选辑》下册，北京：中华书局，1998年版，第1394页。

④ 徐中舒：《巴蜀文化初论》，《四川大学学报（社会科学版）》1959年第2期，第26页。

⑤ 徐中舒：《巴蜀文化初论》，《四川大学学报（社会科学版）》1959年第2期，第27页。

⑥ 徐中舒：《巴蜀文化初论》，《四川大学学报（社会科学版）》1959年第2期，第27页。

⑦ 徐中舒：《巴蜀文化初论》，《四川大学学报（社会科学版）》1959年第2期，第28页。

二、《蜀王本纪》的作者与著述年代的考辨

《蜀王本纪》为历代蜀王传记，该书较早系统地记载了古代蜀中掌故和传说，是一部研究四川古代历史的重要参考文献。由于该书至迟在宋末已经佚失，明人郑朴始为之辑佚。历代学者关于该书的作者、体例，说法不一，其中《隋书·经籍志》及《旧唐书·经籍志》之扬雄说，自唐代以后在学术界几乎是众口一词，鲜有疑义。

20世纪40年代徐氏即曾对照《华阳国志》及今存《蜀王本纪》之佚文部分文字，发现“今存《蜀王本纪》之佚文，仍与《华阳国志》有所抵梧（牾）”①，并由对常璩《华阳国志》所记文字的怀疑进而对扬雄作《蜀王本纪》说提出质疑：

> 三皇传说出于《三五历》及《河图洛书》。梁徐整有《三五历记》。《河图洛书》作者虽不详，然必出于东汉谶纬盛行之后，扬雄当不及知此。疑常书既出之后，好事者反采取常书而伪为此。故《汉书·雄传》及《艺文志》均不载雄有此作。（即《蜀都赋》亦出伪作，雄时蜀尚非帝者之都，蜀都有赋，乃摹仿《两都》《三都》而作，雄时当无此称。）其不足据也明矣。②

20世纪50年代末，徐氏在《巴蜀文化初论》一文重申以上论点，并补充说：

> 司马相如、扬雄，都是西汉时代最著名的文学家，而且都是蜀人。他们都是后代箭垛式的人物。相传他们所作的《蜀王本纪》或《纪传》，大概都是蜀人依托之作，未必可信。③

迄20世纪70年代末，徐氏对《蜀王本纪》作者和成书过程的思考和探索仍未停止，并在已有研究的基础上，从内容、文体、书目、著录等方面综合考察，明确提出“《蜀本纪》或《蜀王本纪》的作者是蜀汉时代的谯周而不是西汉末年的扬雄”④的观点。徐氏该观点提出后，不断引起学界高度关注和重视。尽管有的学者质疑其“结论比较武断，缺乏力

① 徐中舒：《古代四川之文化》，《史学季刊》1940年第1卷第1期，第31页。
② 徐中舒：《古代四川之文化》，《史学季刊》1940年第1卷第1期，第32页。
③ 徐中舒：《巴蜀文化初论》，《四川大学学报（社会科学版）》1959年第2期，第29页。
④ 徐中舒：《论〈蜀王本纪〉成书年代及其作者》，《社会科学研究》创刊号，1979年第1期，第103页。

证”[①]，但亦有学者仍肯定徐氏对扬雄说的怀疑“有其充分的证据”[②]。显然，徐氏对《蜀王本纪》成书年代和作者的考辨，对于巴蜀文献学和巴蜀文化与西南地方史研究，均具有重要的启发意义和参考价值。

三、《交州外域记》相关史事的笺证

《交州外域记》是一部重要的西南历史地理文献，该书记载了秦灭巴蜀后蜀王子安阳王于瓯雒建国的历史，是研究秦、汉、魏晋时期巴蜀与西南地区民族历史的珍贵史料。由于该书久已亡佚，徐氏曾从《水经·叶榆水注》中将其录出，加以笺证，疏通文义，考订其著述年代和作者，并对文中记载提出一系列有价值的新见，为巴蜀文化与西南民族史研究提供了重要的文献支撑。兹略举数例：

《交州外域记》的作者和成书时代的推断。徐氏列举“《记》称越王‘却军住武宁县’，武宁是吴所立的县”[③]、“记曰‘九德县在郡之南，与日南接。蛮卢舆居其地，子宝纲代，孙党服从吴化，定为九德郡，又为隶之（指县隶九德郡）’。此言蛮卢舆子孙服从吴化，吴即于其地立九德郡，而以九德县隶属其下。郡为吴立而蛮服从吴化”[④]、“交趾属晋之时，吴人视交趾为外域”[⑤]三条证据，以证“《交州外域记》成于孙皓时吴人之手”[⑥]，又结合《三国志·士燮传》中关于士燮史事的记载，进一步推论“此书作者必然是士燮所选拔的幕僚中人物”[⑦]。总体而论，徐氏从沿革地理角度推论，建立在扎实可信的文献证据之上，持之有故，言之成理，其结论自然也较为可信。

① 周生杰：《〈蜀王本纪〉文献学考论》，《四川图书馆学报》2008年第1期，第65页。

② 孙远：《〈蜀王本纪〉著者考》，《琼州学院学报》2015年第1期，第98页。

③ 徐中舒：《〈交州外域记〉蜀王子安阳王史迹笺证》，《四川大学学报（哲学社会科学版）》丛刊第5辑《四川地方史研究专集》，1980年，收录徐中舒：《徐中舒历史论文选辑》下册，北京：中华书局，1998年版，第1401页。

④ 徐中舒：《〈交州外域记〉蜀王子安阳王史迹笺证》，《四川大学学报（哲学社会科学版）》丛刊第5辑《四川地方史研究专集》，1980年，收录徐中舒：《徐中舒历史论文选辑》下册，北京：中华书局，1998年版，第1401—1402页。

⑤ 徐中舒：《〈交州外域记〉蜀王子安阳王史迹笺证》，《四川大学学报（哲学社会科学版）》丛刊第5辑《四川地方史研究专集》，1980年，收录徐中舒：《徐中舒历史论文选辑》下册，北京：中华书局，1998年版，第1402页。

⑥ 徐中舒：《〈交州外域记〉蜀王子安阳王史迹笺证》，《四川大学学报（哲学社会科学版）》丛刊第5辑《四川地方史研究专集》，1980年，收录徐中舒：《徐中舒历史论文选辑》下册，北京：中华书局，1998年版，第1401页。

⑦ 徐中舒：《〈交州外域记〉蜀王子安阳王史迹笺证》，《四川大学学报（哲学社会科学版）》丛刊第5辑《四川地方史研究专集》，1980年，收录徐中舒：《徐中舒历史论文选辑》下册，北京：中华书局，1998年版，第1402页。

雒田与雒民族属的判定。徐氏从语言学角度推论："瓯，古喻母字；越，古影母字，同为喉音，故得相通"[①]；又引"《集韵》：'瓯骆，越种也'，说明瓯骆原属越种，骆、雒并从各声，得通用"[②]推定"雒田即西瓯雒之田"[③]；又从"雒从各，各古复辅音字当读如Kl或Gl，因为汉字限于一字一音，故偏旁从各之字或读见母溪母如格、如客、如恪，则读其前一辅音而遗其第二辅音；或读来母如雒、如洛、如辂，则省其前一辅音而读其后一辅音。但这种复辅音字在雒民中他们不受汉字一字一音的限制，乃得长久保存不变。唐、宋以后汉人见他们自称为Klao，或Glao，因而就用两个单音缀字革佬或仡佬移写其音"论定"雒民即魏、晋以后的僚人，唐、宋以后则通称之为革佬或仡佬"[④]，"雒、僚与仡佬原来就是同一族类"[⑤]。应该强调的是，迄今为止，中外学术界对于"雒田"的解释，众说纷纭，相去甚远[⑥]，"雒民即魏、晋以后的僚人，唐、宋以后则通称之为革佬或仡佬"亦未必为学术界的最后定论，然从语言学角度对雒田和雒民族属进行判定，显然不失为学术史上独具匠心的一家之言。

皋通故事背后史实的揭发。《交州外域记》屡有神人皋通的传说，诸如说其"为安阳王治神弩一张，一发杀三百人"。徐氏指出："汉代南中国已普遍用弩，而蜀弩或较越弩为强。……千弩齐发，一发杀三百人或有可能。《交州外域记》的作者只是以神弩夸张安阳王在这方面的优势，皋通也不过是善于治弩的人，如此而已。"[⑦]又如《交州外域记》记载皋通对

① 徐中舒：《〈交州外域记〉蜀王子安阳王史迹笺证》，《四川大学学报（哲学社会科学版）》丛刊第5辑《四川地方史研究专集》，1980年，收录徐中舒：《徐中舒历史论文选辑》下册，北京：中华书局，1998年版，第1392页。

② 徐中舒：《〈交州外域记〉蜀王子安阳王史迹笺证》，《四川大学学报（哲学社会科学版）》丛刊第5辑《四川地方史研究专集》，1980年，收录徐中舒：《徐中舒历史论文选辑》下册，北京：中华书局，1998年版，第1392页。

③ 徐中舒：《〈交州外域记〉蜀王子安阳王史迹笺证》，《四川大学学报（哲学社会科学版）》丛刊第5辑《四川地方史研究专集》，1980年，收录徐中舒：《徐中舒历史论文选辑》下册，北京：中华书局，1998年版，第1391页。

④ 徐中舒：《〈交州外域记〉蜀王子安阳王史迹笺证》，《四川大学学报（哲学社会科学版）》丛刊第5辑《四川地方史研究专集》，1980年，收录徐中舒：《徐中舒历史论文选辑》下册，北京：中华书局，1998年版，第1392页。

⑤ 徐中舒：《〈交州外域记〉蜀王子安阳王史迹笺证》，《四川大学学报（哲学社会科学版）》丛刊第5辑《四川地方史研究专集》，1980年，收录徐中舒：《徐中舒历史论文选辑》下册，北京：中华书局，1998年版，第1392页。

⑥ 秦钦峙：《"雒田"、"雒民"、"雒王"析》，《东南亚研究》1984年第3期；王柏中：《"雒田"问题研究考索》，《中国史研究动态》2012年第3期，第24—33页。

⑦ 徐中舒：《〈交州外域记〉蜀王子安阳王史迹笺证》，《四川大学学报（哲学社会科学版）》丛刊第5辑《四川地方史研究专集》，1980年，收录徐中舒：《徐中舒历史论文选辑》下册，北京：中华书局，1998年版，第1398—1399页。

安阳王所说“能持此弩王天下，不能持此弩者亡天下”之语，徐氏认为，“此仍强调神弩作用”[①]。《交州外域记》记载越太子始通过安阳王女媚珠盗取安阳王神弩，“以锯截弩……安阳王发弩，弩折，遂败”，徐氏认为：“此文极似传奇小说，《交州外域记》作者距南越王兼并交趾之时，至少已在四百七八十年以上，故老遗闻，无复存者，他只能杂采世俗流传的神话故事，聊以凑足篇幅，传信传疑，读者当能辨之。”[②]由此可见，徐氏重视对《交州外域记》史料来源的分析，科学揭示神话之后的历史事实，这正体现了其对纷繁复杂的史料进行科学澄滤的学术思想。

第二节 古代四川经济的全方位多角度审视

徐氏对古代四川经济史的关注，可以追溯至1935年的《古代灌溉工程原起考》一文中关于李冰凿离碓时代的考论。[③]迄1940年，徐氏《古代四川之文化》一文始对古代四川经济首次作全方位多角度审视[④]，文中涉及物产、交通、蜀锦、盐井等巴蜀经济史专题。此后，徐氏对蜀锦[⑤]、灌溉工程[⑥]、城市[⑦]等的研究持续到20世纪80年代。兹择其要者，略作申论。

一、“天府”“陆海”之称的变化及东汉以后四川经济区地位上升的论析

徐氏注意到司马迁《史记·货殖列传》中所载雍、梁二州“地皆沃壤，物产殷富”[⑧]，同时强调指出：“西汉以前之关中，不但沃野千里，

① 徐中舒：《〈交州外域记〉蜀王子安阳王史迹笺证》，《四川大学学报（哲学社会科学版）》丛刊第5辑《四川地方史研究专集》，1980年，收录徐中舒：《徐中舒历史论文选辑》下册，北京：中华书局，1998年版，第1399页。

② 徐中舒：《〈交州外域记〉蜀王子安阳王史迹笺证》，《四川大学学报（哲学社会科学版）》丛刊第5辑《四川地方史研究专集》，1980年，收录徐中舒：《徐中舒历史论文选辑》下册，北京：中华书局，1998年版，第1400页。

③ 徐中舒：《古代灌溉工程原起考》，《国立中央研究院历史语言研究所集刊》第五本第二分，1935年，第255—269页。

④ 徐中舒：《古代四川之文化》，《史学季刊》1940年第1卷第1期，第28—41页。

⑤ 徐中舒：《蜀锦——缎为蜀中原产六朝时由蜀输入江南》，《说文月刊》1942年第3卷第7期，第127—129页。

⑥ 徐中舒：《古代都江堰情况探原》，《四川文物》1984年第1期，第5—7页。

⑦ 徐中舒：《成都是古代自由都市说》，《成都文物》1984年第1期，引自何一民主编：《川大史学·专门史卷2·城市史》，成都：四川大学出版社，2006年版，第1—3页。

⑧ 徐中舒：《古代四川之文化》，《史学季刊》1940年第1卷第1期，第34页。

宜于农业，且东通三晋，南接巴蜀，西有羌中之利，北有戎翟之畜，为国内外交通中心。故其财富占全国之大半……天府之称，原为关中所有……陆海初亦为西都美称。”[①]徐氏结合《华阳国志·蜀志》《三国志·蜀志·法正传》等记载推测，“蜀称天府，亦当为东汉，以来相沿之旧义……蜀称天府，必起于魏晋以前”[②]。不仅如此，徐氏还从左思《三都赋》中寻找出“东汉以后关中气候转变至骤”[③]的证据，并据此推测：“西汉以后，西北气候渐趋干寒。光武建都洛阳，盖因关中衰落不足自给，必因洛阳汴渠以通东南漕运也。”[④]与此同时，徐氏指出：“四川兼备南北之气候”[⑤]，“南北物产，无不兼备”[⑥]，并由《汉书·食货志》所记巴蜀之粟可以远赈黄河下游之灾以证“汉代蜀地产稻之盛”[⑦]。徐氏从气候骤变角度解释东汉以后关中经济区衰落和巴蜀经济区地位上升，受到学术界的高度重视。1972年，竺可桢先生在其《中国近五千年来气候变迁的初步研究》一文中指出：“到东汉时代即公元之初，我国气候有趋于寒冷的趋势。”[⑧]竺氏高度重视徐氏“汉、晋气候不同”[⑨]的推断，并专门引述徐氏“《上林赋》以‘卢桔夏熟，黄柑橙楱’并称，橙楱均桔属，盖皆其地所产，此与《史记·货殖传》所称‘渭川千亩竹’，皆西汉时关中气候和暖雨量丰沛之故”[⑩]的文献学证据。徐氏从气候骤变角度对东汉以后关中经济区衰落和巴蜀经济区地位上升解释的科学价值，由此可见一斑。

二、蜀锦产地、兴盛及传播的考察

古代四川是中国丝绸文化的发祥地之一。蜀锦因产于蜀地而得名，在我国传统丝织工艺锦缎的生产中，历史悠久，影响深远。徐氏于20世纪40年代较早对蜀锦进行较为系统的研究，并陆续提出了一系列有重要价值的见解。徐氏指出，“蜀锦既与锦异制”[⑪]，其据《说文》“锦，襄邑织

① 徐中舒：《古代四川之文化》，《史学季刊》1940年第1卷第1期，第34—35页。
② 徐中舒：《古代四川之文化》，《史学季刊》1940年第1卷第1期，第35页。
③ 徐中舒：《古代四川之文化》，《史学季刊》1940年第1卷第1期，第35页。
④ 徐中舒：《古代四川之文化》，《史学季刊》1940年第1卷第1期，第35页。
⑤ 徐中舒：《古代四川之文化》，《史学季刊》1940年第1卷第1期，第35页。
⑥ 徐中舒：《古代四川之文化》，《史学季刊》1940年第1卷第1期，第41页。
⑦ 徐中舒：《古代四川之文化》，《史学季刊》1940年第1卷第1期，第36页。
⑧ 竺可桢：《中国近五千年来气候变迁的初步研究》，《考古学报》1972年第1期，第21页。
⑨ 竺可桢：《中国近五千年来气候变迁的初步研究》，《考古学报》1972年第1期，第21页。
⑩ 竺可桢：《中国近五千年来气候变迁的初步研究》，《考古学报》1972年第1期，第21页注释8。
⑪ 徐中舒：《古代四川之文化》，《史学季刊》1940年第1卷第1期，第38页。

文也”及左思《魏都赋》“锦绣襄邑”的记载推测，“锦在中国尝有极悠远之历史。至于蜀锦之著名，则当在蜀汉设锦官以后”①。徐氏还结合民族史材料推测蜀锦与哀牢夷（僰属，时称摆夷）及武都郡氐族“此两族之织物有关”②，并由此论定：“蜀锦必由其本土织物发展而成，而不必待于中原输入也。”③此后，徐氏继续论证“缎为蜀中原产六朝时由蜀输入江南”④，并在此基础上充分肯定：“汉、魏以来蜀中工业之盛，较之中原各地，实有过之，无不及也。”⑤应该强调的是，20 世纪 40 年代之前，巴蜀地区的田野考古工作尚未全面展开，由于受考古发现与科研条件的限制，“学术界少有对巴蜀经济多加研究者”⑥。徐氏对蜀锦原产、兴盛传播的研究，研究资料并未有新的突破，某些结论容有偏差，但其学术价值还是得到了学术界的充分肯定，如段渝先生指出：“得出蜀锦原产地在蜀地，对于先秦巴蜀地区经济的发达、巴蜀文化的繁荣，无疑具有很重要的意义。”⑦

三、交通、灌溉与盐井工程的专题探讨

《史记·货殖列传》记载：“巴蜀亦沃野……南御滇僰，僰僮。西近邛笮，笮马，牦牛。然四塞，栈道千里，无所不通。”早在 20 世纪 40 年代，徐氏对栈道这一“蜀中特殊交通工程”⑧的创始时间、制作技术进行了初步考察，徐氏指出《华阳国志·蜀志》所载石牛之事，“当属传说，不可信”⑨，其并不赞同学术界长期“以此为栈道之创始”⑩的观点，其由《史记》所载蜀取南郑、兵之所经推测当有栈道，“至如武王伐纣资于蜀师，栈道之兴，更当前于此矣”⑪。与此同时，徐氏还较为全面地考察了蜀通滇僰邛笮“特殊渡河工程”⑫的笮（今谓之溜筒或索桥）的制作技

① 徐中舒：《古代四川之文化》，《史学季刊》1940 年第 1 卷第 1 期，第 37 页。
② 徐中舒：《古代四川之文化》，《史学季刊》1940 年第 1 卷第 1 期，第 39 页。
③ 徐中舒：《古代四川之文化》，《史学季刊》1940 年第 1 卷第 1 期，第 39 页。
④ 徐中舒：《蜀锦——缎为蜀中原产六朝时由蜀输入江南》，《说文月刊》1942 年第 3 卷第 7 期，第 127 页。
⑤ 徐中舒：《蜀锦——缎为蜀中原产六朝时由蜀输入江南》，《说文月刊》1942 年第 3 卷第 7 期，第 129 页。
⑥ 段渝：《“巴蜀文化”研究发轫》，《史学史研究》2007 年第 4 期，第 56 页。
⑦ 段渝：《“巴蜀文化”研究发轫》，《史学史研究》2007 年第 4 期，第 56 页。
⑧ 徐中舒：《古代四川之文化》，《史学季刊》1940 年第 1 卷第 1 期，第 33 页。
⑨ 徐中舒：《古代四川之文化》，《史学季刊》1940 年第 1 卷第 1 期，第 33 页。
⑩ 徐中舒：《古代四川之文化》，《史学季刊》1940 年第 1 卷第 1 期，第 33 页。
⑪ 徐中舒：《古代四川之文化》，《史学季刊》1940 年第 1 卷第 1 期，第 33 页。
⑫ 徐中舒：《古代四川之文化》，《史学季刊》1940 年第 1 卷第 1 期，第 33 页。

术，并就索桥的制作和缘起先后提出了“溜筒构造简单，当为最原始之交通工具。索桥似即为溜筒与栈道之复合物。其制或后起”①，“至迟在公元前四世纪已有此物（按，索桥）”②，“其制亦必创始于蜀（即溜筒与栈道复合而成），而不必自他处输入也”③等颇具说服力的论点。

徐氏对蜀中水利灌溉事业的关注可以追溯至1935年《古代灌溉工程原起考》一文。该文“运河与灌溉”一节论及李冰凿离碓的时代问题：“蜀守李冰凿离碓……与以前诸渠较，此最晚出，明由秦人输入。”④迄1940年，徐氏由常璩《华阳国志》所载“蜀中水利制度之完备”⑤推论，“必非一朝一夕之所致也”⑥。徐氏在强调“此种工程或由关中输入”⑦的同时，又据《华阳国志·蜀志》所载种种远古传说推论，“其时蜀中水利工程，亦必先有其基础矣”⑧。此后，徐氏继续修改、补充、完善相关论点，如他认为，春秋战国时，楚地方五千里，南卷沅湘，北绕颍泗，西包巴蜀，“川西的水利建设，应传自楚国”⑨，“都江堰的截流技术，是蜀人的创造发明”⑩，“大概在李冰守蜀以前，蜀人已掌握此法，故秦人得以依其规模，迅速的把水治好”⑪。之后，“此种治水方法又由蜀人传至北方，治理黄河决口，防御海潮。这是四川古代劳动人民的伟大发明，是科学地适应物质条件的精心创造”⑫。由此可见，徐氏对蜀中水利工程的关注和研究，终其晚年，始终未停止过。

徐氏对川盐的研究亦始于20世纪40年代。徐氏指出，“利用最繁复之机械”⑬的盐井、蜀锦皆为“我国旧工业在四川皆有甚大之成就”⑭

① 徐中舒：《古代四川之文化》，《史学季刊》1940年第1卷第1期，第34页。

② 徐中舒：《古代四川之文化》，《史学季刊》1940年第1卷第1期，第34页。

③ 徐中舒：《古代四川之文化》，《史学季刊》1940年第1卷第1期，第34页。

④ 徐中舒：《古代灌溉工程原起考》，《国立中央研究院历史语言研究所集刊》第五本第二分，1935年，第265页。

⑤ 徐中舒：《古代四川之文化》，《史学季刊》1940年第1卷第1期，第37页。

⑥ 徐中舒：《古代四川之文化》，《史学季刊》1940年第1卷第1期，第37页。

⑦ 徐中舒：《古代四川之文化》，《史学季刊》1940年第1卷第1期，第37页。

⑧ 徐中舒：《古代四川之文化》，《史学季刊》1940年第1卷第1期，第37页。

⑨ 徐中舒：《古代都江堰情况探原》，《四川文物》1984年第1期，第5页。

⑩ 徐中舒：《古代都江堰情况探原》，《四川文物》1984年第1期，第6页。

⑪ 徐中舒：《古代都江堰情况探原》，《四川文物》1984年第1期，第6页。

⑫ 徐中舒：《古代都江堰情况探原》，《四川文物》1984年第1期，第7页。

⑬ 徐中舒：《蜀锦——缎为蜀中原产六朝时由蜀输入江南》，《说文月刊》1942年第3卷第7期，第127页。

⑭ 徐中舒：《蜀锦——缎为蜀中原产六朝时由蜀输入江南》，《说文月刊》1942年第3卷第7期，第127页。

者。徐氏强调指出，“盐井火井之开凿，在今日尚为艰巨工程”①，在《古代四川之文化》一文，徐氏对古代四川盐井的种类、分布、开采过程进行了较为详细的介绍，充分肯定“在旧日生产技术之下，而能有此工程，不能不令人为之叹异不置也”②。

四、成都是古代自由都市说的阐发

20 世纪 80 年代，徐氏发表《成都是古代自由都市说》一文。其从文字学角度论定，“‘都’就是古代边境上没有城防建设的自由都市”③，常璩《华阳国志》所记七个以“都”为名的自由都市是“我们探寻先蜀史迹最珍贵的资料”④。徐氏从文体角度判定，来源于四川青川、荥经及出土于马王堆汉墓、凤凰山 8 号墓四个不同地区的漆器“皆为成市所造”“都是成都的产品”“凤凰山、马王堆的漆器都是从成都输入的”⑤，并在此基础上提出了“成都这个自由都市就是从成亭、成市逐渐成长起来的”“成都漆器在蜀王时代就已著名于世”⑥等独到可信的论点。

综上所述，和前文所论徐氏对蜀锦的考察，旨趣略同，徐氏所作索桥之制“必创始于蜀，而不必自他处输入”“都江堰的截流技术，是蜀人的创造发明”“凤凰山、马王堆的漆器都是从成都输入的”等论点，进一步拓展与深化了巴蜀经济史和巴蜀文化的内涵，对新时期巴蜀文化与西南区域文化史研究起到重要的启迪作用。

第三节　古代四川文化起源与形成发展道路的探索

1940 年 3 月，徐氏发表《古代四川之文化》一文。早在徐氏是文发表前后，虽已有学者依据《蜀王本纪》《华阳国志》及相关的先秦、汉、

---

① 徐中舒:《古代四川之文化》,《史学季刊》1940 年第 1 卷第 1 期，第 36 页。

② 徐中舒:《古代四川之文化》,《史学季刊》1940 年第 1 卷第 1 期，第 41 页。

③ 徐中舒:《成都是古代自由都市说》,《成都文物》1984 年第 1 期，引自何一民主编:《川大史学·专门史卷 2·城市史》，成都：四川大学出版社，2006 年版，第 151 页。

④ 徐中舒:《成都是古代自由都市说》,《成都文物》1984 年第 1 期，引自何一民主编:《川大史学·专门史卷 2·城市史》，成都：四川大学出版社，2006 年版，第 151 页。

⑤ 徐中舒:《成都是古代自由都市说》,《成都文物》1984 年第 1 期，引自何一民主编:《川大史学·专门史卷 2·城市史》，成都：四川大学出版社，2006 年版，第 152 页。

⑥ 徐中舒:《成都是古代自由都市说》,《成都文物》1984 年第 1 期，引自何一民主编:《川大史学·专门史卷 2·城市史》，成都：四川大学出版社，2006 年版，第 152 页。

晋文献辑佚钩沉，试图进行重建巴蜀古代史的努力[①]，但学术界认为，这些论文“大多限于微观研究，视角不广，几乎没有提出成体系的观点”[②]。诸如时人批评“古蜀国为蚕国说”[③]者，“以千载后所记载之传说与情况，而谓古代或即如此；将传说之虚妄，与夫时间上之隔离及变迁，尽行忽略”[④]，“单文只字，固不足以证其成说”[⑤]。被学术界认为是“我国近代学者第一次从文化的视角对四川的古代作出粗略的描述”[⑥]的《古代四川之文化》一文则从总体上突破传统考据学的框架，初步建立了较为严整的巴蜀史学术体系，开创了以近代方法研究巴蜀文化的新风。徐氏《古代四川之文化》一文各部分之间前后贯通，存在着密切的逻辑关联，其中古代四川文化本土起源论与周邻文化影响说，构成相对缜密的论点体系。

一、古代四川文化本土起源的推定

关于古代四川文化本土起源的推定，徐氏指出，四川“在文化上实有其悠远之历史”，“其文化由来甚古，即或出于秦、汉以后，亦多萌茁于本土，而不必待于中原文化之浸溉”[⑦]。徐氏重视《华阳国志》等文献所记流传于古代蜀地的各种口耳相传保存下来的古老传说，极力从古代文献中寻找证据，“常书（按，《华阳国志》）所称蜀之先世世次甚详，必有所受。石棺石笋，并为先代史迹。其为旧都所在，《汉书·地理志》蜀郡蚕陵县，明为蚕从陵寝之地。凡此亦不能一例视为凿空之谈。即杜宇、五丁之传说，充满神话色彩，此自民间传说真相，亦不能虚构”[⑧]，由此判定：“秦、汉以前之蜀，自有其悠远之历史，其文化亦必有可观者矣。”[⑨]值得注意的是，徐氏古代四川文化“亦多萌茁于本土，而不必待于中原文化之浸溉”的论点，与此后不久顾颉刚提出的“古蜀国的文化究竟是独立

① 吴致华：《古巴蜀略考》，《史学杂志（成都）》1930年第2期，第45—59页；朱希祖：《古蜀国为蚕国说》，《新四川月刊》1939年第1卷第2期，第70—75页；孙次舟：《古蜀国之起源》，《星期评论》1941年第22—23期；缪凤林：《漫谈巴蜀文化》，《说文月刊》1942年第3卷第7期，第121—125页。

② 段渝：《三星堆与巴蜀文化研究七十年》，《中华文化论坛》2003年第3期，第13页。

③ 朱希祖：《古蜀国为蚕国说》，《新四川月刊》1939年第1卷第2期，第70—75页。

④ 孙次舟：《读〈古蜀国为蚕国说〉的献疑》，《齐鲁学报》1941年第1期，第153页。

⑤ 徐中舒：《古代四川之文化》，《史学季刊》1940年第1卷第1期，第37页。

⑥ 袁庭栋：《巴蜀文化志》（修订本），成都：巴蜀书社，2009年版，第6页。

⑦ 徐中舒：《古代四川之文化》，《史学季刊》1940年第1卷第1期，第28页。

⑧ 徐中舒：《古代四川之文化》，《史学季刊》1940年第1卷第1期，第32页。

⑨ 徐中舒：《古代四川之文化》，《史学季刊》1940年第1卷第1期，第32页。

发展的”[①]的论断，对于巴蜀文化科学命题的确立，毫无疑问起到积极的促进作用。

从中国现代学术史的视角而论，徐、顾的论断共同指向中国上古民族文化形成发展以及中国文明演进道路与生成模式等20世纪以来国际学术界共同关注与高度重视的一系列重大理论问题。根据现有的考古资料，学术界初步建立起桂圆桥文化（距今5100—4600年）、宝墩文化（距今4600—4000年）、三星堆文化（距今4000—3100年）、十二桥文化（距今3100—2600年）的成都平原考古学文化序列。专家指出：“尽管成都平原的文化发展不能简单地归结为一个序列，但这个日渐完善的序列为我们探索成都平原的早期文化提供了必不可少的线索。”[②]由此可见，目前被顾氏盛赞为抗战以来对川康的自然界和社会各方面调查研究的“重要的论文”[③]、“可以纪念的作品”[④]之首篇，徐中舒先生的《古代四川之文化》一文对巴蜀文化与西南地方史研究的重要价值，也日渐得到田野考古资料的印证。

二、周邻文化因素对古代四川文化影响的论说

在推定古代四川文化独立起源的同时，徐氏亦强调周邻文化对古代四川文化所产生之影响。徐氏对古代四川交通进行了较为系统的考察，“汉代四川之交通，不但北通秦陇，南达滇黔，且远至身毒大夏”[⑤]，“古代中印交通，必较后来为发达”[⑥]，“栈道千里，无所不通”[⑦]，“交通之中心，舍四川莫属矣”[⑧]。徐氏指出，正是由于四川地处古代南北交通之中心，川中文化必然很容易受到周邻文化的广泛影响。“至于川边民族，自秦、汉以迄于今，尚有保存其原始住地及状况者。此等民族之文化，于古代四川必有深厚之影响。且川中民物风习及交通状况，今尚有沿习（袭）

① 顾颉刚：《古代巴蜀与中原的关系说及其批判》，《中国文化研究汇刊》1941年第1卷，第58页。

② 施劲松语。曾江：《三星堆文化与金沙文化存延续性——访中国社会科学院考古研究所研究员施劲松》，《中国社会科学报》2016年1月8日，第六版。

③ 顾颉刚：《古代巴蜀与中原的关系说及其批判》，《中国文化研究汇刊》1941年第1卷，第1页。

④ 顾颉刚：《古代巴蜀与中原的关系说及其批判》，《中国文化研究汇刊》1941年第1卷，第1页。

⑤ 徐中舒：《古代四川之文化》，《史学季刊》1940年第1卷第1期，第32页。

⑥ 徐中舒：《古代四川之文化》，《史学季刊》1940年第1卷第1期，第32页。

⑦ 徐中舒：《古代四川之文化》，《史学季刊》1940年第1卷第1期，第33页。

⑧ 徐中舒：《古代四川之文化》，《史学季刊》1940年第1卷第1期，第32页。

甚古者。"[1]由于20世纪40年代，中国田野考古工作刚刚起步，周邻文化以什么样的方式对古代四川文化产生影响，《古代四川之文化》一文尚未具体说明。

应该强调的是，相传20世纪40年代成都白马寺出土的青铜器与中原地区商周时期青铜器不同，但由于出土地点不明，又有赝品混入，在学术界引起很大争议。徐氏"本着他一贯严谨求是的学风，并不急于参加讨论，而在等待确凿证据的出现"[2]。迄中华人民共和国成立之初，随着田野考古工作的全面展开与古史研究的日趋深入，徐氏更加注意到将文献资料和田野考古资料有机结合、综合论证，学术视野亦日趋开阔：

> 春秋、战国之际，秦、晋和西方的巴、蜀，已经有了文化的交流，《竹书纪年》载魏惠成王时有瑕阳人自秦道岷山导青衣水来归。又《史记·秦本纪》和《六国年表》载秦灭蜀以前，秦、蜀两国也有信使的往还，这是秦、蜀和三晋的文化交流见于记载的。我们再以成都白马寺和新津出土的铜器看，中原铜器铸作的技术和形制，也已经由秦、楚两方面传入巴、蜀了（因为这些铜器形制一方面与秦相近，一方面又和楚相近）。牛耕从埃及传到巴比伦、波斯、印度，既都比中国早，我们晓得西汉时代蜀布、邛竹杖可以从印度传入中亚的大夏；那吗，中亚和印度的牛耕由巴、蜀以输入秦、晋，自然也就很有可能了。巴、蜀本土原有很高的农业，《史记·西南夷传》在巴、蜀边徼有许多兄弟民族都是耕田有邑聚的，古代中国只和西北的游牧民族北狄和西戎接触，我们当然不能从这些民族输入牛耕的方法。[3]

迄20世纪50年代末，随着更多新材料的出土，徐氏的以上认识日益科学，论点体系亦渐趋完善。1959年，徐氏发表的《巴蜀文化初论》一文，是中华人民共和国成立后第一篇论述巴蜀历史与文化的鸿篇巨著。在这篇被誉为"里程碑式的论著"[4]中，徐氏首次从经济、政治、民族、地理及文字等方面，较为全面地阐述了巴蜀文化的内涵，进一步发展与完善了其20世纪40年代以来的古代四川文化本土起源论与周邻文化影响说的

① 徐中舒：《古代四川之文化》，《史学季刊》1940年第1卷第1期，第28页。

② 林向：《徐中舒先生的考古学与巴蜀文化研究》，《中华文化论坛》1998年第3期，第51页。

③ 徐中舒：《论东亚大陆牛耕的起原》，（成都）《工商导报·学林副刊》第24期，1951年12月23日，收录徐中舒：《徐中舒历史论文选辑》下册，北京：中华书局，1998年版，第820页。

④ 林向：《近五十年来巴蜀文化与历史的发现与研究》，李绍明、林向、徐南洲主编：《巴蜀历史·民族·考古·文化》，成都：巴蜀书社，1991年版，第9页。

论点体系。

徐氏《巴蜀文化初论》一文专列“古代四川经济文化的基本情况”一节，除了重申20世纪40年代提出的古代中国西部人民为适应高山峻岭与横断山脉的环境而创制的栈道和索桥（古代人称为笮，稍后又称为绳）“决不是中原文物的复制，而是在战国时代秦并巴蜀以前早已就在四川建设成功的工程”①、“著名的四川盐井，它的起原也应当是很早的……现代新式凿井工程，还是总结四川盐井丰富的凿井的经验而加以发展的”②、“蜀锦非古代中原所有。……这种锦缎与中原固有的锦截然不同。……蜀锦就应当是古代四川的特产，而不是受中原的技术影响才发展起来的”③等论点外，进一步结合四川新繁水观音寺及忠县㽏井沟遗址和墓葬出土的陶器和铜兵器推论：“至迟在殷商的末期，四川与中原地区就已经有紧密的连系了”④，“从黑陶遗物陶鬶、陶豆出土地址的分布，可以清楚的看出古代四川与中原地区的连系，其主要道路应是沿江西上的”⑤，从而丰富和完善了“四川是古代中国的一个经济文化区，但是它并不是孤立的。也不是与其它地区，尤其是与中原地区没有联系的”⑥、“巴蜀虽然仅限于祖国的一隅，但是它与祖国其它部分仍然息息相关，就在远古时代也不例外”⑦的论点体系。

自20世纪60年代后，徐氏对古代四川文化的起源和发展问题的关注和思考一直没有停下来。1962年，徐氏对四川彭县濛阳镇竹瓦街出土的铜器群进行研究。徐氏对铜器群进行分类，“此铜器群就其形制纹饰言，大致可以分为两类：一为殷器，包括一尊两觯以及兵器中的一部分戈和斤（原文称锛）；一为蜀仿制器，包括五罍、部分戈及农具的铜犁（原文称钺）”⑧。徐氏推测：“就蜀仿制铜器群言之，其最晚年代亦应在西周较早期。此铜器群中杂有殷代遗物，而此诸殷器又不属于同一氏族同一年辈之物，则此诸殷器必为战利品，或为周王颁赐的掳获物。……此二觯在四川出土而其埋藏年代又距周初开国时期不远，这正是蜀人参加伐纣之役最直

① 徐中舒：《巴蜀文化初论》，《四川大学学报（社会科学版）》1959年第2期，第21页。
② 徐中舒：《巴蜀文化初论》，《四川大学学报（社会科学版）》1959年第2期，第21页。
③ 徐中舒：《巴蜀文化初论》，《四川大学学报（社会科学版）》1959年第2期，第21—22页。
④ 徐中舒：《巴蜀文化初论》，《四川大学学报（社会科学版）》1959年第2期，第22页。
⑤ 徐中舒：《巴蜀文化初论》，《四川大学学报（社会科学版）》1959年第2期，第23页。
⑥ 徐中舒：《巴蜀文化初论》，《四川大学学报（社会科学版）》1959年第2期，第21页。
⑦ 徐中舒：《巴蜀文化续论》，《四川大学学报（社会科学版）》1960年第1期，第1页。
⑧ 徐中舒：《四川彭县濛阳镇出土的殷代二觯》，《文物》1962年第6期，第15页。

接有力的物证。”[①]徐氏据周人或蜀人的战利品在四川出土，以证“《牧誓》之具有信史价值”[②]，“《牧誓》的写作必然有许多史实作为依据”[③]的论断，以可信的实物证据证明此前顾颉刚“有《牧誓》的蜀，固然和蜀国有关，但秦岭之南即是蜀境，依然是汉水流域的蜀人而不是岷江流域的蜀人，何况《牧誓》这篇的著作时代还有问题。……不足以说明在这个时期（按，秦灭巴、蜀）以前四川和中原发生过怎样的关系”[④]的基本观点“是不能成立的”[⑤]。1974 年，徐氏又通过对錞于源流的考察，论定“巴族之有錞于当由中原传入，这说明了古代巴族与中原地区的来往和联系”[⑥]。1981 年，徐氏进一步结合文献记载和丰富的考古资料对古代楚、蜀之间在政治、经济、文化等各个方面之间交流与往来进行了系统的考察。[⑦]综上可知，古代四川文化的起源与发展问题，是徐氏入川后始终关注和思考的重要学术问题之一。

徐氏关于古代四川文化本土起源的推定及以上结合广阔的时空背景对古代巴、蜀和秦、楚、中原乃至印度、中亚之间很早就长时期存在文化交流的论说，随着田野考古工作的全面展开逐渐得到丰富的考古资料的印证。目前，越来越多的学者注意到外来因素对古蜀文化的影响，考古学家指出：“现有资料表明，汉中、川东和鄂西地区夏商时期的考古学文化与成都平原以广汉三星堆、成都十二桥为代表的三星堆文化有着非常密切的联系。”[⑧]近期有的学者更详细举证营盘山、二里头、殷墟、良渚甚至域外文化因素对成都平原文化变迁与文明演进过程产生过深刻的影响，有的外来因素还影响到古蜀文化的走向。[⑨]由此可见，在新的学术背景下，徐氏有关周邻文化对古代四川文化影响的论说对于今天的巴蜀文化与西南地方史研究仍具有重要的理论价值和指导意义。

---

① 徐中舒：《四川彭县濛阳镇出土的殷代二觯》，《文物》1962 年第 6 期，第 23 页。

② 徐中舒：《四川彭县濛阳镇出土的殷代二觯》，《文物》1962 年第 6 期，第 23 页。

③ 徐中舒：《四川彭县濛阳镇出土的殷代二觯》，《文物》1962 年第 6 期，第 23 页。

④ 顾颉刚：《古代巴蜀与中原的关系说及其批判》，《中国文化研究汇刊》1941 年第 1 卷，第 58 页。

⑤ 袁庭栋：《巴蜀文化志》（修订本），成都：巴蜀书社，2009 年版，第 6 页。

⑥ 徐中舒：《四川涪陵小田溪出土的虎钮錞于》，《文物》1974 年第 5 期，第 83 页。

⑦ 徐中舒、唐嘉弘：《古代楚蜀的关系》，《文物》1981 年第 6 期，第 17—25 页。

⑧ 中国社会科学院考古研究所编著：《中国考古学·夏商卷》，北京：中国社会科学出版社，2003 年版，第 491 页。

⑨ 曾江：《南来北往，熔为一炉——外来因素影响古蜀文化走向》，《中国社会科学报》2016 年 1 月 8 日，第 6 版。

第四节 巴蜀文化内涵的阐发与空间架构的说明

巴蜀文化作为一个科学命题被提出并确立于20世纪40年代初的抗战时期，然迄50年代末巴蜀文化走向科学研究轨道前，其研究总体上呈现出短期的沉寂。迄20世纪50年代末，徐氏方开始自觉运用“巴蜀文化”的概念。[①]1959至1960年，徐氏连续发表《巴蜀文化初论》《巴蜀文化续论》两篇大作。据徐亮工《徐中舒先生生平编年（未定稿）》记载，1971年7月20日，徐氏向历史系革委会交出一份报告，附件《我的工作计划》中“古代史与民族方面”第三条即提到：“‘巴蜀文化三论’。论汉武帝伐西南夷对古代西南民族迁徙的关系。如叔向之后迁于巴蜀，有《汉书·扬雄传》与樊敏碑为证。”[②]今日虽未见到徐氏“巴蜀文化三论”发表，但可以断定的是，迄20世纪70年代初，徐氏对巴蜀文化的研究仍在继续。

一、巴、蜀地望的考证

巴蜀文化作为科学命题确立于抗战时期，而徐中舒先生对巴、蜀史地的关注可以追溯至抗日战争全面爆发之前。

1936年，徐氏在《殷周之际史迹之检讨》中较早谈到巴、蜀地理及交通问题。在《汉阳诸姬》一节，徐氏结合文献资料详细考订巴的族姓与地望：

> 巴亦姬姓。《左传》昭十三年云：“楚共王与巴姬埋璧。”明巴为姬姓。巴地据《左传》定四年云：“及武王克商……巴、濮、楚、邓吾南土也。”巴与楚、邓并举，其地必相去不远。又《左传》桓九年云：“巴子使韩服告于楚，请与邓为好。楚子使道朔将巴客以聘于邓。邓南鄙鄾人攻而夺之币，杀道朔及巴行人。楚子使薳章让于邓，

---

① 据徐亮工《徐中舒先生生平编年（未定稿）》记载，1958年3月22日，徐氏以系主任身份“宣读历史系的跃进规划纲要，在四年内建立5个历史科学研究据点”，其中包括“四川史部分”“四川考古学部分”，并未使用“巴蜀文化”的学科名称；该书稿又提到，是年9月，“为四川省文物干部培训班编写教材‘巴蜀文化初论’”，这应该是徐氏较早使用“巴蜀文化”的学科名称。此后还记载，1960年历史系举行“巴蜀文化学术讨论会”，先生及蒙文通、缪钺等先生在会上发言。参见：徐亮工：《徐中舒先生生平编年（未定稿）》，四川联合大学历史系主编：《徐中舒先生百年诞辰纪念文集》，成都：巴蜀书社，1998年版，第346、348、349页。

② 徐亮工：《徐中舒先生生平编年（未定稿）》，四川联合大学历史系主编：《徐中舒先生百年诞辰纪念文集》，成都：巴蜀书社，1998年版，第361页。

> 邓人弗受。夏楚使鬬廉帅师及巴师围鄾。”此巴请与邓好，又巴师可以至邓，必与邓接壤。《汉书·地理志》南阳郡有邓县，《注》云：“故国。”又《续汉书·郡国志》邓县下有鄾聚。《水经·淯水注》：“淯水自新野来，南过邓县东，右合泚水，又迳邓塞东，又迳鄾城东，又南入沔”，此沔即汉。是邓、鄾并在汉东，则巴亦必去汉水不远。旧说谓巴必以汉巴郡之江州当之。此秦时之巴，春秋以前，巴之疆域疑不限于巴郡，如巴口、巴山、巴东诸地，今皆在湖北境内。此随、唐、巴立国于何时，今皆无征。《华阳国志》云：“武王既克殷，以其宗姬封于巴。”亦不知何据。就周人在南土之史迹言，此诸姬立国，必不在武王以后。[1]

在该文第五节“庸蜀羌髳微卢彭濮人”，徐氏认为，《史记·周本纪·集解》引孔安国“……蜀、髳、微在巴蜀”，《正义》引《括地志》“……益州及巴、利等州皆古蜀国”等诸多解释“皆出汉、唐之世（按，孔安国《尚书·注》亦伪，或出汉以后）者”[2]，其认为《牧誓》中的蜀即《伪孔传》及《括地志》《国策·秦策》司马错与张仪所议伐蜀之“巴、蜀之蜀”[3]。不唯如此，徐氏还专门论及武王伐纣前“先经营西、南，以厚殖其国力”的经营方略：

> 《[尚]书·牧誓》称庸、蜀、羌、髳、微、卢、彭、濮人，皆从武王伐纣。《牧誓》或出后来追记之辞，不必为周初之原史料，但此所称之诸族，必有旧闻可据。……《牧誓》所称从武王伐纣之八族，大致皆有可征。其地域皆偏于西、南两方面。周人于伐殷以前，当先经营西、南，以厚殖其国力。盖此诸族所在，地皆近于周而国力微弱，易于经略。《左传》宣十二年云：“兼弱攻昧，武之善经也”正此意。后来秦之霸西戎，伐巴蜀，亦正可与此作一对照。……秦之所以

---

① 徐中舒：《殷周之际史迹之检讨》，《国立中央研究院历史语言研究所集刊》第七本第二分，1936年，第144—145页，收录徐中舒：《徐中舒历史论文选辑》上册，北京：中华书局，1998年版，第663—664页。

② 徐中舒：《殷周之际史迹之检讨》，《国立中央研究院历史语言研究所集刊》第七本第二分，1936年，第150页，收录徐中舒：《徐中舒历史论文选辑》上册，北京：中华书局，1998年版，第671、672页。

③ 徐中舒：《殷周之际史迹之检讨》，《国立中央研究院历史语言研究所集刊》第七本第二分，1936年，第152页，收录徐中舒：《徐中舒历史论文选辑》上册，北京：中华书局，1998年版，第674页。

能并吞东方诸侯者，与其经营西戎、巴、蜀，实有至显著之关系。①

此外，在“申伯信迈王饯于郿”一节，徐氏还谈到古代中原与巴、蜀之间交通路线问题。徐氏结合《三秦记》《水经·沔水注》等文献对汉桓帝建和二年汉中太守王升所立《石门颂》历叙由汉中通益州之五道的路线及兴废情况进行综合分析的基础上论及：“古代关中与巴、蜀之交通虽有多途，但兼与江、汉流域相通者，则惟褒斜、子午二道。……其褒斜一道当尤为入巴蜀或江、汉之坦途。”②

在我们今天看来，徐氏以上对早期巴、蜀地望的考证，武王伐纣前经营西、南方略的考察，对古代中原与巴、蜀之间交通路线的推论和巴蜀文化研究发轫时期的绝大多数研究成果相类，“大多数是对古代文献材料的搜集、整理和辨伪”③，“往往仅从微观角度立论，缺乏把握全局的宏观眼光”④，而且限于有关巴蜀历史地理的相关文献记载和考古资料极其贫乏，不少研究尚未全面展开，某些结论仍有一些可商榷之处。但总的来看，徐氏的不少研究已揭示出一部分历史真相。⑤此后，自 20 世纪 40 年代至 50 年代末，徐氏又有《古代四川之文化》《巴蜀文化初论》等文发表，但其关于巴、蜀地望的观点，始终未发生过变化。

二、巴、蜀族群源流、族系的推论

古代巴、蜀地区民族成分极其复杂，巴蜀族群的源流、族系问题，更是千头万绪、紊乱如丝。徐氏指出，“要解决这些民族问题，必然要从更

---

① 徐中舒：《殷周之际史迹之检讨》，《国立中央研究院历史语言研究所集刊》第七本第二分，1936 年，第 150 页，收录徐中舒：《徐中舒历史论文选辑》上册，北京：中华书局，1998 年版，第 671—675 页。

② 徐中舒：《殷周之际史迹之检讨》，《国立中央研究院历史语言研究所集刊》第七本第二分，1936 年，第 158 页，收录徐中舒：《徐中舒历史论文选辑》上册，北京：中华书局，1998 年版，第 683、684 页。

③ 段渝：《“巴蜀文化”研究发轫》，《史学史研究》2007 年第 4 期，第 57 页。

④ 段渝：《“巴蜀文化”研究发轫》，《史学史研究》2007 年第 4 期，第 57 页。

⑤ 1941 年，顾颉刚先生屡屡提及徐氏《殷周之际史迹之检讨》一文。如“濮为周的南土，虽不必在周的畿内，总为周王政治势力所及，不得距离太远。拿现在地方说来，邓在河南，楚在湖北，巴在湖北、四川之间，都是江汉流域，濮就不会远到金沙江流域去。以上诸证，徐中舒先生的《殷周之际史迹之检讨》俱已提出，我不过申述而已。”“如果武王伐纣真带着这些部队，那么，我们可以证明徐中舒先生的话：‘盖周之王业，实自太王迁岐始。岐在渭水河谷……南接褒斜，可通江、汉、巴、蜀，周人骤得此而国势始盛，因此肇立翦灭殷商之基础’。”参见顾颉刚：《古代巴蜀与中原的关系说及其批判》，《中国文化研究汇刊》1941 年第 1 卷，第 48、50—51 页。

广阔的范围甚至要从全国范围入手”[①]，“要明了蜀的历史就必须先明了蜀境周围的历史，为蜀史建立基础”[②]。徐氏广泛结合文献记载、古器物资料、语言学材料，对巴、蜀两地间族群源流、族系进行了全方位多角度审视，提出了大量有价值的独到见解，建立了较为科学的理论体系。

徐氏指出，相对于在古代各个孤立的群体中“更加孤立”[③]的蜀，“巴是春秋、战国时代从江汉流域逐渐向西发展的部族，比较尚有所凭藉”[④]。徐氏在推论廪君之后的板楯蛮即巴氏和古代巴族又有僚称的基础上，得出“哀牢和氐，都属巴族”[⑤]的结论。此外，徐氏还从更为广阔的地理空间全面考察了蜀境周围的族群，如百越、百濮、氐羌、巴賨、蛮僚及其与巴蜀的关系，并由此得出结论：“氓和民是中国历史上最广大的土著部族。他们和历史上称为蛮或闽的人，都属同音同义的名称。在更古的年代里，他们就应属于同一族类的人群。他们就是中国历史上最广大的劳动人民，他们就是中国历史的创造者。”[⑥]“僚在古代原当作貉……貉也应是氓民的转音。因此貉族也就是从氓民分化出来的一支。”[⑦]“中国基本的广大的人民群众，原来就只有蛮、僚两族，甚至于僚还是蛮的一支。从远道来的，也只有使用细石器的狄族。他们在长期杂居之后，也成为蛮僚的姻族。中国广大的人民群众，原来就是一家。自从阶级社会出现以后，他们为统治部族所把持、所分割形成无数的部族。自从这些逃亡的部族进入江南以后，在长期闭塞的农业公社之间，就起了一个根本的变化，而他们的族类，也就从此日趋复杂了。”[⑧]

在我们今天看来，由于当时徐氏所掌握的考古资料颇为有限，徐氏自己也反复强调，“一部分牵涉民族问题，因为自己对这些方面修养不够……并不认为是已经得到解决”[⑨]，其仅仅是把其“个人初步极不成熟的臆见提供大家参考”[⑩]，因此，徐氏以文献资料为主，辅以语言学材料对有关巴蜀族群源流、族系的考察，显然也给学术界留下了大量继续思考和探索的空间。如徐氏《巴蜀文化初论》发表不久，缪钺在肯定徐文“颇

---

① 徐中舒：《巴蜀文化续论》，《四川大学学报（社会科学版）》1960 年第 1 期，第 1 页。
② 徐中舒：《巴蜀文化续论》，《四川大学学报（社会科学版）》1960 年第 1 期，第 1 页。
③ 徐中舒：《巴蜀文化续论》，《四川大学学报（社会科学版）》1960 年第 1 期，第 1 页。
④ 徐中舒：《巴蜀文化续论》，《四川大学学报（社会科学版）》1960 年第 1 期，第 1 页。
⑤ 徐中舒：《巴蜀文化初论》，《四川大学学报（社会科学版）》1959 年第 2 期，第 22 页。
⑥ 徐中舒：《巴蜀文化续论》，《四川大学学报（社会科学版）》1960 年第 1 期，第 31 页。
⑦ 徐中舒：《巴蜀文化续论》，《四川大学学报（社会科学版）》1960 年第 1 期，第 32 页。
⑧ 徐中舒：《巴蜀文化续论》，《四川大学学报（社会科学版）》1960 年第 1 期，第 43 页。
⑨ 徐中舒：《巴蜀文化续论》，《四川大学学报（社会科学版）》1960 年第 1 期，第 1—2 页。
⑩ 徐中舒：《巴蜀文化续论》，《四川大学学报（社会科学版）》1960 年第 1 期，第 2 页。

多创见"[①]的同时，亦指出徐文"论及西南诸族的问题，则亦有可以商榷者"[②]。缪氏屡屡指出："哀牢与氐，决非巴族"[③]，"哀牢族属，应是百越的支系"，"蜀中织锦业可能还是受中原影响的"，"氐族居住区与羌接近……与川东之巴人风马牛不相及"，徐氏以氐族和成都出产条文布证明巴人与氐人有同族的可能，"未免有点玄妙"[④]，"徐先生对于李寿徙民是徙本族的推测是不对的"[⑤]，"板楯蛮与廪君蛮是否同族，尚可讨论"[⑥]。此外，缪氏还批评"徐先生文中又有自相矛盾之处"[⑦]。迄20世纪90年代以后，有关巴蜀文化的讨论进一步趋向深入，有的学者批评以往巴蜀文化研究中"对史料的望文生义"[⑧]、对族称的"望音生义"[⑨]等误区，并尤其论及："人类最古语言产生的时候，只有重唇音和舌上音，蛮、貊、僚、仡佬、爸、妈等，亦如man、men一样，皆是人类最古的语言，往往用作某一人群的通称，不能完全等同于族称。尤其是巴蜀地区不少民族产生较晚，如果单纯用音韵通转的方法，所有的重唇音族称均可转为蛮字，而所有的舌上音均可转为僚字，这就会引起通转的混乱，无助于真实历史和族源的确定。"[⑩]近年来，段渝屡屡指出，"先秦巴人是由多支族群所构成的多元化亚民族集团。因各支系来源的不同，关于自身来源的传说也不同"[⑪]、"先秦巴蜀地区各族，除巴、蜀两族外，主要为百濮和氐羌两大民族系统。巴蜀地区的百濮，多为商周时代即已在当地定居的族群，也有春秋时代从江汉地区迁徙而来的濮人支系，主要分布在四川盆地、四川西南和四川东部。巴蜀地区的氐羌民族系统至少在夏、商时代就已出现，主要分布在川西高原"[⑫]等，以上基本代表目前国内外学术界最前沿水平的论断，显然可视为对徐氏族群源流、族系论说的直接继承与发展。

① 缪钺：《〈巴蜀文化初论〉商榷》，《四川大学学报（社会科学版）》1959年第4期，第1页。
② 缪钺：《〈巴蜀文化初论〉商榷》，《四川大学学报（社会科学版）》1959年第4期，第1页。
③ 缪钺：《〈巴蜀文化初论〉商榷》，《四川大学学报（社会科学版）》1959年第4期，第1页。
④ 缪钺：《〈巴蜀文化初论〉商榷》，《四川大学学报（社会科学版）》1959年第4期，第3页。
⑤ 缪钺：《〈巴蜀文化初论〉商榷》，《四川大学学报（社会科学版）》1959年第4期，第6页。
⑥ 缪钺：《〈巴蜀文化初论〉商榷》，《四川大学学报（社会科学版）》1959年第4期，第7页。
⑦ 缪钺：《〈巴蜀文化初论〉商榷》，《四川大学学报（社会科学版）》1959年第4期，第6页。
⑧ 谭继和：《巴蜀文化研究趋向平议》，《社会科学研究》1996年第2期，第91页。
⑨ 谭继和：《巴蜀文化研究趋向平议》，《社会科学研究》1996年第2期，第92页。
⑩ 谭继和：《巴蜀文化研究趋向平议》，《社会科学研究》1996年第2期，第92页。
⑪ 段渝：《巴人来源的传说与史实》，《历史研究》2006年第6期，第3页。
⑫ 段渝：《先秦巴蜀地区百濮和氐羌的来源》，《贵州民族研究》2006年第5期，第146页。

三、巴、蜀间经济、社会与文化差异的比较

随着巴蜀文化研究的深入，学术界已基本形成共识，巴文化与蜀文化并非统一的文化，二者之间既有根本性的差别，同时也存在一定的联系。徐氏指出："古代巴蜀虽然同在梁州，壤地相接，但是它们的经济文化，还有很大的差别。"[①]具体而论，如"蜀地从有记载以来，就是一个农业发达的区域。……秦灭蜀前，蜀地农业就已有良好基础"[②]，"因为蜀地农业的发达，至迟在战国时，蜀就已经具备了国家的形式"[③]。徐氏另指出，和蜀的农业"是它自身发展的结果"[④]不同，"巴则是受了蜀的影响，而后才有较高等的农业"[⑤]。因为经济基础不同，巴、蜀的社会组织也有较大差异。徐氏从《世本》"蜀无姓"，而巴郡、南郡蛮有五姓的记载论定"巴、蜀上层建筑的差异所在"[⑥]。徐氏指出："巴族的姓是大姓的姓，是一种部落组织。……巴氏统治其余四姓，也不过是一种部落联盟的形式。巴还没有完成国家机构，这也是它的经济基础的反映。蜀所以无姓者，它已经超过了部落组织而进入国家形式了。"[⑦]此外，徐氏还强调："巴楚接壤，巴所受中原影响较多；秦蜀接壤，蜀所受中原影响较少。……蜀与中原文化连系，既由秦巴间接而来，因此蜀文化的发展，就受到很大的限制。"[⑧]由于两地在文化上有高低之分，反映在意识形态方面，巴、蜀"也有很大的差别"[⑨]。此外，徐氏从文献记载、考古资料和民族学材料推导出"大石文化在蜀是普遍存在的"[⑩]，"巴族原来就是水居的民族"[⑪]，巴县、昭化巴族居地出现的船棺葬，"可能还是板楯的后裔"[⑫]，使用铜鼓的骆越乃"巴族后裔，亦有僚称"[⑬]，"今珙县存在的悬棺葬，崖旁的文字也与巴文相近"[⑭]，"巴文虽已有合体字，如手和花蒂

---

① 徐中舒:《巴蜀文化初论》,《四川大学学报（社会科学版)》1959 年第 2 期，第 26 页。
② 徐中舒:《巴蜀文化初论》,《四川大学学报（社会科学版)》1959 年第 2 期，第 26 页。
③ 徐中舒:《巴蜀文化初论》,《四川大学学报（社会科学版)》1959 年第 2 期，第 27 页。
④ 徐中舒:《巴蜀文化初论》,《四川大学学报（社会科学版)》1959 年第 2 期，第 27 页。
⑤ 徐中舒:《巴蜀文化初论》,《四川大学学报（社会科学版)》1959 年第 2 期，第 27 页。
⑥ 徐中舒:《巴蜀文化初论》,《四川大学学报（社会科学版)》1959 年第 2 期，第 28 页。
⑦ 徐中舒:《巴蜀文化初论》,《四川大学学报（社会科学版)》1959 年第 2 期，第 28 页。
⑧ 徐中舒:《巴蜀文化初论》,《四川大学学报（社会科学版)》1959 年第 2 期，第 24 页。
⑨ 徐中舒:《巴蜀文化初论》,《四川大学学报（社会科学版)》1959 年第 2 期，第 28 页。
⑩ 徐中舒:《巴蜀文化初论》,《四川大学学报（社会科学版)》1959 年第 2 期，第 29 页。
⑪ 徐中舒:《巴蜀文化初论》,《四川大学学报（社会科学版)》1959 年第 2 期，第 32 页。
⑫ 徐中舒:《巴蜀文化初论》,《四川大学学报（社会科学版)》1959 年第 2 期，第 36 页。
⑬ 徐中舒:《巴蜀文化初论》,《四川大学学报（社会科学版)》1959 年第 2 期，第 38 页。
⑭ 徐中舒:《巴蜀文化初论》,《四川大学学报（社会科学版)》1959 年第 2 期，第 39 页。

形，可能这还是会意字的开始”[①]等论断，从而大大拓展与丰富了巴蜀文化的内涵。

应该强调的是，20 世纪 50 年代末，巴蜀地区的田野考古工作尚未全面展开，巴蜀文化的面貌并非完全清晰，徐氏关于巴、蜀间经济、社会与文化差异的比较，运用文献、考古、民族学多种材料、多重论证的研究方法，但基本以历史文献为主。20 世纪 80 年代以来，四川地区的商周考古工作不断取得突破，考古学家认定，“以三星堆 2—4 期文化为代表的同一系统的古遗址，其分布范围广阔……这些同一系统的文化遗存又存在着一些差异，可能反映出同一文化中存在着几个不同的文化类型”[②]。同样，“确定什么是早期巴文化，认识清楚其内涵及文化形态，但是，要进行这样的工作，目前还存在相当困难”[③]。显然，商、周时期古蜀文化明显呈现出地域性差异，仅仅从当时少量的文献，尤其是晚出的文献记载中，概括出巴蜀文化的内涵和特征，尚有不少困难。因此，徐氏所作巴、蜀间经济、社会与文化间差异的某些论断，显然还需要随着田野考古资料的日渐丰富而不断加以补充完善。诸如徐氏将蜀地“已经具备了国家的形式”的时间推定为至迟在战国时，今天看来显然过于保守。而战国时期的巴地社会组织是否是“一种部落联盟的形式”，显然也存在不少疑问。如徐氏早在 20 世纪 30 年代即言及：“随、唐、巴立国于何时，今皆无征……就周人在南土之史迹言，此诸姬立国，必不在武王以后”[④]，显然迄战国时期巴地还是“一种部落联盟的形式”，颇为令人费解。尤其徐氏区分出了巴、蜀之间经济、社会与文化之间的若干区别，却始终未指出二者之间的联系。然从《史记·货殖列传》《汉书·地理志》《汉书·循吏传》中“巴蜀亦沃野”“武都……民俗与巴蜀略同”“巴蜀好文雅，乃文翁之化”等记载可知，至迟于汉代，学者已将巴、蜀视为同一经济文化区，肯定其风俗、物产、文化等的同一性，明确意识到巴与蜀在文化上密不可分。正因为春秋、战国时期巴、蜀间经济、社会与文化的差异并不具有绝对性，更非一成不变，因此，撇开巴、蜀间经济、社会与文化的联系，很难对巴、

① 徐中舒：《巴蜀文化初论》，《四川大学学报（社会科学版）》1959 年第 2 期，第 44 页。

② 四川省文物管理委员会、四川省文物考古研究所：《四川省考古五十年概略》，《新中国考古五十年》，北京：文物出版社，1999 年版，第 381 页。

③ 段渝：《酋邦与国家起源：长江流域文明起源比较研究》，北京：中华书局，2007 年版，第 198 页。

④ 徐中舒：《殷周之际史迹之检讨》，《国立中央研究院历史语言研究所集刊》第七本第二分，1936 年，第 145 页，收录徐中舒：《徐中舒历史论文选辑》上册，北京：中华书局，1998 年版，第 664 页。

蜀间经济、社会与文化的差异作出全面准确的判断。

综上所述，在长达半个多世纪里，徐氏对巴蜀文化与西南地方史所作全方位多角度的审视与考察，不仅为新时期巴蜀文化与西南地方史研究奠定了较为坚实的基础，也为新时期巴蜀文化与西南地方史研究提出了大量有待进一步深化的学术命题，从而不断助推巴蜀文化与西南地方史研究向着纵深方向推进。在新的学术背景下，重新科学审视徐氏巴蜀文化与西南地方史研究的学术价值与不足，颇为有助于继续推进巴蜀文化与西南地方史及中国学术史等多学科的繁荣进步。除以上四个方面外，徐氏还对西南民族与社会有着精湛的研究，其中涉及南方民族的农村公社[①]、夜郎史迹[②]、庄蹻王滇的传说[③]，苗族与铜鼓、錞于[④]，白马族属[⑤]，宋代斗夷族源[⑥]等专题，兹不一一论说。

---

① 徐中舒：《论商于中、楚黔中和唐宋以后的洞——对中国古代村社共同体的初步研究》，《四川大学学报（哲学社会科学版）》1978年第1期，第59—71页。

② 徐中舒、唐嘉弘：《夜郎史迹初探》，《贵州社会科学》1980年第1期，第49—58页。

③ 徐中舒：《试论岷山庄王与滇王庄蹻的关系》，《思想战线》1977年第4期，第75—82页。

④ 徐中舒、唐嘉弘：《錞于与铜鼓》，《社会科学研究》1980年第5期，第18—20页。

⑤ 徐中舒、唐嘉弘：《川甘边区白马人属古氐族说》，《白马藏人族属讨论集》，四川民族研究所，1980年，第49—51页。

⑥ 徐中舒、唐嘉弘：《宋代斗夷源于楚国令尹子文说》，《西南民族研究》，成都：四川民族出版社，1980年版，第68—78页。

结　语

通过以上几个专题的研究，徐中舒先生的学术思想似乎可以概括为以下几个方面。

一、圆融通博，综贯会通

博涉和贯通是中国传统学术的优良风尚，也是徐中舒史学最显著的特色之一。章学诚曾经批判学术研究中“以言陋儒荒俚，学一先生之言以自封域”[①]的狭隘、孤陋之弊。章学诚批评的“陋”和“荒”，很显然是就学术思想传承而言。事实上，20世纪以来，就新史家积极倡导并科学实践的古史多重证法而论，博涉还应指广泛涉猎多学科、多领域知识，达到古今贯通、中外贯通、多学科贯通的崇高境界。早在1911年，王国维先生琐言，“学无新旧也，无中西也，无有用无用也”[②]，实际上正暗含其对读书治学，应做到圆融通博、综贯会通的学术旨趣。综前所论，无论对诸家学术思想的兼收并蓄，还是多学科知识融会贯通，在徐中舒的学术实践中都清晰可见。徐氏的弟子对此则有更为直接和深刻的领悟。诸如师从徐中舒先生四十余年的唐嘉弘先生，在谈到徐氏学风及治学方法时，特别强调，徐氏“常将历史学、文献学、古文字学、考古学、民族学诸学科的材料、观点与方法，紧密结合，融会贯通，综合分析，从而提出问题，解决问题”[③]。柯建中先生亦曾肯定，“不同学科和不同学术领域相互间的渗透、融合与贯通”，是缪钺先生——也包括徐中舒、蒙文通和冯汉骥先生治学道路“最显著的优点与特点”[④]。以上各章的研究，则正可以对唐、柯二先生的论断，提供具有足够说服力的证据支持。

---

① （清）章学诚著，刘公纯标点：《文史通义》卷二《内篇·博约中》，北京：古籍出版社，1956年版，第49页。

② 王国维：《〈国学丛刊〉序》，《国学丛刊》1911年第1期，第1页。

③ 唐嘉弘：《从徐中舒的治学看史语所的学风》，杜正胜、王汎森主编：《新学术之路——“中央研究院”历史语言研究所七十周年纪念文集》上册，台北：长达印刷有限公司，1998年版，第312页。

④ 柯建中：《缅怀缪钺先生》，中国魏晋南北朝史学会、四川大学历史文化学院编：《魏晋南北朝史论文集》，成都：巴蜀书社，2006年版，第44页。

二、穷原竟委，博求慎取

穷原竟委是中国传统学术研究的优良风尚，尤其是晚清桐城学派大家吴汝纶学术及王国维、梁启超等新史家学术思想的突出特色之一。如曾为清华大学国学研究院王国维、梁启超弟子的姜亮夫先生谈到发现问题的方法，其中有一条“温故以寻流变”①，则大体上可以视为“穷原竟委”的翻版。直接受到晚清桐城学派和王国维、梁启超学术思想深刻影响的徐中舒，则对这一学术思想有颇为深刻的领悟，并在其学术实践中不断发扬光大。如徐氏考察历史上的井田制度，“运用他对中国古文字的深入研究，追本溯源”②，“不仅从《孟子》《周礼》以前的古文字和文献中探求了井田制之源，而且从春秋以后史籍中出现‘井’和‘井田’的含义及其异同，论述了西周到战国田制的变迁”③。诸如此类的例子，在徐氏的研究中，举不胜举。

在中国传统学术的现代转型背景下，在吴汝纶、王国维等学术思想影响下，徐氏将“博求”与“慎取”有机结合起来。反映在史料观上，其积极主张扩充研究材料和对纷繁复杂的材料进行澄滤审查，考而后信，这一学术思想既区别于不加分析地一味泥古信古，又区别于错疑不该疑之极端疑古，以坚实可信的新旧材料为基础，重建新的古史体系。综前所论，徐氏对《战国策》成书过程、资料来源和版本流传进行了更加系统的考察，并在此基础上对《战国策》《史记·苏秦列传》所记苏秦年代和史事进行了缜密的考订，从纷繁复杂的错乱记载中，“澄滤”而出部分真实可信的史料，从而为战国史研究提供更为坚实可信的研究材料。徐氏博求慎取的学术思想，对当下中国古典学的建设仍有重要的理论价值和启发意义。

三、独辟蹊径，务求创新

整个20世纪是中国史学变化最为深刻的时期，尤其是清末民初的传统学术的现代转型时期，在新的学术背景下，新材料的发现、新方法的运用、新观念的建立，产生出许多新的学问。以史料的分类、澄滤、扩充为例，在晚清桐城学派和王国维、梁启超、陈寅恪、李济、傅斯年等学者学

---

① 姜亮夫：《我是怎样做研究工作的》，《姜亮夫全集》第二十二册《成均楼文录》，昆明：云南人民出版社，2002年版，第163页。

② 马曜：《井田制研究的卓越贡献》，四川大学历史系编：《徐中舒先生九十寿辰纪念文集》，成都：巴蜀书社，1990年版，第181页。

③ 马曜：《井田制研究的卓越贡献》，四川大学历史系编：《徐中舒先生九十寿辰纪念文集》，成都：巴蜀书社，1990年版，第176页。

术思想影响之下，徐氏一开始就走上与古史辨、史料派、史观派等学者互为影响，异中有同，独具特色的新史学道路。无论是史料的审查，还是古史多重证法的实践，以及 20 世纪 50 年代后对马克思主义唯物史观的理解和领会，其都显出了富于鲜明个性特征的独到之处，并直接影响到唐嘉弘、吴天墀等诸多弟子们的马克思主义新史学路径。

徐氏对韩愈“惟陈言之务去”①一语，领悟颇为深刻。其弟子吴天墀曾讲到，徐先生“对韩愈在《答李翊书》中说的：‘惟陈言之务去’，领会很深，认为学问之道，后来居上，非创新便失去其存在的价值”②。其弟子唐嘉弘先生亦说：“徐老一贯事必求根，言必求据，穷源究委，上下求索……‘惟陈言之务去’，能成一家之言，创见甚多，新颖笃实。”③徐氏在长期的学术研究中，不断将务求创新的学术思想落实到实践中，从而构成徐氏学术思想颇为鲜明的特色。诸如，夏子贤先生高度评价徐氏《耒耜考》一文“资料翔实，体系严密，观点新颖，发前人之所未发”④，《〈左传〉的作者及其成书年代》一文“为史学界解决一个聚讼已久、莫衷一是的大疑题”⑤，徐氏和唐嘉弘先生合撰的《夜郎史迹初探》一文，指出《后汉书·西南夷传》关于滇王的记载，存在着“析一分二”的严重错误，“先生之见，前无古人有知，连乾嘉考据学派巨著《二十二史考异》、《十七史商榷》，以及《廿二史札记》，均无论及”⑥。综前所论，无论是就其学术思想，还是各种专题研究，新颖独到见解随处可见，新材料的发掘、新观念的建立、新方法的运用，贯穿始终。

改革开放后尤其是 21 世纪以来，中国史学发生了不少深刻显著的变化。近年来，对中华人民共和国成立 70 多年来中国史研究的回顾与思考

① 韩愈：《答李翊书》，（唐）韩愈著，钱仲联、马茂元校点：《韩愈全集》，上海：上海古籍出版社，1997 年版，第 177 页。

② 吴天墀：《徐中舒先生对学术、教育的贡献——为其九十诞辰而作》，唐嘉弘主编：《先秦史论集——徐中舒教授九十诞辰纪念论文集》，郑州：中州古籍出版社，1989 年版，第 3 页。

③ 唐嘉弘：《从徐中舒的治学看史语所的学风》，杜正胜、王汎森主编：《新学术之路——“中央研究院”历史语言研究所七十周年纪念文集》上册，台北：长达印刷有限公司，1998 年版，第 312 页。

④ 夏子贤：《著名学者，晶莹寿星——献给徐中舒教授九十诞辰》，唐嘉弘主编：《先秦史论集——徐中舒教授九十诞辰纪念论文集》，郑州：中州古籍出版社，1989 年版，第 38 页。

⑤ 夏子贤：《著名学者，晶莹寿星——献给徐中舒教授九十诞辰》，唐嘉弘主编：《先秦史论集——徐中舒教授九十诞辰纪念论文集》，郑州：中州古籍出版社，1989 年版，第 41 页。

⑥ 夏子贤：《著名学者，晶莹寿星——献给徐中舒教授九十诞辰》，唐嘉弘主编：《先秦史论集——徐中舒教授九十诞辰纪念论文集》，郑州：中州古籍出版社，1989 年版，第 43 页。

的代表性文章[①]，只字未提到徐中舒。显然，自20世纪50年代前，早已进入新史学主流的徐中舒，迄20世纪50年代，便逐渐淡出了中国“主流”史学界的视野。这不仅有当下“主流”学者主观认知和判断的因素，同时也促使学术界进一步反思，随着历史学、考古学、民族学、人类学、语言学等学科的蓬勃发展、日新月异，在新的学术背景下，博大精深的徐中舒史学究竟还存在哪些时代的“局限”。

当代学者王学典先生对20世纪中国史学的发展历程和成就，研究成果颇为丰富，尽管王氏的著述中基本亦未曾关注过徐中舒史学，但王氏曾论及20世纪史学进程中的“乾嘉模式”，并将该学派学者的学术思想和范式总结概括为：“矜尚考史但不著史的为学基准，怀抱‘为真理而求真理’的治史理念，奉行以小见大、小题大作的作业方式，擅用穷源毕流、竭泽而渔的‘清儒家法’，推崇‘以事实决事实，决不用后世理论决事实’的致知门径”等几个方面。[②]虽然王氏所列举以上几个方面的内容，并未和哪位学者对号入座，但毫无疑问，王氏所举20世纪以来“乾嘉模式”的史学研究的以上几个方面特点，和徐中舒史学有着诸多吻合或相似之点。诸如，“考史但不著史”的为学基准，“为真理而求真理”的治史理念，以小见大、小题大作的作业方式，或多或少影响到当代学术背景和评价体制下，徐氏在学术界的“影响力”和“知名度”。诸如由徐氏的学生和几位助手整理、1992年8月在巴蜀书社出版的徐氏《先秦史论稿》的“出版说明”中指出：“徐先生生前曾接受国家教委的委托，打算写一部大型的《先秦史》，将一生治学所得作一个大概的总结。可惜的是徐先生晚年承担的重点科研任务与培养新人的任务太重，长期超负荷运转，再加上其他一些原因，以至直到辞世，这部学术界翘首以待的《先秦史》未能完成，为后学留下了一个长长的遗憾。”[③]正因为如此，当下学术界对徐中舒史学的了解大体上还仅仅停留于“以《耒耜考》为代表的众多的学术成果”[④]的肤浅层面。这里借用巴蜀书社“出版说明”中之一语：“是耶非耶，评在学林”[⑤]，对徐中舒史学研究，暂画一句号。

---

① 戴逸：《新中国70年来的中国古代史研究》，《历史研究》2019年第4期，第4—10页；卜宪群：《新中国七十年的史学发展道路》，《中国史研究》2019年第3期，第5—34页。卜氏文章中提到20世纪50至60年代参与“五朵金花”讨论的学者有郭沫若、翦伯赞、范文澜、黎澍、吴晗、侯外庐、白寿彝、吴泽、刘大年、郭晓棠、漆侠、宁可、林甘泉、田昌五、李文海、陈旭麓、何芳川等，除了吴泽、陈旭麓以外，基本都属于京派学者。

② 王学典：《翦伯赞学术思想评传》，北京：北京图书馆出版社，2000年版，第333页。

③ 徐中舒：《先秦史论稿》，成都：巴蜀书社，1992年版，出版说明，第1—2页。

④ 徐中舒：《先秦史论稿》，成都：巴蜀书社，1992年版，出版说明，第1页。

⑤ 徐中舒：《先秦史论稿》，成都：巴蜀书社，1992年版，出版说明，第2页。

参考文献

一、著作

（一）古籍

（东汉）王充：《论衡》，上海人民出版社，1974年版。

（唐）刘知几撰，赵吕甫校注：《史通新校注》，重庆出版社，1990年版。

（唐）韩愈著，钱仲联、马茂元校点：《韩愈全集》，上海古籍出版社，1997年版。

（唐）陆淳：《春秋集传纂例》，清武英殿聚珍版丛书本。

（宋）司马光：《温国文正公文集》，四部丛刊景宋绍兴本。

（宋）叶梦得：《春秋考》，文渊阁《四库全书》第149册，上海古籍出版社，1987年版。

（宋）郑樵：《六经奥论》，文渊阁《四库全书》第184册，上海古籍出版社，1987年版。

（宋）林之奇：《尚书全解》，文渊阁《四库全书》第55册，上海古籍出版社，1987年版。

（宋）罗泌：《路史》，文渊阁《四库全书》，第383册，上海古籍出版社，1987年版。

（宋）叶适：《习学记言序目》，中华书局，1977年版。

（宋）陈振孙：《直斋书录解题》，文渊阁《四库全书》第674册，上海古籍出版社，1987年（宋）版。

（宋）王应麟著，（清）翁元圻辑注，孙海通点校：《困学纪闻注》，中华书局，2016年版。

（明）胡应麟：《少室山房笔丛》卷三十二《丁部·四部正讹》下，明万历刻本。

（清）顾栋高辑，吴树平、李解民点校：《春秋大事表》，中华书局，1993年版。

（清）章学诚著，刘公纯标点：《文史通义》，古籍出版社，1956年版。

（清）章学诚著，刘公纯标点：《校雠通义》，古籍出版社，1956年版。

（清）永瑢、纪昀主编，周仁等整理：《四库全书总目提要》，海南出版社，1999年版。

（清）崔述：《洙泗考信余录》，《丛书集成初编》144册，（上海）商务印书馆，1937年版。

（清）钱大昕：《潜研堂文集》，顾廷龙主编：《续修四库全书》第1438册《集部》，上海古籍出版社，2002年版。

（清）姚惜抱：《姚姬传全集》，（上海）中央书店，1935 年版。
（清）梁玉绳：《史记志疑》，中华书局，1981 年版。
（清）牟庭：《雪泥书屋杂志》，清咸丰安吉官署刻本。
（清）刘逢禄著，顾颉刚校点：《左氏春秋考证》，（北京）朴社，1933 年版。
（清）曾国藩著，王澧华校点：《曾国藩诗文集》，上海古籍出版社，2005 年版。
（清）何秋涛：《王会篇笺释》，顾廷龙主编：《续修四库全书》第 301 册《史部·别史类》，上海古籍出版社，1996 年版。
（清）吴大澂：《字说》，苏州大学炳麟图书馆特藏室，清光绪线装本（年代不详）。
（清）吴汝纶撰，施培毅、徐寿凯校点：《吴汝纶全集》，黄山书社，2002 年版。
（清）皮锡瑞：《经学历史》，中华书局，1959 年版。
（清）廖平撰，邱进之点校：《楚词讲义》，舒大刚、杨世文主编：《廖平全集 10》，上海古籍出版社，2015 年版。
（清）廖平著，张西堂校点：《古学考》，（北京）景山书社，1935 年版。
（清）康有为著，章锡琛点校：《新学伪经考》，古籍出版社，1956 年版。
（清）崔适著，张烈点校：《史记探源》，中华书局，1986 年版。
（清）章太炎：《春秋左传读》，《章太炎全集》（二），上海人民出版社，1982 年版。
赵尔巽等：《清史稿》，中华书局，1977 年版。

（二）今人著作

安徽通志馆编：《安徽通志稿·艺文考·子部》，安庆市地方志办公室藏，1934 年版。
白钢编著：《中国封建社会长期延续问题论战的由来与发展》，中国社会科学出版社，1984 年版。
晁福林：《先秦社会形态研究》，北京师范大学出版社，2003 年版。
陈梦家：《殷虚卜辞综述》，中华书局，1988 年版。
陈寅恪：《金明馆丛稿二编》，生活·读书·新知三联书店，2001 年版。
段渝：《酋邦与国家起源：长江流域文明起源比较研究》，中华书局，2007 年版。
段渝主编：《巴蜀文化史》，四川人民出版社，2012 年版。
傅斯年：《民族与古代中国史》，河北教育出版社，2002 年版。
傅斯年著，陈槃等校订：《傅斯年全集》，（台北）联经出版事业公司，1980 年版。
范文澜：《中国通史简编》，人民出版社，1949 年版。
范文澜：《范文澜全集》，河北教育出版社，2002 年版。
顾颉刚编著：《古史辨》第一册，上海古籍出版社，1982 年版。
顾颉刚：《顾颉刚全集》，中华书局，2011 年版。
顾颉刚撰，王晴佳导读：《当代中国史学》，上海古籍出版社，2002 年版。
顾颉刚、史念海：《中国疆域沿革史》，（上海）商务印书馆，1938 年版。

顾颉刚讲授，刘起釪笔记：《春秋三传及国语之综合研究》，巴蜀书社，1988年版。
顾立三：《〈左传〉与〈国语〉之比较研究》，（台北）文史哲出版社，1983年版。
国立中央研究院历史语言研究所编：《明清史料》，（上海）商务印书馆，1932年版。
何干之：《中国社会史问题论战》，《何干之文集》第一卷，北京出版社，1993年版。
胡适：《胡适文存二集》，（上海）亚东图书馆，1931年版。
胡适：《中国哲学史大纲》，（武汉）崇文书局，2015年版。
胡远浚：《老子述义》，（南京）钟山书局，1933年版。
侯外庐：《中国古代社会史》，（桂林）新知书店，1948年版。
侯外庐：《中国封建社会史论》，人民出版社，1979年版。
翦伯赞：《历史哲学教程》，河北教育出版社，2000年版。
翦伯赞：《中国史纲》，（上海）生活书店，1946年版。
翦伯赞：《翦伯赞全集》，河北教育出版社，2008年版。
贾大泉、陈世松主编：《四川通史》，四川人民出版社，2010年版。
姜亮夫：《姜亮夫全集》，云南人民出版社，2002年版。
孔令远：《徐国的考古发现与研究》，中国文史出版社，2005年版。
凌纯声、芮逸夫：《湘西苗族调查报告》，（上海）商务印书馆，1947年版。
李朝远：《西周土地关系论》，上海人民出版社，1997年版。
林甘泉、田人隆、李祖德：《中国古代史分期讨论五十年（一九二九—一九七九年）》，上海人民出版社，1982年版。
李济：《安阳》，商务印书馆，2011年版。
赖建诚：《井田辨：诸说辩驳》，（台北）学生书局，2012年版。
刘梦溪主编：《中国现代学术经典·傅斯年卷》，河北教育出版社，1996年版。
梁启超著，朱维铮导读：《清代学术概论》，上海古籍出版社，1998年版。
梁启超：《饮冰室合集》，中华书局，1989年版。
梁启超撰，汤志钧导读：《中国历史研究法》，上海古籍出版社，1998年版。
梁启超演讲，周传儒、姚名达、吴其昌笔记：《古书真伪及其年代》，中华书局，1955年版，1962年印刷。
吕思勉：《中国民族史》，（上海）世界书局，1934年版。
李亚农：《李亚农史论集》，上海人民出版社，1962年版。
罗志田主编：《20世纪的中国：学术与社会·史学卷》（上下），山东人民出版社，2001年版。
吕振羽：《殷周时代的中国社会》，（上海）不二书店，1936年版。
《马克思恩格斯选集》，人民出版社，2012年版。
马王堆汉墓帛书整理小组编：《战国纵横家书》，文物出版社，1976年版。
蒙文通：《古史甄微》，（上海）商务印书馆，1933年版。

蒙文通著，蒙默编：《蒙文通全集》，巴蜀书社，2015 年版。
缪钺：《缪钺全集》，河北教育出版社，2004 年版。
缪元朗：《缪钺先生编年事辑》，中华书局，2014 年版。
缪元朗编：《缪钺先生学记》，四川大学出版社，2016 年版。
缪文远：《战国策考辨》，中华书局，1984 年版。
钱穆：《中国近三百年学术史》，商务印书馆，1997 年版。
钱穆：《先秦诸子系年考辨》，商务印书馆，2005 年版。
容肇祖：《中国文学史大纲》，（北京）朴社，1935 年版。
《四川大学史稿》编审委员会编：《四川大学史稿》，四川大学出版社，2006 年版。
苏雪林：《屈赋论丛》，武汉大学出版社，2007 年版。
苏云峰：《从清华学堂到清华大学 1911—1929：近代中国高等教育研究》，生活·读书·新知三联书店，2001 年版。
孙绿怡：《中华文学通览·先秦卷·文学肇始》，中华书局，1997 年版。
孙作云：《孙作云文集》，河南大学出版社，2003 年版。
孙作云：《诗经与周代社会研究》，中华书局，1966 年版。
唐嘉弘：《先秦史新探》，河南大学出版社，1988 年版。
唐嘉弘：《中国古代民族研究》，青海人民出版社，1987 年版。
田继周：《先秦民族史》，四川民族出版社，1988 年版。
童书业：《春秋左传研究》，上海人民出版社，1980 年版。
王汎森：《中国近代思想与学术的系谱》，河北教育出版社，2001 年版。
王国维：《观堂集林》，中华书局，1959 年版。
王国维：《古史新证——王国维最后的讲义》，清华大学出版社，1994 年版。
王学典：《翦伯赞学术思想评传》，北京图书馆出版社，2000 年版。
王学典：《新史学与新汉学》，上海古籍出版社，2013 年版。
王亚南：《中国地主经济封建制度论纲》，上海人民出版社，1954 年版。
王彦辉、薛洪波：《古史体系的建构与重塑——古史分期与社会形态理论研究》，河南大学出版社，2010 年版。
王宇信、杨升南主编：《甲骨学一百年》，社会科学文献出版社，1999 年版。
王钟翰主编：《中国民族史》上册，武汉大学出版社，2012 年版。
闻一多：《闻一多全集》，生活·读书·新知三联书店，1982 年版。
吴宓著，吴学昭整理注释：《吴宓日记》，生活·读书·新知三联书店，1998 年版。
许冠三：《新史学九十年》，岳麓书社，2003 年版。
徐仁甫：《左传疏证》，四川人民出版社，1981 年版。
徐旭生：《中国古史的传说时代》，广西师范大学出版社，2003 年版。
徐中舒：《殷周史料考订大纲》，北京大学历史系讲义，铅字印刷稿。

徐中舒：《先秦史论稿》，巴蜀书社，1992年版。
夏曾佑：《中国古代史》，河北教育出版社，2000年版。
游国恩：《楚辞概论》，（上海）商务印书馆，1934年版。
杨筠如著，黄怀信标校：《尚书核诂》，陕西人民出版社，2005年版。
袁庭栋：《巴蜀文化志》（修订本），巴蜀书社，2009年版。
张广志：《奴隶社会并非人类历史发展必经阶段研究》，青海人民出版社，1988年版。
张素卿：《解经与叙事——〈左传〉经解研究》，（台北）书林出版有限公司，1988年版。
张心澂：《伪书通考》，上海书店出版社，1998年版。
赵光贤：《周代社会辨析》，人民出版社，1980年版。
赵生群：《〈春秋〉经传研究》，上海古籍出版社，2000年版。
《中国人民政治协商会议共同纲领》，中华书局，1952年版。
中国社会科学院考古研究所编著：《中国考古学·夏商卷》，中国社会科学出版社，2003年版。
中国《山海经》学术讨论会编辑：《〈山海经〉新探》，四川省社会科学院出版社，1986年版。
中国史学会编，庄建平、陆勤毅主编：《世纪之交的中国史学——青年学者论坛》，中国社会科学出版社，1999年版。
政协安庆市委文史资料委员会、《安庆文史资料》编辑部编：《安庆文史资料》，1986年版。
Bernhard Karlgren（高本汉）：《左传真伪考及其他》，陆侃如译，（上海）商务印书馆，1936年版。

二、论文

（一）报刊论文

安特生：《甘肃考古记》，乐森译，《地质专报》1925年甲种第5号。
安特生：《中华远古之文化（附图）》，袁复礼译，《地质汇报》1923年5A。
安志宏：《徐中舒先生治学方法琐谈——王国维“二重论据”与徐中舒的“多重论据法”》，《天水师范学院学报》2008年第4期。
卜宪群：《新中国七十年的史学发展道路》，《中国史研究》2019年第3期。
陈伯达：《中国社会停滞状态的基础——论“封建生产方法在中国所展开的特殊亚细亚形态”》，《文史》1934年第4期。
晁福林：《论前疑古时代——五四新文化运动与学术方法的变革》，《北京师范大学学报（社会科学版）》1999年第2期。
晁福林：《探讨有中国特色的社会形态理论》，《历史研究》2000年第2期。
岑家梧：《迅速地开展少数民族历史研究工作》，《光明日报》1955年5月18日。

常金仓：《古史研究中的泛图腾论》，《陕西师范大学学报（哲学社会科学版）》1999 年第 3 期。
蔡元培：《民族学上之进化观》，《新社会科学》1935 年第 1 卷第 4 期。
陈寅恪：《彰所知论与蒙古源流——蒙古源流研究之三》，《国立中央研究院历史语言研究所集刊》第二本第三分，1931 年。
陈支平：《理论探索、宏观研究与旧事重提》，《中国经济史研究》2006 年第 1 期。
戴逸：《新中国 70 年来的中国古代史研究》，《历史研究》2019 年第 4 期。
邓云特：《中国社会经济"长期停滞"的考察》，《中山文化教育馆季刊》1935 年第 2 卷第 4 期。
丁山：《由三代都邑论其民族文化》，《国立中央研究院历史语言研究所集刊》第五本第一分，1935 年。
丁伟志：《历史是多样性的统一——谨以此纪念马克思逝世一百周年)》，《历史研究》1983 年第 2 期。
段渝：《"巴蜀文化"研究发轫》，《史学史研究》2007 年第 4 期。
段渝：《三星堆与巴蜀文化研究七十年》，《中华文化论坛》2003 年第 3 期。
段渝：《巴人来源的传说与史实》，《历史研究》2006 年第 6 期。
段渝：《先秦巴蜀地区百濮和氐羌的来源》，《贵州民族研究》2006 年第 5 期。
杜正胜：《中国古代社会史重建的省思》，《大陆杂志》1991 年第 82 卷第 1 期。
方光华、兰梁斌：《侯外庐的中国封建社会史研究》，《长安大学学报（社会科学版）》2012 年第 2 期。
傅斯年：《〈新获卜辞写本后记〉跋》，《安阳发掘报告》1930 年第 2 期。
傅斯年：《历史语言研究所工作之旨趣》，《国立中央研究院历史语言研究所集刊》第一本第一分，1928 年。
傅斯年：《周颂说——附论鲁南两地与诗书之来源》，《国立中央研究院历史语言研究所集刊》第一本第一分，1928 年。
冯沅君：《论〈左传〉与〈国语〉的异点》，《新月》1928 年第 1 卷第 7 期。
范文澜：《论中国封建社会长期延续的原因》，《中国青年》1950 年第 13—14 期。
费孝通：《中华民族的多元一体格局》，《北京大学学报（哲学社会科学版）》1989 年第 4 期。
傅衣凌：《我对于中国封建社会的再认识》，《中国史研究》1983 年第 1 期。
顾颉刚：《与钱玄同先生论古史书》，《努力周报》附刊《读书杂志》1923 年第 9 期。
顾颉刚、童书业：《夏史三论》，燕京大学《史学年报》1936 年第 2 卷第 3 期。
顾颉刚：《古代巴蜀与中原的关系说及其批判》，《中国文化研究汇刊》1941 年第 1 卷。
高翔：《推动新时代中国史学繁荣发展》，《人民日报》2019 年 1 月 15 日，第五版。
郭沫若：《关于厚今薄古问题——答北京大学历史系师生的一封信》，《光明日报》

1958年6月10日，第一版。
郭沫若：《为科学工作者的自我改造与科学研究工作的改进而奋斗》，《科学通报》1952年第3卷第1、2期合刊。
郭沫若：《中国历史学上的新纪元》，《进步日报》1951年9月29日，第五版。
郭晓棠：《略论中国封建社会长期性问题》，《新史学通讯》1952年第9期。
龚小夏：《社会科学中关于问题的问题》，《中国文化》1993年第8期。
胡厚宣：《楚民族源于东方考》，《史学论丛》1934年第1期。
湖南省文物考古研究所、慈利县文物保护管理研究所：《湖南慈利石板村36号战国墓发掘简报》，《文物》1990年第10期。
湖南省文物考古研究所、慈利县文物保护管理研究所：《湖南慈利县石板村战国墓》，《考古学报》1995年第2期。
洪业：《春秋经传引得序》，《史学年报》1937年第2卷第4期。
何兆武：《历史研究中的一个假问题——从所谓中国封建社会的长期停滞论谈起》，《百科知识》1989年第5期。
翦伯赞：《正在展开中之史学的反动倾向》，《文萃》1947年第2卷第15—16期。
翦伯赞：《论中国古代的封建社会》，《学习》1950年第3卷第4期。
姜亮夫：《夏殷民族考》，《民族杂志》1933年第1卷第11—12期、1934年第2卷第1—2期。
凌纯声：《唐代云南的乌蛮与白蛮考》，《国立中央研究院历史语言研究所人类学集刊》1938年第1卷第1期。
李埏、朱惠荣、谭世遵，等：《试论殷商奴隶制向西周封建制的过渡问题》，《历史研究》1961年第3期。
李埏：《试论中国古代农村公社的延续和解体》，《思想战线》1979年第3期。
雷戈：《史为一家——先秦史家研究之一》，《社会科学研究》1999年第6期。
林甘泉：《“封建”与“封建社会”的历史考察——评冯天瑜的〈“封建”考论〉》，《中国史研究》2008年第3期。
罗根泽：《战国策作于蒯通考》，《学文》1931年第1卷第4期。
刘复生：《徐中舒先生巴蜀古民族史研究及其启示》，《四川大学学报（哲学社会科学版）》2009年第4期。
李济：《中国考古学之过去与将来》，《东方杂志》1934年第7期。
李济：《编辑大旨》，《田野考古报告》第一册，1936年。
李季：《对于中国社会史论战的贡献与批评》，《读书杂志》1932年第2卷第2—3期。
罗军凤：《走出疑古时代的〈左传〉学研究——近三十年来〈左传〉研究述评》，《文学前沿》第12辑，学苑出版，2007年版。
刘丽婷：《徐中舒〈耒耜考〉的当代价值和历史局限》，《农业考古》2015年第6期。

林向：《徐中舒先生的考古学与巴蜀文化研究》，《中华文化论坛》1998 年第 3 期。
李玄伯：《古史问题的唯一解决方法》，《现代评论》1924 年第 3 期。
罗新慧：《马王堆汉墓帛书〈春秋事语〉与〈左传〉——兼论战国时期的史学观念》，《史学史研究》2009 年第 4 期。
罗新慧：《说“西周封建论”》，《学习与探索》2011 年第 3 期。
李学勤：《略论巴蜀考古新发现及其学术地位——〈三星堆考古研究〉序》，《中华文化论坛》2002 年第 3 期。
李学勤：《夏商周与山东》，《烟台大学学报（哲学社会科学版）》2002 年第 3 期。
林沄：《真该走出疑古时代吗？——对当前中国古典学取向的看法》，《史学集刊》2007 年第 3 期。
李永采：《关于古代东方奴隶社会的一些特点及其发展缓慢的原因》，《山东大学学报（历史版）》1962 年第 3 期。
梁园东：《中国史的问题》，《文汇报》1956 年 12 月 5 日。
刘毓璜：《试论农村公社的过渡性质与中国农村公社的发展》，《南京大学学报（人文科学版）》1956 年第 4 期。
刘则鸣：《古诗十九首研究百年综述》，《集宁师专学报》1999 年第 2 期。
罗志田：《史料的尽量扩充与不看二十四史——民国新史学的一个诡论现象》，《历史研究》2000 年第 4 期。
缪凤林：《漫谈巴蜀文化》，《说文月刊》1942 年第 3 卷第 7 期。
马克垚：《关于封建社会的一些新认识》，《历史研究》1997 年第 1 期。
缪钺：《由〈武训传〉、“武训精神”的讨论与批判联系到自己的思想改造和学术革命问题》，（成都）《工商导报·学林副刊》第 15 期，1951 年 8 月 5 日。
钱穆：《黄帝故事地望考》，《禹贡》半月刊 1935 年第 3 卷第 1 期。
秦钦峙：《“雒田”、“雒民”、“雒王”析》，《东南亚研究》1984 年第 3 期。
齐思和：《战国策著作时代考》，《燕京学报》1948 年第 34 期。
钱玄同：《重论经今古文学问题》，《国学季刊》1932 年第 3 卷第 2 期。
桑兵：《近代学术转承：从国学到东方学——傅斯年〈历史语言研究所工作之旨趣〉解析》，《历史研究》2001 年第 3 期。
苏秉琦、殷玮璋：《关于考古学文化的区系类型问题》，《文物》1981 年第 5 期。
孙次舟：《古蜀国之起源》，《星期评论》1941 年第 22—23 期。
孙次舟：《读〈古蜀国为蚕国说〉的献疑》，《齐鲁学报》1941 年第 1 期。
孙海波：《〈国语〉真伪考》，《燕京学报》1934 年第 16 期。
束世澂：《有关古史分期的一些理论问题——与杨宽同志商榷》，《学术月刊》1960 年第 9 期。
束世澂：《论西周时代领主制的形成》，《光明日报》1961 年 4 月 26 日。

苏雪林：《“黔首”一词来源的臆测》，《幼狮》1953年第1卷第3期。
尚小明：《门户之争，还是汉宋兼采？——析方东树〈汉学商兑〉之立意》，《思想战线》2001年第1期。
时希哲：《从泛论古代史中的几个理论问题阐明西周的社会性质》，《文史哲》1956年第8期。
孙远：《〈蜀王本纪〉著者考》，《琼州学院学报》2015年第1期。
尚钺：《先秦生产形态之探讨》，《历史研究》1956年第7期。
芮逸夫：《苗族的洪水故事与伏羲女娲的传说》，《国立中央研究院历史语言研究所人类学集刊》1938年第1卷第1期。
唐嘉弘：《略论夏商周帝王的称号及国家政体》，《历史研究》1985年第4期。
唐嘉弘：《四川大学历史系关于中国古代史分期问题的讨论》，《历史研究》1957年第1期。
唐嘉弘：《四川大学第二次科学讨论会历史系分会概况》，《历史研究》1957年第4期。
谭继和：《巴蜀文化史上的探源新论——徐中舒先生对文化史的巨大贡献》，《中华文化论坛》1998年第3期。
谭继和：《巴蜀文化研究趋向平议》，《社会科学研究》1996年第2期。
童书业：《〈国语〉与〈左传〉问题后案》，《浙江省立图书馆馆刊》1935年第4卷第1期。
童书业：《伯益考》附录《鸟夷》，《齐鲁学报》1941年第1期。
童书业：《从“生产关系适合生产力的规律”说到西周春秋的宗法封建制度——兼答何高济先生对于中国古史分期问题的讨论》，《文史哲》1957年第1期。
王柏中：《“雒田”问题研究考索》，《中国史研究动态》2012年第3期。
王国维：《国学丛刊序》，《国学丛刊》1911年第1期。
王和：《〈左传〉的成书年代与编纂过程》，《中国史研究》2003年第43期。
王建华：《新夷夏东西说商榷》，《东方论坛》2004年第1期。
卫聚贤：《〈左传〉之研究》，《国学论丛》1927年第1期。
吴宓：《清华开办研究院之旨趣及经过（开学日演说词）》，《清华周刊》1925年第2期（总第351期）。
邬锡非：《〈左传〉争议诸说述评》，《浙江学刊》1992年第1期。
王晓清：《专家之学寄遥深——徐中舒学述》，《博览群书》2001年第7期。
王先胜：《评〈走出疑古时代〉》，《中国政法大学学报》2008年第2期。
王宜昌：《评中国社会长期停滞论》，《思想月刊》1937年第1卷第1期。
王亚南：《封建制度论》，《读书杂志》1932年第1卷第4—5期。
王玉哲：《有关西周社会性质的几个问题》，《历史研究》1957年第5期。
王玉哲：《鬼方考》，《华中大学国学研究论文专刊》1945年第1辑。

吴泽：《关于奴隶制社会形成的年代、始点、途径及标志问题》，《历史教学问题》1958年第9期。
吴致华：《古巴蜀略考》，《史学杂志》1930年第2期。
王仲荦：《春秋战国之际的村公社与休耕制度》，《文史哲》1954年第4期。
徐亮工：《从“书”里到“书”外：徐中舒先生的学术与生平》，《古今论衡》2004年第11期。
徐仁甫：《马王堆汉墓帛书〈春秋事语〉和〈左传〉的事、语对比研究——谈〈左传〉的成书时代和作者》，《社会科学战线》1978年第4期。
谢维扬：《徐中舒先生读古史方法的一些启示》，《四川大学学报（哲学社会科学版）》2009年第4期。
徐中舒：《我的学习之路》，《文史知识》1987年第6期。
徐中舒：《我的思想检查》，《人民川大》1952年7月14日，第四版。
徐中舒：《追忆王静安先生》，《文学周报》1928年第276—300期。
徐中舒：《再论小屯与仰韶》，《安阳发掘报告》1931年第3期。
徐中舒：《殷人服象及象之南迁》，《国立中央研究院历史语言研究所集刊》第二本第一分，1930年。
徐中舒：《从古书中推测之殷周民族》，《国学论丛》1927年第1卷第1号。
徐中舒：《近代学术是怎样进展的》，《生活与学习月刊》1946年第1卷第5—6期。
徐中舒：《〈木兰歌再考〉补篇》，《东方杂志》1926年第23卷第11号。
徐中舒：《木兰歌再考》，《东方杂志》1925年第22卷第14号。
徐中舒：《井田制度探原》，《中国文化研究汇刊》1944年第4卷上册。
徐中舒：《试论周代田制及其社会性质——并批判胡适井田辨观点和方法的错误》，《四川大学学报（社会科学版）》1955年第2期。
徐中舒：《论西周是封建制社会——兼论殷代社会性质》，《历史研究》1957年第5期。
徐中舒：《〈左传〉的作者及其成书年代》，《历史教学》1962年第11期。
徐中舒：《论〈战国策〉的编写及有关苏秦诸问题》，《历史研究》1964年第1期。
徐中舒：《试论岷山庄王与滇王庄蹻的关系》，《思想战线》1977年第4期。
徐中舒：《蒲姑、徐奄、淮夷、群舒考》，《四川大学学报（哲学社会科学版）》1998年第3期。
徐中舒：《遽敦考释》，《国立中央研究院历史语言研究所集刊》第三本第二分，1932年。
徐中舒：《厵氏编钟考释》，《国立中央研究院历史语言研究所专刊（7）》，1932年。
徐中舒：《禹鼎的年代及其相关问题》，《考古学报》1959年第3期。
徐中舒：《甲骨文中所见的儒》，《四川大学学报（哲学社会科学版）》1975年第4期。
徐中舒、伍仕谦：《中山三器释文及宫堂图说明》，《中国史研究》1979年第4期。

徐中舒：《西周利簋铭文笺释》，《四川大学学报（哲学社会科学版）》1980 年第 2 期。
徐中舒：《古井杂谈》，《四川大学学报（哲学社会科学版）》1977 年第 3 期。
徐中舒：《四川彭县濛阳镇出土的殷代二觯》，《文物》1962 年第 6 期。
徐中舒：《四川涪陵小田溪出土的虎钮錞于》，《文物》1974 年第 5 期。
徐中舒、唐嘉弘：《錞于与铜鼓》，《社会科学研究》1980 年第 5 期。
徐中舒：《巴蜀文化续论》，《四川大学学报（社会科学版）》1960 年第 1 期。
徐中舒：《弋射与弩之溯源及关于此类名物之考释》，《国立中央研究院历史语言研究所集刊》第四本第四分，1934 年。
徐中舒：《北狄在前殷文化上之贡献——论殷墟青铜器与两轮大车之由来》，《中华文化论坛》2000 年第 1 期。
徐中舒：《再述内阁大库档案之由来及其整理》，《国立中央研究院历史语言研究所集刊》第三本第四分，1933 年。
徐中舒：《跋苗族的洪水故事与伏羲女娲的传说》，《国立中央研究院历史语言研究所人类学集刊》1938 年第 1 卷第 1 期。
徐中舒：《论尧舜禹禅让与父系家族私有制的发生和发展》，《四川大学学报（社会科学版）》1958 年第 1 期。
徐中舒：《论殷代社会的氏族组织》，（成都）《工商导报 · 学林副刊》第 1 期，1951 年 1 月 7 日。
徐中舒：《论商于中、楚黔中和唐宋以后的洞——对中国古代村社共同体的初步研究》，《四川大学学报（哲学社会科学版）》1978 年第 1 期。
徐中舒：《殷代兄终弟及为贵族选举制说》，《文史杂志》1945 年第 5 卷第 5、6 期合刊。
徐中舒：《金文嘏辞释例》，《国立中央研究院历史语言研究所集刊》第六本第一分，1936 年。
徐中舒：《豳风说——兼论诗经为鲁国师工歌诗之底本》，《国立中央研究院历史语言研究所集刊》第六本第一分，1936 年。
徐中舒、唐嘉弘：《夜郎史迹初探》，《贵州社会科学》1980 年第 1 期。
徐中舒：《我对胡适派资产阶级观点对历史学界毒害的一点认识》，《四川日报》1955 年 1 月 11 日，第三版。
徐中舒：《殷周文化之蠡测》，《国立中央研究院历史语言研究所集刊》第二本第三分，1931 年。
徐中舒：《巴蜀文化初论》，《四川大学学报（社会科学版）》1959 年第 2 期。
徐中舒：《论〈蜀王本纪〉成书年代及其作者》，《社会科学研究》创刊号，1979 年第 1 期。
徐中舒、何孝达：《战国初期魏齐的争霸及列国间合纵连衡的开始》，《四川大学学报（社会科学版）》1956 年第 2 期。

徐中舒：《对古史分期问题的几点意见》，《四川大学学报（哲学社会科学版）》1979年第1期。
徐中舒：《吴越兴亡》，《四川大学学报（哲学社会科学版）》2006年第4期。
徐中舒：《论中国古代社会自然经济与城乡对立等有关问题》，《中国文化》2001年第17、18期。
徐中舒：《〈西双版纳份地制与西周井田制比较研究〉序言》，《云南社会科学》1989年第5期。
徐中舒：《古代四川之文化》，《史学季刊》1940年第1卷第1期。
徐中舒：《论东亚大陆牛耕的起原》，（成都）《工商导报·学林副刊》第24期，1951年12月23日。
徐中舒：《古代灌溉工程原起考》，《国立中央研究院历史语言研究所集刊》第五本第二分，1935年。
徐中舒：《〈交州外域记〉蜀王子安阳王史迹笺证》，《四川大学学报（哲学社会科学版）》丛刊第5辑《四川地方史研究专集》，1980年。
徐中舒：《蜀锦——缎为蜀中原产六朝时由蜀输入江南》，《说文月刊》1942年第3卷第7期。
徐中舒：《古代都江堰情况探原》，《四川文物》1984年第1期。
徐中舒：《成都是古代自由都市说》，《成都文物》1984年第1期。
徐中舒、唐嘉弘：《古代楚蜀的关系》，《文物》1981年第6期。
徐中舒：《论秦与匈奴的统一及其经济原因》，（成都）《工商导报·学林副刊》第12期，1951年6月17日。
徐中舒：《古诗十九首考》，《立达》季刊1925年第1期。
徐中舒：《耒耜考》，《国立中央研究院历史语言研究所集刊》第二本第一分，1930年。
徐中舒：《陈侯四器考释》，《国立中央研究院历史语言研究所集刊》第三本第四分，1933年。
徐中舒：《结绳遗俗考》，《说文月刊》1944年第4卷合订本。
徐中舒：《黄河流域穴居遗俗考——兼论地上建筑的由来》，《中国文化研究汇刊》1950年第9卷。
徐中舒：《九歌九辩考》，《华西协和大学中国文化研究所集刊》1949年第1卷。
徐中舒：《殷周之际史迹之检讨》，《国立中央研究院历史语言研究所集刊》第七本第二分，1936年。
徐中舒：《论商于中、楚黔中和唐宋以后的洞——对中国古代村社共同体的初步研究》，《四川大学学报（哲学社会科学版）》1978年第1期。
徐中舒：《关于夏商史研究——〈夏商史论集〉序言》，《郑州大学学报（哲学社会科学版）》1985年第1期。

徐中舒：《〈羌族史稿〉序》，《历史研究》1983 年第 1 期。
徐中舒：《中国古代的父系家庭及其亲属称谓》，《四川大学学报（哲学社会科学版）》1980 年第 1 期。
徐中舒：《西周史论述》（上），《四川大学学报（哲学社会科学版）》1979 年第 3 期。
徐中舒：《西周史论述》（下），《四川大学学报（哲学社会科学版）》1979 年第 4 期。
徐中舒：《夏史初曙》，《中国史研究》1979 年第 3 期。
徐中舒遗稿：《论自然经济、阶级和等级》，《中华文化论坛》1998 年第 1 期。
杨春梅：《去向堪忧的中国古典学——“走出疑古时代”述评》，《文史哲》2006 年第 2 期。
姚大荣：《木兰从军时地表微》，《东方杂志》1925 年第 2 卷第 2 号。
杨宽：《论西周时代的农业生产》，《学术月刊》1957 年第 2 期。
姚磊：《甲骨文戎字研究述评》，《宁夏大学学报（人文社会科学版）》2013 年第 2 期。
袁林：《亚细亚生产方式问题讨论的回顾与展望》，《社科纵横》1991 年第 1 期。
叶舒宪：《国学方法论的现代变革》，《文史哲》1994 年第 3 期。
杨伯峻：《〈左传〉成书年代论述》，《文史》1979 年第 6 辑。
杨向奎：《论〈左传〉之性质及其与〈国语〉之关系》，《史学集刊》1936 年第 2 期。
杨向奎：《〈夏本纪〉〈越王勾践世家〉地理考实》，《禹贡》半月刊 1935 年第 3 卷第 1 期。
杨向奎：《夏代地理小记》，《禹贡》半月刊 1935 年第 3 卷第 12 期。
杨向奎：《夏民族起于东方考》，《禹贡》半月刊 1937 年第 7 卷第 6—7 期。
杨向奎：《中国历史分期问题》，《文史哲》1953 年第 1 期。
杨向奎：《读〈马克思、恩格斯论中国〉，兼论中国封建社会的历史分期问题》，《文史哲》1953 年第 2 期。
郑德坤：《层化的河水流域地名及其解释》，《燕京学报》1932 年第 11 期。
郑德坤、徐中舒、冯家升：《月氏为虞后及“氏”和“氐”的问题》丙《冯家升先生来书》，《燕京学报》1933 年第 13 期。
郑德坤、徐中舒、冯家升：《月氏为虞后及“氏”和“氐”的问题》乙《郑德坤先生答书》，《燕京学报》1933 年第 13 期。
张德林：《文学评论的个性与风格》，《文学评论》1983 年第 6 期。
赵东玉：《商代内婚说驳议》，《辽宁师范大学学报（社会科学版）》2011 年第 5 期。
张峰：《历史语言研究所学术群体治史风格述论》，《史学史研究》2016 年第 3 期。
张富祥：《“走出疑古”的困惑——从“夏商周断代工程”的失误谈起》，《文史哲》2006 年第 3 期。
赵光贤：《〈左传〉编撰考》（上），《中国历史文献研究集刊》1980 年第 1 集。
赵光贤：《〈左传〉编撰考》（下），《中国历史文献研究集刊》1981 年第 2 集。
周宏伟：《庄蹻入滇与庄豪入滇非一事辨》，《西南大学学报（社会科学版）》2009 年第

1 期。
张箭：《就中外封建社会的长短问题与何兆武先生商榷》，《史学理论研究》1994 年第 3 期。
曾江：《南来北往，熔为一炉——外来因素影响古蜀文化走向》，《中国社会科学报》，2016 年 1 月 8 日，第六版。
曾江：《三星堆文化与金沙文化存延续性——访中国社会科学院考古研究所研究员施劲松》，《中国社会科学报》2016 年 1 月 8 日，第六版。
张京华：《顾颉刚与考古学》，《古籍整理研究学刊》2008 年第 2 期。
郑杰文：《由帛书〈战国纵横家书〉说苏秦死因》，《文学前沿》第 2 辑，首都师范大学出版社，2000 年版。
竺可桢：《中国近五千年来气候变迁的初步研究》，《考古学报》1972 年第 1 期。
张烈：《战国纵横家辨——兼与徐中舒诸先生商榷苏秦等问题》，《社会科学战线》1986 年第 3 期。
赵鹏团：《从秦汉学术的层累现象看苏秦事迹真伪的考订》，《宁夏社会科学》2013 年第 4 期。
赵世超：《指定服役制度略述》，《陕西师范大学学报（哲学社会科学版）》1999 年第 3 期。
周生杰：《〈蜀王本纪〉文献学考论》，《四川图书馆学报》2008 年第 1 期。
赵生群：《〈战国纵横家书〉所载“苏秦事迹”不可信》，《浙江师范大学学报（社会科学版）》2007 年第 1 期。
甄修钰、张新丽：《马克思研究农村公社的动机和方法论——兼论走出“亚细亚生产方式”问题的困境》，《历史研究》2012 年第 3 期。
朱希祖：《古蜀国为蚕国说》，《新四川月刊》1939 年第 1 卷第 2 期。
曾庸：《读“有关西周社会性质的几个问题”后的意见》，《历史研究》1957 年第 8 期。
赵轶峰：《关于中国“封建社会”的一些看法》，《东北师大学报（哲学社会科学版）》2005 年第 3 期。
张荫麟：《评近人对于中国古史之讨论》，《学衡》1925 年第 40 期。
张铮：《湖南慈利出土楚简内容辨析》，《求索》2007 年第 6 期。
张政烺：《〈春秋事语〉解题》，《文物》1977 年第 1 期。
《座谈长沙马王堆汉墓帛书》，《文物》1974 年第 9 期。

（二）论文集论文

陈槃：《左氏春秋义例辨》，《中央研究院历史语言研究所专刊 17》，商务印书馆，1947 年版。
陈力：《徐中舒先生与夏文化研究》，杜正胜、王汎森主编：《新学术之路——“中央研究院”历史语言研究所七十周年纪念文集》上册，（台北）长达印刷有限公司，1998年版。

傅斯年：《夷夏东西说》，《国立中央研究院历史语言研究所集刊》外编第一种《庆祝蔡元培先生六十五岁论文集》，1933年。

何怀宏：《一个问题的变迁——从“中国封建社会长期延续”的问题谈起》，贺照田、赵汀阳主编：《学术思想评论》第2辑，辽宁大学出版社，1997年版。

胡念贻：《〈左传〉的真伪和写作时代问题考辨》，《文史》第11辑，中华书局，1982年版。

黄石林：《徐旭生传略》，《中国现代社会科学家传略》第3辑，山西人民出版社，1983年版。

柯建中：《缅怀缪钺先生》，中国魏晋南北朝史学会、四川大学历史文化学院编：《魏晋南北朝史论文集》，巴蜀书社，2006年版。

林向：《近五十年来巴蜀文化与历史的发现与研究》，李绍明、林向、徐南洲主编：《巴蜀历史·民族·考古·文化》，巴蜀书社，1991年版。

刘尧汉：《前言——忆范老等前辈对我的教诲》，《彝族社会历史调查研究文集》，民族出版社，1980年版。

柳诒徵：《史学概论》，《柳诒徵史学论文集》，上海古籍出版社，1991年版。

马曜：《七律一首》，四川联合大学历史系主编：《徐中舒先生百年诞辰纪念文集》，巴蜀书社，1998年版。

马曜：《井田制研究的卓越贡献》，四川大学历史系编：《徐中舒先生九十寿辰纪念文集》，巴蜀书社，1990年版。

《蒙文通先生论学来往信函》，《高亨来函》（1951年），四川大学历史文化学院编：《蒙文通先生诞辰110周年纪念文集》，线装书局，2005年版。

裘锡圭：《中国古典学重建中应该注意的问题》，《北京大学中国古文献研究中心集刊》第2辑，北京燕山出版社，2001年版。

四川省文物管理委员会、四川省文物考古研究所：《四川省考古五十年概略》，《新中国考古五十年》，文物出版社，1999年。

邵望平：《〈禹贡〉“九州”的考古学研究》，《考古学文化论集》第2集，文物出版社，1989年。

唐嘉弘：《从徐中舒的治学看史语所的学风》，杜正胜、王汎森主编：《新学术之路——“中央研究院”历史语言研究所七十周年纪念文集》上册，（台北）长达印刷有限公司，1998年版。

翁独健：《关于中国少数民族历史研究的情况和问题》，中央民族学院研究部编：《中国民族问题研究集刊》第5辑，1956年版，收录《民族史论文选（1951—1983）》上册，中央民族学院出版社，1986年版。

吴天墀：《徐中舒先生对学术、教育的贡献——为其九十诞辰而作》，唐嘉弘主编：《先秦史论集——徐中舒教授九十诞辰纪念论文集》，中州古籍出版社，1989年版。

王煦华：《试论顾颉刚的疑古辨伪思想》，《古史辨学说评价讨论集》，京华出版社，2001年版。

王钟翰：《陈寅恪先生杂议》，《王钟翰清史论集》第四册，中华书局，2004年版。

徐亮工：《徐中舒先生生平编年（未定稿）》，《徐中舒先生百年诞辰纪念文集》，巴蜀书社，1998年版，第315页。

徐中舒：《经今古文问题综论》，《纪念顾颉刚学术论文集》上册，巴蜀书社，1990年版。

徐中舒：《古代狩猎图象考》，《蔡元培先生六十五岁纪念文集》，（上海）商务印书馆，1932年。

徐中舒：《怎样考释古文字》，香港中文大学《古文字学论集》，1983年。

徐中舒：《周原甲骨初论》，《古文字研究论文集》第10辑，四川人民出版社，1982年版。

徐中舒、唐嘉弘：《宋代斗夷源于楚国令尹子文说》，《西南民族研究》，四川民族出版社，1980年版。

徐中舒、唐嘉弘：《论殷周的外服制——关于中国奴隶制和封建制分期的问题》，《人文杂志》增刊《先秦史论文集》，1982年。

徐中舒、唐嘉弘：《川甘边区白马人属古氐族说》，《白马藏人族属讨论集》，四川民族研究所，1980年。

徐中舒、唐嘉弘：《河姆渡文化的历史地位》，《中国古代史论丛》第8辑，福建人民出版社，1983年版。

徐中舒、唐嘉弘：《〈山海经〉和“黄帝”》，《〈山海经〉新探》，四川省社会科学院出版社，1986年版。

夏子贤：《著名学者，晶莹寿星——献给徐中舒教授九十诞辰》，唐嘉弘主编：《先秦史论集——徐中舒教授九十诞辰纪念论文集》，中州古籍出版社，1989年版。

杨向奎：《评傅孟真的〈夷夏东西说〉》，《夏史论丛》，齐鲁书社，1985年版。

邹衡：《关于夏商时期北方地区诸邻境文化的初步探讨》，《夏商周考古学论文集》，文物出版社，1980年版。

詹子庆：《巴蜀文化研究的经典之作——学习徐中舒先生〈巴蜀文化初论〉、〈续论〉的粗浅体会》，《长江·三峡古文化学术研讨会暨中国先秦史学会第九届年会论文集》，重庆出版社，2011年版。

（三）学位论文

盖志芳：《〈历史研究〉（1954—1966）研究》，山东大学博士学位论文，2010年。

后　记

呈现在读者面前的这部小书，是笔者主持的2019年度国家社科基金后期资助项目的结项成果。立项之前，全书已基本扫尾。立项之后，仅仅增加了“20世纪50年代的新史学转向”一节和结语部分，选择性地吸收了五位通讯评审专家提出的意见，最终形成了今天的样貌。研究工作是否“扎实”，书稿质量是否达到“国家水准”，或许读者会实事求是地给出千差万别乃至全然相反的评价。这毫不奇怪！学术评价原本就是仁者见仁、智者见智。因而，无论听到有关小书的何种声音，我都会欣然接受，这至少表明，小书在学术界或多或少产生了一些“影响”。

我第一次听说徐中舒先生的名字，是在1987年9月杨希枚先生为河南大学历史系师生做的学术报告上。那一年，我尚未满20周岁。印象中，听报告的师生应有四百多人，朱绍侯先生作了简单的开场白就离场了，依稀记得杨先生讲的商代庙号问题，长达两个小时的报告下来，可以肯定的是，只有唐嘉弘先生一人完全听懂了。学术报告期间，唐先生和杨先生进行了短暂的学术互动，唐先生几次提到的徐中舒先生的史学观点给我留下了深刻的记忆。1989年4月，唐嘉弘先生主编的《先秦史论集——徐中舒教授九十诞辰纪念论文集》由中州古籍出版社出版。我一字一句地阅读了其中的每一篇文章，尤其吴天墀先生的《徐中舒先生对学术、教育的贡献——为其九十诞辰而作》，我反反复复读了多遍。记得大学毕业前夕，同窗好友许义龙毕业论文题目尚未确定之时，我斗胆给其“贡献”一“选题”——“论徐中舒先生对古文字学的贡献”，并和义龙兄一起请教王子超先生。王先生颇为震惊两个本科生初生牛犊不怕虎的气概，接着说，这个题目由唐嘉弘先生指导更为合适。当时约略知道，我们还不具备写这篇文章的学术积累，更谈不上学术视野、问题导向和创新意识了。

1992年9月，我再次回到河南大学，师从唐嘉弘先生读研究生，自那时起，自己则已是正宗的徐中舒再传弟子了。虽然河南大学图书馆藏书丰富，但当时《徐中舒历史论文选辑》尚未出版，阅读民国时期的报刊颇为困难，有时查找半天，恰恰缺少需要的那一期，由此，对徐先生的学术了解，也只能通过唐先生零星的口头传授，稍稍一知半解。2000年11月

2 日，我应邀参加中国史学会主办、西南师范大学承办的第三届全国青年史学工作者学术会议，并提交了《徐中舒的学术思想及实践》一文。文章后来发表于《广西师范大学学报（哲学社会科学版）》2001 年第 3 期，没想到的是，竟然被中国人民大学《复印报刊资料 · 历史学》于 2001 年第 12 期转载。在今天看来，这篇短作显得极为粗疏稚嫩，甚或千疮百孔，但该文的发表，则大体成为此后我对徐中舒史学研究的一个崭新起点。

2001 年 8 月，我离开河北师范大学到河南大学任职，此后，工作屡屡变动，直到 2006 年 8 月来到苏州大学社会学院工作，才算稳定下来。在频繁的流徙过程中，虽然也发了一些文章，但大体上为与早期国家结构、先秦文献、历史地理等相关的散篇，直到 2007 年在《社会科学评论》第 2 期发表《论唐嘉弘先生的学术贡献》一文开始，我的兴趣方开始逐渐转移至中国学术史的研究领域。2007 年笔者首次主持国家社科基金项目，结项成果为《中国早期四土经营与民族整合》，对于徐中舒史学的相关专题，虽然着手搜集了大量有价值的材料，并进行了一些卓有成效的前期准备工作，但迟迟未有大的进展。直至 2011 年，《论徐中舒的“澄滤”说与古史建设理论》一文发表于《四川大学学报（哲学社会科学版）》，才略略向前迈进一步。该文和此前在《社会科学评论》发表的《论唐嘉弘先生的学术贡献》一文，分别被《高等学校文科学术文摘》2011 年第 3 期、中国人民大学《复印报刊资料 · 历史学》2007 年第 9 期摘登，在学术界多少产生了一些影响。

2012 年 12 月 12 日，是我学术发展的第二次契机。我申报的“徐中舒史学研究”获批苏州大学“东吴学者计划”高层次人才项目资助计划。协议书明确，项目资助期限为五年，工作目标为：领导本学科建设，完成学院（部）学科建设的目标及年度任务，培养和推出优秀青年人才，推动人才梯队和团队建设，争创国内一流学科，成为国内外有影响的学术领军人物。签署协议后，就按照协议规定的项目等级和论文数量的要求，陆陆续续在《清华大学学报》《苏州大学学报》《人文杂志》《浙江社会科学》《学术界》《齐鲁学刊》《长江文明》《河北师范大学学报》《南都学坛》《中原文化研究》等刊物发表一系列文章，形成了《徐中舒史学研究》的基本轮廓。2014 年，笔者申报的“20 世纪中国上古民族文化形成发展的理论建构研究”第二次获批国家社科基金项目。选题缘起于发表至《苏州大学学报（哲学社会科学版）》2014 年第 2 期的《徐中舒上古民族文化“东西二分”论之再构》一文，此后一段时间，研究的主题又分散了，原本想以“徐中舒史学研究”为选题申报国家社科基金后期资助项目的计划由于主持新的项目，也只能往后延迟了。

2018 年 12 月 27 日，笔者主持的 2014 年度国家社科基金项目“20 世纪中国上古民族文化形成发展的理论建构研究”以良好结项，并获批苏州大学人文社科优秀学术专著出版资助，于 2019 年由科学出版社出版。这是继 2002 年 9 月在人民出版社出版的《中国早期国家结构研究》之后的第二部京版个人专著。2019 年 10 月 16 日，“徐中舒史学研究”获批国家社科基金后期资助项目，从而完成了年度国家社科基金项目的无缝对接。2021 年 12 月底，本书完成结项鉴定流程，拟由科学出版社出版。目前大家常常听到的词汇是“潜心治学”“工匠精神”，如果人们常说十年磨一剑，从动笔到出版，这部并不厚重的书稿，笔者足足思考了 20 年不止。与此同时，还要宣布的是，2021 年 4 月 23 日，笔者申报的贵州省 2020 年度哲学社会科学规划国学单列课题“现代学术思潮与多学科视野下的《穆天子传》研究”获准立项，并有条不紊地向前推进。岁月蹉跎，时不我待，不知不觉，当年那个从不愿服输的青年小伙，已渐渐接近花甲之岁。